国家社科基金
GUOJIA SHEKE JIJIN HOUQI ZIZHU XIANGMU
后期资助项目

《哥达纲领批判》中的公平分配理论研究

Study on Fair Distribution Theory in the "Critique of Gotha Program"

李明桂　著

中国社会科学出版社

图书在版编目(CIP)数据

《哥达纲领批判》中的公平分配理论研究 / 李明桂著. —北京：中国社会科学出版社，2017.6

ISBN 978-7-5203-0728-4

Ⅰ.①哥… Ⅱ.①李… Ⅲ.①哥达纲领批判—公平分配—马克思著作研究 Ⅳ.①A811.24

中国版本图书馆 CIP 数据核字(2017)第 168867 号

出 版 人 赵剑英
责任编辑 朱华彬
责任校对 胡新芳
责任印制 李寡寡

出　　版 中国社会科学出版社
社　　址 北京鼓楼西大街甲 158 号
邮　　编 100720
网　　址 http://www.csspw.cn
发 行 部 010－84083685
门 市 部 010－84029450
经　　销 新华书店及其他书店

印　　刷 北京君升印刷有限公司
装　　订 廊坊市广阳区广增装订厂
版　　次 2017 年 6 月第 1 版
印　　次 2017 年 6 月第 1 次印刷

开　　本 710×1000 1/16
印　　张 18.75
插　　页 2
字　　数 336 千字
定　　价 79.00 元

国家社科基金后期资助项目

出版说明

后期资助项目是国家社科基金设立的一类重要项目，旨在鼓励广大社科研究者潜心治学，支持基础研究多出优秀成果。它是经过严格评审，从接近完成的科研成果中遴选立项的。为扩大后期资助项目的影响，更好地推动学术发展，促进成果转化，全国哲学社会科学规划办公室按照“统一设计、统一标识、统一版式、形成系列”的总体要求，组织出版国家社科基金后期资助项目成果。

全国哲学社会科学规划办公室

目　录

导　论 …………………………………………………………………… (1)
一　选题的依据和意义 ……………………………………………… (1)
二　相关研究综述 …………………………………………………… (5)
三　研究思路与基本框架 …………………………………………… (11)
四　研究方法和创新之处 …………………………………………… (13)

第一章　马克思对拉萨尔分配思想的批判及当代价值 …………… (17)
第一节　马克思撰写《哥达纲领批判》的背景和拉萨尔分配思想的错误实质 …………………………………………… (18)
一　《哥达纲领批判》产生的历史背景 …………………………… (18)
二　拉萨尔分配思想的错误实质 …………………………………… (21)
第二节　马克思对拉萨尔"公平"分配思想的批判 ……………… (31)
一　批判"不折不扣的劳动所得" ………………………………… (33)
二　批判"分配决定论" …………………………………………… (35)
三　批判"铁的工资规律" ………………………………………… (38)
四　批判拉萨尔提高分配公平度的错误路径 ……………………… (41)
第三节　马克思对拉萨尔分配思想批判的理论价值和现实意义 …………………………………………………………… (44)
一　马克思对拉萨尔分配思想批判的理论价值 …………………… (45)
二　马克思对拉萨尔分配思想批判的现实意义 …………………… (51)

第二章　资本主义私有制是劳动者分配不公的经济根源 ………… (64)
第一节　劳动创造财富离不开一定的物质条件 …………………… (65)
一　劳动创造财富要有一定的自然物质条件 ……………………… (65)
二　劳动创造财富要在一定的生产关系下进行 …………………… (67)

第二节 离开所有制空谈劳动创造财富是“资产阶级的说法” …… (69)
一 对一切人都是“有益的劳动”或有害的劳动是不存在的 …… (69)
二 空谈劳动无益于工人阶级争取自身权益的斗争 …… (70)
第三节 破除劳动者分配不公和贫困化经济根源的对策 …… (73)
一 社会主义经济命运的掌控 …… (75)
二 动摇社会主义公有制主体地位的私有化倾向 …… (85)
三 巩固和发展社会主义公有制经济 …… (89)

第三章 马克思公平分配观与拉萨尔公平分配观的根本分歧 …… (93)
第一节 “公平”或“平等”的分配只不过是一种法权概念 …… (94)
一 抽象的“公平”或“平等”的分配是不存在的 …… (94)
二 在生产和分配关系问题上要防止两种错误倾向 …… (100)
三 初次分配、再分配均应处理好公平和效率的关系 …… (103)
第二节 按劳分配是社会主义的基本原则 …… (110)
一 社会主义总产品的分配必须兼顾国家利益、集体和个人利益 …… (112)
二 按劳分配确立的依据和主要内容 …… (115)

第四章 马克思公平分配思想在我国分配实践中遭遇的现实困境 …… (126)
第一节 马克思公平分配思想与现实问题 …… (126)
一 经济层面存在“资本贫困”和“按级分配”倾向 …… (127)
二 社会层面存在“收入崇拜论”“分配性努力”倾向 …… (130)
三 政治层面存在分配“权力中心论”“审批红利”倾向 …… (131)
第二节 生产资料所有制的变革与公平分配的境遇 …… (132)
一 改革开放以来我国生产资料所有制的制度变迁 …… (134)
二 生产资料所有制变革对收入分配的影响 …… (138)
第三节 按劳分配“资产阶级权利”事实上的不公 …… (149)
一 社会主义按劳分配的“弊病” …… (149)
二 资本主义“按劳分配”的虚伪性 …… (153)

三　发展生产力超越"资产阶级权利" …………………… (158)
四　我国现阶段按劳分配制度与马克思按劳分配原则的差异 …………………………………………………… (159)
第四节　贫困固化的资本成因与居民收入倍增难题 ……… (171)
一　资本"钟罩"加剧贫困固化的趋势 …………………… (171)
二　资本正外部性弱化加大居民收入倍增难度 ………… (177)

第五章　全面深化改革以践行马克思公平分配理念 ……… (183)
第一节　马克思社会主义公平观的中国化诉求 ………… (183)
一　马克思公平分配思维的多重逻辑与现实改革的契合 …… (184)
二　工会理论视野下的劳动者公平诉求 ………………… (190)
三　社会主义个人消费品分配原则与两种异化的分配观 …… (199)
四　社会主义市场经济下增强劳动者在雇佣劳动中的分配权 ……………………………………………………… (203)
五　坚持科学社会主义政治价值观 ……………………… (206)
第二节　深化生产资料所有制改革与促进分配公平 ……… (210)
一　深化国有企业改革使公共产权收益为全民共享 ……… (212)
二　深化农村土地制度改革，促进农民增收 …………… (222)
三　重视对资源的调节，实现资源分配相对公平 ……… (237)
第三节　打破资本"钟罩"与增强资本正外部性 ……… (240)
一　贫困固化鸿沟的逾越 ………………………………… (240)
二　增强资本正外部性促进居民收入倍增目标实现 …… (243)
第四节　马克思按劳分配原则的传承与嬗变 …………… (250)
一　新时期贯彻按劳分配原则的基本要求 ……………… (250)
二　社会主义市场经济下按劳分配历史局限性的弥补 ……… (260)
三　坚持按劳分配主体地位不动摇 ……………………… (264)

结束语 ……………………………………………………… (282)

参考文献 …………………………………………………… (285)

导　论

一　选题的依据和意义

拉萨尔派由于不懂人类社会发展的客观规律，虽然不满意资本主义制度，但却找不到根除社会弊病的现实路径，就把分配当作最根本的问题，企图在不触动资本主义私有制的前提下，仅仅通过改变分配方式就能实现所谓“平等权利”，这样他们就脱离一定的社会经济结构，以“公平”“平等”法类概念当作各种经济范畴的本质，把历史产生的生产关系看作人的主观意愿的产物，为了捍卫科学社会主义的基本原理，马克思在《哥达纲领批判》中对“平等的权利”和“公平分配”等错误论调进行了批判。时代在发展，机会主义的分配思想也在不断变化，以新的形式活跃在经济社会舞台上。一如：“重资轻劳”现象严重，由于资本力量强大，劳动力供过于求且竞争力较弱加剧了劳动者的弱势困境，于是一提及分配，有些人就只强调非劳动收入，强调非劳动的生产要素在社会财富创造中的贡献及其带来收入的合法性。二如：有人认为贫富差距扩大都是市场化改革之祸，没有看到最根本原因在于所有制结构的变化。三如：有人看不到资源占有的差别是收入差别的最重大的影响要素，却津津乐道人的才能贡献的大小，好像收入多少仅仅是由才能、知识的贡献决定的。等等。这些后机会主义分配观点对当前收入差距悬殊起到了推波助澜的作用，因此，我们要秉承马克思在《哥达纲领批判》中对各种机会主义的批判精神，运用马克思关于社会主义分配制度的基本原理，对现实的机会主义分配思想进行剖析和批判，以期把各种分配思想都统领到以人为本的科学发展观视野之中，体现出社会主义劳动者主人翁地位，体现出社会主义经济成果共享的价值追求，体现出社会主义公平公正的制度优越性。

自改革开放以来，在中国特色社会主义理论的指导下，我国经济快速发展，取得了举世瞩目的成就。到 2010 年 GDP 高达近 40 万亿元，成为世界第二大经济体，人均 GDP 超过 3000 美元，就“做蛋糕”这个工作而言，中国过去30多年的表现改变了现代经济学的许多范式，我国以马克思的物质利益原则和按劳分配原则为依据，在改革的实践中对社会主义的分配制度进行了一系列探索，到“十三五”规划已经取得了长足的进展，克服了长期存在的平均主义倾向，倡导先富带后富，然后实现共富，大大调动了人民群众的积极性，推动了经济社会繁荣。然而，在“分蛋糕”工作和其他促进公平、正义、人的自由发展方面，与耀眼的经济成果相比具有相当大的差距，收入分配的不公已成为影响我国经济社会完成跃迁的最大残缺之一，已成为全面建设小康社会奋斗目标实现的巨大障碍，影响社会稳定，妨碍经济持续、健康发展。调整分配格局已是人心所向、大势所趋，分配体制改革就是利益重新调整，考虑到利益的盘根错节，其意义不仅为了短期刺激内需，更是攸关经济转型和社会和谐大局，需要大手笔、大智慧、大策略，分配改革之船乘风破浪离不开科学分配理论做导航。十八大报告关于深化收入分配制度改革和国务院批转《关于深化收入分配制度改革的若干意见》的表述创造性地发展了马克思的分配理论，是同社会主义市场经济和社会主义初级阶段的基本经济制度相适应的，是同共同富裕、和谐社会的构建相适应的，是解决分配问题的指导思想，但学术界对此解读不一，认识上的分歧容易产生实践上的混乱。统一思想、达成共识的最佳方式就是正本清源，回溯到马克思《哥达纲领批判》中的分配思想，通过重新解析这一经典著作，将马克思的分配思想原论与中国具体实际相结合，以厘清我国分配理论演变的内在逻辑，整合当前论争的观点，对当前收入分配中存在的严重问题进行理性分析和妥善处理，进而为设计出适合社会主义初级阶段市场经济发展需要的分配模式提供理论支撑，并为这一发展提供许多理论上的生长点。

马克思经过多年研究形成了自己科学的分配理论，主要体现在其经典成熟之作《哥达纲领批判》中，由于我们的社会主义不是马克思所构想的未来社会，因而现阶段我国的分配原则与马克思构想有许多不同，特别是我国还要允许和鼓励资本、技术、管理等生产要素参与收益分配，因此，有必要联系社会主义市场经济建设中的实际，对经典作家的基本观点进行再思考。虽然我国不完全具备未来社会的条件，但实行的确是按劳分配，只是实现形式上不同，按劳分配存在“资产阶级权利”，现阶段更要注重分配中的公平问题。

在我国经济转轨和社会转型时期，随着经济增长和社会发展，也存在许多社会不公问题，如收入分配领域内的矛盾就非常突出，如何正确认识和有效解决收入分配中存在的贫富分化问题。新自由主义、文化保守主义、市场社会主义等机会主义观点根本无法正确回应民众的公平分配诉求。因此有必要从学理上进行深入的探讨，以马克思分配公平思想为视角重新审视当前我国分配不公问题，根据经济增长速度换挡期、结构调整阵痛期、前期刺激政策消化期“三期叠加”的经济形势和新常态的发展阶段，把收入分配体系与其依附的经济社会体制结合起来，研究全面深化分配改革的价值取向、逻辑脉络、整体布局。

马克思在《哥达纲领批判》中提出对未来社会分配原则的科学预见，包括社会主义分配原则和共产主义分配原则，前者被人们概括为按劳分配，后者马克思自己明确指出是“各尽所能，按需分配”，都是社会主义国家分配制度的理论渊源，对分配制度改革具有方向性指导意义。按劳分配是社会主义基本原则，坚持按劳分配是坚持走社会主义共同富裕之路的重要内容，也是社会主义取之不尽的力量之源，是加快推进以改善民生为重点的社会建设的应有之义，在社会主义的任何时候，我们都不能怀疑和动摇这一原则，并把实现“各尽所能，按需分配”作为一个最美好的分配形式和社会理想而孜孜以求。同时，具有与时俱进理论品质的马克思主义的分配理论，在社会主义实践中不断丰富和发展，既要坚持马克思主义分配理论的基本要义，又要结合当代中国新情况新问题不断加以创新和发展。

在当时，《哥达纲领批判》对工人运动产生了巨大的指导作用，今天，重温这部著作、认真领会未来社会分配原则的论述，对于我国当前的经济理论研究和经济体制改革仍具有重要的指导意义。

第一，探讨劳动创造财富决不能离开所有制关系和产权关系。劳动创造财富要在一定的自然物质条件和一定的生产关系下进行，生产关系的性质决定劳动产品的归属。而“劳动是一切财富的源泉”的说法却赋予劳动超自然的创造力，有助于把资产阶级的富有归功于“勤劳”“节俭”，把工人阶级的贫困归罪于“懒惰”，马克思认为，资本主义私有制才是劳动者贫困、受剥削、受压迫的根源，在那里，劳动与生产资料相分离，劳动所有权与劳动产品所有权相分离，消灭资本主义所有制和雇佣劳动制度是解决广大劳动者贫困的关键。在社会主义市场经济条件下，坚持社会主义公有制主体地位不动摇是提高劳动力价格水平和确保劳动者共享经济发展成果的制度保障，适时适度地调整生产资料所有制，落实生产资料共同所有的产权归属和收益，来激发劳动者创造社会财富的积极性，促进分配公平和缩小收入差距。

第二，要想缩小贫富差距在生产和分配的关系上必须反对两种错误倾向。生产资料的分配决定消费资料的分配，抽象的公平和平等的分配是不存在的。分配方式的占有形式决定消费资料的分配方式，有什么样的生产资料所有制就有什么样的分配，资本主义生产资料的私人占有决定了其消费资料的按资分配，从法权概念出发来谈论分配是唯心的，是机会主义的说法。要想促进我国分配公平和缩小收入差距，从根本说就要调整生产资料所有制，在分配实践中，应反对两种错误倾向：一是只重视分配问题而轻视生产和生产关系的"分配决定论"，二是只重视生产和生产关系而轻视分配问题的 GDP 崇拜。

第三，社会总产品分配要讲究原则的坚定性和策略的灵活性。任何社会，劳动成果都不能"不折不扣地"属于一切社会成员。社会主义条件下，劳动者创造的全部产品，根据有利于劳动人民的原则先进行各项社会必要扣除，以用于补偿消费掉的生产资料、扩大再生产、应付不幸事故和自然灾害的保险基金或后备基金，用于与生产没有直接关系的公益事业、一般管理，还有为丧失劳动能力的人设立的基金。社会主义生产目的是满足劳动人民日益增长的物质文化需要，社会主义总产品的分配要处理好个人消费与公共消费的关系、积累与消费的关系、坚持个人消费品的按劳分配原则，针对我国居民消费能力稀缺的现实，要着力实现分配的三个转变：一是分配由向政府和企业倾斜转到向居民倾斜，二是公共消费基金的支出由向行政管理倾斜转到向民生领域倾斜，三是劳动报酬在初次分配中的比重由过低水平转到适度标准。

第四，按劳分配理论要体现原则的一般性和适用的特殊性的统一。马克思设想的社会主义个人消费品按劳分配原则，是以他所理解的未来社会的经济条件为前提的：生产资料的全社会公有制，有计划的社会生产，商品经济的消亡等，尽管社会主义经济运行的具体状况与马克思构想的经济条件有差距，但马克思按劳分配原则所揭示的社会主义个人消费品分配的一般规律仍然闪烁着科学真理的光芒，至今还是正确的。社会主义国家主要生产资料归劳动人民共同所有，任何人都只能根据个人对社会付出的劳动多少领取个人消费品，不能凭借对生产资料的所有权占有他人的剩余劳动。共产主义第一阶段的生产力水平还不高，物质财富还未能达到充分涌流，可用于分配的消费资料的数量有限。因此，社会主义现阶段既不能像共产主义社会实行按需分配，又不能像原始社会那样实行平均主义分配，只能实行按劳分配。在现阶段，由于脑力劳动与体力劳动差别、复杂劳动与简单劳动差别、旧的社会分工及工农差别还存在，劳动还是人们谋生的手段，尚未成为人们生活的第一需要。一是我国还存在商品货币关系，劳动者的个人劳动不可能直接转化为社会劳动，这与马克思设想的劳动者凭劳动券领取与付出的劳动量相等的消费品的按劳分配有所差异。二是所有的劳动者都享有平等的劳动权利和根据劳动获得相应报酬的权利，当然，这种平等权利对不同的劳动者来说还是不平等的权利。所以，应努力推进马克思按劳分配理论的中国化，深化对按劳分配主体地位的认识，在坚持按劳分配主体地位的条件下，必须兼顾其他调节措施和分配方式，使我国社会主义分配制度既能体现公平、避免两极分化，又能合理拉开差距、避免平均主义，从而最大限度地实现社会主义的生产目的。

二　相关研究综述

马克思在《哥达纲领批判》中通过对未来社会所形成的现有要素的考察给出资本主义社会的发展趋势以及共产主义社会的大概轮廓和方向，指明未来社会不同阶段的分配方式，为现实社会主义实践提供了科学依据和理论指南，不过马克思不可能为后人提供一劳永逸的现成方案，诚如恩格斯所言："要用几句话来概括未来新时代的精神，而又不堕入空想主义或者不流于空泛辞藻，几乎是不可能的。"[①] 中外学者对《哥达纲领批判》中的分配问题从不同的视角加以研究，成果卓著，也为笔者的进一步研究提供了大量可资借鉴的有益参考。

（一）关于财富的源泉

"劳动是一切财富的源泉"的提法避而不谈劳动资料和劳动对象，不谈生产资料归属，人为地赋予劳动超自然的创造力，背离了唯物史观。马伯钧曾对20世纪90年代初期以前人们对《哥达纲领批判》的研究成果做了综述，涵盖的内容比较全面。其中论及劳动是不是财富源泉的问题时，他总结了两种观点，一种观点赞同马克思的论述，自然界和劳动是财富的源泉。另一种观点认为劳动是一切财富的源泉，因为其一，财富是对满足社会需要而言的，只有对人有用的劳动产品才是财富的源泉；其二，财富的源泉是就财富的产生、创造、生产而说的；其三，劳动是一切财富的源泉是"他自己不劳动，他就是靠别人劳动生活"论点的逻辑前提。[②]

---

① 《马克思恩格斯选集》第4卷，人民出版社1995年版，第731页。

② 马伯钧：《〈哥达纲领批判〉研究综述》，《信阳师范学院学报》（哲学社会科学版）1994年第4期，第26—31页。

（二）关于社会主义总产品的分配问题

在《哥达纲领批判》中，马克思提出社会主义总产品原理，在对劳动者个人进行消费品按劳分配之前必须要经过积累基金和消费基金的六次扣除，这些扣除是社会进步最重要的职能。白铭认为，社会主义总产品的分配模式和分配序列如果重积累轻消费、先积累后消费，势必导致劳动者劳动力的消费补偿难以维系、经济建设的大起大落，也很难保证社会主义生产目的的实现，为此，社会主义总产品遵循先消费后积累的模式和原则。①

任保平认为，马克思这一论述从社会产品分配的高度概括了社会保障制度的性质和内容，提出了广义的社会保障学说，明确了建立社会保障基金的必要性及其基金来源，成为社会保障实践的重要理论依据。②

（三）关于按劳分配的理论与现实

拉萨尔派不愿触及资本主义生产资料私有制，仅提出“不折不扣的劳动所得”和“公平分配”的改良主义主张，马克思在对此批判基础上，阐明了社会主义社会总产品的分配原理，鉴于生产资料公有制、消灭了商品和货币关系、还存在“旧社会的痕迹”等原因，其个人消费品只能实行按劳分配。我国是否具备实行按劳分配的现实性？有很大的争议。有观点认为市场经济条件下马克思的按劳分配是无法实现的，只是一种理论上的抽象。晏智杰指出，我国在相当长历史时期内不可能具备马克思原意按劳分配的条件，既不要再提按劳分配，也不要将马克思原意的按劳分配同按要素分配并列起来，二者相结合是自相矛盾的。③ 张庆仁在《按劳分配是一种假说》一文中认为按劳分配不可能实现，因为马克思的按劳分配理论有一定的前提条件和特定的历史背景，把“个人劳动直接社会化”“劳动能够准确利用”“劳动能够精确计算”看作它的三个充分条件。④对此，吕长征不予认同，因为这些条件只是自然经济和产品经济中的某些

① 白铭：《关于社会主义总产品的分配问题——从〈哥达纲领批判〉说起》1993年第5期，第31—32页。

② 任保平：《马克思主义的社会保障经济理论及其现实性》，《当代经济研究》1999年第4期，第34—38页。

③ 晏智杰：《“按劳分配”评议》，《北京大学学报》（哲学社会科学版）2002年第3期，第85—90页。

④ 张庆仁：《按劳分配是一种假说》，《山东社会科学》1989年第2期，第13—20页。

共同特征，而不是按劳分配的条件，其产生的前提是社会主义生产资料公有制，两个辅助条件是由生产力水平决定的产品数量和由社会文化发展决定的劳动的性质。①

林广瑞认为按劳分配只在公有制下的计划经济、产品经济内实行，而商品经济、市场经济中实行按劳分配会导致实现公有制经济关系的初衷与滋生私有制的结果的矛盾，所以，社会主义市场经济中只有按生产要素分配一条个人收入分配原则。② 林田则指出社会主义存在两种不同的“等量劳动相交换”，马克思预想的社会主义只有一种“等量劳动相交换”即按劳分配，商品经济条件下按劳分配不在全社会范围内而只在公有制企业内实行。不是要取消按劳分配，而是要对“劳”有正确评价。在公有制企业内部计量不同质的劳动并非易事，可以按照劳动创造的价值来评价、衡量，至于个人劳动在集体劳动中所占份额，要不断地研究、实验和调整。③ 关柏春认为，“劳”的计量问题是马克思在设想按劳分配原则的过程中所未能解决的，也是留给我们后人需要继续探索的问题，在社会主义经济下，劳动者和企业通过市场联系起来，通过双向选择机制企业和个人都能各得其所，其关键在于通过市场上的竞争过程就解决了“劳”的计量问题。④

（四）关于如何正确贯彻按劳分配问题

按劳分配具有私有制社会不可比拟的优越性，在社会主义时期要坚决贯彻执行，当然，社会主义也不是一成不变的，其分配方式一样也是变化的。按劳分配的历史作用两重性就考量着社会主义发展不同阶段人们的卓越智慧，如何发挥其优越性，创造条件减少“弊病”的消极作用。

雷强认为，贯彻按劳分配原则的正确方针是政治教育和物质鼓励相结合，政治教育是方向，物质鼓励是保证。如果片面强调物质刺激，会使劳动者迷失方向，陷入歧途，如果只重视政治教育，政治教育就会变为空洞的口号。⑤ 师钟撰文指出，在贯彻按劳分配中要总结历史经验，警惕和反

---

① 吕长征：《要实事求是地评价马克思的按劳分配理论——与张庆仁同志商榷》，《山东社会科学》1989 年第 5 期，第 37—39 页。

② 林广瑞：《按劳分配原则与现实经济条件的矛盾分析》，《河北师范大学学报》（哲学社会科学版）2008 年第 3 期，第 20—24 页。

③ 林田：《商品经济条件下要不要按劳分配》，《社会科学》1987 年第 5 期，第 14—20 页。

④ 关柏春：《收入分配理论问题研究》，《学习与探索》2008 年第 4 期，第 122—127 页。

⑤ 雷强：《马克思〈哥达纲领批判〉中的按劳分配理论》，《中山大学学报》1963 年第 3 期，第 82 页。

对两种错误倾向。过去是从“左”的方面把按劳分配的“资产阶级权利”当作破除的对象，在实现最高理想和最终目标上犯了超越阶段的错误，而现在要注意从右的方面根本否定按劳分配的主体地位，企图用按生产要素分配取而代之，抛弃最高理想和最高目标。①

（五）关于公平分配的理论与现实问题

分配失衡和贫富悬殊拉大使公平分配备受学者关注，成果主要集中于三方面：一是研究收入分配差距的现状、原因及促进公平分配的政策建议。蔡昉（2012）、卓晓宁等（2013）、罗福群（2010）指出我国现阶段有违于收入分配公平的问题并说明应对之策，曾国安等（2008）、靳共元等（2008）强调国民收入再分配中的制度公平和政策公平，赵人伟（2002）探讨转型期体制变迁中的无序因素及旧体制痼疾的消极影响，常修泽（2010）提醒改革分配制度时防止陷入拉萨尔的分配窄圈，刘尚希等（2011）认为贫富差距扩大根源于政府改革不彻底。②③④⑤⑥⑦⑧⑨ 二是研究财富分配和共同富裕的关系及其他。方福前（2013）阐述了当前改革要特别关注和解决财富占有不公问题，刘水林（2009）认为财富公平分配是国家职能，苏海南（2013）力主分配改革要把收入分配与财产分配、初次分配与二次分配、收入分配改革与深层次体制改革统一起来，程恩富（2012）认为财富差距是衡量贫富分化的关键，主张将收入分配、

---

① 师钟：《〈哥达纲领批判〉：走向未来社会的科学构想——〈读点马列原著讲座〉之七》，《中华魂》2005 年第 4 期，第 24—27 页。

② 蔡昉：《遏制资产性收入分配不公趋势》，《光明日报》2012 年 5 月 25 日，第 007 版。

③ 卓晓宁、孙迎联、孔陆泉：《我国现阶段收入分配中的公平正义问题浅探》，《学海》2013 年第 2 期，第 205—211 页。

④ 罗福群：《关于分配公平的一些思考》，《广东社会科学》2010 年第 1 期，第 58—62 页。

⑤ 曾国安、李少伟、胡晶晶：《关于国民收入再分配公平问题的几个问题》，《福建论坛》2008 年第 12 期，第 4—10 页。

⑥ 靳共元、郑玉光：《积极完善政策　确保公平分配与和谐发展》，《学习论坛》2008 年第 1 期，第 46—49 页。

⑦ 赵人伟：《对我国收入分配改革的若干思考》，《经济学动态》2002 年第 9 期，第 35—40 页。

⑧ 常修泽：《中国分配制度改革的三个提升——防止陷入拉萨尔的“分配窄圈”》，《学习月刊》2010 年第 4 期上旬刊，第 19—20 页。

⑨ 刘尚希、刘微、梁季：《我国国民收入分配的决定因素分析》，《涉外税务》2011 年第 2 期，第 9—14 页。

财富分配与财富生产结合起来研究。[1][2][3][4] 三是研究马克思分配公平的理论内涵及意义。涂良川等（2009）、姜涌（2009）阐释马克思的分配公平思想内涵，段忠桥（2013）认为当前中国贫富差距是否公平应以马克思公平观作价值判断，张啸尘（2008）揭示马克思公平观对和谐社会的意义，等等。[5][6][7][8] 这些研究见解独到、专向性较强。

（六）国外关于拉萨尔主义中心点的研究

依靠国家帮助建立生产合作社是拉萨尔主义的中心点，集中体现在《公开答复》《工人读本》《告柏林工人书》《资本和劳动》等作品中，其基本的逻辑是“铁的工资规律”是资本主义条件下工人贫困的根源，为铲除这个根源，就必须建立生产合作社，让工人获取普选权。为此，拉萨尔不惜与俾斯麦政府“合作”，以争取其帮助实行普选权和资助生产合作社。国外研究《哥达纲领批判》的有些学者把拉萨尔的这些论调和行为解释成策略和手段，甚至说他可能企图在遭到政府拒绝之后作为揭露政府的材料；也有学者表明工人合作社只是拉萨尔实行社会主义的经济手段之一，一旦工人阶级取得政权，他会提出更加彻底的主张。[9]

（七）国外关于未来社会分配原则和马克思分配正义的研究

尼尔森认为，马克思对共产主义第一阶段的理智评析并不是价值无涉的社会科学，马克思以既定方式将其描绘成如事实般不可避免的关系，其

---

① 方福前：《抓好三个转变　深入收入分配改革》，《教学与研究》2013 年第 4 期，第 5—13 页。

② 刘水林：《财富公平分配与国家的职能》，《经济法论丛》2009 年上卷，第 88—101 页。

③ 苏海南：《收入分配改革要避免“四割裂”、“四对立”》，《中国党政干部论坛》2013 年第 3 期，第 7—10 页。

④ 卢映西：《财富的生产和分配：中外理论与政策——“中国经济规律研究会第 22 届年会”综述》，《马克思主义研究》2012 年第 5 期，第 152 页。

⑤ 涂良川、胡海波：《论马克思的分配正义思想》，《现代哲学》2009 年第 2 期，第 64—68 页。

⑥ 姜涌：《马克思的分配正义思想》，《理论探讨》2009 年第 2 期，第 52—57 页。

⑦ 段忠桥：《当前中国的贫富差距为什么是不正义的？——基于马克思〈哥达纲领批判〉的相关论述》，《中国人民大学学报》2013 年第 1 期，第 2—14 页。

⑧ 张啸尘：《马克思的公平观及其对和谐社会的启示》，《马克思主义与现实》2008 年第 3 期，第 116—119 页。

⑨ 殷叙彝：《社会民主主义国家理论溯源——从拉萨尔到伯恩斯坦》，《马克思主义与现实》2010 年第 3 期，第 148—160 页。

分配通行的方式是一种形式的定量劳动与另一种形式的同量劳动相交换，平等在于用同一尺度，不平等在于用同一尺度对待不同等的劳动者。马克思在这里明显存在对劳动的价值判断意蕴，但这是马克思以他的历史——社会分析和关于上层建筑的基础的经验理论为基点进行的价值判断。①以西方价值观和话语体系来评说中国分配历程的变迁，对马克思公平分配思想的研究长期争论不休。田上孝一（2008）比较了马克思与罗尔斯的分配正义论，认为社会主义也有必要从马克思正义观点来重新讨论社会财富分配不合理问题，齐雅德·胡萨米（2008）反驳罗伯特·塔克和艾伦·伍德的“马克思认为资本主义分配是公平的”观点，还有柯亨、布坎南等围绕“马克思与公平正义”问题对马恩文本进行解读，却往往得出不同结论，严重缺陷就是撇开物质生产实践来抽象地谈论分配公平问题，在国内引起一定程度的思想混乱，有必要对马克思原著进行再解读来厘清马克思与分配公平的关系。②③

从国内外学者们的研究中发现，过去的研究主要是对《哥达纲领批判》的分配思想的某一观点的评析及对现实的指导意义。如：关于社会主义社会总产品的分配，对“资产阶级权利”的解读，历史语境下的按劳分配与现实语境下的按劳分配的对比，按劳分配理论及其与生产资料的占有关系，社会主义分配制度的与时俱进，批判“铁的工资规律”，社会主义分配制度变革的理论渊源等。现在学者们主要围绕社会主义市场经济条件下的分配问题进行了深入研究，从现阶段分配关系现状及其成因分析到改革现阶段分配关系的路径、方法、建议，这些分配理论和实际工作层面的研究是必要的，不过，鉴于大多偏重于政策与实证研究，系统性理论研究不多，特别是以马克思社会主义分配理论为指导，对当前分配关系的本质及其具体制度安排的相关研究更少。在这个意义上，还需要从理论上进一步探讨符合社会主义初级阶段具体国情的分配制度，进而为实际工作提供依据和遵循。在社会主义市场经济改革和发展的新形势下，反思我国的分配理论和实践，不仅市场、国家、个人对收入差距产生影响，而且各种分配思想也是造成收入分配差距的重要因素。所以，有必要对《哥达

---

① 傅强：《论尼尔森对〈哥达纲领批判〉的政治哲学解读》，《学术探索》2008年第4期，第25—29页。

② ［日］田上孝一：《马克思的分配正义论》，黄贺译，《国外理论动态》2008年第1期，第51—54页。

③ ［美］齐雅德·胡萨米：《马克思论分配正义》，林进平译，《马克思主义与现实》2008年第5期，第14—21页。

纲领批判》中的公平分配理论做系统的研究，更准确、更全面地理解和把握马克思对未来社会分配思想的原创性含义，有助于认清我国实行的分配原则与马克思的设想的异同，有助于认清分配制度深化改革的方向，有助于创造性应用原著思想、探索出适合实践需要的分配制度。另外，在初次分配和再分配都要处理好公平与效率的时代，平等、公平问题成为关注的焦点，似乎一切不平等、不公平的东西都成为口诛笔伐的对象，回顾历史、立足现实、面向未来，只有理性地看待不平等、不公平才能真正维护好公平、平等，正如马克思所言“权利就不应当是平等的，而应当是不平等的”。

三　研究思路与基本框架

收入分配问题是一个古老而永恒的话题，本书主要思路是从现阶段我国收入分配存在诸多问题入手，以劳动者共享经济发展成果为主线，以马克思分配原论的一般性、构想性和中国特色分配理论的特殊性、现实性相结合为辅线，阐明《哥达纲领批判》中的分配思想对我国分配制度改革和分配理论发展具有深远的意义和价值。具体思路是：（1）从马克思对拉萨尔分配思想的批判作为切入点，阐述马克思关于未来社会公平分配理论的基本观点及其对我国现阶段分配实践的指导意义。（2）围绕财富创造的源泉展开论述，劳动创造财富和文化离不开一定的物质条件和一定的生产关系，警惕空谈劳动创造财富的“资产阶级的说法”。（3）围绕财富分配的决定因素展开论述，生产资料所有制决定收入分配形式，批判机会主义的“分配决定论”，实践中适当调整生产资料所有制以促进我国分配公平和贫富差距缩小。（4）围绕财富分配的基本原则展开论述，按劳分配是社会主义的基本分配原则，劳动贡献得到有效激励是衡量按劳分配真正贯彻执行的重要依据。（5）围绕财富分配原则的一般性和特殊性的关系展开论述，我国现阶段的按劳分配制度与原本意义上的按劳分配原则是有差异的，我国的国情决定了要坚持按劳分配为主体的多种分配方式并存的分配制度。本书共分 5 章，基本框架如下。

第一章论述马克思对拉萨尔分配思想的批判及当代价值。亚当·斯密、李嘉图、萨伊等人关于分配的观点构成了古典学派的分配理论。在斯密那里，无论在哪个文明社会，地主、劳动者和资本家都是“构成社会的三大基本阶级”，他们的相应收入就是“地主地租、劳动工资和资本利润”，这合称为全部国民收入。李嘉图的“工资法则”认为“劳动的市场价格是根据供求比例的自然作用实际支付的价格”。萨伊提出“三位一体的公式”即资本—利润（企业主收入加上利息）、土地—地租、劳动—工资。而拉萨尔虽然看到了资本主义按资分配产生的两极分化的弊端，试图找出解决之道，提出“分配决定论”“不折不扣的劳动所得”“铁的工资规律”等观点，要么是主观唯心主义的幻想，要么是机械地照搬古典分配观点，马克思对此进行了尖锐批判，捍卫了社会主义的基本原则，并对未来社会的分配原则做出科学预见，《哥达纲领批判》对当时的工人运动产生了巨大的指导作用，当今认真领会其中分配原理的要义和旨趣，对当前的分配体制改革和分配理论研究具有重要的现实意义。

第二章论述资本主义私有制是劳动者分配不公和贫困化的经济根源。在《哥达纲领批判》中马克思论述了马克思主义政治经济学最基本的原理，对拉萨尔的资产阶级庸俗经济学进行了深刻的批判，有力地揭露了资产阶级生产资料私有制是无产阶级受剥削、受压迫的根源。首先，劳动创造财富和文化离不开一定的物质条件，并且只能在一定的社会关系下进行，说明“劳动是一切财富和文化的源泉”在理论上是错误的；其次，离开了生产资料私有制空谈劳动创造财富是“资产阶级的说法”，无益于工人阶级争取自身权益的斗争。马克思的这些批判的现实意义在于：生产关系的性质决定了分配的制度安排，要想破除资本主义条件下劳动者贫困化的经济根源，必须由社会主义公有制取代资本主义私有制。

第三章论述马克思公平分配观与拉萨尔公平分配观的根本分歧。社会产品的分配关系是生产关系的一个重要方面，马克思主义关于产品问题的理论，同拉萨尔机会主义的分配理论是根本对立的。拉萨尔分配理论的实质是“分配决定论”，认为不触动资本主义所有制，只要改革一下分配制度，就能使无产阶级摆脱苦难，就能实现社会主义。马克思则认为，抽象的、空洞的“公平的分配、平等的权利”是不存在的，只不过是一种法权概念，“在所谓分配问题上大做文章并把重点放在它上面，那也是根本错误的”，生产资料的占有形式决定消费资料的分配形式，不同的生产资料所有制导致了不同的产品分配方式，只有重视生产资料的基础地位，才能深刻把握资本主义社会的运作方式和必然命运，找到劳动者解放的现实道路。马克思的这一理论成果的当代价值在于：要想促进分配公平和缩小收入差距，必须要变革生产资料所有制，而变革重点：一是深化国企改革尤其是垄断国企改革；二是深化农村土地制度改革，促进农民增收；三是调整资源配置，实现资源分配相对公平。按劳分配是社会主义的基本原则。针对拉萨尔的“不折不扣的劳动所得”的错误论调，马克思详细论述了社会主义社会总产品分配原理，在做出一系列必要扣除后的个人消费品分配原则是“等量劳动相交换”即按劳分配，这是由于社会主义在“经济、道德和精神方面都还带着它脱胎出来的那个旧社会的痕迹”，并将长期存在，所以还不能实行“各尽所能、按需分配”。①

第四章论述马克思公平分配思想在我国分配实践中遭遇现实困境。在所有制结构上，有劳动者与资本所有者及国有化与私有化的矛盾；在改革手段上，有调控化与市场化的矛盾；在改革动力上，有精英阶层与草根阶层的矛盾；在精神诉求上，有理想化与世俗化的矛盾；在改革主体选择上，有主导化与从属化的矛盾。在市场经济条件下，能否正确贯彻实施按劳分配原则是关系到坚持社会主义的重大原则问题，必须牢牢把握和坚持贯彻按劳分配的一些基本要求，始终遵循按劳分配的社会主义价值取向。马克思在《哥达纲领批判》中对未来社会分配原则的构想不在于预知其全部的细节，旨在揭示社会自身运动规律，而我们要在传承的基础上努力赋予其新的内涵和时代元素。按劳分配在执行过程中由于这样那样的因素出现了一些偏差，抑制了按劳分配鲜明中国特色的展现和分配制度优越性的发挥，但这主要是我们对按劳分配理论研究不够和理解上的偏差导致的，绝不是按劳分配理论本身的过错，社会主义社会实行按劳分配是不以人的意志为转移的客观规律，按劳分配贯穿于社会主义发展过程的始终。

第五章论述全面深化改革以践行马克思公平分配理念。深化生产资料所有制改革以促进分配公平，打破资本“钟罩”防止贫困固化，增强资本正外部性使民众受益，完善公共服务均等化体系。体制性弊端是劳动者劳动报酬低下的根本原因，要跳出“铁的工资规律”怪圈，大力提高劳动报酬，在坚持人民当家做主和人民民主专政的同时，又要批判民主社会主义背离科学社会主义的企图；在批判资本主义制度下的雇佣劳动制度的同时，又要允许社会主义市场经济中资本主义雇佣劳动的适度发展；在坚持社会主义基本分配原则不动摇的同时，不搞按劳分配主体地位的多元分配和单一按劳分配。

四　研究方法和创新之处

（一）研究方法

第一，理论与实际相结合的方法。运用马克思主义及其历史唯物主义的观点，把对《哥达纲领批判》中分配思想与现实分配问题结合起来，

① 中共中央马克思恩格斯列宁斯大林著作编译局编：《马克思哥达纲领批判》，人民出版社 1997 年版，第 14 页。

使之成为分配思想和分配体制改革新的生长点。收入分配作为生产关系范畴，既受到生产资料所有制性质的制约，又最终决定于一定社会生产力发展水平，本书在探究我国现阶段分配差距悬殊时，始终以社会主义初级阶段为基本出发点。存在的未必都是合理的，对造成收入严重不公的深层次原因，必须以科学社会主义分配理论为指导加以分析，并寻求合乎社会主义价值取向的应对之策。第二，历史与逻辑方法。马克思对未来社会分配制度的预见具有一般性，以发达资本主义国家无产阶级革命胜利为前提，而我国社会主义则跨过了资本主义“卡夫丁峡谷”，现实实际与马克思预见的历史实际相差甚远。不过，既不能据此否认马克思预见的科学性，也不应机械地照搬马克思的具体构想，要立足初级阶段的社会主义国情创造性地运用该著作中的分配原理指导社会主义社会建设。第三，实证分析与规范分析相结合的方法。研究现阶段我国收入分配问题，要运用大量事实、数据材料得出一般性结论，并指出这些结论与分配原则的差距，对中国的收入分配现在应该怎么样、将来会怎样等进行学理分析和价值判断。深入到农村、社区、企业对农民、市民、农民工进行访谈，查找统计局数据并进行学理分析。第四，跨学科研究法。运用历史唯物主义、政治经济学、政治学、社会学、哲学等相关方法与成果，实现理论与现实、逻辑与历史相统一，重新审视和化解当前发展中的分配不公之惑，这不仅是分配再平衡问题，而且涉及经济、社会、政治各个领域。

（二）创新之处

目前对于收入分配问题的研究成果颇丰，然而，迄今对马克思《哥达纲领批判》中的分配思想进行全面、系统的研究，并充分发掘这些分配思想的当代价值的著作较为少见。而本书以此为题，立足于马克思主义分配思想中国化的理论与实践，从中寻找方法论和灵感，一方面努力探索马克思主义分配理论“真谛”，致力于准确把握《哥达纲领批判》中马克思的分配原论思想，另一方面着力进行历史实际与现实实际的马克思主义分析，重点结合我国当前大转型大发展时期的分配制度、分配实践的具体实际，以期为探索出适合社会主义初级阶段市场经济发展需要的分配制度提供科学理论支撑，其视角和立论本身可以说是一个创新。结构安排上不是传统构思上先全部阐述这篇著作的分配理论，然后在最后的章节集中探究这些思想的理论意义和现实意义，而是把诸多的分配原理按一定逻辑进行分解论述后再有针对性联系分配实际问题，突出各个原理鲜明的时代价值。重视运用跨学科研究法，特别是历史唯物主义、政治经济学、社会学、政治学等方法，突破常见的就分配理论言说分配理论的经济学研究方法，有利于增强对中国特色社会主义分配公平的整体把握，体现研究方法的创新性。发掘马克思分配思想的经济、政治、社会公平意蕴，改革经济、政治、社会中非公平因素实现分配公平。

从总体上看，本书的理论核心集中在《哥达纲领批判》中马克思分配理论的现实意义上，而创新之处也主要体现于此。

首先，按劳分配原则是人类历史上分配制度的一次深刻革命，在社会主义市场经济条件下，能否正确贯彻实施按劳分配原则是关系到坚持社会主义的重大原则问题。在全球经济调整时期，国内消费需求不足严重影响经济持续、稳定、快速发展，当前我国“分配向政府和企业倾斜、居民所得份额不断下降”的国民收入分配格局却极大消解了按劳分配的优越性，因此在分配实践中必须牢牢把握和坚持贯彻按劳分配的一些基本要求，确保践行按劳分配始终遵循社会主义价值取向：坚持以满足人民群众生活需要为根本是实现按劳分配的历史使命；坚持劳动权益主导下的利益共享是实现按劳分配的有效途径；建立健全社会保障体系是实现按劳分配的社会基础；社会主义市场经济条件下，坚持分配更加注重公平是实现按劳分配的当代诉求。所以，无论过去、现在还是将来，我们政府都要始终把坚持按劳分配问题置于我国经济社会结构转型的长期发展视野之中，努力构建实现按劳分配的分配模式和共享经济发展成果的转型模式。

其次，关于如何看待《哥达纲领批判》中马克思对拉萨尔“铁的工资规律”的批判，我国历经30多年改革开放的洗礼之后回顾经验和教训，有助于正确领悟马克思对这一自然规律批判的理论含义和实践用意。反观劳动报酬长期低下、收入差距悬殊拉大的现状，自觉运用马克思科学世界观和方法论来分析其深层次原因，深刻揭示和批判“劳动者的劳动报酬由市场劳动力供求关系自发调节”的机会主义的危害，以科学发展观的指导加快分配体制改革步伐，努力跳出“铁的工资规律”怪圈，收入分配改革向有利于普通劳动者方面推进，进一步扩大劳动权能，构建“见物又见人”的双重产权制度，在起点公平和结果公平方面保证不同劳动者之间收入分配的平衡与和谐，逐步实现社会发展满足人们内在需要的根本目的。

再次，关于在推进马克思分配理论当代化的今天，如何抵制和反对两种错误的分配观。一是主张推行单一按劳分配，这是脱离实际的乌托邦式的空想，是过去的“左”倾思潮抬头的表现。二是主张各种分配方式的地位在市场经济竞争中自发形成。这是当下更流行的看法，与当年拉萨尔离开所有制性质空谈分配一样是唯心史观的论调，我国是在公有制为主体的条件下发展市场经济的，生产资料的性质决定产品的分配方式。社会主义社会实行按劳分配是不以人的意志为转移的客观规律，按劳分配贯穿社会主义发展过程的始终，我们不能以这样那样的理由和借口曲解或否定按劳分配的主体地位，要毫不动摇地坚持按劳分配的主体地位，缩小贫富差距和保障劳动人民共享改革发展成果。

尽管本书在选题立意以及一些现实意义的阐述上力图做些创新和突破，但由于本人能力有限和占有资料不足，在撰写过程中还有许多问题尚待进一步研究，诸如：如何细化、量化按劳分配的“劳”，使这一分配原则在实践中避免平均分配和被按生产要素分配边缘化的双重命运；如何继承马克思对拉萨尔主义分配理论的批判精神，深入探究社会主义市场经济条件下的分配模式，实现从先富到分享制再到共富的转变；当代资本主义的“分享制”是不是向按劳分配的过渡形式；等等，创新之处难免存在欠缺和遗憾。因此，笔者将在今后的学习和研究中对这些问题进行不断的弥补和充实。

第一章 马克思对拉萨尔分配思想的批判及当代价值

社会生活实践是连续的，思想发展也是前承后继的。列宁曾指出："判断历史的功绩，不是根据历史活动家有没有提供现代所要求的东西，而是根据他们比他们的前辈提供了新东西。"① 评价拉萨尔的分配思想就需要看他比古典经济学家们提供了哪些"新东西"？恩格斯 1869 年致马克思的信中对拉萨尔有一番评价："拉萨尔具有非凡的才能和渊博的学识，这是一个精力充沛而简直是无限灵活的人；它可以说天生就是为了在一切场合扮演政治角色。但是，他的著作的全部内容都是抄袭的，而且在抄袭时还作了歪曲。"② 威·白拉克在《拉萨尔的建议》中说："我并反对拉萨尔对工人事业的意义，我反对的只是作为拯救劳动民众手段的拉萨尔的建议。"③ 1891 年致卡·考茨基信中说："无论把拉萨尔对运动的功绩评价得那么高，他在运动中的历史作用仍然具有两重性。同社会主义者拉萨尔形影不离的是蛊惑家拉萨尔。"④ 可见，拉萨尔的一生是充满矛盾的，仅就其分配思想来说，他的通俗话语使工人能够深刻理解经济学的道理，唤起工人群众和重新活跃德国运动，奥古斯特·倍倍尔致信恩格斯说："拉萨尔的著作由于其语言通俗，实际上构成了群众的社会主义观点的基础，这一点是不容争辩的。"⑤ 拉萨尔又继承了亚当·斯密、大卫·李嘉图、萨伊等古典经济学家的庸俗观点，抄袭并歪曲了马克思的经济学

---

① 参见《评经济浪漫主义》，载《列宁全集》第 2 卷，人民出版社 1959 年版，第 150 页。

② 中共中央马克思恩格斯列宁斯大林著作编译局编：《马克思恩格斯论拉萨尔和拉萨尔主义》，人民出版社 1979 年版，第 183 页。

③ 中共中央马克思恩格斯列宁斯大林著作编译局编：《研究〈哥达纲领批判〉参考史料》，生活·读书·新知三联书店 1978 年版，第 213 页。

④ 中共中央马克思恩格斯列宁斯大林著作编译局编：《马克思恩格斯论拉萨尔和拉萨尔主义》，人民出版社 1979 年版，第 283 页。

⑤ 中共中央马克思恩格斯列宁斯大林著作编译局编：《研究〈哥达纲领批判〉参考史料》，生活·读书·新知三联书店 1978 年版，第 141 页。

说，提出了“不折不扣的劳动所得”“分配决定论”“铁的工资规律”等机会主义分配观点，并渗透于爱森纳赫派和拉萨尔派合并的《社会主义工人党纲领》之中，马克思、恩格斯认为这是一个“极其糟糕的、会使党精神堕落”的纲领，为了遏制当时流行的同机会主义妥协的“腐败的风气”，为了彻底清算拉萨尔主义、教育爱森纳赫派、捍卫科学社会主义的原则，马克思撰写了《哥达纲领批判》，对拉萨尔机会主义分配思想做了一次全面肃清，阐述了未来社会的分配原则，指明了无产阶级解放的必由之路，丰富和发展了马克思主义的科学社会主义学说，对完善我国社会主义初级阶段的分配理论和指引分配体制改革具有深远的理论旨趣和现实意蕴。

第一节　马克思撰写《哥达纲领批判》的背景和拉萨尔分配思想的错误实质

一　《哥达纲领批判》产生的历史背景

19 世纪上半期的德国处于封建统治之下，经济上比较落后，政治上四分五裂。1848 年的革命浪潮极大地冲击了德国的封建制度，在普法战争之后德国的资本主义工业迅速发展起来，工人阶级的队伍也逐步成长壮大，他们在斗争中逐渐觉悟到必须建立自己的组织，并形成了一支独立的政治力量。

当时摆在德国工人阶级、资产阶级和全体劳动者面前的历史任务，就是根据德国的经济、政治情况进行资产阶级民主革命，推翻封建统治、消除封建割据、实行全德统一，以适应资本主义经济的进一步发展，由于德国资产阶级害怕工人运动的蓬勃发展，就同封建势力妥协，宣扬劳资合作和崇拜普鲁士王朝等思想来消解工人阶级的革命意志，以削弱工人运动，于是在德国工人运动中便滋长了资产阶级改良主义的思潮。19 世纪 60 年代末，拉萨尔派和爱森纳赫派在德国工人运动中存在一系列问题上的原则性分歧，以拉萨尔为领导的拉萨尔派属于机会主义派别，基于超阶级的国家观指导，主张通过争得普选权和依靠“国家帮助”建立生产合作社的路径，实现资本主义到社会主义的过渡，并在领导工人运动中力图将其引上“国家社会主义”的发展轨道。另外，在对待农民问题上，诬蔑他们是“反动的一帮”，反对工人阶级与之结盟。拉萨尔还宣扬“铁的工资规律”“分配决定论”等观点，把资本主义特有的工资规律和无产阶级因饱受剥削而致贫，轻描淡写地说这是“自然规律”。显而易见，这是替资本主义雇佣劳动制度辩护，麻痹无产阶级的革命斗志，反对无产阶级的暴力夺权。因而，全德工人联合会已不能适应先进的、觉悟了的工人们的斗争要求。拉萨尔的信徒贝·施韦泽和哈森克莱维尔等人又先后领导“全德工人联合会”，在德国工人运动中长期推行拉萨尔机会主义路线。在马克思、恩格斯的亲切关怀和悉心指导下成长起来的爱森纳赫派，主要领导人有威廉·李卜克内西、奥古斯特·倍倍尔，要实现德国的统一必须通过自上而下的革命，必须推翻贵族地主阶级的反动统治。在积极筹建“全德工人联合会”的工作过程中，同拉萨尔及其信徒进行了一定程度的斗争，1867 年退出“全德工人联合会”转而参加了第一国际，1869 年在爱森纳赫城召开代表大会，成立“德国社会民主工党”，制定了社会民主党纲领。

19 世纪 70 年代后，德国工人运动的发展如火如荼，俾斯麦政府感到惊慌，于是加紧对工人运动的镇压，封闭了爱森纳赫派的地方组织，拉萨尔派在 1871 年选举中由于日益失去群众的信任而惨遭失败。共同的逆境，促使两派都希望合并，以壮大力量。另外，两派原来关于德国统一问题的策略分歧鉴于这时德国已经统一而不复存在，两派的合并更有了现实的基础。合并之前，马克思、恩格斯审时度势，认为通过合并来改变德国工人运动的分裂状态是必要的、有利的、可行的，不过，合并要建立在科学共产主义的理论原则和纲领路线基础之上。在合并过程中，马克思、恩格斯十分清楚拉萨尔机会主义思潮对科学社会主义理论的干扰和对工人运动的危害，特别关注合并的指导思想和合并纲领的理论阐述，为此，他们一再告诫社会民主工党的领袖们，一定要制定一个建立在对科学社会主义理论统一认识基础上的科学严谨的纲领，“这就是在全世界面前树立起一些可供人们用以判定党的运动水平”的界碑，成熟的理论和统一的思想是两派合并的根基和建设一个真正的工人阶级政党的指针，它甚至比组织上的合并更重要。但是，李卜克内西等爱森纳赫派领导人却热衷于组织上的合并，对拉萨尔派主张的接纳异乎寻常，接受了把拉萨尔观点纳入合并纲领，使草案的主要观点与原爱森纳赫纲领相去甚远。而且在合并谈判的最后关头，李卜克内西和其他领导人都没有与在英国的马克思和恩格斯沟通相关情况。

鉴于当时拉萨尔派领导人拒绝放弃机会主义路线，合并的条件实际上还不够成熟，马克思、恩格斯建议先缔结一个反对共同敌人的行动协议。

李卜克内西急于合并，并未听取马克思的建议，匆忙起草了一个充满拉萨尔派观点的《德国工人党纲领》草案，并于1875年3月7日分别在两派的机关报上发表，准备提交在哥达城召开的合并代表大会讨论。看到这个草案时，马克思、恩格斯非常气愤，随即对这个草案做了逐点剖析和批判，它不仅没有超过爱森纳赫纲领，而且“比爱森纳赫纲领还倒退一步”。随后，恩格斯写信给出狱不久、对合并情况还不甚了解的爱森纳赫派领导人倍倍尔，阐明了自己和马克思对纲领草案全盘否定的原则立场，指出：“在这个连文字也写得干瘪无力的纲领中差不多每一个字都应当加以批判。它是这样一种纲领，一旦它被通过，马克思和我永远不会承认建立在这种基础上的新党。”① 李卜克内西等人虽然积极投身工人运动，为爱森纳赫派的发展壮大做出了很多贡献，但是在理论上受拉萨尔思潮影响较大，在起草合并纲领时，不可能担负起对充斥于纲领草案中的拉萨尔词句批判的责任。没有理解和接受马克思、恩格斯的最初表态，究其原因，主要是过分热衷于两派组织上的合并，加之自身科学社会主义理论素养的欠缺，难以对草案中拉萨尔机会主义观点做出是非鉴别，致使爱森纳赫派对拉萨尔机会主义观点的乘虚而入失去了应有的警惕。李卜克内西等人自以为是地拒绝了马克思、恩格斯的批评，李卜克内西和其他党内干部顽固地为合并纲领草案辩护，并力求用一切手段美化向拉萨尔派所做的妥协，还把它说成是马克思主义的胜利。马克思、恩格斯为了捍卫和坚持科学社会主义的原则，不得不第二次表态，马克思抱病写了《对德国工人党纲领的几点意见》，并将这一著作连同附信寄给了德国社会民主工党领导人威·白拉克，并请他转给爱森纳赫派的其他领导人阅读。马克思逝世八年后，恩格斯为了帮助德国社会民主党制定科学的行动纲领，不顾党内机会主义领导人的反对，1891年将这一著作连同马克思在1875年5月5日写给威·白拉克的信，公开发表在党的理论刊物《新时代》上，并写了一篇序言。

《哥达纲领批判》虽然是直接针对德国两派工人政党合并纲领而写的，但是却发挥了更为广泛的理论和现实影响力，在清算拉萨尔机会主义的同时，还阐述了工人阶级政党的理论基础、共产主义社会的发展阶段以及未来社会的分配思想，尽管当时爱森纳赫派的领导人没有完全采纳马克思的意见，但它却通过“肃清有关拉萨尔的神话”产生了“应有的影响

① 中共中央马克思恩格斯列宁斯大林著作编译局编：《马克思哥达纲领批判》，人民出版社1997年版，第35页。

并给别人以勇气”。从后来整个国际共运史的发展来看，这部著作也一直是各国共产党人加强思想理论建设，克服各种机会主义的思想武器，发挥了广泛而深远的影响。

在马克思主义发展史上，《哥达纲领批判》是一部科学社会主义的重要文献，马克思根据当时欧洲资本主义发展的具体历史背景，全面系统地批判了拉萨尔主义，厘清了科学社会主义思想与非社会主义思想的本质区别，在此基础上对未来社会的国家制度、发展阶段以及分配制度做了原则性构想。《哥达纲领批判》问世距今虽已过去 140 多年，但对今天全面建成小康社会尤其全面深化分配体制改革仍大有借鉴意义。

二　拉萨尔分配思想的错误实质

马克思指出：“古典派如亚当·斯密和李嘉图，他们代表着一个还在同封建社会的残余进行斗争、力图清洗经济关系上的封建污垢、提高生产力、使工商业获得新的发展的资产阶级。”① 在资本主义发展初期，古典经济学派的历史使命在于揭示封建势力阻碍生产力发展，阐释在资本主义制度下财富的生产、分配、消费思想，论证资本主义生产方式的优越性，他们的分配理论对后世产生了深远的影响。为了对拉萨尔的分配思想有一个完整、清晰的认识，有必要追溯到他之前的古典经济学家们的分配思想，从中探究他抄袭、仿效的痕迹，感知他试图超越古典学派分配思想的努力，从而站在科学社会主义立场上更好地把握其分配思想中的错误实质。

（一）斯密的收入分配理论

英国经济学家亚当·斯密（Adam Smith，1723—1790）在经济学说史上第一次对国民经济进行了系统分析，形成了自由市场经济的理论体系。他从资产阶级利益出发，批判了财富只来源于对外贸易的重商主义者的观点，冲破了财富只来源于农业劳动的重农主义者的偏见，把经济研究范围从流通领域拓展到生产领域，强调一切生产部门都能创造社会财富，而且财富实际上是人们用劳动适应人的需要、改造自然得到的，把社会分工理论和劳动价值论引入他的收入分配理论，在《国民财富的性质和原因的研究》中比较系统地阐述了劳动价值论，用劳动说明了人类财富的主要来源。

---

① 《马克思恩格斯选集》第 1 卷，人民出版社 1995 年版，第 153—154 页。

1. 三种收入决定价值理论

斯密的劳动价值理论，一方面认为价值决定于生产时所消耗的劳动，另一方面他又认为价值是由工资、利润与地租各种收入构成。他的这种自相矛盾的观点，也表现在他的分配论中。认为在资本主义制度中，资本主义社会由三个阶级构成的理论是商品价值由三种收入构成的理论依据。斯密指出："一国土地和劳动的全部年产物，或者说，年产物的全部价格，自然分解为土地地租、劳动工资和资本利润三部分。这三部分，构成三个阶级人民的收入，即以地租为生、以工资为生和以利润为生这三种人的收入。此三阶级，构成文明社会的三大主要和基本阶级。一切其他阶级的收入，归根结底，都来自这三大阶级的收入。"① 可以看出，工资、利润和地租是与资本主义社会三大基本阶级相应的三种基本收入，其中，利润和地租是对劳动者所创造价值的一种扣除，这实际上已经涉及剩余价值的来源问题。

"第一阶级即地主阶级"常常安于享乐，流于懒惰；"第二阶级即靠工资过活的阶级"居于弱势地位，无能力维护自身利益；"第三个阶级即靠利润为生的人"有敏锐的理解力，以欺骗、压迫手段维护本阶级利益。他提出了关于三个阶级和三种收入的理论，运用工资、利润和地租等经济范畴分析资本主义社会的经济关系，在一定程度上揭示了资本主义生产关系的内在联系。但是，斯密认为随着资本积累和土地私有化，决定商品价值的因素除了劳动外，利润与地租也加入进来，这样，工资、利润和地租既是"一切交换价值的三个根本源泉"，也是其他一切收入的来源，斯密就由劳动价值论转到三种收入决定价值的理论，这种偏离劳动价值的观点是其理论的庸俗成分，成为其继承者庸俗要素价值论的理论基础。

2. 工资理论

斯密的工资理论认为工资是劳动的自然报酬或劳动产品的一部分，在资本主义社会三种基本收入里，只有工资是劳动的收入，在原始社会探讨劳动工资是"徒劳无功"的，因为："劳动生产物构成劳动的自然报酬或自然工资。在土地尚未私有而资本尚未积累的原始社会状态下，劳动的全部生产物属于劳动者，既无地主也无雇主来同他分享。"② 这时劳动者独享全部劳动生产物，私有制出现后，工资就只是劳动产品的一部分，因为劳动生产物中需减去利润和地租。"土地一旦成为私有财产，地主就要求

---

① ［英］亚当·斯密：《国民财富的性质和原因的研究》上卷，郭大力、王亚南译，商务印书馆1972年版，第241页。

② 同上书，第58页。

劳动者从土地生产出来或采集到的几乎所有物品中分给他一定份额。因此，地主的地租，便成为要从用在土地上的劳动的生产物中扣除的第一个项目。"① 另外，耕种者由于缺乏必备的生产资料，必须受雇于农业家，前提是"除非他在收回资本时得到相当的利润，否则他就不愿雇用劳动者。因此，利润成为要从用在土地上的劳动的生产物中扣除的第二个项目"②。吝啬的雇主总是尽力把工人的工资压到最低，"不过，在争议中，雇主虽常居于有利地位，但劳动工资有一定的标准，在相当长的期间内，即使最低级劳动者的普通工资，似也不能减到这一定标准之下"③。认为劳动就是商品，工资的自然价格是劳动的价值。斯密还认为："需要靠劳动过活的人，其工资至少须足够维持其生活。在大多数场合，工资还得稍稍超过足够维持生活的程度，否则劳动者就不能赡养家室而传宗接代了。"④ 这一工资标准是符合一般人道标准的最低工资，这个最低工资取决于维持工人生活所必需的生活资料，取决于劳动者阶层的繁殖速度，取决于工人借以维持生存的生活资料的多寡，取决于劳动力市场的供求关系。斯密进一步指出："什么时候，要是劳动报酬不够鼓励人口增殖，劳动者的缺乏不久就会抬高劳动的报酬。什么时候，要是劳动报酬过分鼓励人口增殖，劳动者的过多不久就使劳动的报酬减到其应有的程度。在前一场合，市场上的劳动供给，如此不足，在后一场合，市场上的劳动供给，又如此过剩，结果都迫使劳动价格，不久又回到社会所需要有的适当程度。"⑤ 从中可以看出，劳资双方在供求竞争中所确定的劳动价格便是工资的市场价格，是它以工资的自然价格为中心，这一理论，先被马尔萨斯继承，后又被德国工人党的拉萨尔发挥并表述为"铁的工资规律"。

3. 利润理论

在斯密看来，利润构成生产费用的一部分，是资本的自然报酬和资本家的基本收入，来源于雇佣工人无偿劳动所创造的价值，也就是工人劳动对原材料所增加的价值在扣除工资以后的余额，这是因为私有制的存在使资本所有者占有了利润，"资本一经在个别人手中积聚起来，当然就有一些人，为了从劳动生产物的售卖或劳动对原材料增加的价值上得到一种利

① ［英］亚当·斯密：《国民财富的性质和原因的研究》上卷，郭大力、王亚南译，商务印书馆1972年版，第59页。

② 同上书，第60页。

③ 同上书，第62页。

④ 同上。

⑤ 同上书，第73—74页。

润，便把资本投在劳动人民身上，以原材料与生活资料供给他们，叫他们劳作。与货币、劳动或其他货物交换的完全制造品的价格，除了足够支付原材料代价和劳动工资外，还须剩有一部分，给予企业家，作为他把资本投在这企业而得的利润”①。这样一来，劳动者劳动过程中对原材料增加的价值就分为两部分：支付劳动者的工资以补偿他的劳动付出和支付雇主的利润以补偿他垫付原材料和工资的全部资本。斯密还提出利息是利润的派生收入，是资本所有者将自己暂时不用的钱借给他人所获得的回馈，利润和利息是同向变化的。他还揭示了利润率下降的趋势，随着资本积累的增大和国民财富的增长，利息率就会不断下降，但不必悲观，这是国民财富增加和社会福利增进的标志。

斯密的分配理论表现出了正确与错误、科学与庸俗的两重特点，比如其工资理论既有科学的成分，认为劳动是工资的来源，资本主义社会工人不能得到全部劳动成果；也有庸俗的成分，认为工资是劳动的价值或价格，“劳动的价格”就是工资的自然价格，掩盖了资本主义的剥削关系。而拉萨尔却对斯密分配理论的科学成分视而不见，提出“不折不扣的劳动所得”的模糊概念；对其中的庸俗成分情有独钟，离开生产资料所有制提出“分配决定论”的荒谬观点。

（二）李嘉图的收入分配理论

大卫·李嘉图（David Ricardo，1772—1823）是英国古典政治经济学的完成者，在1817年出版的《政治经济学及赋税原理》中提出了自己的分配理论。随着资本主义已经发展到机器大工业阶段，资本积累的规模越来越依赖于利润的大小，地主和资本家对社会剩余产品的分配问题日益凸显，因此，李嘉图比斯密更加关注财富的分配规律，“确立这种分配的法则，乃是政治经济学的主要问题”②。李嘉图继承了斯密关于社会产品在工人、资本家和地主之间分配的学说，他的分配理论建立在劳动价值论基础上，认为劳动创造了全部产品的价值，自然而然劳动就成为社会上一切阶级收入的源泉；同时，以地租理论为核心，只有通过这一核心才能揭示各种收入之间的变化趋势，通过工资这一中间环节揭示地租和利润的对立。

---

① ［英］亚当·斯密：《国民财富的性质和原因的研究》上卷，郭大力、王亚南译，商务印书馆1972年版，第43页。

② ［英］大卫·李嘉图：《政治经济学及赋税原理》，郭大力、王亚南译，商务印书馆1962年版，第3页。

1. 工资理论

和其他古典经济学家一样，李嘉图也认为工资是劳动的价格，劳动像其他商品一样具有自然价格和市场价格，在《政治经济学及赋税原理》中指出："劳动的自然价格便取决于劳动者维持其自身与其家属所需的食物、必需品和享用品的价格。"① "劳动的自然价格是让劳动者大体上能够生活下去并不增不减地延续其后裔所必需的价格。"② "劳动的市场价格是根据供求比例的自然作用实际支付的价格。劳动稀少时就昂贵，丰裕时就便宜。"③ 从中看出，李嘉图虽然没有区别劳动和劳动力，但他实际上已看到了劳动力的自然价格即劳动力的价值是由维持劳动者自身及其家庭所必需的生活资料价值决定的，它在一定社会历史下是不变的，劳动力的市场价格（劳动力的价格）则随供求的变化而上下波动。

劳动的价格即工资的变动规律是怎样的呢？李嘉图提出"生存工资理论"。决定工资变动的是工人人口的自然繁殖率和绝对数量的变化，工人人口的繁殖率随着工资的升降发生变化，而工人人口绝对数量的增减又会引起劳动的供求发生变化，结果就形成了一种自然趋势，使劳动的市场价格必然符合其自然价格，工资必然只等于工人最低限度的生活资料的价值，并说明了两种情况：一是劳动的市场价格超过自然价格，"劳动者的景况是繁荣而幸福的，能够得到更多生活必需品和享受品，从而可以供养健康而人丁兴旺的家庭。但当高额工资刺激人口增加，使劳动者的人数增加时，工资又会降到其自然价格上去，有时的确还会由于一种反作用而降到这一价格以下"④。二是劳动的市场价格低于自然价格，"劳动者的景况就最困苦；这时，由于习惯而成为绝对必需的享受品就会因贫困而被剥夺。只有在贫穷已经使劳动者的人数减少，或劳动的需求已经增加之后，劳动的市场价格才会再提高到自然价格上，劳动者才会得到自然工资率所将提供的适度享受品"⑤。可见，李嘉图认为，高工资会扩大人口规模，使得总产品扣除地租后用于消费的部分上升，利润就会下降；相反，低工资会减少人口繁殖，影响资本投入和对劳动力的需求，从而使工资逐渐调整到劳动的自然价格水平，即生存工资水平。不论劳动的市场价格和其自

---

① ［英］大卫·李嘉图：《政治经济学及赋税原理》，郭大力、王亚南译，商务印书馆 1962 年版，第 77 页。

② 同上。

③ 同上书，第 78 页。

④ 同上。

⑤ 同上。

然价格的背离有多大，它仍然和其他商品一样，具有符合自然价格的倾向。[①]

2. 利润理论

李嘉图始终把利润看成是劳动耗费的产物，是劳动生产的价值的一部分，他认为在不考虑地租时，“商品的全部价值只分成两部分，一部分构成资本利润，另一部分构成劳动工资”[②]。他把利润看成是商品价值扣除工资以后的余额，这个利润实际上就是剩余价值。还指出：“假定谷物和工业制造品总是按照同一价格出售，利润的高低就会与工资的高低成反比。”[③] “工资上升，利润就会成比例地降低。”[④] 工资和利润是按相反方向变化的，李嘉图从工资和利润的对立中看到了工人阶级和资产阶级的利益冲突，比较客观地反映了资本主义社会中无产阶级和资产阶级间的阶级关系。

李嘉图发现并考察了利润有下降的倾向。他指出：“利润的自然趋势是下降的，因为在社会和财富的发展中，必要的食品增加量是通过牺牲越来越多的劳动获得的。”[⑤] 因为随着人口的增加，必须耕种劣等地以生产更多的谷物，而农产品的价值是由劣等生产条件所耗费的劳动量决定，所以谷物价格必然上涨，推动货币工资相应地增加，从而引起利润率不断下降。李嘉图又认为由于劳动生产率的提高，可以降低生活资料的价值，从而降低工资、抑制利润的下降趋势，“幸而生产必需品的机器常有改良，农业科学也有发现，使我们能够少用一部分以前必要的劳动，因而降低了劳动者的基本必需品的价格，所以才屡屡遏制了利润的这种趋势——这倾向下降的趋势”[⑥]。

李嘉图在劳动价值论的基础上论证了工资与利润的对立关系，并指出了资本主义制度下利润率呈现下降趋势，这些都是科学的分析；然而，李嘉图把工资和利润的对立看成永恒的自然规律，没有区分剩余价值和利润，没有认识到资本主义生产关系的历史暂时性，这些客观地构成了其利润理论的庸俗部分。

---

① ［英］大卫·李嘉图：《政治经济学及赋税原理》，郭大力、王亚南译，商务印书馆 1962 年版，第 78 页。

② 同上书，第 92 页。

③ 同上。

④ 同上书，第 93 页。

⑤ 同上书，第 101 页。

⑥ 同上。

3. 地租理论

李嘉图的地租理论是其分配理论的核心，在劳动价值论基础上论述了地租不是自然力的产物，而是劳动创造价值的一部分，是商品价值中扣除了工资和利润的余额，与斯密认为的地租只是凭借土地所有权而占有了一部分土地产品的剩余不同，李嘉图认为地租是一个阶级内部本身的一种收入来源，它是一种与土地拥有者的经营行为无关的，完全起因于土地质量自然差异的边际内报酬。① 李嘉图详细地分析了地租的性质、产生以及涨落等问题。“地租是为使用土地的原有和不可摧毁的生产力而付给地主的那一部分土地产品。”②

李嘉图认为地租产生的条件是土地的有限性以及土地在肥沃程度和地理位置上的差别性。“如果一切土地都具有相同的特性，数量是无限的，质量也完全相同。那末，使用时就无需支付代价，除非是它在位置上具有特殊便利。由此看来，使用土地支付地租，只是因为土地的数量并非无限，质量也不是相同的，并且认为在人口的增长过程中，质量和位置较差的土地也投入耕种了。”③ 当低等地投入使用时，中等地和优等地就产生了地租，实际上是指级差地租。

李嘉图详细考察了级差地租的两种形态。第一种形态是在面积相同而肥力和位置不同的土地上，投入等量资本和劳动，获得的农产品数量不同而产生的地租；第二种形态是在同一块土地上，连续追加等量资本和劳动，由于劳动生产率不增反减，每一次产量的不同而产生的地租。在此基础上，李嘉图引入了土地边际收益递减原理，按他的分析，随着资本积累和人口的增长，谷物的价格将上涨，地租也必将不断上涨，由于假定生存工资是处于最低生活费用水平而无法消减，农业利润就会逐年减少，从而揭示了资本家阶级与地主阶级之间的经济利益对立，因此，他主张废除当时英国限制廉价谷物进口的“谷物法”，进口廉价谷物以抑制农产品价格上涨，从而抑制地租上涨。同时，调整税收政策，让地主负担更多的租税。从中看出，李嘉图的地租理论将地主阶级和资产阶级对立起来，成为当时英国资产阶级反对地主阶级的思想武器。

实际上，李嘉图的生存工资理论是以马尔萨斯的人口论为依据的，把人口的自然繁殖率的变动看作是影响劳动供求从而调节工资使其趋向于自

① 王璐、柳欣：《马克思经济学与古典一般均衡理论》，人民出版社2006年版，第152页。

② ［英］大卫·李嘉图：《政治经济学及赋税原理》，郭大力、王亚南译，商务印书馆1962年版，第55页。

③ 同上书，第57页。

然价格的动力，这是其工资理论中的庸俗成分，这一庸俗成分是拉萨尔“铁的工资规律”的重要理论来源，从这个规律会导致这样的看法，即工人阶级为自身经济利益而斗争是没有意义的，因为工资似乎注定要趋于生理最低限度的生活资料。实际上，调节工资的各种规律非常复杂，正如恩格斯所说：“根本不像拉萨尔所想象的那样用三言两语就能了结。拉萨尔从马尔萨斯和李嘉图（歪曲了后者）那里抄袭来的这一规律的马尔萨斯论据，例如拉萨尔在《工人读本》第5页上引自他的另一本小册子的这一论据，已被马克思在《资本的积累过程》这一篇中驳斥得体无完肤了。”①

（三）萨伊的分配理论

让·巴蒂斯特·萨伊（Jean Baptiste Say，1767—1832）是法国资产阶级庸俗政治经济学的创始人，1803年发表了《政治经济学概论》。斯密的分配理论是科学因素和庸俗成分并存的，萨伊所继承的不是其科学因素而是其庸俗的成分。萨伊的分配理论是以效用论和三要素论为基础的，以效用论反对斯密的劳动价值论。萨伊撇开社会经济形态、人与人的关系，仅从人与物的关系中研究生产，“所谓生产，不是创造物质，而是创造效用”，“人力所创造的不是物质而是效用”，“当人们承认某东西有价值时，所根据的总是它的有用性。……这是因为物品的效用就是物品价值的基础”。② 这样他把商品的价值看成是由效用决定的，把价值和使用价值（即萨伊所说的效用）等同起来，从而反对劳动是财富的唯一尺度的观点，提出：“所生产出来的价值，都是归因于劳动、资本和自然力这三者的作用和协力，其中以能耕种的土地为最重要因素但不是唯一因素。除这些外，没有其他因素能生产价值或能扩大人类的财富。”③ 劳动不再是价值的唯一来源，生产三要素在生产过程中协同创造了价值，因此，这三个要素的所有者由于各自提供的生产性服务而取得相应的报酬，作为对自身消耗的补偿：劳动所有者得到工资，资本所有者得到利息，土地所有者得到地租。马克思在《资本论》中讽刺地称之为“三位一体公式”并进行了批判，揭露了其宣扬阶级利益调和论、为资产阶级剥削制度辩护的实

---

① 中共中央马克思恩格斯列宁斯大林著作编译局编：《马克思哥达纲领批判》，人民出版社1997年版，第32—33页。

② ［法］让·巴蒂斯特·萨伊：《政治经济学概论》，陈福生、陈振骅译，商务印书馆1963年版，第59页。

③ 同上书，第75—76页。

质，“资本—利息，土地—地租，劳动—工资；在这个形式中，利润，这个体现资本主义生产方式的独特特征的剩余价值形式，就幸运地被排除了”。① 而且“在这个表示价值和财富一般的各个组成部分同其各种源泉的联系的经济三位一体中，资本主义生产方式的神秘化，社会关系的物化，物质的生产关系和它们的历史社会规定性的直接融合已经完成：这是一个着了魔的、颠倒的、倒立着的世界”②。

1. 劳动的收入

萨伊将劳动的收入称为劳动的利润，实际上是指工资，根据不同人的劳动的性质、特点不同，把工资分为三种不同形式：科学家的工资、企业家的工资和工人的工资。

萨伊认为工人的工资主要由两个部分组成，一部分是维持工人自身的生活费用，一部分是维持工人子女的生活费用。“如果最低级劳动的工资，不够维持家庭生活，不够抚养子女，那么这种劳动的供给势必减少，它的需要将超过流通中的供给量，而它的工资将增加，一直到这个劳工阶级能教养子女来补充不足的数额为止。”③ 工人工资降低不是财产权受侵犯了，而是竞争引起消费品价格下降引起的。“工资率的降低和跟着而来的竞争的不断作用，必定使产品价格下降，因此从工资下降得到利益的乃是消费阶级或换句话说整个社会。”④ 还认为工人工资水平的高低完全由劳动供给单方面决定，是与社会制度无关的自然规律，人类自身无法解决。“有一些祸害来自人类的缺陷和自然的组织，人口过剩超过生活资料所能养活的程度，就是人类的祸害。总的说来，野蛮社会和文明社会都同样强烈地感到这个祸害。认为它是社会制度的产物是不正当的想法，认为能够想出办法完全消除这个祸害只是一种妄想。”⑤

2. 资本的收入

萨伊认为资本在生产工作中提供了服务，资本家根据服务索取报酬是理所当然的。资本的收入表现为利润。无论是资本的租金还是补偿资本家承担风险的保险费，是个“完全新产品”并与创造它的劳动无关。

① 马克思：《资本论》第3卷，人民出版社2004年版，第921页。

② 同上书，第940页。

③ ［法］让·巴蒂斯特·萨伊：《政治经济学概论》，陈福生、陈振骅译，商务印书馆1963年版，第376页。

④ 同上书，第383页。

⑤ 同上。

所以说："资本的这个利润也不代表原始用以创造资本的劳动的任何部分。"①

3. 土地的收入

萨伊认为土地对产品的创造也提供了生产性服务，应当获得一定的报酬和收入。土地是"唯一的或几乎唯一的能由人占为己有以取得特殊或独占利益的自然力"，但土地的供给量是不会随需求的增加而相应增加，这对土地的占有者是有利的，因此，"地主的利润即所谓土地利润，只能由于这样的需求而增加价值"。② 完全抛弃了亚当·斯密关于地租是从劳动生产物或其价值中扣除的一部分的论点；萨伊另一方面又认为地租是地主节约和发挥智慧的结果，把地主和农场主混为一谈。

在分配问题上，萨伊关于劳动获得工资、资本获得利息、土地获得地租的收入理论，对后来的庸俗经济学家的影响很大，他们在分析社会各阶级的收入时，都是以萨伊的这个理论为依据，从而调和了资本主义社会的阶级关系、掩盖了各阶级之间的矛盾。拉萨尔主义"依靠国家帮助建立生产合作社"的中心论点就深受萨伊阶级调和论的影响，拉萨尔宣称，如果普鲁士王国能资助工人建立生产合作社，工人就能公平分配生产收益，并获得"全部劳动所得"，进而废弃"铁的工资规律"和赢得"解放工人等级"。

受到自由资本主义市场交换协调机制的影响，资本不断积累的后果是创造财富的劳动者得不到他的劳动成果，只能处于一种被压迫、被剥削、被奴役的地位，社会财富分配两极分化，财富越来越集中于少数食利者。为唤醒处于低潮中的德国工人运动，拉萨尔提出"劳动是一切财富的源泉""不折不扣的劳动所得"的观点，在一定程度上继承发展了斯密、李嘉图承认劳动者是财富生产分配主体的理论，试图矫正萨伊"三位一体"分配公式中将工人劳动等同于物的理论，即将工资等同于物质生产成本、将人之间的分配关系说成了物之间的分配关系，开始注重研究人与人之间的生产分配关系，客观上也是顺应了历史潮流，隐含地在财富生产和收入分配领域有选择性地强调了劳动者的作用。在当时很合乎德国工人的口味(因为工人的理论水平很差)，正如威廉·李卜克内西所言："工人不是学究，他并不是把每个字都放到称金的天平上去称一称；党的健全理智并不在乎纲领的不精确的用语和表达，它只注重社会民主党的实际的、真正的

---

① ［法］让·巴蒂斯特·萨伊：《政治经济学概论》，陈福生、陈振骅译，商务印书馆1963年版，第403页。

② 同上书，第409页。

目标。”① 拉萨尔的这些观点实际上对工人运动还是起到一定鼓动作用的。因为当时资产阶级和封建贵族也把这个妥协的、充满机会主义的纲领视为无产阶级的，奥古斯特·倍倍尔就认为：“如果我们的敌人不是这样的蠢驴（他们事实上是蠢驴），他们对于发表就会以另一种方式加以利用，而不是象事实上所做的那样。”②

当然，这与马克思的观点有很大分歧，马克思批判的目的是要说明财富的生产离不开物，在生产过程中人的作用和物的作用是不一样的。与人的作用相比，物在生产过程中是一个被动的因素，不论它多么重要，人们也不能奢望总是靠巧合从它那里得到新财富。人作为一个主动的因素，可以而且应该为满足自身的需要去改造自然物，使之不断产生有益于人类需要的新价值，这两者作用的有机结合才是人类财富增多的主要来源。重视劳动及其在分配中的地位本身没错，错在离开所有制空谈劳动和将劳动神圣化，最终会误导工人运动。真正实现由物本向人本时代的转化，最终取决于生产力的发展程度，要想发展生产力最重要的是如何保护劳动、解放劳动和不断提高劳动者的综合素质。

第二节　马克思对拉萨尔“公平”分配思想的批判

斐迪南·拉萨尔（Ferdinand Lassalle，1825—1864），德国早期工人运动领导者，机会主义代表人物，全德工人联合会创始人和联合会主席。在 1848 年欧洲革命期间投身革命运动，并在马克思主办的《新莱茵报》工作过，曾被捕入狱。马克思和恩格斯在 1849 年四次以《拉萨尔》为标题，在《莱茵报》上公开发表文章声援拉萨尔领导的工人斗争，大革命失败后，拉萨尔继续从事律师工作，完成了为哈茨费尔特伯爵夫人办理离婚案的工作，伸张了正义并获取了良好的名声。当沉寂了一个时期的国际工人运动在 19 世纪 60 代年初开始复苏的时候，拉萨尔又积极参加德国工人运动，1862 年和 1863 年分别发表了《工人纲领》《公开答复》等小册子，提出一整套机会主义理论作为工人政纲的基础。拉萨尔从 1860 年 5 月起多次与俾斯麦密谈和通信，寻求普鲁士国家的帮助和实现普选，并表示工人阶级“本能地感到自己倾向于独裁”。

---

① 中共中央马克思恩格斯列宁斯大林著作编译局编：《研究〈哥达纲领批判〉参考史料》，生活·读书·新知三联书店出版 1978 年版，第 235 页。

② 同上书，第 208—209 页。

1843年《莱茵报》停刊后，马克思移居英国，对德国工人运动的影响主要通过与工人领袖通信，19世纪五六十年代德国工人理论水平很低。1863年5月拉萨尔担任全德工人联合会主席，全德工人联合会的成立具有深远的历史意义。它使德国工人从长期没有自己的政治组织而不得不依附于资产阶级发展到有了自己的政治组织，这是一个很大的进步和转折，符合德国工人运动的发展要求，是对国际共产主义运动史的开创性贡献，揭开了国际共运史的新篇章，为以后各国建党提供了宝贵的经验。正是在这个意义上，马克思认为，“在德国工人运动沉寂了15年之后，拉萨尔又唤醒了这个运动，这是他的不朽的功绩”①。恩格斯把它与爱森纳赫派并列称为“德国社会党”，列宁则指出：“拉萨尔的伟大的历史功绩，就是他使工人阶级从自由资产阶级的尾巴变成了独立的政党。”② 尽管拉萨尔的观点是路易·勃朗的“劳动组织”的翻版，其鼓动带有宗教、宗派的性质，他的社会主义主张是非常温和的，可在德国工人运动的历史上，却标志着德国社会主义发展第二阶段的起点。这是因为拉萨尔靠自己的天才、勤奋和无限充沛的精力，把工人运动发动起来，十年来使德国无产阶级激动过的一切东西都同这个运动有肯定的或否定的、友好的或敌对的联系。工人们普遍接受了“国家帮助建立生产合作社”“铁的工资规律”“获得全部劳动所得”“争取普选权”等拉萨尔主义的观点，根本没有意识到这些与马克思思想有什么不同，在这种情况下，拉萨尔在德国工人运动中的名声和影响，自然要超过长期生活在国外的马克思和恩格斯，成为当时德国工人运动的领袖人物。

马克思一方面高估了爱森纳赫派的理论水平，另一方面低估了拉萨尔主义的巨大影响。1864年8月拉萨尔在与人决斗中去世，工人运动中对拉萨尔的崇拜、拉萨尔与俾斯麦勾结的事实以及爱森纳赫派与拉萨尔派合并纲领草案中采用了许多拉萨尔派的提法让马克思非常气愤，随后就开始对德国工人运动中的拉萨尔主义展开批判，当然矛头不再针对拉萨尔个人，而集中在其策略上，因为这种策略被当时德国最大的工人阶级组织所接受，拉萨尔的信条在他去世后的十几年间，一直被全德工人联合会信奉。马克思带病书写了《哥达纲领批判》，恩格斯也写了一封措辞尖锐的批判信，李卜克内西等人在接到“批判信”后不以为然，认为从当时德国的实际情况出发，在合并时适当做出一些妥协，保留拉萨尔派的某些对

---

① 中共中央马克思恩格斯列宁斯大林著作编译局编：《马克思恩格斯论拉萨尔和拉萨尔主义》，人民出版社1979年版，第173页。

② 《列宁选集》第1卷，人民出版社1972年版，第195页。

整个工人运动无害的提法没有什么大惊小怪的，于是便拒绝了马克思、恩格斯的意见和建议，德国两大工人派别终于实现了形式上的统一。

拉萨尔是19世纪德国小资产阶级社会主义者，《哥达纲领批判》是马克思批判拉萨尔机会主义的一部伟大著作，是继《共产党宣言》之后国际共产主义运动又一部纲领性文献。遏制贫富差距拉大不仅是分配单一领域的问题，分配问题涉及经济、社会、政治、法律、文化各个领域。拉萨尔虽然看到了资本主义按资分配产生的两极分化的弊端，试图找出解决之道，提出“分配决定论”“不折不扣的劳动所得”“铁的工资规律”等观点，当时被德国工人运动及其主要领袖认同，但实际上，这些观点要么陷入主观唯心主义的幻想，要么机械地照搬古典分配观点和歪曲马克思的经济学说，拉萨尔主义分配逻辑不仅偏离生产、交换、消费、分配这一社会生产总过程的统筹轨道，更偏执于政治上主张通过“争取普选权”合法斗争和依靠国家帮助来提高社会分配公平度，实践中根本行不通。马克思对此进行了尖锐批判，“一个新的纲领毕竟总是一面公开树立起来的旗帜，而外界就根据它来判断这个党。因此，新的纲领无论如何不应当象这个草案那样比爱森纳赫纲领还倒退一步”①，从而捍卫了社会主义的基本原则，并对未来社会的分配原则做出科学预见。

一　批判“不折不扣的劳动所得”

拉萨尔认为在未来社会，“劳动是一切财富和一切文化的源泉，而因为有益的劳动只有在社会中和通过社会才是可能的，所以劳动所得应当不折不扣和按照平等的权利属于社会一切成员”②。以及“劳动的解放要求把劳动资料提高为社会的公共财产，要求集体调节总劳动并公平分配劳动所得”③。马克思以论战形式驳斥了《哥达纲领》草案关于在未来社会制度下工人可以获得“不折不扣的劳动所得”的观点，马克思首先指出“劳动所得”是个模糊概念，“什么是‘劳动所得’呢？是劳动的产品呢，还是产品的价值？如果是后者，那么，是产品的总价值呢，或者只是劳动新加在消耗掉的生产资料的价值上的那部分价值？”④ 即使按照拉萨尔的

① 中共中央马克思恩格斯列宁斯大林著作编译局编：《马克思恩格斯论拉萨尔和拉萨尔主义》，人民出版社1979年版，第208页。

② 中共中央马克思恩格斯列宁斯大林著作编译局编：《马克思哥达纲领批判》，人民出版社1997年版，第8页。

③ 同上书，第11页。

④ 同上书，第11—12页。

逻辑，假如“劳动所得”就是劳动的产品，那么在共产主义社会里每个劳动者的分配也不可能不折不扣，因为未来社会消费品在社会成员间分配前要扣除必要的补偿基金和积累基金，用来补偿消费掉的生产资料，用来扩大再生产的追加，用来应付不幸事故及自然灾害等，这是保证社会生产正常进行所必需的，还需扣除和生产进程没有直接关系的一般管理费、文化教育和卫生保健费用以及为丧失劳动能力的人所设立的福利费用。只有扣除这些项目的费用以后，劳动产品才能在社会成员中进行分配，“只有现在才谈得上纲领在拉萨尔的影响下狭隘地专门注意的那种‘分配’，就是说，才谈得上在集体中的各个生产者之间进行分配的那部分消费资料”①。可见，不折不扣已经变成了有折有扣。由此推论，假设的结果不存在，那假设的前提也就站不住脚了，正如“‘不折不扣的劳动所得’一语消失了一样，现在，‘劳动所得’一语本身也在消失”②。

恩格斯在《社会主义从空想到科学的发展》中指出：“在中世纪得到发展的那种商品生产中，劳动产品应当属于谁的问题根本不可能发生。当时个体生产者通常都用自己所有的、往往是自己生产的原料，用自己的劳动资料，用自己或家属的手工劳动来制造产品。这样的产品根本用不着他去占有，它自然是属于他的。因此，产品的所有权是以自己的劳动为基础的。”③ 这说明中世纪是以劳动者私人占有生产资料为基础的生产方式，劳动资料的占有者占有产品，劳动所得可以称得上“不折不扣”。随着资本主义生产方式的确立，资产阶级就把“有限的生产资料从个人的生产资料变为社会的”，劳动资料的占有者虽然继续占有产品，可是不再是他自己的劳动产品而是别人的，这样一来，“现在按社会方式生产的产品已经不归那些真正使用生产资料和真正生产这些产品的人占有，而是归资本家占有”。④ 资本主义与中世纪相比，劳动资料的占有形式相同，都是劳动资料的占有者占有产品，但占有性质不同，前者的劳动资料与劳动发生了分离。社会主义与资本主义相比，占有形式未变，仍是劳动资料的占有者占有产品，劳动所得都是有折有扣的，但占有性质不同，资本主义条件下，劳动者得到自身劳动力价值，剩余劳动则被资本家无偿占有，是雇佣劳动基础上的有折有扣；社会主义条件下，劳动资料共同占有，社会总产

---

① 中共中央马克思恩格斯列宁斯大林著作编译局编：《马克思哥达纲领批判》，人民出版社 1997 年版，第 13 页。

② 同上书，第 13 页。

③ 《马克思恩格斯全集》第 25 卷，人民出版社 2001 年版，第 398 页。

④ 同上。

品在个人分配前要进行必要的扣除，但扣除“又会直接或间接地用来为处于社会成员地位的这个生产者谋利益”。劳动者“以一种形式给予社会的劳动量，又以另一种形式领回来”①，是平等互利基础上的有折有扣。拉萨尔虽然同情工人在资本主义下的贫困遭遇，对资本主义“有折有扣”的分配形式不满，但却异想天开地提出社会主义劳动者要实现“不折不扣的劳动所得”，以便超越资本主义的分配形式，其结果要么退回到中世纪，要么又会陷入空想的迷雾，拉萨尔无视劳动资料的占有性质决定产品的分配形式，自然就不会提出要改变资本主义的占有性质，必然把工人阶级的斗争引向歧途。

二　批判“分配决定论”

拉萨尔派虽然不满资本主义两极分化的分配状况，由于不懂人类社会发展的客观规律，却找不到根除资本主义社会弊病的正确路径，加之对封建势力妥协退让，最终把分配当作最根本的问题并极力推崇“分配决定论”，企图仅通过改变分配方式而不触动私有制就能实现理想社会和所谓“平等权利”。其基本的逻辑是，争取普鲁士王国的资助建立生产合作社，在合作社中工人可以公平分配生产收益，通过获得全部劳动所得来消除“铁的工资规律”、实现“解放工人等级”。② 以往的资产阶级经济学家鼓吹现存生产方式永恒不变，声称只需调整财富分配方式就可解决一切问题。比较而言，拉萨尔派的这一观点实际上是空想社会主义思想的翻版或者是对资产阶级经济学家思想的抄袭，只是一个彻头彻尾的反资不反封的机会主义，一个不遗余力地为现代社会做辩护的唯心主义。

（一）“公平的分配”实质是维护资本主义的私有制

拉萨尔派认为“公平的”分配按照平等权利属于一切社会成员，《哥达纲领》的错误是兜售拉萨尔的“公平分配”观点，实际上颠倒了经济基础与上层建筑、生产与分配的辩证关系。马克思主义认为生产决定分配、经济基础决定上层建筑，作为上层建筑范畴的所谓“公平”和“平等”是由经济基础决定的，而不是相反。“难道经济关系是由法的概念来调节，而不是相反，从经济关系中产生出法的关系吗？难道各种

---

① 中共中央马克思恩格斯列宁斯大林著作编译局编：《马克思哥达纲领批判》，人民出版社 1997 年版，第 14 页。

② 中共中央马克思恩格斯列宁斯大林著作编译局编：《马克思恩格斯论拉萨尔和拉萨尔主义》，人民出版社 1979 年版，第 331 页。

社会主义宗派分子关于‘公平的’分配不是也有各种极不相同的观念吗?”① 另外，法权观念是有具体的、历史的、有阶级性的，在资本主义社会里，资产阶级认为按资分配是很公平的，但无产阶级认为，在劳动与生产资料相分离的情况下，公平分配只是一种幻想，各种社会主义宗派分子的“公平”分配论调必然会麻痹无产阶级争取自身权益的斗争意志。拉萨尔派“一方面企图把那些在某个时期曾经有一些意义，而现在已变成陈词滥调的见解作为教条重新强加于我们党，另一方面又用民主主义者和法国社会主义者所惯用的、凭空想象的关于权利等等的废话，来歪曲那些花费了很大力量才灌输给党而现在已在党内扎了根的现实主义观点”②。

（二）“分配决定论”只会把工人运动引向改良主义道路

“如果说现代社会的大生产现在已经成了共同合作生产，那么产品分配仍然不是共同的，而是个人的，也就是说，产品不仅作为物品，而且作为价值变成了企业主的个人财产，这是现代社会的基本矛盾之一。……一方面是这种已经实现的生产的共同性，另一方面是分配中的极端个人主义，构成了那种深刻的矛盾，‘进行工作的形式和方法本质上是由这种矛盾决定的……’。”（《巴师夏—舒尔采—德里奇先生，经济的尤利安，或者：资本和劳动》）

“如果工人等级成为自己的企业主，那么工资和企业主赢利的区别就要消失，随之纯工资亦将消失，代替它的是劳动报酬：劳动所得。”（《公开答复》）

“我是想让一个工厂的工人获得全部赢利，……即全部劳动所得。”

“我恰恰想废除劳动工资，恰恰想把全部劳动所得给予工人，同时，我也就把全部企业赢利在工人中进行了分配。”（《拉萨尔致洛贝尔图斯》）

“劳动所得应当不折不扣和按照平等的权利属于社会一切成员。”（《哥达纲领批判》）③

拉萨尔认为共同合作生产和极端个人主义的分配之间的矛盾是资本主义社会的基本矛盾，所以要把重点放在分配问题上。资本主义社会的全部

---

① 中共中央马克思恩格斯列宁斯大林著作编译局编：《马克思哥达纲领批判》，人民出版社 1997 年版，第 12 页。

② 同上书，第 16 页。

③ 转引自北京特殊钢铁厂工人理论组《拉萨尔反动言论选批》，商务印书馆 1976 年版，第 34 页。

问题在于分配，不触动资本主义所有制，只要改变一下分配形式，使工人按照“平等的权利”公平地分配到“全部劳动所得”，就可以消除无产阶级和资产阶级之间的矛盾，使工人阶级摆脱贫困，实现“纯粹的社会主义和共产主义”。拉萨尔宣扬这种观点，目的在于为其分配决定论的机会主义路线提供理论依据，把德国工人运动引上改良主义的道路。对此，马克思指出：“消费资料的任何一种分配，都不过是生产条件本身分配的结果；而生产条件的分配，则表现生产方式本身的性质。例如，资产阶级生产方式的基础是：生产的物质条件以资本和地产的形式掌握在非劳动者手中，而人民大众所有的只是生产的人身条件，即劳动力。既然生产的要素是这样分配的，那么自然就产生现在这样的消费资料的分配。”①

马克思主义认为，社会化大生产和生产资料私人占有之间的矛盾是资本主义社会的基本矛盾，在运动过程中突出表现为个别企业生产的有组织性和全社会的生产的无政府状态之间的矛盾，表现为生产能力无限增长的趋势和社会购买力相对缩小之间的矛盾，这些矛盾的发展和激化，使资本主义必然周期地爆发生产过剩的经济危机，2008年席卷全球的金融危机正是资本主义社会基本矛盾运动的产物，这表明资本主义社会的历史“只不过是现代生产力反抗现代生产关系、反抗作为资产阶级及其统治的存在条件的所有制关系的历史”②。随着资本主义基本矛盾的发展，无产阶级和资产阶级之间的对抗和斗争日益尖锐，无产阶级作为新的生产力的代表，必然要起来革命推翻资本主义制度，解放生产力。恩格斯指出社会革命归根到底是为了改变生产资料所有制，“迄今的一切革命，都是为了保护一种所有制以反对另一种所有制的革命。它们如果不侵犯另一种所有制，便不能保护这一种所有制。在法国大革命时期，是牺牲封建的所有制以拯救资产阶级的所有制”③。拉萨尔关于资本主义基本矛盾的论调，实质上是一种资产阶级的“分配决定论”，它完全撇开了生产资料私有制这个基本问题，割裂了生产方式同分配方式的辩证关系，把分配看成社会生产和再生产过程的本质并把重点放在它上面，这是根本违背客观规律的唯心史观，是根本错误的。

---

① 中共中央马克思恩格斯列宁斯大林著作编译局编：《马克思哥达纲领批判》，人民出版社1997年版，第16页。

② 《马克思恩格斯选集》第1卷，人民出版社1995年版，第278页。

③ 《马克思恩格斯选集》第4卷，人民出版社1995年版，第113页。

三 批判“铁的工资规律”[①]

《哥达纲领》提出：“德国工人党从这些原则出发，用一切合法手段去争取建立自由国家——和——社会主义社会；废除工资制度连同铁的工资规律——和——任何形式的剥削，消除一切社会的和政治的不平等。”[②]对此，马克思在《哥达纲领批判》重申了马克思主义的工资理论和剩余价值理论，集中批判了所谓的“铁的工资规律”，劳动力价格低廉的根源不在于劳动力供过于求而在于资本主义雇佣劳动制度，指明无产阶级革命是劳动者摆脱贫困的必由之路。恩格斯也明确表态：“接受拉萨尔的‘铁的工资规律’，也就是承认一个错误的观点和它的错误的论据。”[③] 总的说来，拉萨尔派的错误论据是马尔萨斯的人口论，错误论点是把工资看作劳动的价值或价格。

（一）“铁的工资规律”违背了科学的剩余价值学说

马克思的剩余价值学说和工资理论，揭露了资本主义剥削的秘密，阐明了资本主义制度下工资的本质，这些理论已经在德国党内传播愈来愈给自己开辟道路的时候，而《哥达纲领》却提出“铁的工资规律”，从而倒退到拉萨尔的教条那里去了。“铁的工资规律”是拉萨尔歪曲李嘉图的工资理论和根据马尔萨斯人口论而杜撰出来的经济谬论，在其代表作《公开答复》中详细论述了该规律的内容：“在现今的关系下，在劳动的供求的支配下，决定着工资的铁的经济规律是这样的：平均工资始终停留在一国人民为维持生存和繁衍后代按照习惯所要求的必要的生活水平上。正是这样的一个中心点，实际的日工资总是在它周围摆动，既不能长久地高于它，也不能长久地低于它。实际的日工资不能长期地高于这个平均数：因为，否则由于工人的状况有所改善，工人结婚和繁殖后代就会增加，工人人口就会增加，从而人手的供应就会增加，结果又会把工资压低到原来的或者低于原来的水平。工资也不可能长期地大大低于这个必要的生活水平。因为，那时就会发生人口外流，独生生活，节制生育，以至最后由于贫困而造成工人人数减少等现象，这样，就会使工人人手的供应短缺，从

---

① 李明桂：《跳出“铁的工资规律”怪圈 大力提高劳动报酬》，《理论导刊》2011 年第 2 期，第 32—33 页。

② 中共中央马克思恩格斯列宁斯大林著作编译局编：《马克思哥达纲领批判》，人民出版社 1997 年版，第 20 页。

③ 同上书，第 33 页。

而使工资重新回到它原来的水平。……这是在现今条件下支配着工资的严酷的铁的规律。”[①] 这一规律俨然成为指导工人解决自身问题的一面旗帜，异想天开地认为只有通过“国家帮助促进并发展自由的个体的工人合作社”的唯一出路，工人阶级才能废除这一规律。显而易见，这只是对空想社会主义思想和资产阶级经济学家观点的简单重复。

马克思指出应当废除的是“雇佣劳动制度”，因为它才是无产阶级贫困的真正根源，资本主义工资是由它决定的，如果废除雇佣劳动制度这张皮，资本主义的工资制度的毛就无所依附，“不管这些规律是‘铁的’还是海绵的”。马克思还指出：“工资不是它表面上呈现的那种东西，不是劳动的价值或价格，而只是劳动力的价值或价格的掩蔽形式。”[②] 工人出卖给资本家的不是劳动，是劳动力，“当工人的劳动实际上开始了的时候，它就不再属于工人了，因而也就不再能被工人出卖了”[③]。

劳动是劳动力的外在表现，是劳动力使用的过程，劳动构成商品价值的实在内容，也是衡量商品价值的内在尺度；而劳动力是劳动者的劳动能力，它是有价值的，其货币表现就是工资，劳动可以创造价值而本身却没有价值。不过，劳动力在生产过程中创造的价值必须要大于自身的价值，超出的部分则被资本家无偿占有。拉萨尔把工人在资本主义社会得到的工资仅看作劳动的价值或价格，显然是混淆了劳动和劳动力的区别。

在《资本论》中，马克思就一针见血地指出：“他（指工人，笔者注）‘只要还有一块肉、一根筋、一滴血可供榨取’，吸血鬼就决不罢休。”[④] 不管工人得到的报酬是较好或是较坏，终究会使“当代资本主义经济陷入灭亡的冲突”，“一方面是不可计量的财富和购买者无法对付的产品过剩，另一方面是社会上绝大多数人口无产阶级化，变成雇佣工人，因而无力获得这些过剩的产品”。[⑤] 在资本主义私有制下，“雇佣工人只有为资本家（因而也为同资本家一起分享剩余价值的人）白白地劳动一定的时间，才被允许为维持自己的生活而劳动，就是说，才被允许生存”[⑥]。

---

① 中共中央马克思恩格斯列宁斯大林著作编译局编：《马克思恩格斯论拉萨尔和拉萨尔主义》，人民出版社 1979 年版，第 328—329 页。

② 中共中央马克思恩格斯列宁斯大林著作编译局编：《马克思哥达纲领批判》，人民出版社 1997 年版，第 21 页。

③ 马克思：《资本论》第 1 卷，人民出版社 2004 年版，第 615 页。

④ 同上书，第 349 页。

⑤ 同上书，第 239 页。

⑥ 中共中央马克思恩格斯列宁斯大林著作编译局编：《马克思哥达纲领批判》，人民出版社 1997 年版，第 21 页。

这才是雇佣劳动制度的实质。马克思的剩余价值理论揭开了资产阶级的神秘面纱，揭露了资本家剥削工人的内在秘密，为实现以科学理论武装工人群众，为防止纲领“倒退到拉萨尔的教条那里去”，也为激励工人群众推翻“极大多数成员却几乎得不到或完全得不到保障去免除极度的贫困”的资本主义而抗争的信心和勇气，提供了科学的理论依据和指导，帮助工人运动的领袖辨明是非，领导工人开展思想上的拨乱反正，全面肃清拉萨尔主义在党内的影响。

（二）“铁的工资规律”掩盖了工人贫困化的根源

拉萨尔认为在工资总额不变情况下，工人人数的多少决定了工资水平的高低，即人数多则工资低，反之则高。工资就像钟摆一样围绕着维持工人及其家属基本生活的一个价值中枢来回摆动。据此，现实社会中，工人阶级的大量失业、严重贫困既不是由于工人除了劳动力以外一无所有，也不是由于资本家或专制王朝的残酷剥削，而是工人阶级人口太多、生活资料太少的自然原因所致，与社会制度无关。如此一来，拉萨尔派便以“规律论”为幌子，让工人相信争取自身权利和解放的一切斗争都是毫无意义的，让工人顺理成章地接受贫困的命运，接受组建生产合作社使自己获得“全部劳动所得”的机会主义观点。

当然，我们承认节制人口过度增长的重大意义，但不能简单粗暴地将劳动者的多少与收入低下的贫穷状况捆绑在一起，否则会陷入“铁的工资规律”的怪圈而难以自拔，因为“铁的工资规律”的核心是人口问题，其论据来源于马尔萨斯的“人口论”，其本质在于把资本主义社会中工人的贫困归罪于人口的自然繁殖，其他社会也概莫能外，以此证明：“社会主义不能消除自然本身造成的贫困，而只能使它普遍化，使它同时分布在社会主义的整个表面上！”① 对此，马克思指出拉萨尔“铁的”一词是从歌德《神性》一首诗中抄来的，而“铁的工资规律”的论据又是沿袭马尔萨斯的人口论。所以说，如果接受拉萨尔的“铁的工资规律”，那么“就不得不连同他的论据一起接受下来”。

马尔萨斯认为生活资料是按照算术级数增长，而人口按照几何级数增长，生活资料的增长总是赶不上人口的增长，因而资本主义社会出现失业、贫困、收入两极分化等现象是自然状态，同本身的制度无关，那解决

---

① 中共中央马克思恩格斯列宁斯大林著作编译局编：《马克思哥达纲领批判》，人民出版社 1997 年版，第 21 页。

的办法只能是通过战争、瘟疫、饥荒来消灭过剩的人口，改善经济运行结构。由此，马尔萨斯认为人口过多是工人受穷的根源，拉萨尔就继承了其衣钵也宣称人口过多工人工资必然下降，显然有为现存的社会剥削制度做辩护之嫌。针对其对工人运动造成的危害，马克思尖锐地指出："如果这个理论是正确的，那么，我即使把雇佣劳动制度废除一百次，也还废除不了这个规律，因为在这种情况下，这一个规律不仅支配着雇佣劳动制度，而且支配着一切社会制度。"① 如此一来，工人贫困的真正根源——资本主义私有制度下雇佣劳动制度就被巧妙地掩盖起来了。恩格斯曾在1875年致倍倍尔的信中阐明："调节工资的各种规律是非常复杂的，随着情况的不同，时而这个规律占优势，时而那个规律占优势，所以它们绝对不是铁的，反而是很有弹性的，这个问题根本不可能象拉萨尔所想象的那样用三言两语来了结。"② 马克思、恩格斯对影响工资的客观因素所做的精辟论述，有力地回击了拉萨尔这一陈腐不堪的经济学观点。

四　批判拉萨尔提高分配公平度的错误路径

（一）农民合作社由国家（普鲁士德意志帝国）帮助建立

在政治上，主张通过"争取普选权"的合法斗争和依靠普鲁士国家的帮助，建立生产合作社，实现"自由人民国家"和"替社会问题的解决开辟道路"；反对工农联盟，提出"对工人阶级来说，其他一切阶级只是反动的一帮"。

拉萨尔认为，国家是社会个体在道德整体上的统一，是通过一切人和为了一切人而存在的，它不是阶级剥削和压迫的工具，反而是受苦阶级的大合作社。工农业在普鲁士国家帮助下广泛建立生产合作社是工人获得解放最公平、最合法而又最简单可行的办法，在合作社里，工人成为生产资料的主人，获得全部的劳动所得，从而一跃摆脱贫困和改善生活，并能从中产生总劳动的社会主义组织。马克思指出，拉萨尔这种依靠国家帮助建立生产合作社及建设一个新社会的构想，是对路易—菲力浦时代资产阶级共和党人毕舍对付法国社会主义开列的药方的简单抄袭，《哥达纲领》草案列入这样的条文，表明它看不到社会革命的转变过程，从工人阶级运动的立场完全退却到宗派运动的立场，从社会主义运动的水平降格到了资产

---

① 中共中央马克思恩格斯列宁斯大林著作编译局编：《马克思哥达纲领批判》，人民出版社1997年版，第20—21页。

② 中共中央马克思恩格斯列宁斯大林著作编译局编：《马克思恩格斯论拉萨尔和拉萨尔主义》，人民出版社1979年版，第204—205页。

阶级改良的水平。马克思是大力倡导建立合作社的，只是前提和路径与拉萨尔的依靠普鲁士专制国家的帮助相比大相径庭，工人们要想在本国的范围内创造合作生产的条件，只有通过工人阶级政党和自身的革命斗争，变革现存的生产条件，从而自主地构建自己的合作社。恩格斯也对所谓“国家帮助”的乌托邦路径大为不满：“如果这样说：德国工人党力求通过工业和农业中的以及全国范围内的合作生产来消灭雇佣劳动并从而消灭阶级差别；它拥护每一项有助于达到这一目的的措施！——那是没有一个拉萨尔分子能提出什么反驳来的。”①

白拉克也对此进行了出色的揭露，“王室为了它自己，不可能真诚地、完全地代表一个被压迫的社会阶级的利益。工人阶级只有依靠自己的力量和觉悟才能获得解放。除此之外，不能依靠任何人”②。在资本主义社会，工人创立了一些消费和信贷合作社，通过这些合作社相互接济，减轻中间剥削，有助于改善工人的一些生活。这种合作社是有意义的，它的可爱之处是“工人自己独立创办”的，“既不受政府的保护，也不受资产者保护”。它表明工人在“力争变革现存的生产条件”。但是，这种合作社的价值是有限的，不可能从中产生社会主义。当国家政权和生产资料仍掌握在资产阶级手中时，工人创建的小规模的合作社，不是被资本主义大企业所吞没，就是蜕变为资本主义企业。

拉萨尔宣称通过建立工人合作社就能够进入社会主义，公平分配就得以实现，而工人合作社的建立必须走“国家”帮助之路。需要明确的是，拉萨尔所期望的国家帮助不是工人阶级执政的民主共和国，而是普鲁士专制政府，一个由各级官僚执政、实行警察统治的军事专制主义的政府，这无疑是痴人说梦。

（二）无视工会在提高工人工资和相关利益中的作用

恩格斯致奥古斯特·倍倍尔的信中表明，我们党在理论方面绝对没有什么要向拉萨尔派学习的，纲领“根本就没有谈到通过工会使工人阶级作为阶级组织起来。而这是非常重要的一点，因为工会是无产阶级的真正的阶级组织，无产阶级靠这种组织和资本进行日常的斗争，使自己受到训练，这种组织今天遇到最残酷的反动势力（像目前在巴黎那样）也决不

---

① 中共中央马克思恩格斯列宁斯大林著作编译局编：《马克思哥达纲领批判》，人民出版社 1997 年版，第 33 页。

② 同上书，第 76 页。

会被摧毁"①。工会在每一个时期都积极发挥着它应有的作用，可以从很多方面来维护工人的利益。

经历十五年低潮后重新高涨的德国工人运动，迫切需要科学革命理论的指引。马克思、恩格斯1848年的伟大革命实践在工人中开始流传，在60年代初，德国工人阶级由于自身理论水平不高，加之德国统治阶级疯狂禁止马克思主义在国内的传播，对马克思、恩格斯的科学共产主义缺少科学的解读，恰逢此时，拉萨尔抛弃50年代支持资产阶级的立场，转而拥护普鲁士王朝，用尖刻的语调攻击资产阶级，成为一个普鲁士的"社会主义者"。正如他在《弗朗茨·冯·济金根》中宣扬"历史上能见到的壮丽事迹，都是靠利剑来完成的，迄今所进行的一切伟大事业，最后的成功还是要归于利剑"的那样，出于对权力的狂热追求，德国资产阶级的怯懦、普鲁士王朝和容克贵族的强权，他政治投机的天平自然就倾向支持普鲁士国王，同时还能赢得反资产阶级的"革命者"头衔，设法掌握工人运动的领导权。实际上，拉萨尔并不反对资本主义制度，也不要求消灭资产阶级。

德国资本主义的发展使新工人队伍扩大成为一种巨大的社会力量，他们开始提出自己的阶级要求，主动建立互助会、联合会之类的一些组织。资产阶级既想利用工人力量来对抗专制势力，又害怕工人力量的壮大，于是千方百计控制各种工人组织，使其成为自己的附庸，谎称工人只要搞好教育和储蓄就能改善自身的待遇和提高社会的地位，用不着参加激烈的、充满风险的政治斗争。但是，工人阶级深受封建容克和资产阶级的双重压迫，反抗意识逐步增强，工人联合会一类组织在全国各地出现，莱比锡"前进工人联合会"影响最大，越来越多的工人积极关心政治，开始要求建立独立的政治组织。联合起来的工人最初只是为了维护工资，随着资本家联合起来共同压制自己，在强大的资本联合面前，孤立的、分散的、弱小的一个个工人同盟不得不组成集团，这时维护自己的联盟就比维护工资更为重要，莱比锡、柏林等地的工人在1862年就已经开始筹备召开全德工人代表大会了。

在这样背景下，1862年春天，拉萨尔用编写的《工人纲领》小册子开始政治鼓动，这本小册子多半是从《共产党宣言》和国际章程中抄来的，用修改得面目全非的说辞贩卖自己的机会主义言论，以"老革命""社会主义权威理论家""人民之友"的身份在工人中发表演说，让德国

---

① 中共中央马克思恩格斯列宁斯大林著作编译局编：《马克思哥达纲领批判》，人民出版社1997年版，第33—34页。

工人相信，只有争取普选权才能改变自己的经济和政治地位。当时，受拉萨尔假革命面目欺骗的一部分工人，希望同这位作者取得联系。拉萨尔趁机加紧在工人中进行鼓吹活动，1863 年 3 月发表《公开复信——致筹备莱比锡全德工人代表大会的中央委员会》，顺着工人的要求，标榜了所谓“工人等级”，建立工人独立的组织。1863 年 5 月全德意志工人联合会上，通过压制民主派代表，拉萨尔当选为联合会主席，并使主席在联合会中具有独裁的权力。拉萨尔在工人中的鼓动宣传比较活跃，在客观上有助于当时一部分德意志工人在组织上摆脱资产阶级的束缚，进而着手建立独立的阶级组织。但是，其理论和实际活动的主要意图是把德意志工人阶级正在萌发的政治斗争引向改良主义道路。60 年代初，工人阶级同资产阶级和容克地主的矛盾逐步激化，德意志出现了革命形势，工人阶级急需先进政党的正确领导。当时工人活动家头等重要的任务就是在工人中推行马克思、恩格斯的革命路线，不断加强无产阶级和民主力量以进行反普鲁士的斗争。但是，拉萨尔一心维护普鲁士王朝的利益、拥护普鲁士王朝统一德意志，就在鼓动中采取一种隐蔽的手法来反对马克思和恩格斯，在工人中绝口不谈马克思、恩格斯的名字和著作，有意妨碍他们的著作在德意志刊行和传播，抹杀他们在工人运动中的影响，并把全德意志工人联合会变成一个宗派，按主席个人独裁的原则组织起来，这样就抑制了会员的任何积极性和主动性，阻碍了他们阶级觉悟的提高。拉萨尔不但割裂全德意志工人联合会同以前由马克思、恩格斯领导的德意志工人运动的联系，而且把二者对立起来，由此可见，“联合会”就不可能担当起已经提上日程的革命运动的领导任务。

第三节　马克思对拉萨尔分配思想批判的理论价值和现实意义

《哥达纲领批判》是马克思直接针对德国两派工人政党合并纲领而写的，但却发挥了更为广泛的理论和现实影响力。恩格斯在序言中指出：“其中第一次明确而有力地表明了马克思对拉萨尔开始从事鼓动工作以来所采取的方针的态度，并且既涉及拉萨尔的经济学原则，也涉及他的策略。”①

① 中共中央马克思恩格斯列宁斯大林著作编译局编：《马克思哥达纲领批判》，人民出版社 1997 年版，第 3 页。

十五年来拉萨尔机会主义遭到沉重打击，“地道的拉萨尔分子只是还有个别残余存在在国外，而哥达纲领甚至也被它的那些制定者在哈雷当作完全不能令人满意的东西放弃了”①。同时，这篇文章在全面彻底批判拉萨尔机会主义分配理论的同时，精辟阐述了科学社会主义的分配理论，闪耀着马克思主义分配理论的科学性和实践性的光辉，虽距今已经过去140多年了，但是这些经典论述至今仍具有重要的理论价值与现实指导作用，对我们科学地把握马克思主义公平分配理论的精髓，正确推进经济新常态阶段下分配体制改革，构建社会主义和谐社会分配格局，克服各种机会主义分配思想都有着深刻的启示和指导意义。

一　马克思对拉萨尔分配思想批判的理论价值

马克思为了反对和阻止将拉萨尔在分配上的庸俗观点写进党纲，澄清了对未来社会的认识，阐述了未来社会的分配思想。

（一）批判拉萨尔“不折不扣的劳动所得”的谬误，阐明社会主义总产品分配原理②

德国工人党纲领中充斥着拉萨尔主义关于未来社会中每个劳动者的劳动所得都是不折不扣的论调，马克思用唯物辩证法的观点认识和分析问题，指出：“‘劳动所得’是拉萨尔为了代替明确的经济学概念而提出的一个模糊观念。”③ 如果将“劳动所得”这个用语解释为劳动的产品，社会主义社会集体劳动所得就是社会总产品。但是，为了满足社会主义社会再生产的正常需要，社会总产品进入个人消费之前要经过六项扣除，“第一，用来补偿消耗掉的生产资料的部分。第二，用来扩大生产的追加部分。第三，用来应付不幸事故、自然灾害等的后备基金或保险基金”④。这三项扣除是用于生产和再生产的，否则经济运行活动将无法维系，至于扣除多少，那要根据现有的生产力发展水平来具体确定，辅之以概率论作参考。余下产品在进入个人消费分配之前还得进行扣除，“第一，同生产

① 中共中央马克思恩格斯列宁斯大林著作编译局编：《马克思哥达纲领批判》，人民出版社1997年版，第3页。

② 李明桂：《从〈哥达纲领批判〉看我国社会总产品的分配》，《信阳师范学院学报》2010年第2期，第35—36页。

③ 中共中央马克思恩格斯列宁斯大林著作编译局编：《马克思哥达纲领批判》，人民出版社1997年版，第12页。

④ 同上书，第13页。

没有直接关系的一般管理费用。同现代社会比起来，这一部分一开始将会极为显著地缩减，并随着新社会的发展而日益减少。第二，用来满足共同需要的部分，如学校、保健设施等。同现代社会比起来，这一部分一开始就会显著地增加，并随着新社会的发展而日益增长。第三，为丧失劳动能力的人等等设立的基金，总之，就是现在属于所谓官办济贫事业的部分"①。经过这样的流程，"不折不扣的劳动所得"必将变成有折有扣。况且，以上六项扣除均取之于民，用之于民，扣除只是社会正常运行的必要手段，目的是更好地服务社会主义生产者，这也是"新社会"分配区别于"现代社会"分配的本质所在。正如马克思所言："从一个处于私人地位的生产者身上扣除的一切，又会直接或间接地用来为处于社会成员地位的这个生产者谋利益。"②

社会总产品在扣除维持简单再生产、用来进行扩大再生产的积累和社会集体消费以后，剩下来的产品才作为个人分配消费品的对象。"只有现在才谈得上纲领在拉萨尔的影响下狭隘地专门注意的那种'分配'，就是说，才谈得上在集体中的各个生产者之间进行分配的那部分消费资料。"③

接着，马克思又详尽阐释了个人消费资料分配原则确立的依据和内容，在做了积累基金、社会保障基金等各项扣除以后，每个生产者从社会领回的与他给予社会的恰好相等，他以一种形式给予社会的劳动量，又以另一种形式领回来了。在社会主义里通行的是调节商品等价交换的同一原则，其内容和形式都有别于资本主义按资分配的"等价交换"，因为在取代私有制的公有制情况下，社会成员只能给社会提供自己的劳动，而提供不出其他任何东西，同时，"除了个人的消费资料，没有任何东西可以转化为个人的财产。至于消费资料在各个生产者中间的分配，那么这里通行的是商品等价物的交换中通行的同一原则，即一种形式的一定量劳动同另一种形式的同量劳动相交换"④。这一论述显示了拉萨尔所谓"不折不扣的劳动所得"概念的模糊性，马克思这里虽然讲的是未来社会的社会总产品分配，但实际上适用于任何社会形态。只是不同社会的生产方式中国家所代表的阶级不一样，分配关系的性质和实现方式有所不同罢了，在社会主义国家，社会产品分配是遵循社会主义的基本经济规律要求有计划、

① 中共中央马克思恩格斯列宁斯大林著作编译局编：《马克思哥达纲领批判》，人民出版社 1997 年版，第 13 页。

② 同上。

③ 同上。

④ 同上书，第 14 页。

按比例进行的，生产资料公有制决定了按劳分配原则。

马克思这里所讲的是产品经济形态下的社会产品的公平分配，我国的商品经济形态虽与产品经济形态不同，但是分配方式属于社会经济制度，本身与经济形态没有关系，产品经济可以实行按劳分配，我国现阶段的商品经济同样也能实行，我国是以公有制经济为主体、多种所有制共同发展的，公有化程度虽不及产品经济形态高，但在公有制经济内部照样实行按劳分配，只不过按劳分配的实现形式要有所不同。

（二）批判“平等的权利”和“公平的分配”的非现实性，阐明社会主义按劳分配原则

在一个集体的、以生产资料公有为基础的社会里，既然“不折不扣的劳动所得”失去了任何意义，那么“公平的分配”“平等的权利”显然只是些空话。

首先，马克思认为在社会主义时期（列宁语），“平等的权利”和“公平的分配”是无法实现的，个人消费品只能实行按劳分配。社会主义时期经济上的不成熟，在思想文化上还没有达到不用劳动产品来监督劳动的水平，因为公平分配权利绝不能超出当时社会的经济结构以及由经济结构制约的社会的、文化的发展水平。按劳分配是唯一可以实行的分配方案，因为共产主义第一阶段不是在它自身基础上发展起来的，而是从资本主义社会脱胎而来的，在经济、道德和精神方面不可避免地带着资本主义社会的痕迹。这就决定了对个人消费品的分配，不能实行按需分配也不能实行按生产要素分配，只能实行按劳分配的原则，这个原则否定了资产阶级和一切剥削阶级不劳而获的分配制度，体现了不劳动者不得食的无产阶级要求。劳动者以一种形式给予社会的劳动量，以另一种形式领回来了，通过从社会领得一张证明劳动量的证书，然后凭借这张证书再从社会储存中领得和他劳动量相当的消费资料，即劳动者如何领回个人的消费品呢？通过一种形式的一定量劳动同另一种形式的同量劳动相交换。社会主义社会是否就像拉萨尔所说的那样实现了“每人有获得同等劳动产品的平等权”呢？对此，列宁曾明示：“当拉萨尔把这样的社会制度（通常叫做社会主义，而马克思称之为共产主义的第一阶段）说成是‘公平的分配’，说成是‘每人有获得同等劳动产品的平等权利’的时候，他是错误的。”① 只有到了共产主义社会的高级阶段，生产力高度发达，社会财富

① 《列宁选集》第3卷，人民出版社1972年版，第250页。

的一切源泉充分涌流，人们“才能完全超出资产阶级法权的狭隘眼界，社会才能在自己的旗帜上写上：各尽所能，按需分配！”①

其次，马克思揭示了按劳分配的实质。按劳分配所贯彻的是商品交换中通行的等价交换原则，在资本主义社会中，资本家购买劳动力，支付工资，遵循的是等价交换的原则。相比之下，社会主义社会中的按劳分配原则在内容和形式上都改变了，只有个人的消费资料可以转化为个人的私有财产。内容已不是出卖劳动力，而是为自己和社会劳动，消灭了榨取剩余价值的可能，形式上已不是用货币支付工人的工资，而是凭劳动证书领取消费资料，消除了剥削现象，是分配原则和方式的根本变革。

（三）马克思批判“分配决定论”，阐明生产决定分配的基本原理②

马克思早就论述过每一个社会中，生产、消费、交换、分配等环节构成了经济运行整体过程，各环节相互影响、相互制约。分配不过是整个过程中的一环，分配形式仅仅是生产形式的一种表现，割裂分配与其他环节是解决不了分配不公问题的，更解决不了其他社会问题。

在资本主义条件下，生产资料掌握在地主、资本家手里，这就决定了产品的按资分配形式，劳动者只能得到维护劳动力再生产的生活资料，而无缘社会剩余产品的分享，要改变资本主义的不合理的分配关系，必须变资本主义生产资料私有制为社会主义公有制。

在《〈政治经济学批判〉导言》中，马克思揭露资产阶级经济学家歪曲和割裂了生产与分配、交换、消费的关系，资产阶级只崇尚财富的生产是应该批判的，但是，不要为了批判“重生产轻消费”而走向另一个极端，那同样是错误的、有害的。“反对政治经济学家的人们——不论这些反对者是不是他们的同行——责备他们把联系着的东西粗野地割裂了，这些反对者或者同他们处于同一水平，或者低于他们。最庸俗不过的责备就是，说政治经济学家过于重视生产，把它当作目的本身。说分配也是同样重要的。这种责备的立足点恰恰是这样一种经济观点，即把分配当作与生产并列的独立自主的领域。或者是这样的责备，说没有把这些要素放在其统一中来考察。”③

---

① 中共中央马克思恩格斯列宁斯大林著作编译局编：《马克思哥达纲领批判》，人民出版社 1997 年版，第 16 页。

② 李明桂：《马克思对“为生产而生产”和“分配决定论”的批判之今解》，《现代财经》2010 年第 8 期，第 5—6 页。

③ 《马克思恩格斯全集》第 30 卷，人民出版社 1995 年版，第 30—31 页。

为让人们进一步认清生产与分配的辩证关系，马克思接着拨开迷雾的表象——“分配表现为产品的分配”，深挖现象下的本质——“分配本身是生产的产物”。因为，“在分配是产品的分配之前，它是（1）生产工具的分配，（2）社会成员在各类生产之间的分配（个人从属于一定的生产关系）——这是同一关系的进一步规定。这种分配包含在生产过程本身中并且决定生产的结构，产品的分配显然只是这种分配的结果”。[①] 与此同时，“分配关系和分配方式只是表现为生产要素的背面。个人以雇佣劳动的形式参与生产，就可以工资形式参与产品、生产成果的分配。分配的结构完全决定于生产的结构。……就对象说，能分配只是生产的成果，就形式说，参与生产的一定方式决定分配的特殊形式，决定参与分配的形式”[②]。从中可以看出，一定的生产方式决定相应的分配方式，分配既是生产成果的分配，也是生产资料的分配和社会劳动者的分工。从中得到的教义是任何时候人们都需将生产与分配有机联系起来，在统筹兼顾中妥善解决问题，在资本主义制度下，无产阶级不掌控经济命运，想解决财富分配的正义问题在体制内无法实现，因而，必须改变生产资料私有制的生产方式，寄希望于其他途径终归都是徒劳和幻想。

唯物史观认为财富生产决定财富分配是人类社会的自身运动规律，当然规律必须在一定条件下才会起作用，并会由不同的外在表现。“资本主义的分配不同于各种由其他生产方式产生的分配形式，而每一种分配形式，都会随着它由以产生并且与之相适应的一定的生产形式的消失而消失。”[③] 在爱森纳赫派和拉萨尔派合并制定德国社会民主党纲领时，拉萨尔派在德国工人运动中借机推行机会主义路线，拉萨尔从超阶级的国家出发认为由普鲁士王朝预付资本给工人建立生产合作社，工人就可以成为自己的企业主，获得“全部劳动所得”，摆脱“铁的工资规律”的束缚，从而“使工人进入自由和福利世界”。

拉萨尔派的首领们企图将这些路线写进党纲，为了全面肃清拉萨尔主义在党内的影响，马克思、恩格斯一再明确地指出，必须和拉萨尔主义展开坚决的斗争，不能为了眼前的小利而迷失方向，更不能做无原则的让步，德国工人运动的统一必须建立在科学社会主义的基础上。马克思郑重指出：“在所谓分配问题上大做文章并把重点放在它上面，那也

---

① 《马克思恩格斯全集》第30卷，人民出版社1995年版，第37页。

② 同上书，第36页。

③ 马克思：《资本论》第3卷，人民出版社2004年版，第1000页。

是根本错误的。”① 庸俗社会主义对早已弄清楚的财富生产和财富分配关系问题依然我行我素，继续效仿资产阶级经济学家的“分配决定论”论调，无疑是一个大倒退。为了唤醒爱森纳赫派领导人，马克思不得不再次强调：“消费资料的任何一种分配，都不过是生产条件本身的结果；而生产条件的分配，则表现生产方式本身的性质。例如，资本主义生产方式的基础是：生产的物质条件以资本和地产的形式掌握在非劳动者手中，而人民大众所有的只是生产的人身条件，即劳动力。既然生产的要素是这样分配的，那么自然就产生现在这样的消费资料的分配。如果生产的物质条件是劳动者自己的集体财产，那么同样要产生一种和现在不同的消费资料的分配。”② 这里明确告诉李卜克内西、倍倍尔等人，在资本主义条件下，工人群众要想实现公平合理的分配就不能仅围绕分配问题兜圈子，把分配看作本质和重点，而是要领导工人阶级坚决地、彻底地消灭现有的生产方式，使自己成为生产资料的主人，放弃幻想立足斗争，有什么样的生产资料所有制，就有什么样的分配。不能为合并的结果而无原则地妥协退让，否则也会重蹈把重点放在分配问题上的改良主义、机会主义的覆辙，结果只会走向意志的反面。

话说回来，人们也不能曲解马克思的本意，在特定历史背景下，马克思批判拉萨尔派的“分配决定论”是为了防止分配路线的脱轨，使德国社会民主工党领导的工人运动沿着正确的社会主义革命斗争前进，并不是说马克思不重视分配问题，这只是不同语境下论述的侧重点不同罢了。“生产既支配着与其他要素相对而言的生产自身，也支配着其他要素。过程总是从生产重新开始。交换和消费不能是起支配作用的东西，这是不言而喻的。分配，作为产品的分配，也是这样的。而作为生产要素的分配，它本身就是生产的一个要素。因此，一定的生产决定一定的消费、分配、交换和这些不同要素相互间的一定关系。当然，生产就其单方面形式来说也决定于其他要素。”③ 从马克思的经济理论脉络来看，分配问题与生产问题始终是紧密相连的，生产、分配、交换、消费在整体经济运行的特定时期，它们各自的作用有所变化。

---

① 中共中央马克思恩格斯列宁斯大林著作编译局编：《马克思哥达纲领批判》，人民出版社 1997 年版，第 16 页。

② 同上。

③ 《马克思恩格斯全集》第 30 卷，人民出版社 1995 年版，第 40 页。

二 马克思对拉萨尔分配思想批判的现实意义

马克思经过多年研究形成了自己科学的分配理论，主要体现在其经典成熟之作《哥达纲领批判》中，由于我国的社会主义不是马克思所构想的共产主义第一阶段，因而我国现阶段分配原则也与马克思构想有许多不同，特别是我国还要允许和鼓励资本、技术、管理等生产要素参与收益分配，因此，有必要联系社会主义市场经济建设中的实际，对经典作家的基本观点进行再思考。虽然我国不完全具备未来社会的条件，但实行的确是按劳分配，只是实现形式上不同，按劳分配存在“资产阶级权利”，现阶段更要注重分配中的公平问题。

在我国经济转轨和社会转型时期，随着经济增长和社会发展，也存在许多社会不公问题，收入分配领域内的矛盾就非常突出，基尼系数长期在警戒线上方运行，如何正确认识和有效解决分配中的不公问题，必须从学理上进行深入的探讨，马克思的《哥达纲领批判》中的分配理论正是可资借鉴的理论成果。

马克思在《哥达纲领批判》中指明消费资料的分配都是生产资料本身的分配，生产条件决定于生产方式性质。依据所有制关系决定分配关系原理做出对未来社会分配原则的科学预见，包括社会主义分配原则和共产主义分配原则，前者被列宁概括为按劳分配，后者马克思自己明确指出是“各尽所能，按需分配”，都是社会主义国家分配制度的理论渊源，对分配制度改革具有方向性指导意义。按劳分配是社会主义基本原则，坚持按劳分配是坚持走社会主义共同富裕之路的重要内容，也是社会主义取之不尽的力量之源，是加快推进以改善民生为重点的社会建设的应有之义，在社会主义的任何时候，我们都不能怀疑和动摇这一原则，并把实现“各尽所能，按需分配”作为一个最美好的分配形式和社会理想而孜孜以求。同时，具有与时俱进理论品质的马克思主义的分配理论，在社会主义实践中不断丰富和发展，既要坚持马克思主义分配理论的基本要义，又要结合当代中国新情况新问题不断加以创新和发展。

《哥达纲领批判》对当时的工人运动回归科学社会主义理论指导产生了巨大的作用，新形势下重温这部著作，仍能感到革命导师批判拉萨尔机会主义的敏锐洞察力和高度的无产阶级革命的原则性、使命感，认真领会其中对社会主义分配原则的论述，对于我国当前的经济体制改革和经济理论研究具有重要的指导意义。

（一）树立正确的社会财富创造观①

从历年 GDP 增长构成看，资本投资、商品和劳务净出口占 GDP 增长的 60% 左右，而最终消费所占比重相对较低，这说明我国的生产目的在一定程度上更多的是为出口而生产、为生产而生产，这固然与我国生存型社会阶段物质匮乏的国情相关，过去或有其历史必然性，但这种经济发展方式长期高速运行已使财富分配和居民消费捉襟见肘，在国际金融危机背景下，过去积累的许多深层次问题进一步发酵。

马克思主义总是与各种机会主义相伴而生，在批判与反批判的斗争中不断发展。在自由资本主义时期，马克思在批判资产阶级经济学家“为生产而生产”和庸俗社会主义“分配决定论”的同时，科学地阐述了财富生产和财富分配的辩证关系，当时所批判过的“偏重论”在我国过去和当前社会中仍未走出历史，政府过分注重财富生产、轻视财富分配和居民消费，或者说分配和消费地位远没有生产突出，等到收入分配差距日益拉大之际，社会又开始高度关注分配不公的问题，这似乎有重陷“分配决定论”空想的迹象，所以，还需要继续认真研读马克思语境下的财富生产和财富分配的关系原理，在后危机时代为指导分配体制改革寻求一个新思路，解决分配的差距悬殊问题根本上要改变生产资料占有的不公，经济增长方式和出口导向由投资拉动型转向消费主导型。

离开所有制关系和产权关系空谈劳动创造财富，是得不出科学结论的。马克思对威廉·配第关于“劳动是财富之父，土地是财富之母”的观点是认同的，针对拉萨尔主义的“劳动是一切财富和一切文化的源泉”的说法，马克思明确指出劳动不是一切财富的源泉。“自然界同劳动一样也是使用价值（而物质财富就是由使用价值构成的！）的源泉，劳动本身不过是一种自然力即人的劳动力的表现。”② 在《资本论》中早就指出：“劳动并不是它所生产的使用价值即物质财富的惟一源泉。”③ 一般的劳动过程是“制造使用价值的有目的的活动，是为了人类的需要而对自然物的占有，是人与自然之间的物质变换的一般条件，是人类生活的永恒的自

---

① 李明桂：《马克思对“为生产而生产”和“分配决定论”的批判之今解》，《现代财经》2010 年第 8 期，第 3 页。

② 中共中央马克思恩格斯列宁斯大林著作编译局编：《马克思哥达纲领批判》，人民出版社 1997 年版，第 8 页。

③ 马克思：《资本论》第 1 卷，人民出版社 2004 年版，第 56 页。

然条件”①。表明了马克思一贯的立场，劳动者只有劳动力而没有生产资料，就无法劳动，更谈不上财富创造。现实的劳动都要在一定的生产关系中进行，在资本主义条件下，“一个除自己的劳动力以外没有任何其他财产的人，在任何社会的和文化的状态中，都不得不为另一些已经成了劳动的物质条件的所有者的人做奴隶。他只有得到他们的允许才能劳动，因而只有得到他们的允许才能生存”②。可见，生产资料所有制的性质决定了一个社会的分配方式。

劳动创造财富要在一定的自然物质条件和一定的生产关系下进行，生产关系的性质决定劳动产品的归属。而“劳动是一切财富的源泉”的说法却赋予劳动超自然的创造力，避开一切财富第一源泉的自然界，避开劳动必备的物质条件，避开生产资料的所有制，有助于把资产阶级的富有归功于“勤劳”“节俭”，把工人阶级的贫困归罪于“懒惰”“浪费”。马克思认为，资本主义私有制才是劳动者贫困、受剥削、受压迫的经济根源，在那里，劳动与生产资料相分离，劳动所有权与劳动产品所有权相分离，消灭资本主义所有制和雇佣劳动制度是解决广大劳动者贫困的关键。

马克思关于财富创造的论述是符合历史唯物主义的，在社会主义市场经济条件下，坚持社会主义公有制主体地位不动摇是提高劳动力价格水平和确保劳动者共享经济发展成果的制度保障，要适时适度地调整生产资料所有制，落实生产资料共同所有的产权归属和收益，来激发劳动者创造社会财富的积极性，促进分配公平和缩小收入差距。

（二）树立公平的社会财富分配观③

生产资料的分配决定消费资料的分配，抽象的公平和平等的分配是不存在的。分配方式的占有形式决定消费资料的分配方式，有什么样的生产资料所有制就有什么样的分配，资本主义生产资料的私人占有决定了其消费资料的按资分配，从法权概念出发来谈论分配是机会主义的说法。要想促进我国分配公平和缩小收入差距，从根本上说就要调整生产资料所有制，在生产与分配的关系上，应反对两种错误倾向：一是只重视生产和生产关系而轻视分配问题的 GDP 崇拜，二是只重视分配问题而轻视生产和

---

① 马克思：《资本论》第 1 卷，人民出版社 2004 年版，第 215 页。

② 中共中央马克思恩格斯列宁斯大林著作编译局编：《马克思哥达纲领批判》，人民出版社 1997 年版，第 8—9 页。

③ 李明桂：《马克思对“为生产而生产”和“分配决定论”的批判之今解》，《现代财经》2010 年第 8 期，第 7、43 页。

生产关系的“分配决定论”。

资本主义的历史条件下，马克思侧重于批判“为生产而生产”的资产阶级经济学家的谬论，其实质是超历史性、永恒性的诡辩资本主义模式，认为资本主义分配是暂时性的，而在未来社会的设想，遵循庸俗社会主义的资产阶级经济学家对机会主义关于分配决策的论调，指出它是一种历史的倒退，把党领导下的工人运动引向错误的方向，在批评的基础上，科学澄清财富的生产和分配财富的原则之间的关系并完成了其历史使命。

今天的中国，无论财富的生产或财富分配都比马克思时代更为纷繁复杂，也远远超出了马克思的科学预测。改革初期，面对物质匮乏、资金短缺的境况，邓小平提出以经济建设为中心，重视物质的生产和追求经济的快速增长，以迅速做大国内生产总值（GDP）这块大蛋糕，这一发展战略是一种历史的必然。而新时期，比如 2015 年我国 GDP 高达 67.67 万亿元，人均 GDP 突破 8000 美元，就“做蛋糕”这个工作而言，过去 30 多年的发展改变了现代经济学的许多范式，不过就“分蛋糕”工作及其他促进正义、公平、人的自由发展等方面，与耀眼的经济成果相比具有很大差距，收入分配的过分悬殊已严重影响到我国经济社会的可持续发展，同时，这也在某种程度上为重构财富生产和财富分配关系提供了时代契机，也构成了其合理性基础。所以，在全面建设小康社会的新时期，我们要自觉遵循财富生产和财富分配规律，以确保人民群众参与经济发展的分享，阻止资本主义时代的“偏重论”改头换面再次上演，贻误社会主义现代化建设的战略机遇期。

一要加快经济增长方式的升级，实现由出口导向、投资拉动型转向消费主导型。对财富生产和财富分配关系的探讨要想在更广阔的视野和更本质的层次上展开，就需要超越“为生产而生产”和“分配决定论”的理路，在发展型阶段遭遇到国际金融危机的冲击，使支撑我国经济快速增长的外部条件和内在因素开始发生明显变化，以调整经济结构为重点、以建设消费大国为主线的发展方式转型的战略作用凸显，并成为我国经济第二次转型与改革的历史新起点。① 机遇与挑战并存，实现经济增长方式转变，跳出“就分配谈分配”的旧圈子。各国经济发展经验表明，经济增长方式和收入分配模式是密切相关的，收入分配格局取决于经济增长方式，如前文所述，马克思认为一定的社会生产决定一定的产品消费、分

① 迟福林：《后危机时代我国发展方式的转型与改革》，《社会主义经济理论与实践》2010 年第 4 期，第 10 页。

配、交换以及这些不同要素相互制衡的辩证关系，生产就其单方面形式来说，其他要素对分配、生产也会起决定性作用。而长期以来，我们对经济增长方式的考察往往局限于生产层面，突出强调通过加快技术创新、促进人力资本投资等方式来提高要素生产率，而忽视了企业中的分配关系对生产方式的反作用，① 这要引起我们的高度重视，应适时地反思。

二要践行财富生产的目的，摒弃生产单一决定论、努力为消费而生产。恩格斯在《反杜林论》中批评了杜林为资本主义爆发经济危机所做的辩解，强调了群众消费对于经济社会良性发展的重要意义，“群众的消费不足，是一切建立在剥削基础上的社会形式、因而也是资本主义社会形式的一个必然条件；但是，只有资本主义的生产形式才使群众的消费不足达到危机的地步。因此，群众的消费不足，也是危机的一个先决条件，而且在危机中起着一种早已被承认的作用”②。这既揭示了资本主义经济危机的深刻根源，又彰显了社会主义生产方式高度重视人民群众消费的制度优越性。马克思认为历史发展的首要前提是人类生产物质资料的活动，人类历史首先是生产方式发展的历史，而且一切发展都归结于人的发展。存在的不一定都是合理的，对于现实中仿效资产阶级经济学家见物不见人的“致富欲”论调，片面追求 GDP 增长总量，借市场经济之名行不惜一切手段追名逐利之实，垄断行业凭垄断收益自肥，凭资源、技术和政策优势一味进入非主业的高收益、高风险领域，加剧这些领域的价格波动和泡沫形成等严重干扰社会主义经济科学发展的行径，必须旗帜鲜明地予以批驳和抵制，企业经营尤其是国有企业必须回归生产的真正目的上来，通过构建合理的分配格局不断满足人民群众日益增长的物质文化需要。

三要重视财富分配不公问题，摒弃“分配决定论”、回归生产消费协调发展路径。财富分配，不仅包括消费资料的分配即工资为主的劳动报酬，还应包括生产资料的分配。在着力提高劳动者劳动报酬的同时，实实在在地落实公有制经济的个人私有产权和产权收益。比如，明晰农村农民的土地产权，扩大农民的土地增值收益和土地资本化收益，把土地所有权真正落实到劳动群众自治组织，集体将土地的使用权、占有权、收益权等项权能出让给农民，真正实现土地所有权与其他权能的分离。③ 再比如，完善企业产权治理机制，打破行业垄断。电力、煤炭、电信、石油石化、

---

① 钱书法、周绍东：《分享型劳资关系与增长方式转变——基于江苏省私营经济的分析》，《马克思主义研究》2007 年第 10 期，第 35 页。

② 《马克思恩格斯选集》第 3 卷，人民出版社 1995 年版，第 636 页。

③ 李明桂：《资本文明视阈下的农民增收》，《理论导刊》2009 年第 9 期，第 76 页。

铁路、烟草等国企丰厚的利润过去绝大多数留在企业内部，侵占了国有资本收益，要扭转国有资本收益由全民共享而不是国企独享，就要明晰垄断企业的产权归属，让国企产权不只给予高层管理者，也要相应地赋予普通职工，还要大幅度提高国企红利上缴比例且直接用于转移支付以提高社会保障水平。

（三）社会总产品分配要讲究原则的坚定性和策略的灵活性①

实践证明，劳动成果不能不折不扣地属于一切社会成员。社会主义制度下，劳动者创造的全部产品，按照有利于劳动人民的原则先进行各项社会必要扣除，以用于补偿消费掉的生产资料、扩大再生产、应付不幸事故和自然灾害的后备基金或保险基金，用于与生产没有直接关系的一般管理、公益事业及为丧失劳动能力的人等设立的基金。只有扣除这些项目的费用以后，劳动产品才能在社会成员中进行分配，所以，不折不扣已经变成了有折有扣。社会主义的生产目的是满足劳动人民日益增长的物质文化需要，社会主义总产品的分配要处理好积累与消费的关系、个人消费与公共消费的关系、坚持个人消费品的按劳分配原则，而针对我国居民消费能力稀缺的现实，需着力实现分配的三个转变：劳动报酬在初次分配中的比重由过低水平转到适度标准，公共消费基金的支出由向行政管理倾斜转到向民生领域倾斜，分配由向政府和企业倾斜转到向居民倾斜。

马克思阐释的社会主义社会总产品的分配理论有其特定的社会经济条件，生产资料全社会共同占有、个人劳动直接成为社会劳动、没有商品和货币交换等，而现实的社会主义都是生产力比较落后的国家，马克思、恩格斯对未来社会的预见中的社会总产品分配，在于揭示社会自身运行的规律，指出其不可抗拒性和必然性，诚如恩格斯所言："马克思的整个世界观不是教义，而是方法。它提供的不是现成的教条，而是进一步研究的出发点和供这种研究使用的方法。"② 我们要秉承马克思关于社会主义总产品分配理论的方法论原则，对我国当前分配领域中的一些异化现象进行拨乱反正，以期回到和谐的分配轨道上。

1. 消除公共消费基金支出结构失衡现象，构建公共消费支出平衡机制

2008 年中国统计年鉴显示，1998 年到 2014 年（见表 1—1），我国财

---

① 李明桂：《从〈哥达纲领批判〉看我国社会总产品的分配》，《信阳师范学院学报》（哲学社会科学版）2010 年第 2 期，第 37—39 页。

② 《马克思恩格斯全集》第 39 卷，人民出版社 1974 年版，第 406 页。

政社会保障经费年支出由598亿元增长到15469亿元，占财政总支出的比重由5.5%增长到10.2%，虽然财政社保支出增长较快，但财政总支出也是年年增加，并且近几年二者各自增加的比例十分接近，社保和就业支出占财政支出的比例变化并不十分明显，始终保持在10%左右。可与发达国家和其他发展中国家相比还是很低，不仅远远低于发达国家30%—50%的比例，甚至还低于印度、泰国等发展中国家的水平。① 随着我国养老、医疗和教育体制改革，从1998年起，推行住房商品化、教育产业化、医疗市场化，这就大大减少了政府对社会公共服务的供给，一方面社会保障支出占GDP的比重却呈现下滑，另一方面政府财政收入高于GDP的增速大幅度提高。政府转移支付和社保支出滞后，社会公共服务方面的缺位和物价上涨导致城乡居民消费倾向下降、储蓄倾向上升。分配率中劳动者的报酬总额占GDP的比重越高，表示劳动者的工资性收入在国民收入的初次分配所得份额越大，社会分配越均等、公平。在分配率较低的情况下，不得不自行考虑医疗、养老、住房、教育等支出，进一步恶化了城乡居民的收入分配状况，阻碍了居民消费水平的合理提升。

表1—1　　　　全国财政社会保障支出情况

项目	2009	2010	2011	2012	2013	2014
财政总支出（亿元）	76299	89874	109247	125952	140212	151662
社会保障和就业总支出（亿元）	7606	9130	11109	12585	14490	15469
财政总支出比上年增长（%）	21.9	17.8	21.5	15.3	11.3	8.2
社保总支出比上年增长（%）	11.8	20.0	21.6	13.3	15.1	12.7
社保和就业支出占财政总支出比重（%）	10.0	10.2	10.2	10.0	10.3	10.2

资料来源：根据《中国统计年鉴2009—2015》整理得出。

根据马克思的公共消费基金的使用原则，“同生产没有直接关系的一般管理费用”包括政府提供基本公共管理与服务的支出、外交经费、国防经费等，与资本主义相比应该随着社会主义社会的发展而日益减少，而“用于满足共同需要的部分”包括教育、医疗卫生、社会保障和就业经费

① 李若愚：《我国国民收入分配正向政府倾斜》（http：//finance1.jrj.com.cn/news/2006—06—19/）。

等，应该随着社会主义的发展日益增长，这既合乎社会主义生产目的，也合乎社会主义经济规律。我国公共消费基金的使用显然未完全遵循这一原则，其消极的后果早已显现，今后分配实践中一要统筹城乡发展，加大城市反哺农村、工业反哺农业的力度。二要以社会公平为基本原则，扩大社会保障覆盖面和提高保障水平。改善低收入群体的收入状况，社会保险应扩大到所有与用人单位建立劳动关系的劳动者，把社会福利法制化，提升其在整个社会保障制度中的地位，政府财政应加大社会救济开支，放宽救助条件，提高救助标准。三要加快社会保障基金的储备。在国家储备的基础上，建立多元筹资渠道，提高社会保障后备基金的储备能力。

2. 分配应由物本向民本取向回归

在经济发展的不同阶段，国民收入分配在政府、企业、居民三者之间的比例会有此消彼长的变化。近几年，我国中央和地方政府预算内收入增速较快，2002—2014 年增速分别高达 15.4%、14.9%、21.6%、19.9%、22.5%、32.4%、19.5%、11.7%、21.3%、25.0%、12.9%、10.2%、8.6%，要快于国民总收入增速，就导致这几年财政收入占国民总收入比重呈上升之势，由 2002 年的 15.9% 上升到 2014 年的 22.7%，12 年内上升了 6.2 个百分点。与财政收入占国民总收入比重上升对比的是，我国职工工资总额占国民总收入的比重从 1978 年的 15.6% 下降为 2004 年的 10.6%，之后十年才逐步回升，仍然大大低于财政收入的占比（见表 1—2），如果加上工资额 30% 的福利，30 多年来分配率则约在 15%—20% 之间，而成熟的市场经济国家分配率普遍在 54%—65% 之间。① 可见，我国财政收入的大幅提高是以居民收入的增幅放缓为代价，资强劳弱进一步加剧了居民收入增缓的趋势，必然会直接抑制国内有效消费需求，而消费就是人们为了满足自身物质、文化需要而对物品和服务的消耗与花费，它是社会再生产的终点和起点，是劳动生产再生产的内在要求，消费需求不足，生产就缺乏动力。

而马克思在《哥达纲领批判》中关于积累和消费的比率上，主张原则的坚定性和策略的灵活性的统一，无论如何调整二者的配置比例，宗旨都为达到人的自由全面发展这一社会主义的最终目的，一切的生产、分配、交换目的都是劳动者的消费，让全体劳动者共享社会发展成果。具体怎样操作，还要考量执政者的卓越智慧。积累是必需的，积累率也是动态

① 辜胜阻：《高速增长需要与财富积累同步》，《中华工商时报》2006 年 12 月 20 日第 20B1 版。

的，应“根据现有的物质和力量来确定”，没有一种适用于任何时间和任何地点的灵丹妙药，马克思坚信未来的人们会用他们的聪明才智和创造力来解决这个问题，为后人根据实际情况进行决策留足了弹性和空间。所以，现代化建设中，要严格遵循马克思的这一论述，一要加快提高分配率

表 1—2　1978—2014 年职工工资总额、全国财政收入占国民收入的比重

年份	职工工资总额（亿元）A	全国财政收入（亿元）B	国民总收入（亿元）C	A/C（%）	B/C（%）
1978	568.9	1132.26	3645.2	15.6	31.1
1980	772.4	1159.93	4545.6	17.0	25.5
1985	1383.0	2004.82	9040.7	15.3	22.2
1990	2951.1	2937.10	18718.3	15.8	15.7
1991	3323.9	3149.48	21826.2	15.2	14.4
1992	3939.2	3483.37	26937.3	14.6	12.9
1993	4916.2	4348.95	35260.0	13.9	12.3
1994	6656.4	5218.10	48108.5	13.8	10.8
1995	8100.0	6242.20	59810.5	13.5	10.4
1996	9080.0	7407.99	70142.5	12.9	10.6
1997	9405.3	8651.14	78060.8	12.0	11.1
1998	9296.5	9875.95	83024.3	11.2	11.9
1999	9875.5	11444.08	88479.2	11.2	12.9
2000	10656.2	13395.23	98000.5	10.9	13.7
2001	11830.9	16386.04	108068.2	10.9	15.2
2002	13161.1	18903.64	119095.7	11.1	15.9
2003	14743.5	21715.25	135174.0	10.9	16.1
2004	16900.2	26396.47	159586.7	10.6	16.5
2005	19789.9	31649.29	184088.6	10.8	17.2
2006	23265.9	38760.20	213131.7	10.9	18.2
2007	28244.0	51321.78	251483.2	11.2	20.4
2008	35289.5	61330.35	316030.3	11.2	19.4
2009	40288.2	68518.30	340320.0	11.8	20.1
2010	47269.9	83101.51	399759.5	11.8	20.8
2011	59954.7	103874.43	468562.4	12.8	22.2
2012	70914.2	117253.52	518214.7	13.7	22.6
2013	93064.3	129209.64	566130.2	16.4	22.8
2014	102817.2	140370.03	634043.4	16.2	22.7

资料来源：根据《中国统计年鉴 2008—2015》整理计算得出。

和改变分配向政府和企业倾斜局面。分配率越高，表明劳动者的工资性收入占国民收入初次分配的份额越大，社会分配越均等，反之，分配率越低，社会分配越不均等。二要以社会主义生产目的的实现程度作为评价分配体制的优劣，摒弃仅以 GDP 的增长速度的片面体制，今后政府要逐步减税，使积累回补消费，让利于民。

3. 大力提高劳动报酬占 GDP 的比重

我国实行社会主义公有制为主体、多种所有制经济共同发展的经济制度，决定了以按劳分配为主体、多种分配方式并存的分配制度，这与马克思构想的未来社会单一生产资料公有制不同。近年来在个人消费品分配中，出现了严重向资本所有者、权力阶层过度倾斜的情况，普通劳动者尤其是农民工未能公平分享经济成果。2013 年我国经济总量居世界第二，劳动者报酬占 GDP 的比重偏低且呈现出下降趋势，居民收入占整个 GDP 的比重不到 40%，国际惯例一般在 60%。近十多年来，我国劳动者报酬占 GDP 的比重从 53.4% 下降到 39.7%，企业盈余占 GDP 比重从 21.2% 上升到 31.3%。而在发达国家，劳动者报酬占 GDP 的比重大多在 50% 以上。这说明劳动者的“弱势地位”在过去十余年间是不断被强化的。[①] 劳动报酬占 GDP 的比重低于适度水平，普通劳动者以低工资、低报酬、低福利承担了社会改革的巨大成本，而经济发展的巨大成果未被劳动群众分享，在当前国内外经济形势下，其制约国民经济健康、协调、可持续发展的问题日益突出。

通过正确对待和保障劳动所得，调动广大劳动者的积极性，是社会主义社会处理分配问题的主要出发点和落脚点。[②] 由于资本力量强大，劳动力供过于求且竞争力较弱的局面短期内无法改变，中国制造业大多属于资本和技术密集型，加剧了劳动者的弱势困境。分配的话语权和控制权已掌控在强势群体、既得利益者一方，谈及分配，有些人就只强调非劳动收入，强调非劳动的生产要素在社会财富创造中的贡献及其带来收入的合法性，虽然在一定程度上非劳动要素促进了生产力的发展，非劳动收入应该得到法律保护，但是市场竞争的非理性、蝴蝶效应必然使弱者更弱、强者恒强，对于市场的盲点只有政府之手才能弥补。现在我国已成为世界第二大经济体，正在进入资本相对过剩时代，在分配领域政府是大有可为的，劳动者的劳动所得应当成为财富分配的主力，非劳动收入终究只是分配次

① 中国社会科学院：《社会蓝皮书：劳动报酬占 GDP 比重偏低影响居民消费》（http：//finance. chinanews. com/cj/2012/12—18/4418896. shtml）。

② 周新城：《中国特色社会主义经济制度论》，中国经济出版社 2008 年版，第 146 页。

要部分，理论研究和体制改革重点应放在劳动所得上。

为此，政府应加大对劳动者的人力资本投资，通过教育和培训提高劳动者的素质和技能，提高自身劳动力价格。大力推动工会组织的建立和健全，使企业推行劳资合作制度、集体谈判制度、集体合同制度，形成劳动者、工会、资本所有者和政府四位一体的劳动报酬集体协商机制，不断加大对劳资关系管理的检查力度。还要加快最低工资立法，建立工资正常增长机制和支付保障机制，切实保护劳动报酬权益。

马克思关于社会主义社会总产品分配理论揭示了社会经济发展基本规律，是唯物史观和方法论，我国分配制度改革要坚持以这一理论为指导，确保始终沿着正确方向健康发展。各级政府针对发展中出现的分配领域突出问题，认真贯彻十七大提出的分配方针，在实践层面要重视处理好个人、企业、国家三者收入的关系，在初次分配和再分配环节上适当减税，在保证国民经济正常运转的情况下，努力降低国家财政收入所占份额，制定措施督导资本让利，提高劳动报酬在初次分配中的比重，提高居民收入在国民收入中的比重，最大限度地为社会主义劳动者谋利益，逐步形成有序合理的分配格局。

（四）按劳分配理论要体现原则的一般性和适用的特殊性的统一

关于按劳分配的内容。按照马克思的设想，为了消除平均主义分配的弊病，在社会主义时期，每个生产者在做了各项必要扣除以后，从社会方面正好领回了他所给予社会的一切；他所给予社会的就是他的劳动量，他从社会领得一张证明劳动量的证书，凭借这张证书从社会储存中又领得和他劳动量相当的消费资料。

消费资料在各个生产者中间的分配所贯彻的就是商品交换中通行的同量劳动相交换的原则。在资本主义社会中，资本家支付工资购买劳动力，遵循的是等价交换的原则，而社会主义社会中的按劳分配原则在内容和形式上都改变了，内容已不是出卖劳动力，而是为自己和社会劳动，消除了榨取剩余价值的可能，形式上已不是用货币支付工人的工资，而是凭劳动证书领取生活必需品，这是对剥削的彻底否定，是分配原则和方式的根本变革。

马克思指出按劳分配原则虽然是历史的巨大进步，但由于它遵循等量劳动换取等量产品的原则，而人的劳动由于体力、智力等自然禀赋的差异和家庭人口的多寡，最后仍会造成消费品分配的事实上的不平等，就会出现富裕程度的差别，这种表面的平等掩盖着的事实上的不平等，反映了按劳分配原则仍未超出资产阶级法律所确认的维护等价交换的狭隘眼界。很清楚，按劳分配的“平等的权利”就是不平等，就个人消费品按劳动分配这一点说来，资产阶级法权还占统治地位：这种弊病在社会主义阶段是不可避免的，权利决不能超出社会的经济结构以及由经济结构制约的社会的文化发展，只要在经济、道德和精神方面存在旧社会的痕迹，资产阶级法权就还会存在，反映出按劳分配的历史局限性。资产阶级法权是滋生资产阶级分子的土壤，如果对资产阶级法权及其带来的那一部分不平等不在无产阶级专政下加以限制，相反地加以巩固、扩大和强化，资产阶级思想就会泛滥，新资产阶级就会产生，资本主义的商品交换原则就会侵入到政治生活以至党内生活，社会主义制度就有倒退为资本主义制度的危险。为了巩固和发展社会主义改革发展成果，为了缩小各阶层收入差距，实现社会公平正义，达到真正的、事实上的平等，无产阶级政权必须继续深化改革并积极创造物质的和精神的条件，限制和逐步缩小资产阶级法权。

关于共产主义社会第一阶段实行按劳分配的历史必然性。马克思认为按劳分配中的这种弊病在它经过长久阵痛刚刚从资本主义社会产生出来的形态中，是不可避免的，权利永远无法超出社会经济结构和由经济结构所制约的社会文化的发展水准。由于社会主义时期经济上的不成熟，在思想文化上还没有达到不用劳动产品来监督劳动的水平，因此，按劳分配是唯一可以实行的分配方案。

以上几点体现了马克思按劳分配原则的一般性和普遍意义，不同社会主义国家在运用时要将其与本国实际相结合，因为只有把国际化与本土化相融合才具有强大的生命力。马克思设想的未来社会个人消费品按劳分配原则，是以他所理解的共产主义社会第一阶段的经济条件为前提的，诸如生产资料的全社会公有制、有计划的社会生产、商品经济的消亡等，尽管社会主义经济运行的具体状况与马克思构想的经济条件有差距，但马克思按劳分配原则所揭示的社会主义个人消费品分配的一般规律仍然闪烁着科学真理的光芒，至今还是正确的。

在社会主义制度下，劳动人民共同占有主要生产资料，任何人都不可能凭借对生产资料的所有权占有他人的劳动，领取个人消费品只能根据他对社会付出的劳动多少。作为共产主义第一阶段的社会主义，生产力水平还不高，物质财富还未达到充分涌流，能用于分配的消费资料的数量有限。因此，社会主义现阶段既不能像原始社会那样实行平均主义分配，又不能像共产主义社会实行按需分配，只能实行以按劳分配为主的分配原则。在现阶段，由于旧的社会分工及工农差别、脑力劳动与体力劳动差别、复杂劳动与简单劳动差别还存在，劳动还没有成为人们生活的第一需要，还是谋生的手段。一方面，我国还存在商品货币关系，劳动者的个人劳动不可能直接成为社会劳动，这与马克思设想的劳动者凭“劳动券”领取与自己劳动量相等的消费品的按劳分配有很大不同。另一方面，所有的劳动者都享有平等的劳动权利和根据劳动取得报酬的权利，不过，这种平等权利对不同的劳动者来说是不平等的权利。因此，应努力推进马克思按劳分配理论的中国化，深化对按劳分配主体地位的认识，在坚持按劳分配为主体的条件下，必须兼顾其他分配方式和调节措施，使我国社会主义分配制度既能合理拉开差距、避免平均主义，又能体现公平、避免两极分化，从而最大限度地实现社会主义的生产目的。

第二章　资本主义私有制是劳动者分配不公的经济根源

从现象上看，资本主义条件下劳动者分配不公和贫困化是一个分配问题，停留在分配领域的现象层次上研究贫困化是远远不够的。西方经济学者把研究经济问题的注意力偏执于分配上，似乎分配政策调整就可以化解资本主义贫富两极分化的困局，绕开资本主义私有制，避谈生产领域中劳资的阶级关系。有代表性的，法国经济学家托马斯·皮凯蒂在《21 世纪资本论》中虽有力地批判了为资本主义辩护的库兹涅茨倒 U 形曲线，但他的最大缺陷（也是资产阶级经济学家普遍存在的缺陷）就是完全不提资本主义私有制，看不到问题的根源所在，仿佛只要调整一下分配政策，例如，征收遗产税、累进所得税等就可以避免贫富差距扩大、消除两极分化现象。① 我们怎么谈论分配问题？研究分配问题，首先离不开生产方式。生产决定分配，分配问题的根源应该到生产领域去寻找。马克思指出："分配本身是生产的产物，不仅就对象说是如此，而且就形式说也是如此。就对象说，能分配的只是生产的成果，就形式说，参与生产的一定方式决定分配的特殊形式，决定参与分配的形式。"② 拉萨尔主义虽然标榜自己反对资本主义和资产阶级，并借用马克思的经济学原理力图揭示工人阶级贫困的原因和探求脱贫的路径，由于对马克思的经济学原理缺乏正确的认知，加之对资本主义肤浅的认识和爱森纳赫派领导人马克思主义理论水平不高，导致《哥达纲领》草案中渗透着错误的机会主义观点，掩盖了资本主义剥削制度的实质和劳动者贫困化的经济根源。为了批判拉萨尔的资产阶级庸俗经济学观点，马克思论述了马克思主义政治经济学的基本原理，揭露了资本主义生产资料私有制是无产阶级受剥削、受压迫的深刻根源，破除这一根源，只

---

① 周新城：《分配问题不是经济学的中心——兼评皮凯蒂〈21 世纪资本论〉》，《红旗文稿》2015 年第 3 期，第 21 页。

② 《马克思恩格斯全集》第 30 卷，人民出版社 1995 年版，第 36 页。

有用社会主义公有制代替资本主义私有制，在生产资料占有方面劳动者都是平等的所有者，由于消除了生产资料占有的不平等，个人也就不可能凭借生产资料所有权无偿地占有他人剩余劳动产品，从而为消灭剥削、消除贫困化奠定了基础。所有制问题应该成为经济领域内无产阶级革命的基本问题，再次揭示了“两个必然”的历史规律，为全世界无产阶级推翻资产阶级和一切剥削阶级，为社会主义超越资本主义提供了强大的理论武器，也为深化社会主义体制改革、完善社会主义生产关系、发挥社会主义制度的优越性指明了正确的价值取向。

第一节　劳动创造财富离不开一定的物质条件

社会财富和文化的创造离不开劳动者的劳动，但劳动不是抽象的、观念中的，而是现实的、具体的，是劳动者在一定的生产关系中利用劳动工具作用于劳动对象的结果，受生产力发展水平的制约，处在不同生产关系中的劳动者创造财富和文化的能力和水平不尽相同，对社会财富的占有更是大相径庭。资本主义生产关系中，占有生产资料的资本家居于支配地位，拥有崇高的社会地位和强大的市场力量，而劳动者不占有生产条件，被迫出卖劳动力，使用资本家提供的生产资料来创造财富，卑微的社会地位和弱小的市场博弈力量不得不遭受资本家的剥削和奴役，在国民收入分配中双方财富的两极差别在所难免。

一　劳动创造财富要有一定的自然物质条件

拉萨尔在其《公开答复》中认为“劳动，一切产品的唯一源泉”，在《巴师夏—舒尔采—德里奇先生，经济的尤利安，或者：资本和劳动》中提出劳动分工是一切财富的源泉，《哥达纲领》草案接受拉萨尔派的“劳动是一切财富和一切文化的源泉”说辞，实际上是允许资产阶级经济学家的观点存在于工人阶级政党党章，马克思针锋相对地指出劳动本身不过是一种自然力即人的劳动力的表现，劳动同自然界一样都是使用价值的源泉，而不是一切财富的源泉。劳动创造社会财富离不开劳动资料和劳动对象，否则劳动就变成超自然的了，正如，没有机器和原材料工人无法生产产品，没有土地和种子农民无法种出粮食。恩格斯也认为：“政治经济学家说：劳动是一切财富的源泉。其实，劳动和自然界一起它才是一切财富的源泉，自然界为劳动提供材料，劳动把材料变为财富。"① 劳动只有与自然界一起才是一切财富的源泉，自然界为劳动提供材料，劳动把材料变成财富。物质财富本身就是由使用价值构成的，自然界和劳动一样也是使用价值的源泉，而劳动不具备超自然的创造力和超阶级的生产力。所以不仅劳动，土地、矿山、水源、森林等自然资源同样也是物质财富的源泉。劳动本身也不过是一种自然力，劳动力的支出表现为劳动，这有其自然性的一面。离开这些物质条件，单纯人的劳动不作用于任何劳动对象，是什么物质财富也创造不出来的。这就更说明物质财富的创造一刻也离不开自然界提供的对象、资料和自然力。和拉萨尔主义不同，一直以来，马克思、恩格斯在高度重视人的劳动作用的基础上，又充分肯定外部自然界的优先地位以及劳动所受制约性。在《1844年经济学哲学手稿》中，马克思就指明："没有自然界，没有感性的外部世界，工人就什么也不能创造。"② 在《神圣家族》中，马克思、恩格斯又指出："人并没有创造物质本身。甚至人创造物质的这种或那种生产能力，也只是在物质本身预先存在的条件下才能进行。"③ 在《资本论》中又深化了认识："人在生产中只能像自然本身那样发挥作用，就是说，只能改变物质的形态。不仅如此，它在这种改变形态的劳动本身中还要经常依靠自然力的帮助。因此，劳动并不是它所生产的使用价值即物质财富的惟一源泉。正像威廉·配第所说，劳动是财富之父，土地是财富之母。"④ 在《哥达纲领批判》中，马克思又强调"劳动所受的自然制约性"，而反对"给劳动加上一种超自然的创造力"。依据拉萨尔的逻辑，马克思推演出："因为劳动是一切财富的源泉，所以社会中的任何人不占有劳动产品就不能占有财富。因此，如果他自己不劳动，他就是靠别人的劳动生活，而且也是靠别人的劳动获得自己的文化。"⑤ 马克思精辟回答了到底谁养活谁的问题，进一步批判了资产阶级不劳而获的本质，唤醒了工人群众的阶级意识。这些都表明，劳动者用自己的双手去创造物质财富是有条件的，必须和劳动工具、生产资料相结合才能构成为现实的生产力。

拉萨尔空谈"劳动"和"劳动分工"，但对于劳动的物质条件由谁占有却避而不谈，采取了非阶级分析的立场，宣扬超阶级的劳动创造财富

---

① 《马克思恩格斯选集》第4卷，人民出版社1995年版，第373页。

② 《马克思恩格斯全集》第42卷，人民出版社1979年版，第92页。

③ 《马克思恩格斯全集》第2卷，人民出版社1957年版，第58页。

④ 马克思：《资本论》第1卷，人民出版社2004年版，第56—57页。

⑤ 中共中央马克思恩格斯列宁斯大林著作编译局编：《马克思哥达纲领批判》，人民出版社1997年版，第9页。

观，目的在于掩盖阶级斗争的经济根源，维护地主资产阶级私有制，反对无产阶级革命和无产阶级专政，把工人运动引向机会主义邪路。“一个社会主义的纲领不应当容许这种资产阶级的说法”，对“空谈劳动”，避而不谈劳动创造财富的条件的机会主义论调要进行坚决批判，工人、农民和一切社会劳动群众是创造物质财富和精神财富的主人，但在生产资料私有制条件下，他们处于被剥削、被压迫、被榨取劳动力的不平等地位，统治阶级把他们的贫穷诬蔑为懒惰、奢侈，把自己的富足则美化为勤劳、节俭，社会成员的贫穷和富裕与生产资料的占有状况无关，只与劳动有关，这样，通过给劳动加上一种超自然的创造力来麻痹工人群众的斗争觉悟，心安理得地接受剥削阶级的统治。对此，“只有一个人事先就以所有者的身分来对待自然界这个一切劳动资料和劳动对象的第一源泉，把自然界当作属于他的东西来处置，他的劳动才成为使用价值的源泉，因而也成为财富的源泉”①。马克思运用唯物史观原理使得劳动与生产资料的关系回归了本位。

二 劳动创造财富要在一定的生产关系下进行

劳动创造财富，既离不开一定的自然物质条件，又离不开一定的社会生产关系条件。劳动总是社会的劳动，孤立的个人劳动是不存在的。拉萨尔撇开劳动的物质条件，空谈“劳动”和“劳动分工”是为了回避劳动的物质条件即生产资料归谁占有这一个根本问题。劳动者同自然界做斗争，利用自然界来生产社会财富，并不是孤立地进行的，而是结成一定的生产关系进行的。“人们在生产中不仅仅影响自然界，而且也互相影响。他们只有以一定的方式共同活动和互相交换其活动，才能进行生产。为了进行生产，人们便发生一定的联系和关系，只有在这些社会联系和社会关系的范围内，才会有他们对自然界的关系，才会有生产。”② 人们在社会生产中的这种联系和关系就是生产关系。在阶级社会中，一定的生产关系总是表现为一定的阶级关系，因此，谈论劳动和社会财富的创造，决不能撇开生产关系和阶级关系不谈。在生产关系中，生产资料所有制决定着生产关系的性质，决定着生产关系的其他两个方面——人们在生产过程中的地位和相互关系以及分配形式。在资本主义社会，工人无论怎样辛勤的劳

① 中共中央马克思恩格斯列宁斯大林著作编译局编：《马克思哥达纲领批判》，人民出版社 1997 年版，第 8 页。

② 马克思：《雇佣劳动与资本》，载《马克思恩格斯选集》第 1 卷，人民出版社 1995 年版，第 344 页。

动，无论创造多少的社会财富，还免不了贫困的命运，而资本家则过着富足的寄生生活。最根本的原因就是资本家占有了生产资料，工人一无所有。雇佣劳动同资本家掌握的生产资料相结合的资本主义分工虽提高了劳动生产率，增加了社会财富，但结果不过是富者愈富、贫者愈贫。拉萨尔主义蓄意掩盖资本主义剥削，不讲生产资料归谁占有这个根本问题，侈谈什么“劳动分工是一切财富的源泉”。对此，马克思做出相应的批判：“一个除自己的劳动力外没有任何其他财产的人，在任何社会的和文化的状态中，都不得不为占有劳动的物质条件的他人做奴隶。他只有得到他人的允许才能劳动，因而只有得到他人的允许才能生存。”①

马克思主义认为，生产资料资本主义私有制是无产阶级受剥削、受压迫的经济根源，也是无产阶级和资产阶级的阶级斗争产生、发展的经济根源。随着阶级斗争的发展和无产阶级政治觉悟的提高，无产阶级必然要在斗争中强调反对私有制社会。在创立无产阶级政党的革命活动时，马克思、恩格斯深刻地总结了各国无产阶级和劳动人民的革命实践，在《共产党宣言》中明确指出：“共产党人可以把自己的理论概括为一句话：消灭私有制。”② 同时，他们用毕生的精力，在《共产党宣言》及其他一系列光辉著作中，阐明无产阶级的历史使命就是要用革命暴力彻底推翻地主资产阶级专政，建立无产阶级专政，消灭地主资产阶级私有制，建立社会主义公有制，用社会主义战胜资本主义，消灭一切阶级和阶级差别，最后实现共产主义。拉萨尔在 19 世纪 60 年代初德国工人运动逐渐高涨，无产阶级同容克地主和资产阶级的矛盾日益尖锐的历史时刻，大肆鼓吹“劳动，一切产品的唯一源泉”这类谬论，根本不谈所有制这个根本问题，违背了《共产党宣言》，反对无产阶级革命和无产阶级专政是为了推行他的机会主义路线，反对马克思的无产阶级革命路线。

阶级斗争和路线斗争的历史和现实表明，在社会主义条件下，所有制问题仍然是十分重要的中心问题。毛泽东在 1959 年 12 月至 1960 年 2 月读苏联社会主义政治经济学教科书时，坚持和发展了马克思的生产资料所有制决定分配问题的理论观点，他批评教科书中只谈论消费品分配而不提生产资料分配，夸大消费品分配的对生产力发展的动力作用，“这是一种分配决定论的错误观点。就以分配问题来说，按照马克思《哥达纲领批判》中所说的，分配首先是生产条件的分配，生产资料在谁手里，这是

① 中共中央马克思恩格斯列宁斯大林著作编译局编：《马克思哥达纲领批判》，人民出版社 1997 年版，第 8—9 页。

② 《马克思恩格斯选集》第 1 卷，人民出版社 1995 年版，第 286 页。

决定性的问题；生产资料的分配决定消费品的分配。教科书在这里不讲生产资料的分配，只讲消费品的分配，并且把消费品的分配当作决定性的动力，这是对马克思上述正确观点的一种修正，是理论上的一种极大的错误”①。毛泽东这一论断对解决我国当前分配不公平困境仍有指导价值。在社会主义市场经济条件下，经济领域里社会主义同资本主义的斗争还长期存在，私有化主张者、新老资产阶级的代表人物为了全盘西化，总是推行一条机会主义路线，巩固、扩大和强化资产阶级法权，妄图利用它们来改变公有制的性质，瓦解社会主义的经济基础。为了保证我们国家在社会主义大道上胜利前进，我们必须在社会主义阶段始终坚持社会主义公有制的主体地位，十分注重解决生产关系方面的问题，进一步巩固和发展社会主义公有制，使社会主义经济的一切部门和单位的领导权真正掌握在马克思主义者和广大工人群众手里。

第二节　离开所有制空谈劳动创造财富是“资产阶级的说法”

《哥达纲领》草案空谈“劳动是一切财富和一切文化的源泉”在理论上是偏颇的，实际上是“资产阶级的说法”，因为它“回避那些唯一使这种说法具有意义的条件”，即根本不触及资本主义社会生产资料被资产阶级占有这一决定性的条件。任何一个社会都离不开劳动，而不是像纲领草案中所说的任何一种“有益的”劳动都离不开社会。马克思接着又通过揭示拉萨尔主义超阶级的、对一切人都是有益或有害的劳动论调，批判了其“劳动所得应当不折不扣和按照平等的权利属于社会一切成员”，说明生产关系的性质决定分配的制度安排，有助于提高工人群众的阶级意识，并为无产阶级争取自身权利和解放斗争指明了方向。

一　对一切人都是“有益的劳动”或有害的劳动是不存在的

在阶级社会里，统治阶级与被统治阶级的利益是根本对立的，双方对劳动是有益的或有害的看法是完全不同的。“有益的劳动只有在社会中和通过社会才是可能的”的说法表明任何“有益的”劳动都不能离开社会，

---

① 毛泽东：《读社会主义政治经济学批注和谈话》，中华人民共和国国史学会 1998 年版，第 399 页。

而“劳动是一切财富和一切文化的源泉”的意思是说任何社会都离不开劳动，这两句话的表述是自相矛盾的。

“有益的劳动”的提法是抄袭卢梭的著作。如果有益的劳动离不开社会，同样，无益的甚至有损公益的劳动和游手好闲也是如此，在资本主义社会，生产毒气、制造细菌武器、制造贩卖鸦片、开设妓院赌场、生产迷信品的劳动是无益的、有损公益的，但在这种社会制度下是难以禁止的，社会环境需要这种劳动，因为这种劳动能给资产阶级带来巨大利润，而给无产阶级带来的只有痛苦和灾难。可见，拉萨尔主义离开无产阶级立场谈论没有标准区别的劳动有益性和无益性只是一种空谈。这同资产阶级思想家卢梭的观点很相似，卢梭是18世纪法国资产阶级启蒙思想家，他在《社会契约论》中认为，人类在原始的自然环境中过着完全孤独的生活，私有制产生后，人类就由自然状态步入社会状态。人类进入社会后既有进步又有退步，开垦荒地、江河通航是劳动成就，但也出现游手好闲、拦路抢劫的败坏行为，这些都与人类进入社会状态有关，这实质上就把剥削制度下出现的丑恶现象仅归罪于社会的产生，是有悖于人类社会发展的历史事实的。

尽管卢梭的思想在当时批判封建制度、推动资产阶级革命方面发挥了一定的积极作用，但时过境迁，到19世纪70年代，资本主义的基本矛盾日益暴露和激化并开始走向没落，纲领草案竟然倒退到法国资产阶级思想家的认知水准，单用社会性来说明有益劳动和无益劳动，而劳动之有益与否并不完全取决于社会性。马克思指出有益的劳动“只能是产生预期的有益结果的劳动。一个蒙昧人（而人在他已不再是猿以后就是蒙昧人）用石头击毙野兽，采集果实等等，就是进行‘有益的’劳动”①。这表明，有益的劳动并不一定只有在社会里和通过社会才能进行，自然状态下有益劳动同样存在。马克思从不同角度对此进行的批判，是为批判其结论——“劳动所得应当不折不扣和按照平等的权利属于社会一切成员”做准备，依据错误的前提，自然得不出正确的结论。

二　空谈劳动无益于工人阶级争取自身权益的斗争

《哥达纲领》所说的“劳动所得应当属于社会”的要求“在一切时代都被当时的社会制度的先驱提出过”，是资产阶级所乐于接受的。如果有

---

① 中共中央马克思恩格斯列宁斯大林著作编译局编：《马克思哥达纲领批判》，人民出版社1997年版，第9页。

益的劳动只有在社会里和通过社会才是可能的，那么，自然就可以得出结论说劳动所得首先应当属于社会，而单个工人得到的仅仅是用来维持社会存在以后剩下的一点东西，即“其中只有不必用来维持劳动‘条件’即维持社会的那一部分”。[①] 这个结论是一切统治者都欢迎和承认的。因为这里完全抛开了生产资料所有制的性质，抽掉了阶级内容，根本不讲劳动所得到底是归什么样的社会、哪个阶级在这个社会中占主导，这种对劳动和社会的泛泛空谈，恰恰是资产阶级所要求的，正如马克思所推论的那样，资产阶级完全可以说，既然劳动所得应当属于社会，那么这种劳动所得“首先要满足政府方面以及依附于它的各个方面的要求，因为政府是维持社会秩序的社会机关；其次要满足各种私有者的要求，因为各种私有财产是社会的基础，如此等等”[②]。这样的结论哪一个统治阶级政府不会首肯呢？它完全起到了为剥削阶级及其国家辩护的作用。所以有益的劳动只有在社会里和通过社会才是可能的这句话，既可以像草案那样引申出下半句话，即劳动所得应当不折不扣和按照平等的权利属于社会一切成员，又可以像马克思那样随意推论出有利于资产阶级的结论，所以马克思讽刺地说：“你们看，这些空洞的词句是随便怎么摆弄都可以的。”[③]

事实上，在资本主义社会中，只有把握生产资料私有制和资本家无偿占有工人的剩余劳动，才能深刻揭露资本主义剥削的根源及其实质，正确说明无产阶级受剥削与压迫的原因及其所肩负的历史使命。这些问题并不需要纲领炮制者们去创新，早在《共产党宣言》和《资本论》中马克思已经做过经典式的论述。可是纲领却把马克思主义的科学原理抛在一边，拾起拉萨尔关于劳动和社会的空洞词句，有意掩饰资本主义剥削的阶级实质。

劳动和社会的正确关系到底是什么样？为了给工人阶级政党制定正确的纲领指出方向和出路，马克思提出了建设性的意见，认为劳动只有在社会里和通过社会，才能成为财富和文化的源泉。因为劳动离开社会性或是不在社会里和通过社会进行的孤立劳动，虽能创造使用价值，但它既不能创造财富，也创造不出文化。这里所说的财富是指社会财富，即生产出使用价值供别人和社会来使用，脱离社会的孤立劳动显而易见是不能为社会创造财富的。商品就是卖给别人用的，它就是一种社会财富。“资本主义

① 中共中央马克思恩格斯列宁斯大林著作编译局编：《马克思哥达纲领批判》，人民出版社 1997 年版，第 9 页。

② 同上书，第 10 页。

③ 同上。

生产方式占统治地位的社会的财富，表现为‘庞大的商品堆积’。”① “不论财富的社会形式如何，使用价值总是构成财富的物质的内容。”② 所以财富体现为人与人之间的关系，它只能为社会的劳动所创造。在阶级社会里，财富归谁占有完全是由生产关系和阶级关系所决定的。马克思所提到的孤立劳动的物质条件和孤立劳动本身都是假定的，实际生活中是不存在的，只是为了便于从反面说明问题，使之与社会的劳动形成鲜明对照，客观上并不存在真正的孤立的劳动。

马克思主义认为劳动是人类生存的基础，而劳动要在一定的社会关系中进行。在社会中人们通过劳动，共同创造使用价值，互相提供劳动产品，从而才产生社会财富，语言、文字、艺术、哲学等也都是在社会劳动中产生的，都是人类劳动成果在精神中的积累和结晶，明显地体现出社会性。孤立的劳动，即使我们可以设想它的存在，但它只创造使用价值，为个人提供用品，而不能形成财富和文化，这就是劳动和社会关系的合乎情理的表述。

马克思在对劳动和社会进行阶级分析的基础上，得出一个科学性的结论，“随着劳动的社会性的发展，以及由此而来的劳动之成为财富和文化的源泉，劳动者方面的贫穷和愚昧、非劳动者方面的财富和文化也发展起来”③。这个论点是无可争辩的，深刻地揭示了历史演进的奥秘，指出随着生产的发展必然产生两极分化的现象，历史就是在劳动者的贫困与愚昧和非劳动者的财富与文化的富裕与狡诈中前进的，这是到资本主义社会为止，整个私有制社会发展的全部历史的规律。至此，拉萨尔派在纲领草案中不遗余力地空谈劳动与社会的目的昭然若揭：为了把拉萨尔主义的“不折不扣的劳动所得”的论调作为口号写到党的旗帜上。以此诱使工人阶级忘掉受剥削、受压迫、遭受贫困的经济根源，试图把工人阶级斗争的目标引导到分配问题上，幻想仅在分配上做些改良就能实现社会主义，企图麻痹和瓦解工人阶级的斗争意志，达到资本主义社会的永恒目的。作为共产主义运动的领袖，马克思不能坐视不管，义正词严地指出：“不应当泛泛地谈论‘劳动’和‘社会’，而应当在这里清楚地证明，在现今的资本主义社会中怎样最终创造了物质的和其他的条件，使工人能够并且不得

---

① 马克思：《资本论》第1卷，人民出版社2004年版，第47页。

② 同上书，第49页。

③ 中共中央马克思恩格斯列宁斯大林著作编译局编：《马克思哥达纲领批判》，人民出版社1997年版，第10页。

不铲除这个历史祸害。”① 爱森纳赫派如果接受拉萨尔派的观点，必然偏离马克思主义，滑入机会主义阵营。可见，这个口号是彻头彻尾机会主义的，它抛开资本主义社会中生产资料私有制的事实，回避资本主义必将为社会主义所取代和无产阶级肩负的推翻资本主义建设共产主义的伟大历史使命，却向工人群众兜售分配决定论，把所谓“不折不扣的劳动所得”作为党的奋斗目标，这会从根本上改变党的性质，使党从马克思主义退到拉萨尔主义。马克思对其进行了深刻批判，在理论上拨乱反正，坚持党的最终奋斗目标，使工人运动不致受到拉萨尔主义的侵蚀而滑向为分配问题而斗争的机会主义歧路上去。

面对这种历史和现实，作为工人政党的党纲，理应深刻揭示这个规律，使工人阶级理解历史，面对现实，提高工人群众的阶级意识；同时，还应在党纲中清楚指明社会主义必然代替资本主义的客观规律和历史趋势，阐明工人阶级肩负的历史使命。随着社会生产力的发展，资本主义社会的基本矛盾会日益显现，资本主义私有制越来越成了生产力发展的桎梏，伴随这个基本矛盾的激化，会引起各种矛盾像阶级矛盾、经济政治矛盾的总爆发，历史发展要求以新的社会主义制度取代资本主义。而资本主义的发展，特别是生产的高度社会化为社会主义奠定了物质基础和客观条件，同时，给社会主义的胜利准备了主观条件，造就了资本主义的掘墓人和社会主义建设者。无产阶级正是在社会化的大生产中锻炼和培养了自己的组织性、纪律性和团结性，历练和坚信了自己的革命意志，使无产阶级有条件有能力胜任自己的历史使命。如果要谈论劳动和社会，上述这一切正是一个工人党党纲应当义不容辞首先写明的东西。

第三节 破除劳动者分配不公和贫困化经济根源的对策

经济基础决定上层建筑、生产资料所有制性质决定分配方式，是马克思所揭示的人类社会发展的基本规律。只有消灭资本主义私有制，才能从根本上消除劳动者分配不公和贫困化现象。“全体公民在同整个社会的生产资料的关系上处于同等的地位，这就是说，全体公民同样可以利用公有的生产资料、公有的土地、公有的工厂等进行劳动。”②在生产资料公有

① 中共中央马克思恩格斯列宁斯大林著作编译局编：《马克思哥达纲领批判》，人民出版社 1997 年版，第 10 页。

② 《列宁全集》第 4 卷，人民出版社 1990 年版，第 392 页。

制条件下，在生产资料占有方面劳动者都是平等的所有者。公有制的建立，消除了生产资料占有的不平等，排除了个人凭借生产资料所有权无偿地占有他人剩余劳动产品的可能，从而为消灭剥削、消除贫困化奠定了基础。恩格斯在《路德维希·费尔巴哈和德国古典哲学的终结》中指出，意识形态的发展和演进，像黑格尔克服了费希特和康德，卢梭的共和主义间接克服了孟德斯鸠的立宪主义，重农主义者和亚当·斯密克服了重商主义者等，看起来好像是思想领域的百家争鸣，其实并不是纯粹思想的胜利，而是“改变了的经济事实在思想上的反映”，归根到底是由经济基础造成的。

《哥达纲领批判》针对草案淡化阶级矛盾和阶级斗争、回避生产资料所有制，马克思回应：“一个社会主义的纲领不应该容许这种资产阶级的说法回避那些唯一使这种说法具有意义的条件。”① 劳动者要想成为自己劳动产品的主人必须首先占有生产资料，劳动者贫困和受压迫的经济根源在于生产资料的资本主义私有制，在资本主义范围内是无法破除这一经济根源的，因为资本主义积累的一般规律的作用，马克思在《资本论》中阐述了：“这一规律制约着同资本积累相适应的贫困积累。因此，在一极是财富的积累，同时在另一极，即在把自己的产品作为资本来生产的阶级方面，是贫困、劳动折磨、受奴役、无知、粗野和道德堕落的积累。”②资本与劳动的对立根源于生产资料占有的不平等，在强烈的致富欲推动下，资产阶级用暴力手段直接剥夺生产者，使生产资料和货币财富迅速集中到少数资本家手里，而被剥夺了生产资料的广大劳动者，他们除了劳动力外一无所有。因此，无产阶级必须掌控生产资料所有权，消灭资本主义私有制，“无产阶级对资产阶级说来是革命的，因为无产阶级本身是在大工业基础上成长起来的，它力求使生产摆脱资产阶级企图永远保存的资本主义性质”③。在资本主义社会和共产主义社会之间有一个过渡时期，这个时期必须实行无产阶级专政，逐步消除资本主义私有制，而这个纲领“既不谈无产阶级的革命专政，也不谈未来共产主义社会的国家制度”④。无产阶级要想实现自己的历史使命，首先必须通过社会主义革命斗争夺取

---

① 中共中央马克思恩格斯列宁斯大林著作编译局编：《马克思哥达纲领批判》，人民出版社1997年版，第8页。

② 《马克思恩格斯选集》第2卷，人民出版社1995年版，第259页。

③ 中共中央马克思恩格斯列宁斯大林著作编译局编：《马克思哥达纲领批判》，人民出版社1997年版，第17—18页。

④ 同上书，第24页。

对生产资料的所有权，还要同各种私有化思潮和行为做不懈的斗争以巩固、发展社会主义公有制经济制度。

一　社会主义经济命运的掌控

所有制问题是关乎社会经济制度的前提的基本问题，“社会历史的决定性基础的经济关系，……决定着产品的交换方式以及分配方式，从而在氏族社会解体后也决定着阶级的划分，决定着统治和被奴役的关系，决定着国家、政治、法等等”①。不同社会制度的根本区别源于生产资料所有制的性质不同。马克思在《哥达纲领批判》中不仅阐明了无产阶级和劳动群众的贫困化根源于私有制的生产资料，而且指出了无产阶级彻底推翻资产阶级和一切剥削阶级的历史规律，“在现今的资本主义社会中怎样最终创造了物质的和其他的条件，使工人能够并且不得不铲除这个历史祸害”②。无产阶级要想铲除资本主义私有制，消除自身的贫困，必须通过革命斗争来夺取国家政权，消灭生产资料私有制，建立社会主义公有制，并将社会的生产资料牢牢掌握在自己手中。

（一）无产阶级必须铲除封建土地私有制

拉萨尔在《工人纲领》中认为，土地占有制早在 18 世纪以前就已经丧失原有的重大意义，面对着日益发展的生产方式，面对着其内部蕴藏着的与日俱增的财富，面对着这种生产方式对全体居民及其生活各个方面，其中包括大部分已经贫穷的贵族所发生的巨大影响，土地占有制已经退居次要地位了。言外之意，地主阶级已经自动退出历史舞台，土地私有制问题已经得到解决，民主革命在德国已经完成，无产阶级反对封建地主阶级的斗争已经不必要了。同时抄袭并歪曲无产阶级国际章程，只说：“在现代社会，劳动资料为资本家阶级所垄断；由此造成的工人阶级的依附性是一切形式的贫困和奴役的原因。”③ 实际上，包括土地在内的劳动资料为地主所有者和资本家所共同垄断，拉萨尔有意不提地主阶级的剥削，显然是为了维护封建贵族阶级和普鲁士王朝的利益。

拉萨尔的这种说法是背离历史事实的。19 世纪初，德国仍是一个封建农奴制占统治地位的国家。19 世纪 20 年代以后，机器工业开始发展起

① 《马克思恩格斯选集》第 4 卷，人民出版社 1995 年版，第 731 页。

② 中共中央马克思恩格斯列宁斯大林著作编译局编：《马克思哥达纲领批判》，人民出版社 1997 年版，第 10 页。

③ 同上书，第 11 页。

来，但是，德国资本主义在封建制度的反动统治下、在政治上经济上的割据状态的束缚下发展十分缓慢。1848年德国革命爆发时，英国和法国已经完全消灭了封建制度，“而德国的封建贵族却仍然保留着很大一部分旧日的特权。封建土地所有制差不多到处都还居于统治地位”①。由于资产阶级的背叛，革命半途而废，德国仍然是一个四分五裂的封建专制的邦国。19世纪50年代以后，普鲁士王国加快了所谓“农业改革”的步伐，广大劳动人民为了赎免劳役和封建义务，被迫交出了大量赎金、大片土地，沦为无产者。容克地主利用这种机会大肆兼并土地，大搞地产垄断，大办容克——资产阶级农场，德国的资本主义工业出现新高涨。60年代德国的工业同法国和英国相比还是很不发达的，恩格斯在1868年“论拉萨尔派工人联合会的解散”中指出德国的封建贵族阶级比资产阶级更反动。“农村居民是城市居民的两倍，……，有1/3的工人听命于资本家，有2/3的工人听命于封建老爷。……旧的封建领地上的宗法式的经营方式使雇农或无地农民祖祖辈辈依附于他们的‘仁慈的老爷’，这种依附关系大大阻碍了农业无产者参加城市工人的运动。”② 封建贵族不仅是普鲁士王国的主要社会阶级基础，“而且是和政府有密切关系的力量”，是实际掌握和控制政治权力的阶级，封建土地所有制严重地阻碍着当时德国社会生产力的发展。在封建贵族、资产阶级化的容克地主的反动统治下，无产阶级连出版、结社和集会权利也没有，更不用说工人运动和组织政党的自由了。农民“只有当首先把他们的主要劳动对象即土地本身从大农民和更大的封建主私人占有中夺取过来，而变作社会财产并由农业工人的合作团体共同耕种时，他们才能摆脱可怕的贫困”③。这种情况表明，封建贵族、容克地主是当时德国革命的主要对象，无产阶级必须遵循马克思和恩格斯在《共产党宣言》中早已制定的政治纲领和策略路线，首先推翻腐朽的封建专制制度，把民主革命进行到底，并在民主革命胜利以后立即转入社会主义革命。

拉萨尔伪造历史和篡改国际章程是维护封建贵族、资产阶级化的容克地主的统治，也是为了同俾斯麦政府勾结的需要。在工人中宣扬“资产阶级是唯一的敌人，为此就不惜在斗争中同国王建立协议”“对封建主却

---

① 恩格斯：《德国的革命和反革命》，载《马克思恩格斯选集》第1卷，人民出版社1995年版，第484—485页。

② 中共中央马克思恩格斯列宁斯大林著作编译局编：《马克思恩格斯论拉萨尔和拉萨尔主义》，人民出版社1979年版，第165页。

③ 《马克思恩格斯选集》第2卷，人民出版社1995年版，第630页。

不想说一句气愤话"，都是从这一点出发的。马克思就指出："拉萨尔由于现在大家都知道的原因仅仅攻击资本家阶级，而不攻击土地所有者。在英国，资本家甚至多半不是他的工厂所在的那块土地的所有者。"① 指明了拉萨尔派维护封建所有制的真实意图。

恩格斯为《〈资本论〉第一卷撰写书评——为〈观察家报〉作》也指出："拉萨尔的全部社会主义在于辱骂资本家，而向落后的普鲁士容克献媚，……，拉萨尔头脑中充满了幻想，以为俾斯麦能承担实行社会主义千年王国的任务。"② 就连小资产阶级的代表人物"三个苏黎世人"（即卡·赫希柏格、爱·伯恩斯坦和卡·奥·斯拉姆）在 1879 年《社会科学和社会政治年鉴》第 1 册中也公开指责拉萨尔主义只为产业工人争取片面的斗争，"之所以说片面，那完全是因为他从自私的政治动机出发，对于农业工人争取自身利益、反对大地主占有制的斗争根本没有兴趣"③。当然他们批判的目的是鼓吹其"工人阶级是不能靠自己来解放自己。要达到这个目的，它就应当服从'有教养的和有财产的'资产者的领导"，这是另一种机会主义论调。历史上，土地贵族、资产阶级为了维护其统治，往往会利用慈善性质的让步和施展普选的诡计来迫使劳动者阶级就范，恩格斯在 1877 年号召英国农民参加国内政治斗争时指出："无论如何，整个这部由三种社会成分——无产者、资产者和贵族——组成的生活机制，正在促使无产者不再把自己看作儿童，或感伤主义者，而是开始懂得——正如一位演讲者在埃克塞特会堂所精辟阐述的那样——他们同资产阶级和贵族的关系只能是**利害关系**。"④ 说明在私有制下劳动者阶级与统治阶级的矛盾是不可调和的，不要对统治阶级抱有任何幻想，只有革命斗争才能争取自身利益。

消灭人剥削人的制度和阶级，实现共产主义是无产阶级的历史使命，为此无产阶级必须"不间断地进行革命"，并在不同的革命阶段实行正确的战略和策略，因势利导，夺取胜利。这就要运用历史唯物主义的基本原理，分析本国社会各阶级的经济地位、政治态度和相互关系，明确社会的基本矛盾和社会的性质，从而认清革命的性质、对象、任务和动力，以及

① 中共中央马克思恩格斯列宁斯大林著作编译局编：《马克思哥达纲领批判》，人民出版社 1997 年版，第 11 页。

② 中共中央马克思恩格斯列宁斯大林著作编译局编：《马克思恩格斯论拉萨尔和拉萨尔主义》，人民出版社 1979 年版，第 155 页。

③ 《马克思恩格斯全集》第 25 卷，人民出版社 2001 年版，第 356 页。

④ 同上书，第 124 页。

革命的前途和转变。在民主革命没有完成的国家，无产阶级革命必须经历两个历史阶段，即民主革命阶段和社会主义革命阶段，无产阶级首先要领导反对封建地主阶级的斗争，夺取民主革命的胜利，然后不间断地转入社会主义革命。马克思对德国历史尤其是19世纪中叶的德国国情进行了科学分析，确定当时的德国处于民主革命阶段，应当把封建贵族列为反动阶级，定为革命的主要对象，并始终坚持无产阶级在民主革命中的领导地位和正确的战略、策略。

一切机会主义者都大搞倒退，拼命维护旧事物，反对历史前进的运动，反对革命变革。在革命取得胜利前，他们总是以各种方式站在旧的反动势力一边，阻止、破坏革命运动；在革命取得胜利以后，他们就千方百计运用两面派手法和种种阴谋手段来颠覆革命政权，复辟剥削阶级的反动统治，这是一条规律。拉萨尔在德国历史进入民主革命阶段，工人运动趋于高涨的年代，拼命维护封建土地所有制及封建贵族和容克地主的反动统治，要工人在封建王朝和资产阶级的斗争中同王室结成同盟，反对和破坏德国无产阶级的民主革命运动，妄图扭转历史车轮。在社会主义新时期，新自由主义者主张私有化、无党化、自由化，妄图颠覆无产阶级专政，复辟资本主义。我们党善于总结阶级斗争、路线斗争的经验，坚持改革、坚持前进的睿智，彻底废除旧世界的污泥浊水，反对一切复辟、倒退的决心，是我们战胜一切阶级敌人、永葆党的先进性的重要条件之一。

（二）无产阶级必须消灭资本主义雇佣劳动制度

拉萨尔不仅以马尔萨斯“人口论”为依据炮制出“铁的工资规律”，把工人的贫困说成是自然规律作用的结果，应当归咎于工人自己，无产阶级进行社会主义革命，即使消灭了生产资料私有制，实行生产资料公有制，由于生产的增长总是远远落后于人口的增长，最终也不能消除“生产本身造成的贫困，而只能使它普遍化”。那么无产阶级所进行的政治和经济斗争都是毫无意义的。

拉萨尔在其《工人纲领》中：“资本家呆在自己家里，享受巨额财富给他带来的种种方便和好处，那是再简单、再自然和再合法不过了。当然，工人和小市民，总之，一切无产阶级，有权要求国家全心全意地改善工人阶级饥寒交迫的物质境遇；有权要求国家帮助那些用自己的双手创造使人类文明大放光彩的财富和社会每天必不可少的各种产品的人们，并把这种帮助作为自己的主要目的；工人有权要求国家帮助他获得更有保障的高额收入，获得受智育的机会，从而能够过真正的人的生活。但是尽管如此，工人永远也不会忘记，而且永远也不会忘记：任何财产一经法律上承认，就是不可侵犯的，就是合法的。”①

拉萨尔在其《论工人问题》中：“我的话可能会成为得出虚伪的结论的理由，似乎你们有理由憎恨工厂主或企业主。这是极大的误会，因为谁也不能对现存制度负责。正如我在《工人纲领》中向你们解说的，它是长期历史过程的结果，这一过程并不是因为资产阶级的罪过而产生的。相反，资产阶级本身是这一过程的不由自主的产物。因此，阶级的憎恨和厌恶可能仅仅是粗暴的缺乏理解的结果，并且只能使你们的状况更加严重。必须脱下你们脚上的镣铐，但是必须根据明智的倡议并在有产阶级同情的帮助下和平地解除，有产阶级的先进人物、科学人物奠定了解放的基础。但是，如果说非正义的有害的残酷手段只能使解除镣铐的过程发生困难，因而不应当让它俘虏那些先进人物，那末，另一方面，如果你们竟让巴师夏的信徒迷惑住了，以至相信不存在这种镣铐，那也是有害的；如果诱惑和欺骗使你们失去精神和勇气，那也是有害的。你们应当对有产者和有教养的人说：‘在现有文明水平下，你们必须贡献出自己的全部力量，使我们摆脱这些镣铐！’”②

在《科学和工人》中拉萨尔指出：“我证明，资产阶级思想的统治是全世界解放的历史事业，它是一个最伟大的道德和文化历史过程，甚至是工人等级思想发展必要的世界历史和过渡阶段。因此，我证明了这种统治客观上是合理的，使工人等级容顺资产阶级的历史统治。我用这一点使工人等级容顺资产阶级统治，因为最高的调和和形式是理解束缚我们的东西的合理性。”③

拉萨尔在这几段话中进一步为资本主义私有制和资产阶级剥削积极辩护，鼓吹“剥削有理”“革命无理”的谬论，暴露出拉萨尔背离了工人阶级的立场，掩盖了工人贫困的真正根源即资本主义私有制度下雇佣劳动制度，诚如马克思所说：“资本主义的生产方式和积累方式，从而资本主义的私有制，是以那种以自己的劳动为基础的私有制的消灭为前提的，也就是说，是以劳动者的被剥削为前提的。”④ 该制度是以雇佣劳动为基础的，资本家的巨额财富是无产阶级和劳动人民的血汗凝成的。“资本来到世

---

① 《哥达纲领批判浅说》编写组：《〈哥达纲领批判〉浅说》，上海人民出版社 1974 年版，第 114 页。

② 同上书，第 115 页。

③ 同上。

④ 马克思：《资本论》第 1 卷，人民出版社 2004 年版，第 887 页。

间，从头到脚，每个毛孔都滴着血和肮脏的东西。”① 为资本主义生产准备条件的资本原始积累的过程，是大地主、资产阶级对小生产者特别是对农民的强力剥夺的过程，不仅借助于暴力掠夺生产者的生产资料，使大批小生产者和农民沦为雇佣劳动者，而且通过殖民制度、商业战争等将大量财富集中在自己手里，“这种剥夺的历史是用血和火的文字载入人类编年史的”②。资本主义生产方式确立以后，资产阶级利用自己的经济统治和政治统治，利用技术和科学的进步更加贪婪地追求剩余价值。随着资本积累日益扩大，无产阶级越来越贫困，生活状况越来越恶化。无产阶级“不仅仅是资产阶级的、资产阶级国家的奴隶，他们每日每时都受机器、受监工、首先是受各个经营工厂的资产者本人的奴役。这种专制制度越是公开地把营利宣布为自己的最终目的，它就越是可鄙、可恨和可恶”③。对于资产阶级这样的现代奴隶主，对于这样的专制制度，无产阶级怎能“容顺资产阶级的历史统治”？怎能寄希望于“有产者和有教养的人”的仁慈而不起来革命？

《共产党宣言》指出：“现代资产阶级本身是一个长期发展过程的产物，是生产方式和交换方式的一系列变革的产物。”④ 马克思站在历史唯物主义高度对资本主义进行了理性的批判，与空想社会主义不同的是，在深刻批判资本主义剥削和压迫本质的同时，充分肯定了资本主义生产方式在一定历史阶段的进步性与合理性，把它视为人类社会向更高级阶段迈进的一个阶梯。而拉萨尔只看到资产阶级和资本主义制度是“长期历史过程的结果”，却无视它们的历史暂时性和过渡性，无产阶级和劳动人民对它们不能“表现出任何憎恨和厌恶”，这是用资本主义生产方式产生的历史必然性为资产阶级的残酷剥削做辩护，否定无产阶级革命的必要性和正义性，是对《共产党宣言》的任意肢解和蓄意歪曲。资本主义在突破封建所有制的桎梏后获得了长足发展，然而资本主义又会进行类似的运动，“资产阶级的生产关系和交换关系，资产阶级的所有制关系，这个曾经仿佛用法术创造了如此庞大的生产资料和交换手段的现代资产阶级社会，现在像一个魔法师一样不能再支配自己用法术呼唤出来的魔鬼了”⑤。资产者对无产者的公开的、无耻的、直接的、露骨的剥削贯穿于资本主义生产

① 马克思：《资本论》第 1 卷，人民出版社 2004 年版，第 871 页。

② 同上书，第 822 页。

③ 《马克思恩格斯选集》第 1 卷，人民出版社 1995 年版，第 279 页。

④ 同上书，第 274 页。

⑤ 同上书，第 277—278 页。

方式发生、发展的过程中，生产资料被资产阶级剥夺的无产阶级为了生存不得不接受剥削和压迫，成为资本家资本增殖的工具，马克思、恩格斯深刻地指出，资本主义生产方式从它产生的第一天起，就包含着本身无法克服的对抗性矛盾——生产社会化和生产资料资本家占有制之间的矛盾，这种矛盾的发展，必然要引起周期性的经济危机和社会生产力的巨大破坏，使无产阶级同资产阶级的矛盾和斗争不断激化，无产阶级作为新的生产力的代表和资本主义制度的掘墓人，必然要进行社会主义革命，推翻资产阶级的统治，消灭雇佣劳动制度。

拉萨尔鼓吹资本家享受巨额财富是“再简单、再自然和再合法不过”，无产阶级反对资产阶级的斗争会使自己“处境更加困难”，“任何财产，一经在法律上承认，它就是不可侵犯的，就是合法的”，完全是美化和维护资产阶级的统治。所谓“再简单不过”，无非是说资本家剥削工人是“天经地义”的事，所谓“再自然不过’，是宣扬资本主义剥削永世长存是合乎社会发展规律的；所谓“再合法不过”，是对资产阶级攫取最大限度的利润这一资产阶级信条顶礼膜拜，要广大劳动群众心甘情愿地接受他们的统治。拉萨尔的谬论从反面告诉了我们应当坚持的东西，无产阶级只有进行革命斗争消灭资本主义雇佣劳动制度才能掌握自己的命运，从而推动社会历史不断前进。“无产者只有废除自己的现存的占有方式，从而废除全部现存的占有方式，才能取得社会生产力。无产者没有什么自己的东西必须加以保护，他们必须摧毁至今保护和保障私有财产的一切。”①这说明任何机会主义都无济于事的，无产阶级反对资产阶级的斗争必须是彻底的、不妥协的。

（三）无产阶级必须通过革命斗争实现社会主义

在解决社会问题上有两条根本对立的路线，一条是从现实的阶级斗争出发，通过无产阶级的革命转变来实现社会主义，这是马克思主义的路线，当然马克思、恩格斯从来没有绝对否认社会主义和平过渡的可能性，社会主义革命采取暴力手段取决于工人阶级自己和资产阶级先发制人的镇压及国际战争的重大影响；一条是依靠国家帮助建立生产合作社来实现社会主义，这是拉萨尔机会主义的路线。《哥达纲领》草案提出：“为了替社会问题的解决开辟道路，德国工人党要求在劳动人民的民主监督下，依靠国家帮助建立生产合作社。在工业和农业中，生产合作社必须广泛建

---

① 《马克思恩格斯选集》第1卷，人民出版社1995年版，第283页。

立，以致能从它们里面产生总劳动的社会主义的组织。”① 显而易见，德国工人党选择了后一条路线。马克思、恩格斯在“三个苏黎世人的宣言”中指出，拉萨尔的继任者约翰·巴·施韦泽不管出于何种目的，却也“戳穿了原始的狭隘的拉萨尔主义及其有限的国家帮助的万应灵药”，并为德国党后来合并为德国统一的党做了准备。马克思深刻揭露了纲领草案和平改造社会的幻想，指出无产阶级革命是建立社会主义的根本途径，在资本主义社会里要建立社会主义，只有“从社会的革命转变过程中”，也就是必须进行全面的社会制度变革，只有把有组织的力量及国家政权从资本家和大地主手中转移到无产阶级手中才能实现。

依靠“国家帮助”实现社会主义的实质是反对无产阶级革命。依靠国家帮助建立生产合作社是拉萨尔主义的中心点。拉萨尔认为社会主义的目标不是要消灭资本主义私有制，而是要废除铁的工资规律，要废除这个规律，必须建立生产合作社使工人等级成为企业主，使工人获得全部劳动所得，而工人依靠自己的力量无法建立合作社，“在国家的援助和促进下实现的自由的个体的合作社——这是工人等级摆脱困境的唯一道路”。为此，“只有通过普遍的直接的选举权才能实现。当德国立法机构都是根据普遍的、直接的选举权产生的时候——那时候，也只有到那个时候，你们才能够指定国家履行它的这一义务。到那个时候将在立法机构中提出这个要求，到那个时候可以通过理智和科学来讨论这种干预的范围、方式和手段，到那个时候——请你们相信这一点！——了解你们的处境并忠于你们事业的人，将带着科学这种闪闪发光的武器，站在你们一边，知道维护你们的利益！到那个时候，如果你们事业的代表始终处于少数地位，那末你们，社会上的贫苦阶级，无论如何只能怪你们自己和怪你们把选举弄糟了”。因此，指示工人阶级必须牢记：“普遍的、直接的选举权不仅是你们的政治原则，也是你们的基本社会原则，是一切社会帮助的基本条件。这是改善工人等级物质状况的唯一手段。”② 拉萨尔一向反对暴力革命，希望通过争取普选权和建立完善的议会民主制度来规避暴力革命，在当时的普鲁士王国是无法实现的空想。

马克思、恩格斯早在《共产党宣言》中就指出工人运动的原则和策略，解决社会问题只能靠无产阶级革命和无产阶级专政，无产阶级的伟大

---

① 中共中央马克思恩格斯列宁斯大林著作编译局编：《马克思哥达纲领批判》，人民出版社 1997 年版，第 22 页。

② 中央编译局世界所编：《拉萨尔言论》，生活·读书·新知三联书店 1976 年版，第 141—142 页。

历史使命是用革命暴力推翻资本主义，建立社会主义。在德意志，为了无产阶级现在和将来的利益，首先必须促成完全独立的无产阶级运动，联合农民和小资产阶级反抗反动的封建势力，凡是资产阶级同容克贵族和国王发生冲突时就鼓励资产阶级，这是符合无产阶级利益的唯一正确的政策。而拉萨尔一方面声称自己是《共产党宣言》的“拥护者”，一方面却制定与此完全相反的纲领和策略，主张“依靠国家帮助建立生产合作社”来实现社会主义，寄希望于地主资产阶级及其国家的帮助，似乎“靠国家贷款能够建设一个新社会，就像能够建设一条新铁路一样！”并极力吹嘘自己的纲领和策略是“社会主义性质”的。受拉萨尔主义的影响，纲领草案宣称：“工人阶级是不能靠自己来解放自己的。要达到这个目的，它就应当服从‘有教养的和有财产的’资产者的领导，因为只有他们才‘有时间和可能’来研究有利于工人的东西。其次，千万不要反对资产阶级，而要通过大力宣传把它**争取过来**。”① 那么工人阶级就“不打算走暴力的、流血的革命的道路，而决定走合法的即改良的道路”。对此，马克思恩格斯再次重申：“我们决不能和那些想把这个阶级斗争从运动中勾销的人们一道走。在创立国际时，我们明确地制定了一个战斗口号：工人阶级的解放应当是工人阶级自己的事情。所以，我们不能和那些公开说什么工人太没有教养，不能自己解放自己，因而必须由仁爱的大小资产者从上面来解放的人们一道走。”② 在1867年恩格斯为《资本论》第一卷所做的书评中也指明，共产主义的千年王国“不是象已故的拉萨尔所说的拥有国家资本的工人合作社，这里所指的是根本消灭资本”③。反复告诫德国党领导人不应该放弃对革命的领导权而幻想由有产者解放自己，不应该放弃暴力革命而走机会主义改良道路，因为它是同《共产党宣言》的原则根本对立的，将给德意志工人运动带来极大的危害。

另外纲领草案还提出把国家帮助置于“劳动人民的民主监督下”，以此蛊惑、误导民众。马克思指出：“第一，当时德国的‘劳动人民’大多数是农民而不是无产者。第二，‘民主的’这个词在德语里意思是‘人民当权的’。什么是‘劳动人民的人民当权的监督’呢？何况所说的是这样的劳动人民，他们通过向国家提出的这些要求表明，他们充分意识到自己

---

① 《马克思恩格斯全集》第25卷，人民出版社2001年版，第357页。

② 同上书，第362页。

③ 中共中央马克思恩格斯列宁斯大林著作编译局编：《马克思恩格斯论拉萨尔和拉萨尔主义》，人民出版社1979年版，第154页。

既没有当权，也没有成熟到当权的程度！”① 而当时德国的劳动人民在地主资产阶级专政下是受剥削受压迫的阶级，如果他们提出当权的要求，这本身就说明他们没有当权，就更谈不上利用权力监督国家了，所以“劳动人民的民主监督”是一句假话。

对生产合作社要做具体分析。马克思、恩格斯并不一般地反对生产合作社，对于工人提出在集体和国有土地上建立生产合作社，是应当支持的，那表明了工人要求消灭私有制和铲除剥削的良好愿望，与其他类型的合作社是根本不同的。一些空想社会主义者也组织生产合作社、消费合作社，想以此来摆脱资本主义剥削、求得解放的药方。马克思指出，在英国合作社的种子是罗伯特·欧文播下的，它的意义在于用事实证明：雇佣劳动只是一种暂时的过渡的形式，没有资本家，社会生产也能顺利进行。但是，空想社会主义者和社会改良主义者把它作为改造资本主义的灵丹妙药是根本行不通的。当政权和生产资料掌握在剥削者手中时，一切合作社都失败了，成了资本主义的附庸。合作社作为工人争取变革现存生产条件，作为团结、组织自己队伍的组织，同资产阶级进行经济、政治的斗争等，是可贵的。德国资产阶级经济学家和政客舒尔采—德里奇为了引诱工人离开反对资本的革命斗争，宣传工人可以自己集资建立合作社，在资本主义范围内改善自己的状况。此举遭到拉萨尔的批判，代之以国家帮助工人建立生产合作社，通过建立工人合作社来实现社会主义，反对消灭资本主义生产资料私有制是他们的共同之处。而恩格斯则建议把合作社推行到现存的生产中，“正象巴黎公社要求工人按合作方式经营被工厂主关闭的工厂那样，应该将土地交给合作社，否则土地会按照资本主义方式去经营。这是一个巨大的差别。至于在向完全的共产主义经济过渡时，我们必须大规模地采用合作生产作为中间环节”②。这同国家帮助建立的合作社毫无共同之处。马克思明确提出：“现有的合作社，它们只是在工人自己独立创办，既不受政府保护，也不受资产者保护的情况下，才有价值。”③ 说明在资本主义社会里建立变革现存生产关系的生产合作社是一种空想，只有在无产阶级夺取政权以后才有可能。

---

① 中共中央马克思恩格斯列宁斯大林著作编译局编：《马克思哥达纲领批判》，人民出版社 1997 年版，第 22 页。

② 中共中央马克思恩格斯列宁斯大林著作编译局编：《马克思恩格斯论拉萨尔和拉萨尔主义》，人民出版社 1979 年版，第 267 页。

③ 中共中央马克思恩格斯列宁斯大林著作编译局编：《马克思哥达纲领批判》，人民出版社 1997 年版，第 23 页。

当时在德国，最首要的任务是推翻专制制度，马克思指出，只要德国资产阶级愿意推翻普鲁士的专制制度，无产阶级就要与他们一起进行民主斗争。尽管无产阶级不可能因此获得政权，却能为社会主义的实现奠定社会基础。但是，拉萨尔却与专制势力联合起来，要工人放弃夺取政权的愿望，实现社会主义要依赖于国家的支持。

二　动摇社会主义公有制主体地位的私有化倾向

无产阶级夺取政权建立无产阶级专政和生产资料的社会主义公有制后，革命斗争是否到此结束？马克思在《哥达纲领批判》从唯物辩证法的视角预判道，在“刚刚从资本主义社会中产生出来的，因此它在各方面，在经济、道德和精神方面都还带着它脱胎出来的那个旧社会的痕迹”① 的社会主义社会里，无产阶级完成自己的历史使命任重而道远，在经济、政治、思想、文化、社会各方面需要同资产阶级和各种机会主义进行长期的、艰苦的斗争。

（一）从私有化思潮看，所有制问题上斗争具有尖锐性

马克思在《哥达纲领批判》中首次提出由资本主义到共产主义中间要有个过渡时期，要消灭一切私有制。而我国是经济落后的发展中国家，选择了跨越资本主义“卡夫丁峡谷”的过渡路径，我国的社会主义经济制度模式自然就不是马克思语境下的成熟社会主义经济制度模式，多种经济共同发展是历史的必然。党的十六大、十七大、十八大都强调，必须毫不动摇地鼓励、支持和引导非公有制经济发展，必须毫不动摇地巩固和发展公有制经济，“两个毫不动摇”不是平起平坐的并列关系，而是有主次之别，毫不动摇地巩固和发展公有制经济是方针的主要方面，它决定着我国社会的社会主义性质，是国家对非公经济进行鼓励、支持、引导的力量之源。不过，这并不影响不同时期两个“毫不动摇”的侧重点可以有所倾斜。改革开放初期，为纠正“一大二公三纯”的错误，国家将工作重点放在非公经济发展上是顺应了时代发展的需要；改革开放中期，非公经济经过 30 多年的快速发展已占 GDP 的半数以上，且还在不断上升，国家将工作重点放回到巩固、发展公有制经济上以保证社会主义性质也是社会发展的必然。然而，时至今日，有人主张各种所有制经济的地位应在市场

---

① 中共中央马克思恩格斯列宁斯大林著作编译局编：《马克思哥达纲领批判》，人民出版社 1997 年版，第 14 页。

经济竞争中自发形成，借以我国现阶段是不合格的社会主义，仍存在商品经济和多种经济成分，片面强调多种经济成分平等竞争而忽视它们在国民经济中的地位和性质的差异，故意混淆主次；有人片面强调非公经济的作用，极力宣称私营企业主是推动社会主义经济发展的中坚力量，主张毫不限制地毫不动摇地发展非公有制经济；有人公开主张民进国退，将非公经济视为我国社会主义经济的组成部分，对私营经济有需就让，要求公有制经济退缩到对私有制经济的发展起保障作用的地位。因此，社会主义公有制的巩固和发展，就是不断战胜各种私有化思潮的过程，是有效地遏制私有化主张者们侵蚀社会主义经济基础的过程。

（二）从“权贵所有制”看，所有制问题上斗争具有复杂性

世界上第一个社会主义国家苏联的解体是诸多历史合力综合作用的结果，其中一个重要原因是既得利益阶层的积极推动。从赫鲁晓夫时期到勃列日涅夫执政，既得利益阶层完成了从“人民公仆”到权贵资本家的蜕变，占据党和国家权力金字塔的上层，享有各种公开的和秘密的特权，阻挠任何有损自己既得利益的改革，极力将不合法、不正当的财富和权益合法化，当羽翼丰满后便大举向党进攻，夺取政权后权贵资本家们把对国民财富的支配和隐性占有变成公开所有。诚如有些学者认为，苏联剧变的社会阶级基础是社会主义条件下异化了的经营者、管理者阶层，它是所有权与经营权分离的副产品。① 苏联解体后，社会主义公有制已经蜕变成官僚垄断资产阶级所有制，工人阶级和人民群众又丧失了生产资料的所有权，再次沦为官僚垄断资产阶级的雇佣劳动者。

从理论上说，在社会主义制度下，影响公平正义的政治特权部门化、部门利益个人化、个人利益金钱化和生产资料私有化的因素会得到有效遏制，而实际上在我们的社会主义改革进入深水区时，却有相当一部分党和国家的领导干部千方百计搞特权、不遗余力搞权力变现、殚精竭虑搞化公为私。有学者提出质疑，一些地方出现了名为“公有制”实为“权贵所有制”的情况，有些企业挂的是“公有制”的招牌，而实际上经营权和所有权都控制在极少一部分人手中。一些国企的领导自己拿着几千万元的薪金，还能说这样的企业是“国有”的吗？② 所以，要在认真借鉴苏联解

---

① 高放、李景治、蒲国良：《“科学社会主义的理论与实践”研究述评》，中国人民大学出版社 2004 年版，第 178 页。

② 陈学明：《马克思的公平观与社会主义市场经济》，《马克思主义研究》2011 年第 1 期，第 11 页。

体的经验教训的基础上，加快和深化政治体制改革明晰生产资料公有制的人民群众所有权，落实人民群众的国家主人翁权益，斩断特权大肆侵占公有资产及公有资产收益，使“权为民所用、利为民所谋”在权力有效制衡下惠及社会主义劳动者。如何夺回被权贵资本家化公为私的那部分所有权？关乎能否重新确立工人和其他劳动群众在公有制企业中当家做主的地位，关乎能否巩固和加强人民民主专政的经济基础。可以说，社会主义公有制的巩固和完善的过程，也是不断地剥夺那些异化的党政官员所蚕食的公共利益的过程，以确保企业尤其是国有大中型企业的领导权真正掌握在忠于党和人民的马克思主义者手中。

（三）从物质利益至上论看，所有制问题上斗争具有长期性

改革开放30多年来，物质生活的丰富和精神生活的贫乏相伴而生，一部分人一部分地区先富、整体小康目标已经基本实现，物质利益至上成为许多人的处世哲学，用什么手段获取物质利益并不太重要，更重要的是物质利益的最大化，社会的许多东西都被货币化了，物质利益成为唯一的社会乃至政治准则。一旦超越物质利益之上的意识形态缺失，社会整体道德水准就会急剧下滑。

我国没有经过资本的充分发展就建立了社会主义，而资本有其产生、发展和灭亡的规律，“一个社会即使探索到了本身运动的自然规律……它还是既不能跳过也不能用法令取消自然的发展阶段”①。在我国现阶段资本仍是社会化大生产的最有效方式，利用和发展资本既激活了人们提高生产力、创造社会财富的积极性，同时，对财富的占有欲和自私、贪婪的本性也被释放出来。在经济全球化背景下，面对资本主导的世界，中国仍需要借助资本文明的积极功能来实现经济和社会的协同发展。而资本本身固有的矛盾在社会主义市场经济中同样存在，只是外在表现形式有所变化。在国内经济市场化的过程中，随着私人资本的规模性成长，国内经济活动的非理性冲动在私人资本的无序流动中越来越显得急躁，资强劳弱的格局凸显了资本唯利是图的本性、加剧了资本对劳动者的过度盘剥，私营企业主阶层庞大的资产和惊人的收入与普通劳动者少量的资产和微薄的收入形成鲜明的对比。其制度根源不是垄断行业与一般行业的工资差别，也不是城乡间的二元结构，而在于资本主义

---

① 马克思：《资本论》第1卷，人民出版社2004年版，第9—10页。

私有制，或者说，是引导和监管不力的资本主义私有制。[①] 从社会主义建设的经验教训来看，没有资本文明的历史成果做基础，我们不仅不具有反对资本主义的历史力量，甚至不具备战胜封建主义的历史力量，国家就需要增强对资本的驾驭和掌控能力，发挥公共权力扼制和消除资本为追逐价值增殖而违背社会主义价值取向，遏制其野蛮化趋势，减少和防止资本主义社会的各种资本异化现象在我国蔓延，社会主义之所以比资本主义优越，不在于有没有资本，而在于社会主义初级阶段，对资本更应该是调控、驾驭而非放任、自流，诚如邓小平的告诫，“如果产生了什么新的资产阶级，那我们就真的走了邪路了”[②]。

以GDP崇拜为特征的传统发展观使物质利益至上得到再次演绎，只注重眼前利益而忽视长远利益，只注重经济效益而忽视社会效益，只注重掠夺自然而忽视保护自然，只注重物质享乐而忽视精神升华。招商引资、跑马圈地、大兴土木，官员崇拜GDP只是形式上的崇拜，而对权势的无限贪欲和权势带来的无限利益回报，才是GDP崇拜的要害所在。

在构建社会主义和谐社会的历史进程中，调动人民群众的积极性除了适度物质利益激励外，还要加强思想政治工作和社会主义核心价值观教育，激发人民群众当家做主的自豪感、责任感；发挥社会主义制度的优越性，利用公共权力对社会生产进行有计划的调节，遏制资本价值追求上的过分逐利性，对官员的考核标准由单一的GDP增长转而对资源节约、环境保护、社会公正、幸福感受、绿色发展、民生福祉的价值回归。

在整个社会主义发展阶段，所有制领域的斗争都将是长期的、复杂的、尖锐的，决定了社会主义公有制经济的巩固和发展任重而道远，任何时候都不能掉以轻心。近年来，私有化之风甚嚣尘上，有人力图通过反对和搞垮公有制，反对公有制为主体；有人企图宣传“人性自私论”，鼓吹“私有化更符合人类本性”来推行私有化；有人妄想通过模糊公有制与私有制的界限，用“理论上要有所突破”的美化私有制的方法来搞私有化。[③] 所以，旗帜鲜明地反对主张私有化的新自由主义、民主社会主义等各种错误论调，我们要始终坚持党的基本路线不动摇，坚持公有制为主体

① 吴宣恭：《分配不公的主要矛盾、根源和解决途径》，《社会主义经济理论与实践》2011年第2期，第75页。

② 《邓小平文选》第3卷，人民出版社1993年版，第111页。

③ 宗寒：《论坚持社会主义基本经济制度的几个问题》，《探索》2010年第5期，第8页。

和多种所有制共同发展的社会主义基本经济制度不动摇，落实公有制经济的劳动者所有权，党和人民紧紧地掌握社会主义经济的命运，始终沿着中国特色的社会主义道路胜利前进。

三　巩固和发展社会主义公有制经济

生产资料公有制是社会主义的本质特征。“共产党人可以把自己的理论概括为一句话：消灭私有制。”① 首先无产阶级通过社会主义革命使自己上升为统治阶级，然后“利用自己的政治统治，一步一步地夺取资产阶级的全部资本，把一切生产工具集中在国家即组织成为统治阶级的无产阶级手里，并且尽可能快地增加生产力的总量”②。因而，实行生产资料公有制和发展生产力成为无产阶级革命胜利后的两大使命。

我国的社会主义跨越了资本主义“卡夫丁峡谷”，生产力的发展水平不高又很不均衡决定了社会主义初级阶段不具备完全消灭私有制的物质技术基础，只能实行以公有制为主体、多种所有制经济共同发展的基本经济制度。

（一）坚持公有制的主体地位，必须明确公有制主体地位的基本要求

公有制为主体的前提是公有资产和集体资产在社会总资产中占优势，坚持公有制的主体地位，是我国社会的社会主义性质的根本要求，是有效组织社会市场，集中人力、财力、物力办大事和促进经济又好又快发展的物质保障。公有资产在社会总资产中占优势，必须要有数量和比重上的量化标准。由于目前没有制定和出台相应的衡量标准和评价体系，有的学者的观点值得参考，构想公有制主体地位可量化和细化到六大指标体系中：公有制吸纳劳动力占全社会就业的60%以上；公有经济创造GDP占全社会GDP总量的50%以上；公有经济上缴财政税收占全社会财政税收的60%以上；公有经济拥有固定资产占全社会固定资产60%以上；公有经济出口创汇占全国总创汇的50%以上；公有经济在高新技术产业中所占比例70%以上。③ 公有资产具有量和质上的优势和现实规定性，关于质的规定性主要体现在制度层面上，有学者将其分为三个层次：一是国家和劳动者整体真正掌握生产资料的所有权、占有

---

① 《马克思恩格斯选集》第1卷，人民出版社1995年版，第286页。

② 同上书，第293页。

③ 谭劲松：《公有制主体地位的衡量标准与评价体系研究》，《马克思主义研究》2010年第10期，第72页。

权、支配权、使用权和收益权；二是社会主义平等的劳动制度和按劳分配制度；三是社会主义生产经营的目的、手段、再生产的经济规律。①量的规定性就要通过净资产收益率、科技含量、公有资产总额及占比、资本的增殖能力、上缴税金、市场竞争力、出口创汇等方面来体现。集体经济、国有经济、混合所有制经济中的国有成分和集体成分的蓬勃发展，显示了公有经济在市场竞争中的优势，也体现了公有制实现形式多样化的要求。

（二）坚持公有制的主体地位，必须增强国有经济对国民经济的控制力

国有经济在经济发展中起主导作用，主要体现在控制力上。为此，一要从战略上调整国有经济的发展方向。在国防、自然垄断性基础行业、提供公共服务和产品的公益性行业，在涉及国民经济命脉和国家安全的重要行业和关键领域要占支配地位；在其他行业，可以通过资产重组和结构调整来提高国有资产的整体质量。二要不断深化国有企业改革。各级党政领导机关应将国有经济的壮大与发展当作主要任务和中心工作，相信和依靠工人阶级，充分发挥公有制生产关系的优越性，为适应市场经济发展要求，除垄断性、公益性和关系国民经济命脉的国有企业以外，其他竞争性领域的国企尽可能改为职工持股的有限责任公司或股份有限公司，保证劳动者的主人翁地位和共同富裕，避免国有资产由少数人独占而背离社会主义方向。

为巩固和发展生产资料公有制必须加强劳动者与生产资料的有机结合，必须深化政治体制改革，使权力在阳光下运行，遏制和消除政治特权获得对生产资料的垄断现象，避免国企工人由于失去对国有资产的所有权而重新沦为受雇用、受剥削的劳动者。理顺国资委作为国有资本所有者和出资人的代表权责关系，各级人大要切实履行对各级国资委的监管并定期公开信息。落实人民群众对各级官员的监督权、批评权、罢免权，使其真正做到权为民所用、利为民所谋。

（三）坚持公有制的主体地位，重视社会主义意识形态建设

经济上所有制的多元化必然带来意识形态的多元化，在社会主义市场

---

① 张作云：《公有制主体地位及其质和量的规定性》，《社会主义经济理论与实践》2016年第3期，第49—50页。

经济中，私有经济成分的存在必然产生为其经济利益辩护的思想理论。意识形态是超越具体物质利益的，在经济全球化时代意识形态往往表现为一个国家软力量的核心。新自由主义、民主社会主义是冲击我国意识形态建设的西方主流意识形态，新自由主义主张私有化、市场化、自由化，宣扬经济运行自由放任，强调市场对资源的自发配置作用，反对政府对经济活动的正常干预，是一种主张私有化并为资本主义私有制辩护的经济思潮；民主社会主义主张指导思想多元化、维护和加强资本主义雇佣劳动制度、用对经济的民主取代消灭私有制的要求、多党轮流执政、用社会保障来缓和阶级矛盾，其实质都是为了实行西方资本主义制度，继续谋取在海外的经济利益，“美国在对落后国家和地区进行的文化侵略和扩张的过程中，大力宣扬西方生活方式和价值观念，在发展中国家和地区鼓吹西化。这种活动是老殖民主义者进行文化侵略的一种继续”①。随着我国市场经济体制深刻变革、利益格局深刻调整、社会结构深刻变动，各种思想文化相互交织、相互激荡，不同社会阶层和利益群体更多地从各自的利益出发来选择和评判他们的价值取向，必然会淡化我国的主导价值观和弱化马克思主义的指导作用。面对世界形势新发展新变化、面对全球化出现的新事物新情况、面对各国出现的新思想新观点，我们要精心细致地做好对外宣传工作，着力打造融通中外的新概念、新范畴、新表述，在国际国内两个舞台讲好中国故事、传播好中国声音。习近平总书记在全国宣传思想工作会议上强调，意识形态工作是党的一项极端重要的工作。宣传思想工作就是要巩固马克思主义在意识形态领域的指导地位，巩固全党全国人民团结奋斗的共同思想基础。党员、干部要坚定马克思主义、共产主义信仰，系统掌握马克思主义基本理论这一看家本领，原原本本、老老实实学习马克思列宁主义、毛泽东思想，特别是邓小平理论、“三个代表”重要思想、科学发展观，深入实际和群众广泛调研，学会运用马克思主义立场、观点、方法有效地解决现实问题。所以，坚持和发展社会主义公有制经济必须排除私有化思潮的干扰，巩固和加强马克思主义在我国意识形态领域的指导地位。中国特色社会主义决不搞指导思想多元化，要用发展着的马克思主义指导新的实践，使马克思主义中国化的最新成果成为推动中国社会不断发展进步的强大思想武器，努力建设社会主义核心价值体系，倡导爱国主义、集体主义、社会主义思想，加强共产主义理想信念和思想道德教育，开展形式多样、内容丰富的群众教育实践活动，不断提高全体人民的思想道德素

---

①　张顺洪：《英美新殖民主义》，社会科学文献出版社 1999 年版，第 149 页。

质和科学文化素质，并积极培养和选拔具有坚定社会主义信念的各级领导干部、忠于社会主义公有制经济制度的优秀企业家。只有这样公有制的主体地位才不会动摇，社会主义性质才有保障，共同富裕和人民当家做主才能实现。

第三章　马克思公平分配观与拉萨尔公平分配观的根本分歧

机会主义原指 19 世纪中叶法国政治生活中那些没有固定政治见解、随意改变政治态度的政党和政客。19 世纪 70 年代以后，随着工人运动向纵深方面发展，资产阶级的影响在工人运动中得到加强，机会主义者成为资产阶级在工人运动中的代理人。后来马克思主义者借用这个词语，指国际工人运动中背离无产阶级利益、主张同资产阶级实行阶级妥协的理论和实践。其后又有引申，泛指各国工人运动或无产阶级政党内部出现的违背马克思主义根本原则的思潮、路线，也可指它是资产阶级或小资产阶级思想的反映。恩格斯给出了明确的定义："为了眼前暂时的利益而忘记根本大计，只图一时的成就而不顾后果，为了运动的现在而牺牲运动的未来，这种做法可能也是出于'真诚的'动机。但这是机会主义，始终是机会主义，而且'真诚'机会主义也许比其他一切机会主义更危险。"① 机会主义有两种表现形式：一是右倾机会主义，另一种是"左"倾机会主义。都是根源于唯心论和形而上学的世界观，都是违背马克思主义，均以主观和客观相分裂、认识和实践相脱离为特征。

马克思、恩格斯一贯强调要警惕和远离机会主义，并同德国社会民主党和国际工人运动中的机会主义进行了坚决的斗争，马克思主义是在同"左"、右倾机会主义的斗争中经受检验并不断丰富发展起来的。社会产品的分配是生产关系的一个重要方面，在《哥达纲领批判》中，马克思深刻批判了拉萨尔空谈"劳动"和"社会"的机会主义观点，批判了拉萨尔根据马尔萨斯人口论和歪曲李嘉图的工资理论而杜撰的"铁的工资规律"经济学谬论，同时也阐明了马克思主义关于生产资料所有制理论、资本主义条件下工人和资本家的地位及其相互关系的理论，论述了马克思主义的分配理论尤其是关于社会主义社会产品分配的基本理论。

---

① 《马克思恩格斯选集》第 4 卷，人民出版社 1995 年版，第 412 页。

马克思公平分配思维在学科领域方面具有经济学、政治学、社会学、哲学、法学等多学科意蕴，在社会结构方面具有政治中权力与权利、社会中的管制与共治、经济中的政府与市场等多重逻辑，过去根据我国经济社会非均衡性发展战略，有针对性选取和挖掘某一方面加以研究，当然每个阶段的偏向性研究都融入了时代元素，生存型社会主要解决物质财富短缺问题，做大 GDP、效率优先成为必然，随着经济总量逐年攀升，发展中的各种分配矛盾越发凸显，步入发展型社会的“新常态”，社会公平正义跃为时代最强音和国家主流话语，马克思公平分配理论对现实的批判为解决我国分配问题提供理论远见和精神动力，为共享发展成果提供新的理论生长点和方法论支撑。①

第一节 “公平”或“平等”的分配只不过是一种法权概念

对于资本主义社会中严重的分配不公问题，拉萨尔主义者构想通过劳动所得“不折不扣和按照平等的权利属于社会一切成员”来达到公平分配的结果，把“公平”和“平等”当作未来社会个人消费品的分配原则。马克思则认为现实的经济运行过程是由生产、交换、分配、消费等环节构成的一个有机整体，个人消费品的分配是一种经济关系，只是人们在一定的社会再生产过程中分配环节上的相互关系，要解决分配问题就不能就分配谈分配，而必须在整个经济运行过程中来把握。否则，希望以抽象的、永恒的“公平的分配”“平等的权利”为原则来解决分配问题，只能是一种历史唯心主义的空想。一个浅显易懂的道理是，“要想得到和各种不同的需要量相适应的产品量，就要付出各种不同的和一定量的社会总劳动量。这种按一定比例**分配**社会劳动的**必要性**，决不可能被社会生产的**一定形式**所取消，而可能改变的只是**它的表现方式**，这是不言而喻的”②。由此可见，不同的经济关系中，自然规律要求不同的公平分配标准。

一 抽象的“公平”或“平等”的分配是不存在的

拉萨尔机会主义从抽象的永恒正义、道德的原则出发，把未来社会的分配说成是按照“平等的权利”进行“公平的”分配，马克思从经济基

---

① 李明桂：《马克思公平分配思维的多重逻辑及现实关怀》，《现代经济探讨》2015 年第 5 期，第 16 页。

② 《马克思恩格斯选集》第 4 卷，人民出版社 1995 年版，第 580 页。

础决定上层建筑这一历史唯物主义的根本原理出发，对此提出四个“难道”的质问，[①] 通过这四个质问，批判了拉萨尔主义的公平观念，阐述了法的观念由经济关系决定的原理。

首先，所谓“公平的”分配、“平等的权利”只不过是一种法的概念，是对一定经济关系的反映。从根本上说，法的关系是一定时期的上层建筑，是由一定的经济关系调节和决定的，而不是相反。正如恩格斯所言：“每一时代的社会经济结构形成现实基础，每一个历史时期的由法的设施和政治设施以及宗教的、哲学的和其他的观念形式所构成的全部上层建筑，归根到底都是应由这个基础来说明。”[②] 而纲领草案所提出的公平分配的要求，已经超出了生产关系的范围，是从外部对经济基础的强制。因为所谓的“公平”是一种法权要求和法权概念，属于上层建筑范畴，带有人的主观意愿，由经济基础产生和决定并反映经济基础的要求。所以，不同的经济关系、不同的阶级都有不同的公平观念和不同的公平标准。各个阶级都把反映自己要求和适合自己经济基础的公平原则看作是最公平的。在资本主义社会里，资产阶级把不劳而获的按资分配看成是最合理的，认为工人拿工资而资本家占有剩余价值是天经地义、无可指责的，因为资本家出钱开工厂就应当获得利润，而工人劳动得到工资，多劳多得，这也很公平。不仅如此，马克思还认为，在资本主义社会工人一无所有需要劳动机会来谋生，而资本家握有生产资料需要劳动力为自己劳动，他们之间的分配只能是一种你得工资我得利润的关系，而不可能有别的关系。反映这种关系的也只能是这种法权上的公平观念，双方都接受这一事实并都认为这是公平的分配原则。《哥达纲领草案》离开一定的经济基础来谈论法的关系，把分配关系当作超脱于生产方式之外，企图用“公平的”“平等的”概念作为分配的依据和原则，是根本违背客观规律的历史唯心主义观点。作为经济关系的分配方式是否公平，只能由生产资料所有制关系所产生和决定，这是对问题的唯一正确的理解。

其次，“公平”“平等”作为对一定经济关系的反映，是客观的、历史的。在阶级社会里，从来不存在抽象的、永恒的“公平”或“平等”的分配。不同的社会、不同社会的发展阶段，“公平”“平等”有着不同的内容。恩格斯认为公平、平等是有条件的、相对的，“现在平等权利被

---

① 中共中央马克思恩格斯列宁斯大林著作编译局编：《马克思哥达纲领批判》，人民出版社 1997 年版，第 12 页。

② 《马克思恩格斯选集》第 3 卷，人民出版社 1995 年版，第 739 页。

承认了。资产阶级在反对封建制度的斗争中和在发展资本主义生产的过程中不得不废除一切等级的即个人的特权，而且起初在私法方面、后来逐渐在公法方面实施了个人在法律上的平等权利，从那时以来并且由于那个缘故，平等权利在口头上是被承认了"①。相较于封建专制制度而言，资本主义的平等程度是有进步的，但这并不影响在资本主义私有制内，不公平、不平等的分配的客观存在。马克思特别指出："所谓的分配关系，是同生产过程的历史地规定的特殊社会形式，以及人们在他们的人类生活的再生产过程中相互所处的关系相适应的，并且是由这些形式和关系产生的。这些分配关系的历史性质就是生产关系的历史性质，分配关系不过表现生产关系的一个方面。资本主义的分配不同于各种由其他生产方式产生的分配形式，而每一种分配形式，都会随着它由以产生并且与之相适应的一定的生产形式的消失而消失。"② 不存在永恒的、一劳永逸的公平分配关系，一定是分配关系必须与一定的社会历史条件相适应。正因为抽象的公平分配的要求是一种离开经济基础和阶级关系的唯心主义口号，所以各种机会主义者都可以利用这个口号的空洞性和抽象性，凭借主观臆想，赋予公平以不同的含义，提出不同的所谓公平分配的方案。历史上各种社会主义宗派分子由于不了解法权上的公平原则是由经济基础决定的原理，提出了种种不同的公平分配的设想，形成了关于"公平"的分配的种种极为不同的观念。拉萨尔关于"不折不扣的劳动所得"、英国工联主义者关于"做一天公平的工作，得一天公平的工资"、法国圣西门派关于所谓的"按能力分配"的观点，都是将一定社会的经济关系置于虚位来空谈"平等""公平"的分配。可见，所谓"平等的权利""公平的分配"不能展示社会主义个人消费品分配的基本面貌，不能揭示社会主义分配关系的本质、内容、特征和方式，不能表明它与资本主义的乃至一切剥削阶级的分配方式的本质区别。③

再次，生产资料占有形式决定消费资料的分配形式。马克思主义认为，分配是一种经济关系，它是由生产资料所有制决定的。实行什么样的分配方式和分配制度，那要看有什么样的生产资料所有制，相应地这就叫作生产决定分配。"消费资料的任何一种分配，都不过是生产条件本身分

① 《马克思恩格斯选集》第 4 卷，人民出版社 1995 年版，第 239 页。

② 马克思：《资本论》第 3 卷，人民出版社 2004 年版，第 999—1000 页。

③ 孙浩：《不能用抽象的法权观念说明按劳分配》，《天津社会科学》1984 年第 5 期，第 15 页。

配的结果；而生产条件的分配，则表现生产方式本身的性质。”① 任何物质资料生产都是生产资料与劳动力的结合，“生产条件的分配”实质上是指生产资料和劳动力的所有权问题，也是决定人们之间关系的先决条件。在劳动者同生产资料相分离的生产关系中，生产者为了生存就必须为取得个人和家庭生活资料而劳作，社会成员就不可避免地被划分为剥削阶级和被剥削阶级，而在物质生产资料归劳动者集体所有的社会生产关系中，劳动者的个人价值和社会价值是统一的，在新的生产资料结合形式下，劳动者之间的关系是平等的、合作的。以资本主义社会为例，物质生产条件掌握在非劳动者手中，而劳动者所有的只是生产的人身条件，即劳动力，从流通领域进入生产领域以后，劳动就不再属于劳动者了，原先标榜的“公平、平等、自由”就为真实的剥削关系所替代，“原来的货币占有者作为资本家，昂首前行；劳动力占有者作为他的工人，尾随于后。一个笑容满面，雄心勃勃；一个战战兢兢，畏缩不前，像在市场上出卖了自己的皮一样，只有一个前途——让人家来鞣”②。资本主义社会生产要素的这样一种分配关系，就必然会产生消费资料的分配形式。假如生产的物质条件由劳动者自己集体占有，就必然产生一种新的消费资料分配关系，生产资料占有的平等使得任何人都不可能凭借生产资料所有权无偿地占有他人剩余劳动的产品，为消灭剥削、消除两极分化奠定了基础。不能把分配看作并解释成一种脱离于生产方式和生产关系的东西，不能像拉萨尔主义那样，认为不触动资本主义生产资料私有制，把分配“看作事物的本质并把重点放在它上面”，以此来实现所谓社会主义，这不仅是幻想，其实质还在于维护现存的封建专制制度，既不能改变封建专制的分配制度，也不会影响容克贵族的社会制度，更不会改变工人受剥削、受压迫的地位，只不过在分配上作些改良。实际上，工人阶级“应当摒弃‘做一天公平的工作，得一天公平的工资!’这种保守的格言，要在自己的旗帜上写上革命的口号：‘消灭雇佣劳动制度!’”拉萨尔主义所谓的“公平”“平等”的分配只是让工人阶级“服用止痛剂，而不祛除病根”③。削弱工人阶级的革命意志，抑制工人阶级的斗争运动。

通过以上分析可以看出，拉萨尔主义的所谓“公平分配”“社会一切成员”和“按照平等的权利”等说法，不仅是空泛的，没有实际操作意

---

① 中共中央马克思恩格斯列宁斯大林著作编译局编：《马克思哥达纲领批判》，人民出版社 1997 年版，第 16 页。

② 《马克思恩格斯选集》第 2 卷，人民出版社 1995 年版，第 176 页。

③ 同上书，第 97 页。

义，而且理论上也是站不住脚的，实践上危害无穷。这只能引导工人群众脱离革命斗争的大方向，不去推翻资产阶级的国家政权，不去努力消灭资本主义生产资料所有制，而专注在分配问题上做文章，转移斗争大方向，迷恋于争取各式各样所谓公平的分配方案，就会引导工人运动走到邪路上去，这正是这个口号的机会主义实质。

关于收入分配的公平问题，马克思虽然没有专门论述过，但在劳动价值学说基础上，他提出按劳分配的社会主义原则中饱含分配公平、正义诉求。在《政治经济学批判导言》《资本论》《哥达纲领批判》等著作中，马克思对收入分配公平问题都有不失时机的、精辟的论述。

马克思公平分配观是历史的、发展的。在不同时代和历史条件下人们对公平分配的认识是不同的，在小生产方式的社会里，必然产生平均主义分配公平观；在资本主义市场经济条件下，必然产生按资分配公平观；在以公有制为主体、多种所有制经济共同发展的社会主义市场经济体制下，必然实行以按劳分配为主的多种分配方式并存的分配公平观。改革开放以来，党和国家对分配公平高度重视，进行了大胆而富有创新的理论研究和实践探索，经历了“平均主义分配——兼顾效率与公平——效率优先、兼顾公平——注重社会公平——再分配更加注重公平——保障社会公平正义”的发展轨迹，虽然在各个历史阶段，公平分配的侧重点有所不同，但基本内容始终围绕“如何既能做大蛋糕又分好蛋糕”展开。“中国发展到一定的程度后，一定要考虑分配问题”，“如果仅仅是少数人富有，那就会落到资本主义去了”，党和政府一直谨记邓小平的谆谆教诲，我们的公平分配改革一直在路上，连续多年上调最低工资标准，全国近 3 年年均增长 21%，加大了农业补贴力度和国家对中西部的投入和支持力度、建立世界上最大的社会保障网、连续提高个税起征点、大病二次报销、简政放权、“打虎拍蝇”强势反腐等举措，2015 年我国基尼系数降为 0.462，自 2009 年来连续 7 年下降，说明收入差距扩大正在放缓，加上 2015 年企业退休人员养老金第 11 次上调、央企负责人限薪、养老金并轨等新措施，都将有利于提高中低收入者的收入和缩小分配差距。

马克思分配公平是具体的、生动的。分配公平不可以简单套用抽象的标准，在同一社会的经济、政治、社会等不同领域，具体内涵也不尽相同。在经济领域讲公平分配，主要指市场经济的等价交换、机会均等、公平竞争；在社会领域讲公平分配，主要体现在保障包括弱势群体在内的所有社会成员的基本生存需要，不能把经济领域的公平原则简单套用到社会领域、政治领域等。马克思当年极力批判庸俗社会主义者的“分配决定论”思想，旨在告诫后人：仅局限于收入分配环节研究分配公平难以得出科学结论，必须将研究视域扩展到生产、消费、交换、分配的经济运行的全过程中，尤其要关注生产资料占有公平对分配公平的影响。

马克思分配公平是相对的、比较而言的。恩格斯认为“分配方式本质上毕竟要取决于可分配的产品的数量”，分配公平问题解决和实现的程度只决定于社会经济政治文化的发展程度，而不取决于人们的善良意愿。从马克思的论述中可知，由于劳动者个人天赋有差别、能力有大小、出生背景有悬殊、供养人口有多少，不可能每个人都处在同一起跑线上，不可能每个人分得的财富份额相同，纯粹的起点平等和结果公平是做不到的，市场竞争必然导致不公平，只能追求大致的相对公平。马克思指出“这些弊病在社会主义社会是不可避免的”，因此，在经济领域，我们只能实行以按劳分配为主、多种分配方式并存的分配公平观，不能搞按需分配的公平观；在社会领域，我们提供的社会保障只能取决于生产力发展水平和国家的现实财力，不能搞西方福利国家的“公平观”。另外，从整体公平看，不能仅看分配结果不公，还要从规则公平、机会公平上把握。

时代在发展，机会主义的分配思想也在不断变化，会以新的形式活跃在经济社会舞台上。当前我国贫富差距拉大的趋势没有得到扭转，要求公平分配之声高潮迭起，的确分配问题是重大的民生问题，政府需要下大力气将贫富差距控制在人民群众容忍的范围内，实现人民群众共享社会财富的愿望，但其中夹杂着一些不和谐的机会主义论调，诸如：由于“重资轻劳”现象严重，劳动力供过于求且竞争力较弱加剧了劳动者的弱势困境，于是一提及分配，有些人就只强调非劳动收入，强调非劳动的生产要素在社会财富创造中的贡献及其带来收入的合法性；有人认为贫富差距扩大都是市场化改革之祸，没有看到最根本原因在于所有制结构的变化；有人看不到资源占有的差别是收入差别的最重大的影响要素，却津津乐道人的才能贡献的大小，好像收入多少仅仅是由才能、知识的贡献决定的；有人提出“社会主义社会里的生产关系与生产力的矛盾主要体现在分配问题上，公平合理的分配是决定社会和谐发展的动力”；有人相信“一切经济问题都是分配问题，解决一切经济问题最正确的方法就是解决公平的制度问题，其他的方法都不会真正成功”；还有观点认为，市场上的各种就业机会是向所有就业者“开放”的，任何够条件的劳动者都有资格去公平竞争，无业可就只能说明自己技不如人；等等。这些后机会主义分配观点对当前收入差距悬殊起到了推波助澜的作用，因此，我们要秉承马克思在《哥达纲领批判》中对各种机会主义的批判精神，运用马克思关于社会主义分配制度的基本原理，对现实的机会主义分配思想进行剖析和批判，以期把各种分配思想都统领到以人为本的科学发展观视野之中，体现出社会主义劳动者主人翁地位，体现出社会主义经济成果共享的价值追求，体现出社会主义公平公正的制度优越性。

二　在生产和分配关系问题上要防止两种错误倾向①

资产阶级经济学家主张“为生产而生产”，把财富的积累视为生产的目的，认为财富分配关系是具体的、历史的，而财富生产关系是凝固的、超历史的，通过异化分配与生产的关系来维护资本主义生产方式永恒性。拉萨尔提出“分配决定论”，对于纠正资产阶级重生产轻分配会起到一定的积极作用，但是，这并不能解决分配不公问题反而滑向了另一个极端，离开生产谈分配，同样是背离了生产与分配的辩证关系，马克思把这种观点称之为“庸俗社会主义”，它是“仿效资产阶级经济学家”的思想。马克思对两种偏重论的观点都进行了批判，提出了指导研究分配问题的一个方法论原则，即要在生产、交换、分配、消费的整个经济运行过程中来把握，要从生产方式尤其从所有制出发来研究分配问题。

马克思始终认为，每一个社会的经济运行过程是由生产、消费、交换、分配等环节构成的整体，分配不过是整体中的一环，分配形式只是生产形式的一种表现，如果将分配与其他环节割裂开来加以单独研究，不仅解决不了分配不公问题，反而会加剧分配不公和其他社会问题。

之所以在过去很长时间里马克思高度重视财富生产，一个重要原因是当时资产阶级经济学家流行的陈腐、荒诞的观点甚嚣尘上，大肆鼓吹资本主义生产方式的历史永恒性，把生产视为永恒的自然性，声称只要改变财富分配方式就可以克服资本主义社会的弊病。马克思则持批判态度，认为要想真正实现公平、合理的分配，必须改变物质生产状态，在资本主义生产方式内部，是不可能解决社会分配两极分化问题的。生产与消费虽是两个东西，消费是生产和分配的中间环节，这并不排斥消费同生产合一和生产同消费合一的这种直接统一。马克思论述得很清楚：“生产直接是消费，消费直接是生产。每一方直接是它的对方。可是同时在两者之间存在着一种中介运动。生产中介着消费，它创造消费的材料，没有生产，消费就没有对象。但是消费也中介着生产，因为正是消费替产品创造了主体，

① 李明桂：《马克思对“为生产而生产”和“分配决定论”的批判之今解》，《现代财经》2010年第8期，第3—5页。

产品对这个主体才是产品。产品在消费中才得到最后完成。”① 并以事例形象地说明，“一条铁路，如果没有通车、不被磨损、不被消费，它只是可能性的铁路，不是现实的铁路。没有生产，就没有消费；但是没有消费，也就没有生产，因为如果没有消费，生产就没有目的”②。整个社会怎样生产、如何分配最终是以如何满足劳动者消费财富为目的，无论社会财富生产的多与少，如果没有分配到所有个人供其使用，财富生产是没有任何意义的，那样的财富就算不上现实的财富。

马克思早在《政治经济学批判》中就指出：“为生产而生产，即不顾直接需要或直接享用的限度而去发展生产财富的生产力，这一点在配第那里是这样表述的：不是为了会使一切商品都被用掉的一时的享用，而是为了金银去进行生产和交换。配第在这里同时主张和鼓吹的，就是 17 世纪英国民族的强有力的、不顾一切的、普遍的致富欲。”③ 针对资产阶级经济学家“重生产轻消费”的现象，对其直接目的和本质方面进行了深刻的剖析和批判。不断积累货币是“为生产而生产”的目的，异化了社会的需要和民众的享用，这样就颠倒了货币关系，“货币从手段变为目的，并使其他商品降了级：‘贸易的自然材料是商品，贸易的人为材料是货币……货币无论从性质上说或从时间上说都是在商品之后出现的，虽然如此，现在它在使用中（在它的现在的使用中）却居于首要地位。’”④ 货币的基本职能是价值尺度和流通手段，可是货币主义者却把货币的地位随意抬高并神化，布阿吉尔贝尔这位反货币主义者指出：“人们把这些金属（金、银）变成了偶像，人们忘记了把它们召到贸易中来的企图和目的是为了使它们在交换和相互交付中充当抵押品，而几乎让它们解脱了这种任务，把它们奉为神明。为了它们，人们牺牲了并且仍然牺牲着许多财富、重要的需要、甚至人的生命，而且比在愚昧的古代为了那些长期受大多数人崇拜和信奉的假神牺牲的还多。”⑤ 从中不难看出，抽象的致富欲腐化了人心、扭曲了人性，人们为了金钱一切皆可为之献身。

在资本主义商品经济条件下，人们之间交换劳动的关系采取的是商品物的形式，商品交换能否变成货币将决定个别劳动能否转化为社会劳动，这样人与人的关系就被物与物的关系所掩盖，商品间物的关系决定商品生

① 《马克思恩格斯全集》第 30 卷，人民出版社 1998 年版，第 32 页。

② 同上。

③ 《马克思恩格斯全集》第 31 卷，人民出版社 1998 年版，第 334 页。

④ 同上。

⑤ 同上书，第 337 页。

产者的命运，随着商品形式进一步发展成货币形式、资本形式等特殊形式，这样崇拜货币、崇尚资本也就应运而生了。“商品形式在人们面前把人们本身劳动的社会性质反映成劳动产品本身的物的性质，反映成这些物的天然的社会属性，从而把生产者同总劳动的社会关系反映成存在于生产者之外的物与物之间的社会关系。”① 为了持续不断地敛财，资本家会想出层出不穷的办法加剧对工人的剥削和掠夺，一方面是统治者财富的积累，另一方面是工人贫困的积累。

当然，资产阶级不会坦率地承认他们的财富积累模式，总会极力为自己辩护，其代言人资产阶级经济学家为了适应资产阶级的这一需要，尽力地把陈腐而自负的看法重新包装并赋予一定的理论特质，随后就宣布为永恒真理。在谈论财富生产时，穆勒作为资产阶级经济学家代表之一，他倾心于突出资本主义生产方式的永恒性研究，并不是从财富的主客观因素（种族的素质、气质、自然环境、土地肥沃程度等）去探究如何更容易创造财富，在他的《政治经济学原理》中有这样的描述：“财富生产的规律和条件具有物理真理的性质 …… 财富的分配却不是这样。这种分配仅仅是人间制度的事情。”② 借以说明资本家占有工人劳动即拥有对活劳动的所有权，工人最终失去生产资料所有权，这是一种偶然现象，与资本主义生产方式毫不相干，俨然就是赋予劳动一种超自然的神力，以此逻辑把工人阶级的贫穷归罪于懒惰、浪费，资产阶级的富有归功于勤劳、节俭，从而掩盖劳动群众受压迫、受剥削的经济根源。

对此马克思回应道：“财富生产的‘规律和条件’与‘财富分配’的规律是不同形式下的同一些规律，而且两者都在变化，都经历同一历史过程，总的说来，只不过是一个历史过程的各个要素。”③ 财富分配规律和财富生产规律都是随着人类社会历史进程的演进而发生变化的，二者且彼此制约、相互作用，既不能割裂也不能等同。“他们所要说的是，生产不同于分配等等，应当被描写成局限在与历史无关的永恒自然规律之内的事情，于是资产阶级关系就被乘机当作社会一般的颠扑不破的自然规律偷偷地塞了进来。这是整套手法的多少有意识的目的，在分配上，他们则相反地认为，人们事实上可以随心所欲。”④ 日本学者田上孝一在谈到二者关系时认为：“所以分配即使确实是由生产本身来规定，但对生产出来的财

---

① 马克思：《资本论》第 1 卷，人民出版社 2004 年版，第 89 页。

② 《马克思恩格斯全集》第 31 卷，人民出版社 1998 年版，第 245 页。

③ 同上书，第 337 页。

④ 《马克思恩格斯全集》第 30 卷，人民出版社 1998 年版，第 28 页。

富为了符合消费要提供正确的途径。实现了理想的生产方式，生产出来的财富就能自动地给每个人带来理想的消费，这种观点和不改变生产方式只要改变分配方式就能解决问题的资产阶级经济学者一样都是过度的乐观主义。"①

在《政治经济学批判》"资本作为结果实的东西"中，马克思阐明利润和工资均是分配形式，利润是资本的生产形式，工资是生产关系，也是分配关系，"这里表明，分配关系本身是由生产关系产生的，并且是从另一个角度表现的生产关系本身。其次还表明，生产同消费的关系是由生产本身造成的"②。在社会的发展进程中，财富分配关系从来就是具体的、历史的，决定其发展、变化的财富生产关系也是同样的。为了宣扬资本主义生产方式的财富生产是永恒的，资产阶级经济学家就奇思妙想地加以发挥，他们之所以坚持这样偏执的观点是历史使命使然，阶级意志要求极力为现存的社会制度做不遗余力的辩解。"只有两种制度：一种是人为的，一种是天然的。封建制度是人为的，资产阶级制度是天然的。在这方面，经济学家很像那些把宗教也分为两类的神学家。一切异教都是人们臆造的，而他们自己的宗教则是神的启示。……于是，以前是有历史的，现在再也没有历史了。"③ 这是经不起历史推敲的，当初他们假若只看到"封建主义的好的方面"，那么经济学家就会给自己提出把历史一笔勾销的荒唐问题，或许他们会说："引起斗争的一切因素就会灭绝，资产阶级的发展在萌芽时就会被窒息。"④ 资产阶级成为统治阶级之后，如果又只看到自身好的方面而沾沾自喜，那么也会给自己提出终结历史的荒唐结论。资产阶级生产关系就完全不同于以前的生产关系，摇身一变，成了使生产财富得以按照自然规律进行的那种关系，至此历史已经终结，恐怕这种奇怪的论证方式只有幼儿才能说出如此童真和稚嫩的话语。

三　初次分配、再分配均应处理好公平和效率的关系

初次分配和再分配是国民生产总值分配的两个环节，初次分配是指在生产活动中，由国家、企业、个人共同分配国民生产总值这块蛋糕，最基本的初次分配关系是生产要素的提供与报酬支付的关系。在市场经济运行

---

① ［日］田上孝一：《马克思的分配正义论》，黄贺译，《国外理论动态》2008 年第 1 期，第 52 页。

② 《马克思恩格斯全集》第 31 卷，人民出版社 1998 年版，第 245 页。

③ 《马克思恩格斯选集》第 1 卷，人民出版社 1995 年版，第 151 页。

④ 同上书，第 152 页。

机制下，生产要素价格由市场供求决定，初次分配主要由市场机制形成，政府主要通过法律法规和税收进行间接调节和规范。在初次分配结果的基础上政府通过税收、转移支付、提供社会保障和社会福利等调节手段对要素收入进行再次调节的过程，则属于再分配，再分配可以在一定程度上抑制地区、城乡、部门、不同群体、在职与退休人员的收入关系方面收入差距过大的倾向。

公平与效率的关系问题是人类社会永恒的主题，二者关系协调与否直接影响特定阶段的社会经济发展的快慢。改革开放 30 多年来，我国经济、政治、文化和社会建设事业有了长足进步和发展，但问题与困难并存，收入分配差距的拉大事关社会发展、人民安康和社会和谐，处理好分配领域公平与效率的关系已是大势所趋、民心所向。正确处理好个人、企业、国家三者之间的利益关系，进行合理分配是国民生产总值分配的总原则，在坚持按劳分配为主体、多种分配方式并存制度前提下，不断完善和健全劳动、资本、技术、管理等生产要素按贡献参与分配的体制，充分调动经济活动参与者的积极性，不断促进经济效率的提高，实现分配结果的相对公平合理，在保证低收入群体最基本的生活需要的前提下，通过“提低、扩中、调高”等举措来构建橄榄型分配格局，逐步实现共同富裕。

（一）改革开放以来对公平与效率关系认识沿革

效率与公平问题是世界各国都十分关注的热点问题，关系到经济发展活力和社会稳定。理论上讲，效率和公平不是对立的，而是互相促进、互为基础的。改革开放以来，从理论层面和实践层面，社会各界都在认真探索分配的效率与公平问题，对其认识随着实践的发展而不断深化。

从 1978 年到 1987 年，为了快速实现对分配领域平均主义和扭曲按劳分配原则的拨乱反正，邓小平提出要打破平均主义，“我们一定要坚持社会主义的按劳分配原则”。“要有奖有罚，奖罚分明。对干得好的、干得差的，经过考核给予不同的报酬。”① 适当拉开收入差距，激发劳动者的劳动积极性，促进效率的提高。党的十三大报告提出制定和完善分配政策要坚持共同富裕的方向，在促进效率提高的前提下努力体现社会公平。确立了建立社会主义市场经济体制的改革方向之后，党的十四大第一次明确提出“兼顾效率与公平”，十四届三中全会进而提出，收入分配要“体现

① 《邓小平文选》第 2 卷，人民出版社 1994 年版，第 101—102、152 页。

效率优先、兼顾公平的原则”。公平问题越来越多地出现在高层的话语体系中，十六大提出初次分配注重效率，发挥市场的作用，鼓励一部分人通过诚实劳动、合法经营先富起来，再分配注重公平，加大政府对收入分配的调节职能调节差距过大的收入。随着认识的不断深化，逐步确立了“既要适当拉开收入差距以发挥收入分配的激励功能，又要防止收入差距过大危及社会的稳定”的正确处理效率和公平关系的基本原则。十六届五中全会提出，要“注重社会公平，特别要关注就业机会和分配过程的公平”，十六届六中全会进一步指出，要“在经济发展的基础上，更加注重社会公平”。初次分配中效率优先的分配原则，对 30 多年来我国经济社会发展和人民生活水平提高起到了重要的推动作用，但随着人们贫富差距的拉大，人们对经济成果共享的期盼越发强烈，需要对分配政策做出相应调整。党的十七大进一步提出，努力提高居民收入在国民收入分配中的比重，提高劳动报酬在初次分配中的比重，创造条件增加居民财产性收入，“初次分配和再分配都要处理好效率和公平的关系，再分配更加注重公平”。首次把公平引入初次分配、把效率引入再分配，后又把公平问题放在更高的地位。十七届五中全会强调要合理调整收入分配关系，健全扩大就业增加劳动收入的发展环境和制度条件，促进机会公平。十八大提出“提高居民收入在国民收入分配中的比重，提高劳动报酬在初次分配中的比重，初次分配和再分配都要兼顾效率和公平，再分配更加注重公平”。调整国民收入分配格局，着力解决收入分配差距较大问题，使发展成果更多更公平惠及全体人民。这些论述，都是为了应对不同时期的分配难题而提出的，增强了解决收入分配领域矛盾和问题的针对性，是从实际出发对效率和公平关系认识的不断深化。

（二）我国初次分配的公平缺失及其纠正

在社会主义市场经济条件下，初次分配存在一定差距是不可避免的，如果保持在合理限度内，还有助于提高效率，如果分配差距过大，靠再分配是很难纠正过来的。我国目前的分配不公突出表现于初次分配领域，主要是分配结果并不能与生产要素的贡献相对应，这既不符合公平原则，也不符合效率原则。① 一般说来，衡量一国国民收入初次分配是否公平要把握好三个指标：劳动报酬总额占国内生产总值比重的分配率；社会保障税

---

① 沈卫平：《改革开放 30 年对效率与公平关系认识的发展》，《社会主义经济理论与实践》2008 年第 11 期，第 69 页。

与个人所得税占政府税收收入的比重；每小时劳工成本中的福利开支。①当前收入差距扩大的趋势尚未扭转，初次分配秩序混乱，最大和最突出的不公平体现在劳动报酬过低和同劳不同酬。

初次分配向政府和资本倾斜，导致国民收入分配格局的偏移。社会科学文献出版社出版的2007年企业蓝皮书《中国企业竞争力报告——盈利能力与竞争力》指出：1990—2005年，我国劳动者报酬占GDP的比例从53.4%降低到41.4%；而同期营业余额占GDP的比例却从21.9%增加到29.6%。② 垄断行业职工收入明显高于其他行业职工，据统计，目前我国的电信、石油、电力、金融、水电气供应、烟草等行业的职工人数不到全国职工人数的8%，但工资和工资外收入总额估算却相当于全国职工工资总额的55%。③ 居民收入在国民收入中的比重也呈下降趋势，2004—2013年的统计显示，职工工资占GDP比重分别为10.6%—16.4%。这说明职工的低收入成就了企业利润的大幅增加。财政收入近年来每年都以数倍于GDP的速度增长，不仅加重了企业的负担，而且也挤压了工人的工资。对于整个社会而言，如果劳动力成本长期低于劳动力再生产的成本，它的产业将难以摆脱产业链分工的末端状况，也难以维持竞争力，更难进行产业升级；随着和谐社会建设的推进，长期压低职工工资的做法必然要改变，因而企业依靠压低职工工资获取利润的做法也将难以长期维持。

实现初次分配中公平与效率的动态平衡。分配的起点和过程的公平和效率是相互促进、相辅相成的，初次分配是基础性分配，一旦出现严重分化靠再分配是难以调节的，因此，首先，要着眼于分配起点的公平考量。劳动与资本的关系是影响初次分配最核心的问题，这涉及生产要素的占有关系或财产关系问题，如果弥补了生产要素占有不公的短板，将会从根本上化解分配难题。西方经济学家萨缪尔森也认同财产关系是决定收入分配的关键，认为："收入的差别最主要是由拥有财富的多寡造成的……和财产差别相比，个人能力的差别是微不足道的。"④ 马克思在《哥达纲领批判》中论述得更加透彻，生产决定分配，任何消费品的分配都是生产条

---

① 朱炳元：《中国特色社会主义经济理论热点问题研究》，中央编译出版社2008年版，第168页。

② 康士勇：《为什么初级分配也要关注分配公平》，《北京劳动保障职业学院学报》2008年第1期，第15页。

③ 吴群芳：《收入分配制度改革中的利益表达失衡及其治理》，《社会主义经济理论与实践》2008年第4期，第92页。

④ ［美］萨缪尔森：《经济学》下册，高鸿业译，商务印书馆1982年版，第231页。

件分配的结果。现阶段，在继续巩固公有制主体地位的基础上，着力改革劳动者与生产资料的结合方式，千方百计保障广大普通劳动者的公有制经济所有者地位及相关权益，采取劳动股份合作制，在公有制企业内部实现劳动与资本的联合，企业工人凭借劳动和股份获得双重收益。对失地农民和失业未就业职工要特别关注，他们原来是与公有生产资料相结合的，而现在却与生产资料分离了，政府应当通过妥善的政策，让他们重新获得生产要素和就业机会。① 对国有企业，尤其资源型、垄断型企业占有的自然资源，要真正体现其所有权和收益权的公有性，遏制公共利益部门化和部门利益个人化。

其次，要提升分配过程的公平程度。分配实践中，无论按劳分配还是按要素分配都强调贡献大小，贡献多的多得，贡献少的少得。马克思对个人自然禀赋的差异对分配的影响给予了充分肯定，即使是按劳分配也不例外。只是贡献的计量问题最纠结，谁来计量？是政府、管理者、所有者、工人还是多方共同协商；怎样计量？是按劳动时间、劳动产品数量还是以劳动创造的价值为标准；还有不同地区、不同部门、不同行业等又具体适用何标准？在按劳分配原则中，简单劳动和以管理、技术为代表的复杂劳动的贡献如何界定尤其值得注意，在经济全球化背景下，产业结构调整、要素价格变化及技术进步等多种因素的共同作用，管理、技术因素分配份额在劳动份额中的比重逐步上升，而普通劳动所占份额不断下降，这也是当前居民收入差距扩大的一个诱因。掌握了话语权的精英阶层过分夸大了管理和技术的贡献，而低估了简单劳动的贡献；掌握着垄断资源的行业过分夸大了本行业的重要性，而低估了其他行业对经济社会的贡献。一些国企高管们几十万、百万甚至上千万的年薪，难道他们的贡献真的如此之大？垄断行业的职工的工资数倍于一般竞争性行业职工工资，难道他们的贡献也是数倍于别人吗？在非公企业中劳动者的实际贡献也常常被低估。一般而言，劳动成果是以集体为单位计算的，而同一集体内的劳动也有质的差异，如何准确地衡量集体中每个人的劳动贡献，只有在分配实践中通过市场评价要素贡献来不断地创新、试验、调整，不断地变革分配制度和方法，使职工的劳动报酬与其贡献分配基本一致或大致符合，不管这一历程有多么曲折和艰难，也决不能任由资本所有者或企业管理者单方说了算。在社会主义市场经济中，政府作为唯一能与资本和强势群体相博弈的

---

① 朱炳元：《中国特色社会主义经济理论热点问题研究》，中央编译出版社 2008 年版，第 172 页。

力量，应加强宏观调控以弥补市场经济的缺陷，提高和保障从事简单劳动的普通劳动者的劳动报酬，帮助摆脱对其贡献估值过低的困境，增强其在收入分配中的话语权；加大对劳动者尤其是农民工和失业人员的劳动技能培训力度，提高劳动者的人力资本从而增强其致富能力。

（三）我国再分配的调节力度不够及其改革取向

市场是没有良心也没有理性的，其本身并不能产生公平分配的机制。市场是按要素的能力和贡献分配的，由于劳动者拥有要素数量和质量的不同、就业机会的不均等以及行业垄断等，引起经济发展的成果在不同群体和个人之间的分配不公，开始的收入不平等经过多次放大后，累积成巨大的贫富不均，长期发展的结果必然造成收入的两极分化。既然市场机制无法自发实现收入公平，那么实现收入公平的力量只能来自市场外部，主要依靠政府运用收入再分配机制。初次分配收入差距较大并不可怕，可怕的是对收入差距丧失了调节能力。作为再分配的主要手段，无论是从收入还是从支出的角度来看，我国公共财政调整收入差距功能趋于弱化，在某种程度上起到“逆向调节”的效果。以间接税（包含增值税、营业税、国内消费税、关税等）为主的税收制度使得中低收入群体承担了较高税负，对高收入群体的影响有限，这样使现行的税收制度起不到“提低、扩中、限高”的作用，公共财政直接用于向中低收入群体的民生支出占 GDP 比重不足 1%，难以发挥在调整收入分配中的扶弱济贫作用。一方面，对高收入的调节力度不高，针对不动产和财产转移捐赠等方面的税收制度不健全。另一方面，对低收入的保障力度不够。主要是社会保障制度还不完善、覆盖面还比较窄、保障水平也比较低，特别是农村和城镇农民工的社会保障制度还不健全，城乡部分低收入家庭的生活还比较困难。① 在我国社会保障基本制度框架中，城镇职工各项社会保险缴费率过高，难以扩大覆盖面，全部城镇就业人员中至今仍有近一半没有被覆盖，正规就业者得到了较好的保护，而低收入群体受到的保护程度较低。再分配调节机制不仅关系到社会公正问题，而且是社会稳定的基石。我国急需重构与社会主义市场经济相配套的再分配体系，以尽快抑制市场和原有政策所带来的收入差距扩大的趋势，为经济发展方式转变和共享经济发展成果创造积极条件。

---

① 吴群芳：《收入分配制度改革中的利益表达失衡及其治理》，《社会主义经济理论与实践》2008 年第 4 期，第 92 页。

第一，增强税收的调节收入分配的功能。以个税为例，公平高效的个税应有两个特质，一是抠门，即尽可能堵住逃税的漏洞；二是大方，即为达到税负公平以及提升道德、促进公益等其他目的而准备减免项目。近年来，在第一个方面我们一直在努力，而后一个方面，却鲜有进步。所以为增强税收的调节收入分配的功能，政府要继续完善所得税和财产税等税种，实施按家庭综合收入征收个税，开征资本利得税、物业税、遗产税、赠与税等税种，缩小代际贫富差距，缓解起点不公，加大税收调节收入分配的力度；降低生活必需品的增值税税率，开征特别消费税并提高其在税收收入中的比重；减轻低收入阶层的流转税负担；进一步降低中小企业税负和中低工薪收入者的税负水平；在财政一般性支出和行政管理经费支出做减法，在民生、“三农”、社会事业等薄弱领域做加法。

第二，加快完善覆盖城乡居民的社会保障体系。当前完善社会保障制度最重要的是建立全民低保制度、养老保险、医疗保险和失业保险制度。建立和完善农村最低生活保障制度，实行由国家、集体、农民三方负担的养老、医疗等社会保障制度。逐步完善残疾人社会保障和服务体系建设，每年随经济增长同步调整城乡居民最低生活保障水平和企业退休人员基本养老金。扩大失业保险覆盖面，将失业人员的生活救济逐步调整为促进就业与生活援助并重。政府开办平民医院，向贫困居民提供免费或低收费的医疗服务。公共财政要覆盖住房保障领域，大力扶持各类棚户区住房改造、农村危房改造，大力兴建保障房、廉租房、公租房、经济适用房。解决外来人口同城待遇，使进城务工人员离开农村公共服务和管理体系后，在务工城市也能得到均等公共服务，避免被公共服务边缘化的“半城市化”格局。

第三，继续实施积极的劳动就业政策。公共财政要加大教育投入，提升劳动力素质和人力资本，增加职业教育经费，着眼国家均衡发展大局，大力促进基础教育、高等教育资源在东中部地区、全国各省、城乡间均衡配置，大规模开展适用人才的培养和培训。各级政府放宽个人融资条件和降低融资成本，鼓励大众创业、万众创新，实施更加积极的就业政策。政府重点做好农民工、就业困难人员、高校毕业生就业和退伍转业军人就业安置工作，利用财税杠杆激励广大用工单位扩大招工、用工名额，以创业和职业技能培训带动就业，健全劳动力输出输入地区协作机制。①

---

① 杨宜勇：《加大再分配调节公平分配的力度》（http：//jingji.cntv.cn/20110116/102131.shtml）。

再分配更彰显社会公平取向，深化再分配改革要进一步明确政策的公平价值导向。各级政府要全面贯彻党的十八大报告关于初次分配和再分配都要处理好效率和公平的关系、再分配更加注重公平的指示，切实遵循十八届五中全会共享的发展理念，注重解决社会公平正义问题，让发展成果惠及全体人民。

第二节　按劳分配是社会主义的基本原则

劳动产品的分配集中体现了社会整体利益的分配，关于未来社会分配原则的构想一直是马克思政治经济学研究的主要内容之一。按劳分配作为一种理想，是由19世纪空想社会主义者率先提出的，包含着十分可贵的真理的火花，列宁把他们称为他们自己时代的“真正的文化英雄”，为科学按劳分配理论的创立，提供了重要的理论来源。马克思的“按劳分配”理论的诞生经历了一个产生、发展的过程，1857年，在《〈政治经济学批判〉导言》中，马克思把分配与生产、消费、交换联系起来，从社会再生产过程中比较系统地论述了社会分配原理。在《1857—1858年经济学手稿》中提出在未来社会中，“单个人的劳动一开始就成为社会劳动，因此，不管他所创造的或协助创造的产品的特殊物质形式如何，他用自己的劳动所购买的不是一定的特殊产品，而是共同生产中的一定份额”①。马克思在《资本论》中进一步构想了产品经济形态的分配方式，“设想有一个自由人联合体，他们用公共的生产资料进行劳动，并且自觉地把他们许多个人劳动力当作一个社会劳动力来使用”②。在自由人联合体中，生产资料归社会所有，生活资料由个人消费，其分配方式随社会生产的发展而变化，肯定了以劳动为分配尺度，“我们假定，每个生产者在生活资料中得到的份额是由他的劳动时间决定的。这样，劳动时间就会起双重作用。劳动时间的社会的有计划的分配，调节着各种劳动职能同各种需要的适当的比例。另一方面，劳动时间又是计量生产者在共同劳动中个人所占份额的尺度，因而也是计量生产者在共同产品的个人可消费部分中所占份额的尺度。在那里，人们同他们的劳动和劳动产品的社会关系，无论在生产上还是在分配上，都是简单明了的”③。在《资本论》第二卷中紧接着设

① 《马克思恩格斯全集》第46卷上，人民出版社1979年版，第119页。

② 马克思：《资本论》第1卷，人民出版社2004年版，第96页。

③ 同上书，第96—97页。

想："在社会的生产中，货币资本不再存在了。社会把劳动力和生产资料分配给不同的生产部门。生产者也许会得到纸的凭证，以此从社会的消费品储备中，取走一个与他们的劳动时间相当的量。这些凭证不是货币，它们是不流通的。"①

在《哥达纲领批判》中，对拉萨尔主义的"公平分配"和"不折不扣劳动所得"机会主义路线，马克思又不遗余力地予以了批判。从资本主义社会中产生出来的共产主义社会的第一阶段，不可避免地在经济、道德和精神方面都还带着资本主义社会的痕迹，对消费资料分配只能采取"等量劳动相交换"的原则，"在一个集体的、以共同占有生产资料为基础的社会里，生产者并不交换自己的产品；耗费在产品生产上的劳动，在这里也不表现为这些产品的价值，不表现为它们所具有的某种物的属性，因为这时和资本主义社会相反，个人的劳动不再经过迂回曲折的道路，而是直接地作为总劳动的构成部分存在着"②。人们可以用"自然的、最恰当的、绝对尺度的"劳动时间来衡量劳动量，一旦生产资料由社会占有，商品生产也就不存在了，进而商品对生产者的统治也就随之解除，分配"不需要著名的'价值'插手其间"了。

需要指明的是，马克思并没有使用过"按劳分配"这个说法，明确提出按劳分配并将其作为社会主义分配原则的是列宁，他在批判"社会民主党"名称上的不科学性时指出："人类从资本主义只能直接过渡到社会主义，即过渡到生产资料公有和按劳分配。"③ 在共产主义社会的第一阶段（通常称为社会主义），"'不劳动者不得食'这个社会主义原则**已经**实现了；'按等量劳动领取等量产品'这个社会主义原则也**已经**实现了"④。随后，斯大林在1931年《和德国革命作家艾米尔·路德维希的谈话》中说："各尽所能，按劳分配——这就是马克思主义的社会主义公式，也就是共产主义的第一阶段，即共产主义社会第一阶段的公式。"⑤

《哥达纲领批判》是马克思按劳分配理论的成熟之作，马克思从不同的角度研究分配理论，既有宏观层次社会主义总产品的分配，也有微观层次上个人消费品的分配；既有未来社会不同发展阶段的分配原则，也有具

① 马克思：《资本论》第2卷，人民出版社2004年版，第397页。

② 中共中央马克思恩格斯列宁斯大林著作编译局编：《马克思哥达纲领批判》，人民出版社1997年版，第13—14页。

③ 《列宁选集》第3卷，人民出版社1972年版，第62页。

④ 同上书，第252页。

⑤ 《斯大林选集》下卷，人民出版社1979年版，第308页。

体分配原则确立的社会历史条件；既论述了按劳分配原则的优越性，又阐释了按劳分配的弊病及其超越路径，形成了完整、科学的按劳分配理论体系，为我们正确认识社会主义初级阶段分配制度提供了科学的方法，也为我们正确认识社会主义市场经济下如何贯彻落实按劳分配主体地位提供了科学的理论依据和新的思路，具有非常重要的理论意义和现实价值。

恩格斯在《自然辩证法》中论及劳动的意义和价值，劳动和自然界一起是一切财富的源泉，劳动是"一切人类生活的第一个基本条件，而且达到这样的程度，以致我们在某种意义上不得不说，劳动创造了人本身"①。马克思曾指出："任何一个民族，如果停止劳动，不用说一年，就是几个星期，也要灭亡，这是每一个小孩都知道的。小孩子同样知道，要想得到和各种不同的需要量相适应的产品量，就要付出各种不同的和一定量的社会总劳动量。"② 财富创造是收入分配的物质基础，不创造财富，收入分配就是无源之水，社会主义要使收入分配有利于财富创造和社会和谐，就要调动劳动者的劳动积极性，平均主义的分配方案，马克思、恩格斯早就批判过，历史也已证明它只能促使社会退步、消解人的劳动主动性和进取性，而把劳动贡献作为收入分配的主要依据，可以有效调动人们劳动的积极性，用消费品来刺激人们多劳动，这在劳动仍是谋生手段的情况下，是社会督促劳动、监督劳动的最好手段。

一 社会主义总产品的分配必须兼顾国家利益、集体和个人利益③

在计划经济时代，由于"左"的影响，平均主义、大锅饭盛行，不讲劳动者的物质利益，对此，邓小平认为社会主义坚持按劳分配原则始终是一个很大的问题，只有认真领会其精神实质才能切实贯彻执行，不按贡献大小的平均分配实际上是不符合按劳分配原则的，会抑制人们劳动积极性。生产决定分配，但分配可以反作用于生产。劳动者是生产力首要因素，发展生产力必须调动劳动者个人的生产积极性和创造性，既要强调革命精神，又要注重物质利益激励。为适应生产力不发达、多层次、发展不均衡的需要，社会主义初级阶段还存在以公有制为主体的多种经济成分，还不可能实现以社会为唯一的利益主体，作为不同利益主体的国家、集体、个人的相对利益仍有一定的差异，正确处理三者之间的关系已是时代

---

① 《马克思恩格斯选集》第4卷，人民出版社1995年版，第373—374页。

② 同上书，第580页。

③ 李明桂：《从〈哥达纲领批判〉看我国社会总产品的分配》，《信阳师范学院学报》（哲学社会科学版）2010年第2期，第36—37页。

所需。

《哥达纲领批判》原是一篇批判性的私人信件，自然在表述上充满强烈的论战性，人们在解析上的多元性、诠释上的伸缩性也就不足为奇了。诚如列宁所言："在这篇出色的著作中，批判拉萨尔主义的论战部分可以说是遮盖了正面论述的部分。"① 社会主义社会总产品分配理论是马克思正面论述部分之一，在社会主义初级阶段和社会主义市场经济新体制的双重现实语境下，重新解析对正确处理国家、集体和个人之间的分配问题仍具有深远和重大的指导意义。

首先，有助于我们正确把握社会公共消费基金的使用。"公共消费基金中。同现代社会比起来，这一部分一开始就会极为显著地缩减，并随着新社会的发展而日益减少。"② 与此形成鲜明对比的是，"用来满足共同需要的部分，同现代社会比起来，这一部分一开始就会显著地增加，并随着新社会的发展而日益增长"③。这一减一增、一降一升表明公共消费基金中管理费用和共同需要的扣除不是平均的，它的使用侧重于倾向社会公共服务，这直接体现了社会主义生产目的，如果随意改变社会公共消费基金的用途和调整内部分配结构，比如，大幅增加"同生产没有直接关系的一般管理费用"，而压缩公共服务支出比例，势必导致社会分配的不公，影响人们消费水平的提升，损害劳动者从公共消费基金中的受益程度。

反之，如果把公共消费基金大多用在"共同需要"上，就可以很好地弥补个人消费品分配因劳动者自身的差异而产生分配结果的不公平，很好地化解形式上的平等而内容上的不平等之惑，鉴于先天禀赋和后天个性差异，为实现基本生存权利，只有权利就不应当平等才能避免这些弊病。可见，"为丧失劳动能力的人等等设立的基金""用来满足共同需要的部分"不是平均分配的，而是按照特定的社会需要和个人需要对相应的部门和社会成员进行消费资料的分配即采取按需分配的方式，这种设想恰恰体现了马克思社会总产品分配理论公平、公正的本质。

其次，有助于我们准确理解积累和消费的辩证关系。马克思只是给出了理论原则，至于怎样因地制宜地处理好这两者的关系，那要看经济社会的具体运行情况。马克思明确指出，从"不折不扣的劳动所得"中扣除的积累部分，"在经济上是必要的，至于扣除多少，应当根据现有的物资

---

① 《列宁选集》第3卷，人民出版社1972年版，第242页。

② 中共中央马克思恩格斯列宁斯大林著作编译局编：《马克思哥达纲领批判》，人民出版社1997年版，第13页。

③ 同上。

和力量来确定，部分地应当根据概率计算来确定，但是这些扣除无论如何根据公平原则是无法计算的”。① 表明积累部分的扣除是一个动态的平衡，不是固定的比例，不是越少越好，也不是越多越好，应依据经济社会的发展适时适度地调整。也如恩格斯所言：“分配方式本质上毕竟要取决于可分配的产品的数量，而这个数量当然随着生产和社会组织的进步而改变。”② 如果积累部分过多，不利于生产者生活水平的提高，进而影响到他们生产积极性的调动，最终会导致经济的发展动力不足和积累增长受阻，相反，会影响国家职能的发挥和政府政策的推行。

过去，有学者认为，由于马克思在指出六项扣除后才说，只有现在“才谈得上在集体中的各个生产者之间进行分配的那部分消费资料”③。那么，马克思在社会主义总产品分配中是重视积累轻视个人分配的，因为六项是优先的，个人分配是从属的、次要的。于是，后来就简单地宣传“交够国家的，留够集体的，剩下才是个人的”，这种思想早已影响到现实的收入分配，近年来居民收入占国民收入的比重偏低，收入分配向政府、企业倾斜就是明证。这显然是对马克思原意的一种误读，马克思是为了批判拉萨尔“劳动所得应当不折不扣和按照平等的权利属于社会一切成员”这一谬论，才列举了各项必要的扣除，说明劳动者所得是“有折有扣的”，并且“虽然从一个处于私人地位的生产者身上扣除的一切，又会直接或间接地用来为处于社会成员地位的这个生产者谋利益”。④ 说明了扣除不是目的，只是社会正常运行的手段，目的是社会主义生产者谋利益，为了满足人民群众日益增长的物质文化需要。同时，马克思又具体构想了个人消费品的公平分配的按劳分配，这些都彰显出社会主义制度的优越性，恰恰说明马克思是非常重视个人消费品分配的。

再次，有助于我们领会按劳分配原则的实质。《哥达纲领》笼统地提出“按照平等的权利”把消费品“公平的分配”给“社会一切成员”，却不能具体指出按照何种平等权利和何种公平分配原则，希望借这些陈词滥调和空洞的废话来实现社会主义条件下个人消费品分配的公平和平等，显然是一种唯心史观的说法。对此，马克思就提出个人消费

---

① 中共中央马克思恩格斯列宁斯大林著作编译局编：《马克思哥达纲领批判》，人民出版社 1997 年版，第 13 页。

② 《马克思恩格斯选集》第 4 卷，人民出版社 1995 年版，第 691 页。

③ 中共中央马克思恩格斯列宁斯大林著作编译局编：《马克思哥达纲领批判》，人民出版社 1997 年版，第 13 页。

④ 同上。

品按劳分配原则，这是由于一方面社会主义劳动者与生产资料直接结合，不再实行按资分配，任何人都不可能凭借对生产资料的所有权无偿占有他人的劳动，只能根据个人对社会付出的劳动多少领取个人消费品。另一方面社会主义“在经济、道德和精神方面都还带着它脱胎出来的那个旧社会的痕迹”，生产力水平还不高，没有达到物质财富充分涌流，不可能实行“各尽所能，按需分配”。按劳分配原则是对几千年来建立在生产资料私有制基础上的人剥削人的分配制度的否定，作为人类历史上分配制度的一次深刻的革命，它第一次把人们的收入同劳动联系起来，第一次摆脱了人剥削人的关系，“因为在改变了的环境下，除了自己的劳动，谁都不能提供其他任何东西，另一方面，除了个人的消费资料，没有任何东西可以成为个人的财产”。如此一来，劳动的起点公平了，生产过程平等了，劳动尺度的公平了，“平等就在于以同一的尺度——劳动——来计量”，说明按劳分配的实质是只承认劳动者才有分配的权利，否定一切形式的不劳而获，多劳多得，少劳少得，不劳动者不得食，使劳动者的劳动收入和劳动付出相匹配。邓小平指出：“按劳分配就是按劳动的数量和质量进行分配。根据这个原则，评定职工工资级别时，主要是看他的劳动好坏、技术高低、贡献大小。”① 正确处理分配“只能按劳，不能是按政，也不能是按资格”②。财富创造是收入分配的基础，劳动者是财富的创造者，也是财富的享有者，劳动贡献得到有效激励是衡量收入分配合理的重要依据。

二 按劳分配确立的依据和主要内容

在《哥达纲领批判》中马克思依据唯物史观揭露了拉萨尔的所谓公平分配是一种超生产关系论调，第一次把共产主义社会分为第一阶段和高级阶段，不同阶段实行不同的分配方式，全面论述了共产主义第一阶段（列宁称之为社会主义）个人消费品的按劳分配原则。实行按劳分配，劳动者尽自己的能力为社会劳动、创造财富，社会根据劳动者个人提供劳动的情况，在做了各种必要的扣除之后，分配给每个劳动者相应数量的消费品，“他以一种形式给予社会的劳动量，又以另一种形式全部领回来”③。

---

① 《邓小平文选》第 2 卷，人民出版社 1994 年版，第 101 页。

② 同上。

③ 中共中央马克思恩格斯列宁斯大林著作编译局编：《马克思哥达纲领批判》，人民出版社 1997 年版，第 14 页。

（一）社会主义社会实行按劳分配的必要性

在社会主义条件下，之所以要实行个人消费品按劳分配原则，因为，一是从社会制度的性质看，在一个集体的、以共同占有生产资料为基础的社会中，“除了自己的劳动，谁都不能提供其他任何东西”；二是从社会制度的发展阶段看，我们这里所说的是这样的“共产主义社会，它不是在它自身基础上已经发展了的，恰好相反，是刚刚从资本主义社会中产生出来的，因此它在各方面，在经济、道德和精神方面都还带着它脱胎出来的那个旧社会的痕迹”。①社会主义公有制基本消除了按照生产资料占有情况进行分配的经济条件，生产力的发展水平又不足以提供按需分配的物质基础，在整个社会主义发展阶段都将带有这种“旧社会的痕迹”，所以社会主义社会只能实行按劳分配原则。具体说来，主要有以下几点原因。

首先，社会主义生产力尚未充分发展。劳动者对生产资料的共同占有，决定了劳动成果也应归劳动者共同所有，在生产资料占有关系上的无差别性决定了劳动成为个人消费品分配的唯一依据。新型的共产主义第一阶段的生产关系为生产力的迅速发展开辟了极其广阔的道路，但是在相当长的时期内，生产力的发展水平还不能达到社会产品极大丰富的程度，能够用来分配的个人消费品也有限，分配权利不能超出社会的经济结构以及由经济结构所制约的社会的文化发展，不具备各尽所能、按需分配的条件，按劳动者为社会提供的劳动量来分配个人消费品，可以激发人们创造财富的积极性和经济活力，促进生产力水平的提高。

其次，三大差别将长期存在。社会主义还存在“个人奴隶般地服从分工”“脑力劳动和体力劳动的对立”，旧社会遗留下来的工农、城乡、体力和脑力劳动间的对立虽然消除，但是它们之间的现实差别依然存在，会演化为各种不同形式的收入差别：居民之间、行业之间、阶层之间、区域之间、城乡之间等，这是长期的历史造成的，不是短时间内能够化解的，在分配上必须正视和重视这些差别，另外，社会成员在才能和智力上，在道德和精神面貌上摆脱旧社会的影响和痕迹，达到全面发展更是长期的过程。

再次，劳动还是人们谋生的手段。在社会主义社会阶级、阶层依然存

① 中共中央马克思恩格斯列宁斯大林著作编译局编：《马克思哥达纲领批判》，人民出版社 1997 年版，第 14 页。

在，各种非无产阶级的“好逸恶劳”“不劳而获”思想必然侵蚀劳动者的劳动成果，人们的思想觉悟还达不到不计报酬、一心为社会的程度。以劳动为标准衡量劳动者的劳动量并以此进行消费品的分配，一方面有利于促进社会主义制度的巩固和发展，另一方面有利于满足人们过上更好生活的愿望。到了劳动已经不仅仅是谋生的手段，而且本身成了生活的第一需要，集体财富的一切源泉都充分涌流的时候，个人得到全面发展，财富分配可以各取所需。

（二）按劳分配的主要内容

第一，按劳分配是共产主义社会第一阶段的分配方式。马克思认为在共产主义第一阶段由于实行生产资料公有制，消除了人们凭借生产资料的私人占有来剥夺他人劳动成果的可能性，社会成员在生产资料的占有上都处于完全的平等地位，努力为社会提供更多劳动是个人为社会做贡献的唯一方式。“每一个生产者，在作了各项扣除后，从社会方面正好领回他给予社会的一切。他给予社会的，就是他个人的劳动量。”每个劳动者“从社会储存中领得一份耗费同等劳动量的消费资料。他以一种形式给予社会的劳动量，又以另一种形式领回来”。① 同时，它要求人人都必须成为自食其力的劳动者，作为社会运转轴心的劳动是个人获得消费品的唯一依据。

第二，按劳分配是社会主义总产品分配中的个人消费品分配原则。针对拉萨尔“不折不扣的劳动所得”观点，马克思明确指出社会主义总产品的分配是“有折有扣的”，原因是社会必须进行积累，积累是推动社会进步的助推器。社会要应对各种自然灾害，保障丧失劳动能力者的生活，维护国家安全和经济社会正常秩序等，所以，社会主义总产品在做了必要的扣除之后剩下的才用于个人的消费分配。

第三，劳动时间是衡量个人消费品分配的尺度。由于社会统一组织生产和劳动，不存在商品货币关系，劳动者支出的劳动量是直接以劳动者的劳动时间来计量，劳动者的个人劳动无须通过转化，直接就是社会劳动的一部分，“社会劳动日是由全部个人劳动小时构成的；各个生产者的个人劳动时间就是社会劳动日中他所提供的部分，就是社会劳动日中他的一份。他从社会领得一张凭证，证明他提供了多少劳动（扣除他为公共基

---

① 中共中央马克思恩格斯列宁斯大林著作编译局编：《马克思哥达纲领批判》，人民出版社 1997 年版，第 14 页。

金而进行的劳动)，他根据这张凭证从社会储存中领得一份耗费同等劳动量的消费资料”①。这同商品生产条件下的情况相类似。因此“仅仅为了同商品生产进行对比，我们假定，每个生产者在生活资料中得到的份额是由他的劳动时间决定的”。而劳动时间“是计量生产者在共同劳动中个人所占份额的尺度”。② 需要指出的是，马克思把按劳分配中“劳”的计量尺度定为“劳动时间”，并不是“劳动的自然时间”，而是指抽象掉了劳动者之间劳动熟练程度的差别、抽象掉了劳动者之间体力和智力的差别、抽象掉了劳动者之间的劳动复杂程度差别的社会必要劳动时间或社会平均劳动时间。③

第四，按劳分配的作用具有二重性和历史暂时性。在深入研究分配问题过程中，马克思、恩格斯逐步改变了过去认为在共产主义社会将始终采取按需分配的方式，到那时候，生产方式和劳动者本身也会不断发展，决定了分配方式也将不断地随之变化。正如马克思在《资本论》中所言，“这种分配方式会随着社会生产机体本身的特殊方式和随着生产者的相应的历史发展程度而改变”④。

按劳分配是社会主义公有制经济的产物和实现，是对几千年来各种不平等剥削制度的根本否定。“生产者的权利是同他们提供的劳动成比例的”，这一分配原则极大地调动了劳动者建设社会主义积极性。不过“这个平等的权利总还是被限制在一个资产阶级的框框里”，“这种平等的权利，对不同等的劳动来说是不平等的权利。它不承认任何阶级差别，因为每个人都像其他人一样只是劳动者；……所以就它的内容来讲，它像一切权利一样是一种不平等的权利”。⑤ 由于每个人的劳动能力不同、家庭人口多少，劳动者的实际所得和生活水平是有差距的，这个“弊病”只有到了共产主义的高级阶段，才能完全超出“资产阶级权利的狭隘眼界”，超越形式上的公平而内容上不公平的局限，实行权利不平等的各尽所能、按需分配，但在社会主义阶段是不可超越的。

---

① 中共中央马克思恩格斯列宁斯大林著作编译局编：《马克思哥达纲领批判》，人民出版社 1997 年版，第 14 页。

② 马克思：《资本论》第 1 卷，人民出版社 2004 年版，第 96 页。

③ 张作云、陆燕春：《我国现阶段收入分配问题的理论思考》，中国经济出版社 2007 年版，第 29 页。

④ 马克思：《资本论》第 1 卷，人民出版社 2004 年版，第 96 页。

⑤ 中共中央马克思恩格斯列宁斯大林著作编译局编：《马克思哥达纲领批判》，人民出版社 1997 年版，第 15 页。

（三）按劳分配显示了社会主义的优越性

按劳分配同历史上的分配方式相比，是分配制度中的一场深刻革命，它与不劳而获是根本对立的，与平均主义也是不相容的，是对建立在生产资料私有制基础上的人剥削人的分配制度的彻底摒弃，按劳分配是人类社会迄今为止最先进、最合理的分配制度。

第一，实行按劳分配有利于社会生产力的发展。因为按劳分配从根本上否定了私有制条件下的剥削关系，实现了劳动平等和报酬平等，把消费品的分配与劳动者付出的劳动数量和质量紧密联系起来，促使劳动者从物质利益上关心自己的劳动成果，激励其更加高效、更富有创造性地劳动。

第二，实行按劳分配有利于协调生产和消费的关系。按劳分配消除了资本主义制度及以往制度下生产与消费的尖锐对立，使二者有机地结合起来，社会主义总产品先按照按需分配的方式进行六项必要的扣除之后，剩下的产品则作为消费品依据个人劳动进行分配，整个社会的再生产过程都是有计划地进行，有效地保证了社会主义生产稳定而协调地向前发展，从制度上避免了经济危机的周期性爆发。

第三，实行按劳分配有利于巩固社会主义公有制。按劳分配在目前生产力发展水平限度内实现了对消费资料最公平合理的分配，保证劳动者与生产资料的有机结合，使劳动者真正成了自己劳动成果的主人。要想保住自己辛勤的劳动成果，劳动者就会自觉地维护社会主义公有制，同一切化公为私、假公济私的私有化倾向做斗争。

第四，实行按劳分配有利于树立劳动光荣的社会风气。按劳分配承认劳动差别，反对平均主义，多劳多得、少劳少得、不劳动者不得食既可以使一部分劳动态度好、技术高、对社会贡献大的劳动者先富起来，又可以有效防止分配上两极分化的产生，因为“除了自己的劳动，谁都不能提供其他任何东西”，“除了个人的消费资料，没有任何东西可以转化为个人的财产”。[①] 社会主义公有制从经济制度上引导人们通过诚实劳动、合法经营走向富裕之路，用消费品来激励人们多劳动，这在人们不能完全自觉自愿地劳动的情况下，“靠劳动谋生、靠劳动致富”是社会主义条件下最起码的道德观。

实践证明，实行按劳分配是社会主义社会的本质体现和内在要求，是

---

① 中共中央马克思恩格斯列宁斯大林著作编译局编：《马克思哥达纲领批判》，人民出版社 1997 年版，第 14 页。

不以人的意志为转移的客观经济规律，社会主义必须认真贯彻按劳分配原则，自觉遵循这一规律。什么时候违反按劳分配，就会严重挫伤劳动者的劳动积极性，使社会主义建设事业遭受损失；什么时候正确贯彻按劳分配，加上其他条件，就会使经济社会发展、人民生活安定、精神状态富有活力。

（四）按劳分配的实践和发展

从理论构想到现实实践的社会主义收入分配历程表明，不同的历史时期，各个社会主义国家生产力发展水平是有差异的，人们获得的物质利益是不同的。因此，对收入分配关系和收入分配政策必须进行不断的调整，以最大限度地调动广大劳动者的生产积极性，推动生产力的发展，促进社会的进步。

社会主义首先在资本主义不发达、经济落后的国家，如封建军事帝国的俄国和半殖民地半封建的中国建立起来，大大超出了马克思主义经典作家的预测，这与马克思、恩格斯对未来社会主义分配方式的预测和设计存在很大差距，马克思主义理论“直接为自己提出的任务就是**揭露**现代社会的一切对抗和剥削形式，考察它们的演变，证明它们的暂时性和转变为另一种形式的必然性”①。关于未来社会的理论，“是从历史事实和发展过程中得出的确切结论”。在社会主义初期的分配实践探索中，苏联和中国都对马克思按劳分配理论的实践和发展做出过重大贡献，不过，也曾照搬过马克思按劳分配理论并为此付出沉重代价。我国改革开放后，逐渐打破单一的按劳分配模式，建立了与我国基本经济制度相适应的“一主多元”的分配制度，即以按劳分配为主体、多种分配方式并存。

十月革命胜利后，列宁对经济文化落后国家如何过渡到社会主义、如何建设社会主义进行了实践探索，也不断丰富和发展了马克思按劳分配理论。

首先，列宁认为社会主义的分配原则必须重视物质的激励作用。“现实生活说明我们犯了错误。**准备**向共产主义过渡（要经过多年的准备工作），需要经过国家资本主义和社会主义一系列过渡阶段。不是直接依靠热情，而是借助于伟大革命所产生的热情，依靠个人兴趣、依靠从个人利益上的关心、依靠经济核算，在这个小农国家里先建立起牢固的桥梁，通

① 《列宁选集》第1卷，人民出版社1972年版，第81页。

过国家资本主义走向社会主义。”① 列宁认真总结了“过去直接用无产阶级国家的法令”、按照共产主义原则来调整国家的生产和产品分配的教训，搞经济建设，不能过分依赖人们的政治热情和军事热情，必须把经济发展与劳动者的物质利益结合起来。“必须把国民经济的一切大部门建立在对个人利益的关心上面。讨论要共同进行，而责任应由专人负责。”② 使每个劳动者从自身利益出发关心企业经营状况，积极主动为企业发展做贡献，为此就必须坚持按劳分配原则。

其次，实行按劳分配国家必须对生产和消费进行统计和监督。对于刚从资本主义长出来的新社会的初级形式，社会主义要想克服“分散的劳动、对公共经济的不信任以及小业主的各种旧习惯”，就要对社会生产和产品分配进行统筹规划和严格监管。因为“社会主义的前提是在不要资本家帮助的情况下进行工作，是在劳动者的有组织的先锋队即先进部分施行最严格的计算，监督和检察的情况下进行社会劳动；同时还应该规定劳动量和劳动报酬”③。所以，列宁认为：“在共产主义的‘高级’阶段到来以前，社会主义者要求社会**和国家**对劳动标准和消费标准实行**极严格**的监督。”④ 由人民来监督生产和分配，计算劳动和产品，“计算与监督是把共产主义**第一阶段**‘调整好’，使它能正确地进行工作所必需的**主要条件**”⑤。

再次，“不劳动者不得食”是实现社会主义的第一个主要根本原则。新中国成立之初，为激励劳动者积极参加生产劳动和改造剥削者不劳而获的恶习，必须践行“不劳动者不得食”的原则，这是任何一个劳动者都懂得的真理，“这个简单的，十分简单和明显不过的真理，包含了社会主义的基础，社会主义力量的取之不尽的泉源，社会主义最终胜利的不可摧毁的保障”⑥。

最后，主张人们的收入既不能差距过大也不能平均分配。劳动者的工资收入应保持适当的差距。1917 年 4 月列宁在《论无产阶级在这次革命中的任务》中设想，苏维埃共和国“一切官员应由选举产生，并且可以

---

① 《列宁选集》第 4 卷，人民出版社 1972 年版，第 571—572 页。

② 《列宁全集》第 33 卷，人民出版社 1984 年版，第 50—51 页。

③ 《列宁选集》第 4 卷，人民出版社 1972 年版，第 141 页。

④ 《列宁选集》第 3 卷，人民出版社 1972 年版，第 254 页。

⑤ 同上书，第 258 页。

⑥ 同上书，第 560—561 页。

随时撤换，他们的薪金不得超过熟练工人的平均工资”①。1918年《关于苏维埃机关中的志愿和工人的劳动报酬》中规定，国家高级干部的工资为七八百卢布，中级职员为五六百卢布，下级职员和勤杂人员为三四百卢布。另外，对资本家既斗争又联合，社会主义要想提高劳动生产率和发展生产力，“没有具备各种知识、技术和经验的专家来指导，便不能过渡到社会主义，……。而专家，因为受了过去培养他们成为专家的整个社会生活环境的影响，大多数必然是资产阶级的”②。所以，苏维埃政权要迅速地、广泛地和全面地利用资本主义的科技专家，“在一定的时间内仍要给专家们较高的报酬，使他们工作得比以前不是坏些而是好些，为了同一目的，也不能取消鼓励成绩优良的工作特别是组织工作的奖金制度”③。当然，列宁也反对平均主义分配，1921年的“工资基本条例”规定全国实行统一的17级工资等级，最高与最低级别的比例是8∶1，这正是按劳分配中公平与效率的具体体现。总之，列宁不断地将马克思按劳分配原则与俄国的商品经济相结合，丰富和发展了按劳分配理论。

斯大林领导的社会主义经济建设，进一步丰富和发展了马克思的按劳分配理论。斯大林认为按劳分配是公平的分配原则，继承马克思、恩格斯、列宁一贯抨击平均主义的观点和立场，坚决反对平均主义的分配。因为，“十分明显，在社会主义制度下，不同的人具有而且将来也会有不同的需要。社会主义从来不否认人们在口味上、在需要的数量和质量上的差别”④。“平均主义的根源是个体农民的思想方式，是平分一切财富的心理，是朴素的农民‘共产主义’的心理。平均主义和马克思主义的社会主义是毫无共同之处的。……马克思主义以及俄国布尔什维克和这种平均主义的‘共产主义者’是毫无共同之处的。”⑤ 1934年，斯大林在联共（布）中央工作总结报告中，澄清了关于劳动组合和公社问题的一些糊涂观念，第一，公社没有必要实行在需要和个人生活方面都拉平的平均主义，应该推行劳动组合；第二，在需要和个人生活方面的平均主义是一种反动的小资产阶级谬论。进而阐明马克思主义的平等观，即“平等，并不是个人需要的日常生活方面的平均，而是借机的消灭”⑥。斯大林又批判了一些党员关于贫穷和

① 《列宁选集》第3卷，人民出版社1972年版，第15页。
② 同上书，第501页。
③ 同上书，第768页。
④ 《斯大林选集》下卷，人民出版社1979年版，第308—309页。
⑤ 同上书，第309页。
⑥ 同上书，第335页。

富裕的糊涂观念，“社会主义不是要大家贫困，而是要消灭贫困，为社会全体成员建立富裕的和文明的生活”①。斯大林认为按劳分配是集体农庄庄员的富裕之路，社会主义只有在生产力发展、产品和商品十分丰富、劳动者生活富裕、文化水平急速提高的基础上建成，“列宁主义的任务就不是要巩固和保存已经被消灭了存在前提的贫穷现象和穷人，而是要消灭贫穷现象并把穷人提高到过富裕生活的水平”②。所以，社会主义经济建设和社会产品分配的目的，“不是要缩减，而是要极力扩大和发展个人需要，不是要限制或拒绝满足这些需要，而是要全面地充分地满足有高度文化的劳动人民的一切需要”③。这些关于按劳分配的积极探索为我国和其他社会主义国家的社会主义分配实践提供了借鉴价值和有益指导。

新民主主义革命时期，在《关于纠正党内的错误思想》中，毛泽东在反对红军中绝对平均主义的分配倾向时坚决主张：“就是在社会主义时期，物质的分配也要按照‘各尽所能按劳取酬’的原则和工作的需要，决无所谓绝对的平均。”④ 适度的分配差距是有利于提高劳动效率和增强劳动者的积极性的。毛泽东发展了马克思关于实行按劳分配前社会总产品要做必要扣除的思想，提出要兼顾好国家利益、集体利益和个人利益，毛泽东在《论十大关系》中，针对权力过于集中、物质激励不足的问题，着重对国家、生产单位和生产者个人的关系做了深刻论述，提出了国家、集体、个人利益相结合的物质利益原则，三者的权益大小要根据具体情况不断研究，围绕两个积极性来调整，劳动者的劳动条件和福利要随着劳动生产率的提高而不断提高。1955 年改供给制为货币工资制，推行全国性的工资改革，工业中实行八级工资制和计件工资制，国家干部实行级差工资制，初步奠定了社会主义按劳分配制度的基础。在对级差工资制以及同物质鼓励原则不可分割的按劳分配原则这一问题上，毛泽东在读苏联《政治经济学（教科书）》中有关工资制和物质鼓励的内容时，认识到实行工资制后问题更多更突出，有些人为了多得就争级别争待遇，因此，按劳分配必须与思想政治教育相结合。政治工作是为经济基础服务的，也是一切经济工作的生命线，只有加强思想政治教育，人们才能全面准确理解按劳分配和更好地贯彻按劳分配；只有正确贯彻按劳分配原则，才能使劳动者从自己的切身利益上感受到社会主义制度的优越性。不过在探索过程

① 《斯大林选集》下卷，人民出版社 1979 年版，第 338 页。

② 同上书，第 339 页。

③ 同上。

④ 《毛泽东选集》第 1 卷，人民出版社 1991 年版，第 91 页。

中，也存在失误和不足。由于在一段时间内把按劳分配中的“资产阶级权利”误解为资产阶级的东西，把列宁在《国家与革命》中对“资产阶级权利”的解释教条化，加之在所有制上搞“一大二公三纯”等“左”倾思想的影响，“文革”时期，按劳分配、八级工资制、商品制度都被人们武断地视为产生资本主义的土壤和条件，借机来推行平均主义、大锅饭、人民公社，结果必然严重挫伤劳动者的生产积极性，偏离社会主义公平分配价值取向。

邓小平在1975年《关于发展工业的几点意见》中，就严厉批评平均主义分配倾向，号召始终把坚持按劳分配看作社会主义经济中一个很大的原则问题、很复杂的社会问题、要下大力气研究的现实问题。“如果不管贡献大小、技术高低、能力强弱、劳动轻重，工资都是四五十块钱，表面上看来似乎大家是平等的，但实际上是不符合按劳分配原则的，这怎么能调动人们的积极性?”① 在1978年继续在按劳分配问题上坚持拨乱反正，进一步强调坚持社会主义按劳分配原则的必要性和重要性。“按劳分配就是按劳动的数量和质量进行分配。根据这个原则，评定职工工资级别时，主要是看他的劳动好坏、技术高低、贡献大小。……处理分配问题如果主要不是看劳动，而是看政治，那就不是按劳分配，而是按政分配了。总之，只能是按劳，不能是按政，也不能是按资格。”② 为了充分调动企业、生产队开动脑筋创造更多社会财富，就要实行物质利益激励机制，“为国家创造财富多，个人的收入就应该多一些，集体福利就应该搞得好一些。不讲多劳多得，不重视物质利益，对少数先进分子可以，对广大群众不行，一段时间可以，长期不行。革命精神是非常宝贵的，没有革命精神就没有革命行动。但是，革命是在物质利益的基础上产生的，如果只讲牺牲精神，不讲物质利益，那就是唯心论”③。随着生产的发展，各级工资数额都要有所增加，贯彻按劳分配原则任重道远，要经过调查研究逐步推行。邓小平还根据生产力发展不平衡的现状和总结过去平均主义的失误提出“先富共富论”，要想从根本制度上保证消灭剥削、消除两极分化、最终实现共同富裕，必须坚持公有制和按劳分配。“如果走资本主义道路，可以使中国百分之几的人富裕起来，但是绝对解决不了百分之九十几的人生活富裕的问题。而坚持社会主义，实行按劳分配的原则，就不会产生贫富过大的差别。再过二十年、三十年，我国生产力发展起来了，也不会两

---

① 《邓小平文选》第2卷，人民出版社1994年版，第30—31页。

② 同上书，第101页。

③ 同上书，第146页。

极分化。"① 按劳分配承认个人禀赋的差异，那些劳动能力强、技术水平高、劳动成果多的人们可以得到高收入而先富，"我们的政策是让一部分人、一部分地区先富起来，以带动和帮助落后的地区，先进地区帮助落后地区是一个义务。我们坚持走社会主义道路，根本目标是实现共同富裕，然而平均发展是不可能的"②。

2002 年党的十六大报告突出理顺分配关系的重大意义，为维护广大群众的切身利益和积极性的发挥，在坚持和完善按劳分配为主体、多种分配方式并存的分配原则的基础上，采取按贡献参与分配的原则来激励劳动、资本、技术和管理等生产要素所有者；为贯彻效率优先、兼顾公平原则，就必须把奉献精神和落实分配政策、反对平均主义和防止收入悬殊有机结合起来；通过提高低收入者收入水平、扩大中等收入者比重以共同富裕为目标。接下来，十七大报告提出继续坚持和完善"一主多元"的分配制度，进一步完善劳动、资本、技术、管理等生产要素按贡献参与分配的制度，突出的亮点是更加彰显公平分配，公平分配由过去的兼顾上升到初次分配和再分配均要体现，再分配更加注重，并指出居民收入在国民收入中的比重、劳动报酬在初次分配中的比重"双提高"的具体实现路径。党的十八大报告提出，必须深化收入分配制度改革，努力实现居民收入增长和经济发展、劳动报酬增长和劳动生产率提高"双同步"。进一步丰富和发展了我国的分配理论，为缩小收入差距、防止两极分化、实现社会公平提供了坚实的理论依据和政策指导。

按劳分配原则经历了不平凡的发展和实践历程，社会主义国家既有坚持按劳分配制度使经济社会成就斐然的惊喜，也有因对按劳分配的理解偏差而背离其原义使经济发展滞后甚至倒退的悲凉。社会主义个人消费品实行按劳分配是客观经济规律，诚如恩格斯所言："我所在的党并没有任何一劳永逸的现成方案。我们对未来非资本主义社会区别于现代社会的特征的看法，是从历史事实和发展过程中得出的确切结论；不结合这些事实和过程去加以阐明，就没有任何理论价值和实际价值。"③ 所以，在贯彻执行按劳分配原则的时候，一定要紧密结合本国发展阶段和具体国情，不能因为过去执行不力或理解歧义给国家建设造成损失而归罪于按劳分配本身，在新的历史条件下，应不断研究新情况、思考新问题、寻求新途径进一步丰富和发展按劳分配理论。

---

① 《邓小平文选》第 3 卷，人民出版社 1993 年版，第 64 页。

② 同上书，第 155 页。

③ 《马克思恩格斯选集》第 4 卷，人民出版社 1995 年版，第 676 页。

第四章　马克思公平分配思想在我国分配实践中遭遇的现实困境

公平分配作为一种评价属于观念形态，归根到底是对现实经济关系与评价主义利益之间关系的反映，扎根于人类社会物质生产实践，将公平分配问题置于现实社会历史的发展中，置于人与人之间、社会集团与社会集团之间的物质利益冲突之中，这就是马克思主义直面现实的科学态度和科学方法。在社会主义初级阶段，我们能够实现的公平分配既不是抽象的，也不是绝对的，而是现实的、具体的，即既能够反映群众的要求，又是在今天的条件下能够逐步达到的公平。谈分配公平既不能离开广大人民群众利益，也不能离开生产力的发展水平。在社会主义初级阶段长期贯彻马克思公平分配理念实践中，既取得了可喜的成就，又存在一些偏差和失误，如今就面临着一系列的困境等待突围：在所有制结构上，有劳动者与资本所有者及国有化与私有化的矛盾；在分配方式上，有按劳分配与要素分配的矛盾；在改革手段上，有调控化与市场化的矛盾；在改革主体选择上，有主导化与从属化的矛盾；在改革动力上，有精英阶层与草根阶层的矛盾；在精神诉求上，有理想化与世俗化的矛盾。矛盾是事物发展的不竭动力，努力探索解决问题的路径，我们的分配实践就越来越彰显公平主旨。

第一节　马克思公平分配思想与现实问题①

仅停留在马克思公平分配思想层面的研究，不是对马克思唯物史观的真正坚守，立足我国纷繁复杂的分配实践，思考当下的贫富差距问题，才是对马克思的唯物史观的接续。改革开放以来，我国的财富蛋糕越做越

① 李明桂：《马克思公平分配思维的多重逻辑及现实关怀》，《现代经济探讨》2015 年第 5 期，第 17—19 页。

大，人们的收入水平和生活水平也大幅度提高，而分配失衡引起贫富分化加剧，影响经济转型、社会和谐、政治稳定，致使马克思公平分配思想在当下中国遭遇突出难题，也正是我们积极思考突破困境的现实路径的契机。

一 经济层面存在“资本贫困”和“按级分配”倾向

（一）资本贫困加剧贫富悬殊

收入差距扩大，财富差距更大。我国目前财产的分布状态比人们表面上的收入要不均得多，资本占有和公共服务分配不均成为低收入者、高收入者之间贫富悬殊的两个主因。2014 年我国居民收入增长 8.0%，大于 7.4% 的 GDP 增速，0.469 的基尼系数仍然超过国际公认 0.4 的贫富差距警戒线，人们在收入水平不断增长的同时对收入分配更加公平、合理提出了更高的要求。瑞士信贷银行发布的《2014 年全球财富报告》显示，中国资产达到或超过 100 万美元的大约有 118 万人，超过 5000 万美元的有 0.76 万人，仅次于美国，10% 的最富有人口占有 64% 的全国财富。可见，目前财富分布状态比人们表面上的收入要不均得多，资本占有不均成为贫富悬殊主因。传统的反贫困理念认为只要提高低收入者的收入水平，就可以解决贫困问题和实现分配公平，忽视了低收入者与资本的联系。贫困是个综合性概念，包括工资性收入低下、物质贫困、精神贫困、政治权力贫困等因素，其实，许多人生活并不贫困，由于缺乏劳动力以外的资本，劳动收入占其家庭收入的比例很高（2014 年城镇居民为 64%，农村高到 90%），缺少财产性收入途径，一旦失业、失地收入水平立即下降。就连西方经济学家萨缪尔森都认为收入差别最主要的是拥有财富多少造成的，个人能力的差别和财产差别相比是微不足道的，符合马克思强调的收入分配只是生产条件本身分配的结果的观点，所以，要重视对贫困者获取资本能力的培养和资本权利的保障。

随着市场化程度的提高，非公经济成分的占比也在提高，国企资本大量被中外私人资本置换、权贵所有的“公有制”大行其道，加大私人资本所得，扭曲国民收入分配结构，除了少数公职人员、国企职工，绝大部分劳动者都是在私有企业就业，按照马克思的观点，私有经济必然产生剥削，谈不上什么分配公平。纵观在过去 30 多年，中国社会出现的数次疯狂造富运动：（1）20 世纪 80 年代，通过价格双轨制产生了一大批“倒爷”暴发户；（2）20 世纪 90 年代，通过国有企业的“转制”和“重组”而将国有资产转移到少数“民营”企业家手中；（3）21 世纪第一个十年，

"分税制改革"和"住房改革"富了一大批炒地、囤地的房地产商；（4）21世纪第二个十年，政策激发下的大牛市开始了新一轮的造富运动。其他小规模的造富运动还有：20世纪90年代出现的通过股市操纵以及走私行贿所产生的富豪，21世纪初通过公司上市以及矿产私有化所催生的亿万富豪。①

以央企和大国企为代表的国企在资源、市场、人力资源、政府采购的获取方面具有民营企业无与伦比的优势，一些国企的高管和高官们以其掌控的资本编织一个个"血缘、亲缘、学缘、红缘"关系网，大搞利益输送和权钱交易，"入网"者都攫取了巨额财富，十八大以来，从所谓势力强大的"石油帮""秘书帮""山西帮"分崩离析中可见一斑，既造成了大量国有资产和国有资本收益流失，加剧贫富分化，又造就了部分企业成为对社会经济发展没有什么推动作用和低效使用资源的"僵尸企业"，不平等市场环境下的价格很难在市场传导机制中发挥资源的优化配置作用，必然导致"供给侧改革"难以推进。

一些改革的主导者、操作者以及抽象的"权力—资本阶层"，既能以强大的博弈能力来规避改革成本，也有条件、便利从改革中攫取最大收益。而改革的"参与者"、外围者以及毫无博弈能力的阶层、群体，很可能承担的成本比获得的收益还大得多，有些甚至是完全的被牺牲者。当前，我国在一些领域出现了挤出效应，金融对实体的挤出、生产领域对消费领域的挤出、房地产和基础设施建设对其他实体产业的挤出，最终形成资产泡沫，其本质在于国民经济在局部领域形成的系统性失调，但又能在相当长时间内维持自我循环。生产领域对消费领域的挤出使国民收入向政府财政和企业利润倾斜、居民收入内部差距持续扩大，国民收入循环固化于生产端而缺乏消费端的同步扩张，导致生产与消费的矛盾不断突出。

（二）按劳分配遭遇"按级分配"的尴尬

"按劳分配为主体、多种分配形式并存"是我国的基本分配制度，按劳分配弥补了按资分配的缺陷，然而，"效率优先""多种分配形式"被片面强调，在城市，伴随着国企改制和工人下岗，民营经济迅速发展，而按照马克思主义的观点，私有经济必然产生剥削。私有经济的目的就是追求更多的剩余价值，更谈不上什么按劳分配和分配公平了。按资分配在改

---

① 朱富强：《市场博弈、权力结构与收入分配机制》，《社会科学辑刊》2015年第4期，第92页。

制企业中成为天经地义，作为商品成本一部分的劳动力价值被严重压低，一些地方政府部门、事业单位、公私企业以改革劳动用工制度为名，把劳动者分为“正式工、合同工、聘用工、临时工”三六九等，同工不同酬，这种制度性不公使“体制外”劳动者劳而少得甚至劳而不得。另外，有些国企以“级别优先、不顾公平”取代“效率优先，兼顾公平”，少数人的劳动价值被增长，他们可以领到比普通工人多十倍甚至几十倍的年薪，而大多数人的劳动价值被贬低，普通工人的劳动则被视为简单劳动，因此每个月只能领一两千元。高管的经营业绩与薪酬水平不匹配、责权利不统一，就连看似先进的“股权激励”也逐渐异化为按级别享受分红的福利，级别越高者拿到的股权越多，而普通职工与企业股份无缘，“按级分配”实质是“按权分配”，与按劳动贡献的激励背道而驰。在市场经济条件下，一些垄断性行业的竞争力主要依靠制度性垄断，与企业高管本身的水平关系不大，“非经济指标”的年龄、资历、学历、职称、人脉等因素发挥主导作用。它们的工资一般都比非垄断行业高，一个垄断企业的普通工人可以每月只抄几个电表就领8000元，而一个环卫工人每天勤勤恳恳扫马路，风雨无阻，每个月却只有七八百元左右。按劳分配方式已经在一定程度上被特权阶层所歪曲，有学者进而指出，现实市场中的收入分配与其说是由劳动贡献决定，还不如说是由特定的岗位决定的；同时，岗位薪酬以及不同岗位之间的薪酬差异是由特定的分配规则或分配机制决定的，而分配规则又是社会制度及相应的社会权力较量的产物。①

改革开放前30年，支撑中国经济的重要支柱是全民性质的国营企业和劳动群众集体所有制企业，在农村则表现为人民公社制度。随着家庭联产承包责任制的边际效益递减，农民集体经济组织在实行市场经济体制下已经发生了翻天覆地的变化，传统的农民集体对成员的生存保障功能已经弱化，其提供方式也已经不再表现为直接提供生产资料（如土地），而是间接协助或经济补助（集体经济收入再分配或者社会化大协作）。在工业化、城镇化加快推进中，农村经济结构、社会结构正在发生深刻变化，农村集体资产产权归属不清晰、权责不明确、保护不严格等问题日益突出，侵蚀了农村集体所有制的基础，传统种地农民按劳分配自然就失去了依托，乡村各级干部掌握了许多农业资源，比如：集体土地“生杀大权”，

---

① 朱富强：《市场博弈、权力结构与收入分配机制》，《社会科学辑刊》2015年第4期，第85页。

靠山吃山、靠地赚钱变成了最为简单、直接、来钱快的“致富”方式，他们故意刁难、吃拿卡要，虚报冒领、优亲厚友，贪污侵占、私分滥发，私办企业、大肆圈钱，鲸吞支农惠农财政补贴、农民各项补贴资金，蚕食扶贫、救灾、农民工培训、农业政策性保险等专项资金，独揽征地补偿款的审核及发放，等等，这样许多乡村官员通过“按级分配”，级别越高、权力越大，形成了金字塔型的财富分配格局。农村蝇贪引起了中央的高度重视，2015 年 7 月，最高人民检察院决定在全国检察机关开展为期两年的集中惩治和预防惠农扶贫领域职务犯罪工作，习近平总书记也明确表态，要下大气力整治发生在农民身边的不良行为，对随意插手基层敏感事务、截留克扣基层物资经费、处事不公、吃拿卡要、侵占农民利益等问题，必须严肃查处。

二　社会层面存在“收入崇拜论”“分配性努力”倾向

2003 年以来，居民实际收入翻了不止一倍，这是由通货膨胀和房价上涨引起的被动“倍增”，由于贫富差距扩大、社会分化加深，引起通货膨胀和房价上涨，推动工资和收入增长，与此同时又吞噬、剥夺了增长的收入，“房奴”就是一例。实际分配状况并未明显改善，谨记马克思批判庸俗社会主义“分配决定论”和资产阶级“生产决定论”的谆谆告诫，重视分配但要警惕陷入类似于“GDP 崇拜”的“收入崇拜”、警惕陷入类似于“分配决定论”的“分配性努力”①。

“收入崇拜”只强调工资和收入增长的单一指标，忽视贫富悬殊和社会分化助推通胀和房价上涨进而吞噬掉增长部分，人民福祉未能增进反而受到某些利益群体的剥夺，这是资本主义市场经济下资本的逻辑。十八大报告提出，到 2020 年，实现国内生产总值和城乡居民人均收入比 2010 年翻一番，这是一个主动的收入倍增计划。目前，社会各界尤其是低收入群体对收入增长寄予了太高的期望，这可能导致一些政府官员将收入增长视为压倒性的任务，形成类似于过去“GDP 崇拜”和“唯 GDP 论”的“收入崇拜”和“唯收入论”。从最近十几年的实际情

---

① 美国诺贝尔经济学奖者道格拉斯·诺斯（Douglass C. North）为区分哪种制度能促进经济增长、哪种制度会妨碍经济增长时，使用“生产性努力”与“分配性努力”的概念。生产性努力的增长是近现代经济增长的原因之一，分配性努力可分消极的和积极的两种，消极的分配性努力会降低人们进行生产性努力的愿望，积极的分配性努力则能增强人们进行生产的能力，因而也有促进经济增长的作用。本书指向消极的分配性努力，只对存量蛋糕进行博弈，而无助于财富蛋糕的做大。

况来看，普通劳动者的工资和收入快速增长，分配差距拉大的趋势状况并未根本扭转、劳动者的弱势地位并未发生明显变化。这是一个市场过程，但结果并不美妙。

"收入崇拜"的效果与"GDP崇拜"类似，只重视经济发展、强调单一指标都不能做到全面、协调、可持续发展，反而可能被某些利益群体用来对劳动者进行剥夺，用更多物质刺激劳动者更卖力地工作，然后再对他们进行剥夺，社会主义国家应该尽力避免这一资本主义的逻辑。

美国诺贝尔经济学家道格拉斯·诺斯认为要形成"好的市场经济"，就要对"生产性努力"形成激励以使经济人收入的增加与其所付出的边际生产性努力对全社会的边际贡献成正比，人们觉得财富分配不公，就不愿意通过生产性努力去做大蛋糕，而会把主要精力投向分配性努力来争抢蛋糕，如果通过改制、拆迁甚至受贿等方式可以获得巨大财富，那么勤劳致富、为官清廉的意愿就会大大降低。当下，更多的年轻人热衷于"分配性努力"的国家公务员考试以及各地方卫视的选秀节目，有些官员醉心于权钱交易和权资合谋，实体企业偏好主业外的高风险投资，从全民炒股、全民炒房到全民放贷折射出中国经济中"赌博"的短期投机心理日趋严重，许多企业甚至上市公司、国有企业、国有银行也纷纷加入了这场疯狂的游戏之中。从本质上讲，这是鼓励人们和企业更多专注于分配性努力，而抑制专注于生产性努力。这种急功近利、舍本逐末的做法已严重影响我国经济社会的转型，这种情况长此以往，不仅会助长各方不劳而获的消极心态和危及社会的稳定状态，而且会使我国经济很可能陷入未富先衰的境地。另外，一些所谓社会学家鼓吹社会保障"养懒汉"，并以经济复苏缓慢的欧洲高福利国家面临的债务危机、不劳而获、失业率攀升等社会问题为由，反对我国加快福利制度建设。事实上，我国现在的问题不是像欧洲国家那样，存在高福利问题，而是恰恰相反，劳动者享有的教育、医疗、住房等福利纷纷被消减而被市场化取代，且成为百姓的"新三座大山"。

三　政治层面存在分配"权力中心论""审批红利"倾向

政治、政策对收入分配、财富积累的影响比经济、市场更大，收入与财富不公平的加剧与减缓与政治因素密切相关，以权力为中心而非以市场为中心分配资源，已成为制约我国分配公平的一个顽疾。美国著名智库怀默霆在《中国需要的是公正而非收入平等》中坚称，每年成千上万的群体性抗议事件表明，中国人对收入不均相对淡漠并不意味着他们不愤怒，公众的不满更多是源自于权力不平等。① 国内学者也认为，社会主义市场经济下，通过政治特权的滥用来猎取发财机会，把对生产资料的垄断变成对机会的垄断是影响“机会公平”原则实现的两个主要因素。② 户籍制度导致农民工和城镇职工在收入、社会保障方面在很长一段时间内双轨制运行，政府干预过多容易造成自然垄断行业同其他竞争行业之间产生巨大收入差距，垄断性企业员工特别是高管收入偏高乃至畸高，一些人和群体依靠权力资源得到优先发展、优先致富甚至一夜暴富的机会，而被权力边缘化的群体不仅难以得到发展机会，反而要过多地承担发展成本。在诚实劳动和市场环境公平的前提下，人们收入差距是合理的、有益的，但依附于特权的收入和财富差距既蚕食经济的效率，又危及社会安定；既背离公平竞争环境，又破坏公平法律法规政策。

中国成为世界第二大经济体，但是一些欧美国家始终不承认我们的市场地位，主要在于我们的资源配置主要由政府行政权力支配而不是由市场决定，当前，我国行政审批事项依然过多，少数地方、部门设置审批、许可的随意性大，程序不规范，束缚了企业、公民参与经济活动的积极性，容易诱发权钱交易等腐败行为。到2014年年底国务院虽已下放或取消700多项行政审批事项，可又被巧妙地嫁接或转移到一些协会或中介头上，从政府手中接过鉴定、认证、审批、评估、检测、审查等权限的“红顶”中介和“红顶”协会，反而让程序变得更复杂、负担变得更重，蚕食简政放权红利获得巨大的垄断利益，截至2013年年底，13个中央部门主管的35个社会组织和61个所属事业单位利用所在部门影响，采取违规收费、未经批准开展评比达标、有偿提供信息等方式取得收入共计29.75亿元，在原铁道部窝案中，丁书苗就收取“中介费”折合人民币20多亿元。这表明政府部分职能市场化转化不彻底，部分官员舍不下“审批红利”，既损害了政府的公信力，又加大了分配不公。

第二节　生产资料所有制的变革与公平分配的境遇

在《哥达纲领批判》中，马克思认为“资本主义生产方式的基础：

① 魏荣梅：《中国需要公正而非收入平》（http：//www.rcargol.com/info/2013520/2013520215446.shtml）。

② 陈学明：《马克思的公平观与社会主义市场经济》，《马克思主义研究》2011年第1期，第11页。

生产的物质条件以资本和地产的形式掌握在非劳动者手中，而人民大众所有的只是生产的人身条件，即劳动力”①。由于劳动与资本的分离，劳动者只能得到劳动力价值，这也是公平的分配，“如果生产的物质条件是劳动者自己的集体财产，那么同样要产生一种和现在不同的消费资料的分配”②。在生产资料公有制为基础的社会中，消费资料的分配原则只能是按劳分配，要想最终克服按劳分配形式上的公平而事实上的不公平的“弊病”，到共产主义社会高级阶段，超越资产阶级权利的狭隘眼界，实现各尽所能、按需分配这一真正公平分配方式。分配的性质和方式随着社会制度、生产资料所有制的变革而发生变化。唯物主义历史观原理告诉人们，“生产以及随生产而来的产品交换是一切社会制度的基础；在每个历史地出现的社会中，产品分配以及和它相伴随的社会之划分为阶级或等级，是由生产什么、怎样生产以及怎样交换产品来决定的”③。同时还阐明：“所谓的分配关系，是同生产过程的历史规定的特殊社会形式，以及人们在他们的人类生活的再生产过程中相互所处的关系相适应的，并且是由这些形式和关系产生的。这些分配关系的历史性质就是生产关系的历史性质，分配关系不过表现生产关系的一个方面。”④ 因而，研究收入分配问题的前提是把分配放在一定生产资料所有制下进行，研究不同社会关系下分配的特殊的性质和方式。

改革开放初期，我们党为摆脱物质匮乏、资本短缺的困境，总结并吸取了以往在所有制结构问题上的经验教训，提出以经济建设为中心，采取了中国化的“新经济政策”，根据生产力发展的现实要求和经济社会的规律，逐步地变革了所有制结构和确立了社会主义初级阶段的基本经济制度，通过改变生产关系来做大经济总量，实现了社会财富和经济总量的高速增长，实现了一部分人和一部分地区的快速致富，使我国由生存型阶段一跃进入发展型阶段，成为世界第二大经济体，初步建立了市场经济体制。但也引发了许多新问题，居民收入和财富差距齐头并进，我国迅速从一个平均主义社会演变为贫富差距悬殊的社会，接下来就要围绕如何维护社会公平与可持续发展下功夫，实现全体国民共享经济发展成果的社会主义建设目的。改革没有终点，认识也无法停滞，马克思说：“对现存社会

---

① 中共中央马克思恩格斯列宁斯大林著作编译局编：《马克思哥达纲领批判》，人民出版社 1997 年版，第 16 页。

② 同上。

③ 《马克思恩格斯全集》第 25 卷，人民出版社 2001 年版，第 395 页。

④ 马克思：《资本论》第 3 卷，人民出版社 2004 年版，第 999—1000 页。

制度的不合理性和不公平、对‘理性化为无稽，幸福变成苦痛’的日益觉醒的认识，只是一种征兆，表示在生产方法和交换形式中已经不知不觉地发生了变化，适合于早先的经济条件的社会制度已经不再同这些变化相适应了。同时这还说明，用来消除已经发现的弊病的手段，也必然以或多或少发展了的现实存在于已经发生变化的生产关系本身中。”① 以此，可以作为确立国富优先转向民富优先的改革导向。

一 改革开放以来我国生产资料所有制的制度变迁

社会主义国家构建什么样的所有制结构才能促进生产力的发展，是关乎社会主义的前途命运问题。新中国成立六十多年，尤其改革开放以来，中国共产党把马克思主义基本原理与中国实际相结合，对此进行了艰苦卓绝的探索，经历一系列成功与失败的洗礼之后，逐步找到了适合中国国情和适应社会主义市场经济内在要求的所有制结构模式。

（一）把坚持公有制为主体始终作为发展多种所有制经济的前提

邓小平带领全党坚持生产力标准，在十一届三中全会之后，恢复了党的解放思想、实事求是的思想路线，开始了积极探索符合我国现实国情的所有制结构之路。1981 年《关于建国以来党的若干历史问题的决议》把我国所处的历史阶段定位于“我们的社会主义制度还是处于初级的阶段”，重申了生产关系与生产力相互关系的原理，提出国营经济和集体经济是基本的经济形式，一定范围的劳动者个体经济是公有制经济的必要的补充，随后肯定个体劳动者是我国社会主义劳动者，其政治地位与国有企业和集体企业相同。1982 年党的十二大报告在国有经济和集体经济的基础上对多种经济形式进行了理论展开和初步的政策设计，总的说来，我国生产力发展水平还比较低，发展又很不平衡，在很长时间内需要多种经济形式的存在。因此，在农村和城市，都要鼓励劳动者个体经济在国家规定的范围内和工商行政管理下适当发展，把这些非公经济看作是对公有制经济必要的、有益的补充。1984 年我党在《关于经济体制改革的决定》中指出，我国现在的个体经济是和社会主义公有制紧密联系的，当然和资本主义私有制相联系的个体经济是不同的，它在扩大劳动就业、方便人民生活、发展社会生产方面具有不可替代的独特优势，不必担心，终究它只是社会主义经济必要的有益的补充，从属于社会主义经济。1985 年 3 月，

① 《马克思恩格斯全集》第 25 卷，人民出版社 2001 年版，第 395 页。

邓小平提出："我们允许个体经济发展，还允许中外合资经营和外资独营的企业发展，但是始终以社会主义公有制为主体。"①对所有制进行改革的目的就是要全国人民共同富裕，不是两极分化。"一个公有制占主体，一个共同富裕，这是我们所必须坚持的社会主义的根本原则。"② 任何改革都是有风险的，也有可能走上邪路的危险，邓小平随后就提出告诫："现在有人担心中国会不会变成资本主义。这个担心不能说没有一点道理。""如果我们的政策导致两极分化，我们就失败了；如果产生了什么新的资产阶级，那我们就真是走上邪路了。"③ 因为生产资料公有制是社会主义经济制度的本质特征和内在要求，是保障经济社会健康发展和维护劳动人民整体利益的经济基础。只有坚持公有制为主体，才能使国民经济有计划、按比例地发展，避免资本主义无法摆脱的周期性经济危机；只有坚持以公有制为主体，才能保障实行按劳分配原则，实现共同富裕的目标；只有坚持以公有制为主体，才能保证在社会主义生产不断发展的基础上，满足人民日益增长的物质文化生活需要，为社会主义最终取代资本主义，向共产主义过渡创造物质条件。④ 发展非公有制经济，无论什么时候都不能忽视、否定公有制的主体地位。

（二）把积极引进外资、发展个体经济作为对社会主义经济的有益补充

由于当时我国生产力发展水平低且发展很不平衡，人口多、就业压力大，经济建设资金和技术不足等原因，进行社会主义建设不能仅仅依靠公有制经济，不能片面发展单一形式的全民所有制，需要发展多种经济成分。1985 年 8 月，邓小平又指出："公有制包括全民所有制和集体所有制，现在占整个经济的百分之九十以上。同时，发展一点个体经济，吸收外国的资金和技术，欢迎中外合资合作，甚至欢迎外国独资到中国办工厂，这些都是对社会主义经济的补充。"⑤紧接着，1987 年 1 月中央发布《把农村改革引向深入》，研究并制定了应对私营企业的"允许存在、加强管理、兴利除弊、逐步引导"方针，第一次突破了私有制理论的禁区。

---

① 《邓小平文选》第 3 卷，人民出版社 1993 年版，第 110 页。

② 同上。

③ 同上书，第 111 页。

④ 钟枢：《马克思主义中国化的伟大创举——邓小平理论创新点研究》，群众出版社 2004 年版，第 112 页。

⑤ 《邓小平文选》第 3 卷，人民出版社 1993 年版，第 138 页。

同年10月，党的十三大报告明确提出“我国正处在社会主义初级阶段”的重要论断，第一次以党的文献形式肯定了私营经济在社会主义社会的合法地位，本质上讲，私营经济是存在雇佣劳动关系的经济成分，但是，在社会主义条件下，它必然受公有制经济的巨大影响，同占优势的公有制经济相联系。目前而言，全民所有制经济以外的其他经济成分，还很不够，需要大力发展。非公经济发展过程中要因地制宜，在保证总体上公有制的主体地位的前提下，允许不同经济领域、不同地区的各种所有制经济所占的比重有所不同。至此，以公有制为主体、多种经济成分并存的理论已具雏形，明确了个体经济和私营经济的地位和作用，这是党对社会主义初级阶段所有制结构问题的认识升华，它在极“左”所有制理论的坚冰上打开了第一个缺口，为进一步深化对社会主义社会的所有制结构问题的认识开辟了航道。

（三）把发展非公有制经济提升为社会主义初级阶段基本经济制度的重要组成部分

1993年十四届三中全会去掉了非公有制经济“为补充”的提法，替换成“坚持以公有制为主体、多种经济成分共同发展”，为确立社会主义初级阶段基本经济制度做好了理论准备。1997年9月，党的十五大审时度势，深化了对我国社会主义初级阶段的基本经济制度认识，郑重提出公有制为主体、多种所有制经济共同发展，把非公经济当作我国社会主义市场经济的重要组成部分。鼓励、引导个体、私营等非公有制经济的健康发展，这是对所有制理论认识的新突破，1999年的宪法修正案，对这一基本经济制度加以确认，在社会主义初级阶段，要坚持公有制为主体、多种所有制经济共同发展的基本经济制度，在法律规定范围内的个体经济、私营经济是社会主义市场经济的重要组成部分。十五届三中、四中全会又分别就农村经济和国有经济做专题的论述，发展混合所有制经济，调整国有经济的布局、降低国有经济的比重，鼓励非公有制经济参与国有企业改革。2002年11月，关于基本经济制度建设上，党的十六大报告又有新提法和新表述，毫不动摇地巩固和发展公有制经济，毫不动摇地鼓励、支持和引导非公有制经济发展。当然，两个毫不动摇不是平起平坐、不分伯仲的，而是公有制为主体的基础上，引导非公有制经济发展，使之融入社会主义现代化建设进程中，把两者统一起来。其意义重大，突破了在一个社会制度中非公经济与公有制经济不可融合的传统观念，实现了所有制结构理论上的大飞跃，确立了两者能在社会主义市场经济发展进程中相互促进、共同发展的新理念。① 不过，毫不动摇地鼓励、支持和引导非公经济发展不是毫无条件地毫无限制地发展非公有制经济，更不是与公有制经济平起平坐，而是在公有制经济为主体的前提下适度发展，对此决不能选择性地贯彻执行。2004 年宪法修正案中提出公民的合法的私有财产是不受侵犯的，并且国家依法保护公民的私有财产权和继承权。2007 年十七大再次重申“两个毫不动摇”，还提出：“坚持平等保护物权，努力构建各种所有制经济平等竞争、相互促进新格局。深化国有企业公司制股份制改革，健全现代企业制度，优化国有企业经济布局和结构，增强国有经济活力、控制力、影响力。深化垄断行业改革，引入竞争机制，加强政府监督和社会监督。”2012 年党的十八大报告在重申“两个毫不动摇”的同时，更强调要“保证各种所有制经济依法平等使用生产要素、公平参与市场竞争、同等受到法律保护”“牢牢把握发展实体经济这一坚实基础，实行更加有利于实体经济发展的政策措施”“提高大中型企业核心竞争力，支持小微企业特别是科技型小微企业发展”等方针政策，为非公经济科学发展提供了更加广阔的空间。经过三十多年的改革开放，中国逐步建立起社会主义市场经济体制，在日益增强的综合国力下，公有制经济与非公有制经济相互补充，发挥日益显著的作用。

十七届三中全会全面分析了形势和任务，在改革开放三十周年之际，系统回顾总结了我国农村改革发展的光辉历程和宝贵经验，稳定和完善农村基本经营制度。必须毫不动摇地坚持以家庭承包经营为基础、统分结合的双层经营体制，因为这是适应社会主义市场经济体制、符合农业生产特点的农村基本经营制度，也是党的农村政策的基石。按照产权明晰、用途管制、节约集约、严格管理的原则，进一步完善农村土地管理制度。十八大报告首次提出改革征地制度，强调要“提高农民在土地增值收益中的分配比例”，土地制度改革也成为十八大报告的主要亮点之一。同时，报告申明在坚持和完善农村基本经营制度，依法维护农民土地承包经营权、宅基地使用权、集体收益分配权前提下，着力创新农业生产经营体制，积极探索股份合作等多种方式的适度规模经营，并以此为龙头，配套推进土地管理制度改革。

“十二五规划”明确指出，坚持和完善基本经济制度，加快改革攻坚步伐以完善社会主义市场经济体制，营造各种所有制经济同等受到法律保

---

① 孙居涛：《制度创新与共同富裕》，人民出版社 2007 年版，第 114 页。

护、公平参与市场竞争、依法平等使用生产要素的体制环境。加快国有大型企业改革，深化垄断行业改革。推进国有经济战略性调整，建立健全国有资本经营预算和收益分享制度，完善国有资本有进有退、合理流动机制，健全各类国有资产管理体制，鼓励非公企业参与国企改革，引导和支持非公有制经济发展。党的十八届三中全会从多个层面提出鼓励、支持、引导非公有制经济发展，激发非公有制经济活力和创造力的改革举措。在功能定位上，明确公有制经济和非公有制经济都是社会主义市场经济的重要组成部分，都是我国经济社会发展的重要基础；在产权保护上，明确提出公有制经济财产权不可侵犯，非公有制经济财产权同样不可侵犯；在政策待遇上，强调坚持权利平等、机会平等、规则平等，实行统一的市场准入制度；鼓励非公有制企业参与国有企业改革，鼓励发展非公有资本控股的混合所有制企业，鼓励有条件的私营企业建立现代企业制度。这些都将推动我国非公有制经济持续健康发展。

改革开放以来我国所有制结构变迁的历史告诉我们，所有制关系有其自身产生、发展的内在规律，人们不可能任意地去创造或消灭它，正如党的十五大指出："改革是全面改革，是在坚持社会主义基本制度的前提下，自觉调整生产关系和上层建筑的各个方面和环节，来适应初级阶段生产力发展水平和实现现代化的历史要求。"人的主观能动性所能发挥的地方，仅在于自觉地发现和实行适合生产力发展的所有制形式。

二　生产资料所有制变革对收入分配的影响

所有制结构决定基本的分配制度，在马克思《哥达纲领批判》语境下，拉萨尔主义者偏离资本主义所有制而空谈分配公平，这样的"公平"只是无源之水，只能权作聊以自慰而无实际意义，对纲领草案中提出的"劳动的解放要求把劳动资料提高为社会的公共财产，要求集体调节总劳动并公平分配劳动所得"。马克思认为这里"设想的是这样一个社会，在那里'劳动资料是公共财产，总劳动是由集体调节的'，而在第一段我们则看到，'劳动所得应当不折不扣和按照平等的权利属于社会一切成员'"。[①] 这一社会的前提是社会占有全部生产资料，即消灭了私有制的全民公有制，马克思显然是否定了这一设想。社会主义只是共产主义第一阶段，是介于资本主义向共产主义高级阶段的过渡性的社会形态，其所有制

① 中共中央马克思恩格斯列宁斯大林著作编译局编：《马克思哥达纲领批判》，人民出版社1997年版，第12页。

结构也应该是过渡性的，介于二者之间的多元结构，公有化程度要与生产社会化相适应。在当代中国现实语境下，我国所有制结构历经变迁，尤其十一届三中全会以来，党和政府对所有制结构的一系列变革必然对分配制度和国民经济收入分配结构产生深远的影响。我国处于社会主义初级阶段，公有制为主体、多种所有制经济共同发展的基本经济制度，决定了分配制度是以按劳分配为主体、多种分配方式并存。在经济快速增长和人民生活水平普遍提高的同时，我国居民收入的差距日益拉大，劳动报酬在初次分配中的比重和居民收入在国民收入中的比重偏低，城乡之间、行业之间、地区之间以及群体之间收入差距过大。尽管现阶段引起我国收入分配不公的因素是多方面的，但是最根本的原因是改革开放以来所有制结构的演进。① 收入差距的扩大主要源于初次分配，而初次分配的核心问题在于资强劳弱的不对等，财产占有上的差别是收入差别最重大的影响因素。

（一）打破了平均主义，增加了居民收入

改革开放前实行单一公有制，推行单一按劳分配，不允许其他要素参与分配，加之对按劳分配理论认识上的偏差导致实践中的平均主义分配，劳动者的贡献没有通过收入水平和生活水平的提高得到体现，劳动者的生产积极性和创造性受到了抑制，束缚了生产力的发展。改革开放后，中国共产党人审时度势、锐意创新，顺应时代发展要求，在所有制结构发生重大变革的同时，不失时机地推进分配制度和分配体制改革。为了消解平均主义对生产力的破坏作用，提出效率优先、兼顾公平原则，在收入上合理拉开差距，鼓励一部分人、一部分地区先富，然后带动其他人和地区后富来实现共同富裕的目标。党的十三大提出并集中论述了社会主义初级阶段的理论，在收入分配方面，突出强调以按劳分配为主体，其他分配方式为补充，既要合理拉开收入差距，也要防止贫富悬殊，努力实现共同富裕的目标，在促进效率提高的前提下体现社会公平。第一次在中央重要文件中明确提出允许非劳动收入参加分配。经过充分酝酿，到十四大时，我党明确提出建立社会主义市场经济体制的改革举措，这样就使分配体制的改革既遵循宏观经济规律，又适合中国国情。1993 年，《关于建立社会主义市场经济体制若干问题的决议》提出个人收入分配要坚持按劳分配为主体、多种分配方式并存的制度，与时

---

① 孙居涛：《制度创新与共同富裕》，人民出版社 2007 年版，第 115 页。

俱进地把其他分配方式由“补充”提高到“并存”的地位。为激励各种要素所有者的积极性，十五大报告明确提出坚持效率优先、兼顾公平的方针，把按劳分配和按生产要素分配结合起来，允许和鼓励资本、技术等生产要素参与收益分配，允许和鼓励一部分人通过合法经营和诚实劳动先富起来。可见，明确按生产要素分配的地位是对多种分配方式并存制度的具体化。党的十六大对调整分配关系、规范分配秩序又做出了新规定，初次分配要注重效率以发挥市场的作用，进而鼓励一部分人通过诚实劳动、合法经营先富起来。在再分配领域，政府要注重公平，加强对收入分配的调节功能和作用，防止收入差距过大，加大对少数垄断性行业的过高收入的调节力度，坚决取缔非法收入，“提低、扩中、限高”，努力实现共同富裕的目标。党的十七大提出着力健全劳动、资本、技术、管理等生产要素按贡献参与分配的制度，进一步提出初次分配和再分配都要处理好效率和公平的关系，明确再分配更加注重公平。改革分配格局不平衡的状况，逐步提高劳动报酬在初次分配中的比重，提高居民收入在国民收入分配中的比重，要创造条件让更多群众拥有财产性收入。在我国社会转型的关键时期，把分配公平提到前所未有的高度，合理的收入分配制度是社会公平的重要体现。这些分配革新举措极大丰富和发展了马克思主义按劳分配理论，探索出了适合我国社会主义初级阶段的分配制度，提高和提升了居民总体收入水平及生活质量。与十七大相比，十八大增加了一个提高，即提高劳动报酬在初次分配中的比重，提出初次分配和再分配都要兼顾效率和公平，多渠道增加居民财产性收入。改革开放的30多年，是新中国成立以来居民收入增长形势最好、群众得到实惠最多的时期，我国城镇居民家庭人均可支配收入，2013年农村居民人均纯收入8896元，比上年增长12.4%，扣除价格因素，实际增长9.3%；城镇居民人均可支配收入26955元，比上年增长9.7%，扣除价格因素，实际增长7.0%。根据从2012年四季度起实施的城乡一体化住户调查，全国居民人均可支配收入18311元，比上年增长10.9%，扣除价格因素，实际增长8.1%（见图4—1）。

2014年（28844元）比1978年（343元）增长了84.1倍；农村居民家庭人均纯收入，2014年（9892元）比1978年（133元）增长了74.4倍。1978—2010年的30多年间，按照我国扶贫标准，我国累计减少2.5亿贫困人口，参考国际扶贫标准，我国共减少6.6亿贫困人口。按照年人均纯收入2300元（2010年不变价）的农村扶贫标准计算，2013年农村减少贫困人口1650万，2014年减少1232万人，连续两年都完成了减贫

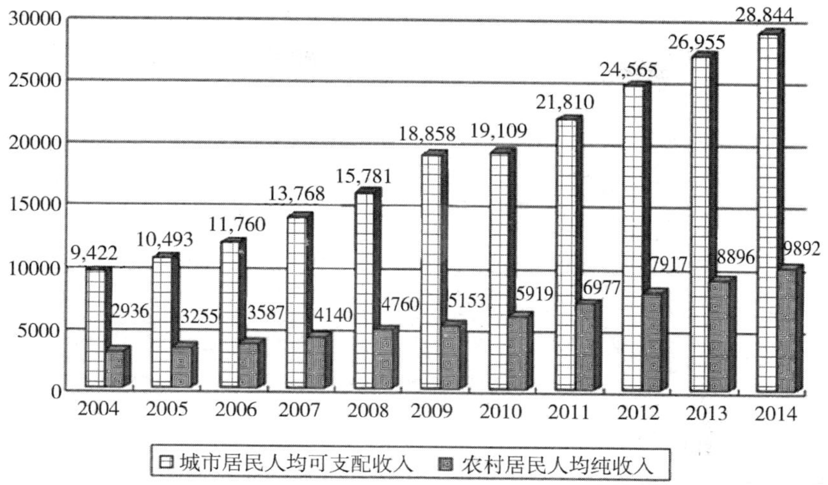

图 4—1 2004—2014 年城镇和农村居民人均可支配收入及增长趋势图

资料来源：《国内人均可支配收入支撑冷链物流需求快速增长》，中国产业信息网（http：//www. chyxx. com/industry/201511/362775. html）。

1000 万人以上的目标任务，鉴于我国还有 7017 万现行标准下的贫困人口，政府提出到 2020 年农村贫困人口全部脱贫的目标，每年要减贫 1170 万。① 2014 年全国居民收入基尼系数为 0. 469，2014 年城乡居民收入差距进一步缩小。全年农村居民人均可支配收入实际增速快于城镇居民人均可支配收入 2. 4 个百分点，城乡居民人均可支配收入倍差 2. 75，比上年缩小 0. 06。2014 年农村居民人均纯收入为 9892 元，扣除价格因素实际增长 9. 2%。全年农民工总量 27395 万人，比上年增加 501 万人，增长 1. 9%，其中，本地农民工 10574 万人，增长 2. 8%，外出农民工 16821 万人，增长 1. 3%。农民工月均收入水平 2864 元，比上年增长 9. 8%。②

（二）所有制结构多样化使居民收入的来源多样化

改革开放以来，特别是 20 世纪 90 年代以来，随着居民收入水平的迅速提高和经济体制改革的深入，与多种经济成分并存的所有制结构相适应，个人收入分配关系也发生了重要变化，收入的来源也呈现出多样化的

① 人民网：《对全球减贫贡献超过 70% “中国奇迹” 普惠世界》（http：//world. people. com. cn/n/2015/1016/c1002—27703507. html）。

② 《国新办发布 2014 年国民经济运行情况》，新华网（http：//www. xinhuanet. com/live/20150120z/index. htm）。

趋势，单一的以工资收入为主的分配体制已不复存在，取而代之的是多种分配形式并存的多元化分配格局。企业所有制形式发生深刻变化使得企业劳动者的收入形式呈现多样化，公有制企业内部实行按劳分配原则，个体、私营、外资企业都实行与其所有制性质相适应的分配方式，如按资分配、按劳动力价格分配、按本人提供的产品和劳务取得收入等。以按劳分配为主体、多种分配方式并存的分配制度已经形成。按劳分配的要求是在社会主义公有制的基础上，劳动者向社会提供劳动，在其他所有制关系下从事劳动而获得的收入不属于按劳分配。

城乡居民收入来源多样化，收入构成有新变化。农村居民除传统的家庭经营纯收入外，新增工资性收入、财产性收入和转移性收入，农民外出务工的工资收入逐年大幅度增长，从1990年的138.8元增加到2013年的4025.4元，23年间增长了29倍，随着近年来国家加大对"三农"的扶持力度，转移性收入占纯收入的比重有了明显提高，从2000年的3.5%上升到2013年的8.8%，翻了2.5倍。（见表4—1）随着政府加大了对农民的转移支付力度等在内的多项措施，构成农村居民收入的四块收入均有所增加。2013年工资性收入占到45.2%，已成为农民收入的首要来源，农民工工资水平这几年持续大幅增长也是农民收入增加的重要原因，2014年农民收入大约人均增加900元，其中一半来自工资性收入增长，家庭性经营收入增加300元，各种转移性收入包括财产性收入增加150元。

表4—1　农村居民家庭平均每人纯收入来源构成及比例变动情况　单位：元

年份	纯收入		工资性报酬		家庭经营纯收入		财产性收入		转移性收入	
	总额	比重（%）	总额	比重（%）	总额	比重（%）	总额	比重（%）	总额	比重（%）
1990	686.3	100	138.8	20.2	518.6	75.6			28.9	4.2
1995	1577.7	100	353.7	22.4	1125.8	71.4	40.9	2.6	57.3	3.6
2000	2253.4	100	702.3	31.2	1427.3	63.3	45.0	2.0	78.8	3.5
2005	3254.9	100	1174.5	36.1	1844.5	56.7	88.5	2.7	147.4	4.5
2008	4760.6	100	1853.7	38.9	2435.6	51.2	148.1	3.1	323.2	6.8
2009	5153.1	100	2061.3	40.0	2526.8	49.0	167.2	3.2	397.9	7.7
2010	5919.0	100	2431.1	41.1	2832.8	47.9	202.3	3.4	452.9	7.7

续表

年份	纯收入		工资性报酬		家庭经营纯收入		财产性收入		转移性收入	
	总额	比重（%）	总额	比重（%）	总额	比重（%）	总额	比重（%）	总额	比重（%）
2011	6977.3	100	2963.4	42.5	3222.0	46.2	228.6	3.3	563.3	8.1
2012	7916.6	100	3447.5	43.5	3533.4	44.6	249.1	3.1	686.7	8.7
2013	8895.9	100	4025.4	45.3	3793.2	42.6	293.0	3.3	784.3	8.8

资料来源：根据《中国统计年鉴2010—2014》整理计算得出。

近年来，政府把支持创业作为百姓致富的重要途径，推动全民创业、自主创业、艰苦创业，有效推动了居民经营性收入的增加；随着股票、基金、理财产品等渠道的增多和居民投资意识的增强，居民财产性收入增长迅速；同时政府把实现相对充分就业作为最重要社会目标，广开就业门路，落实就业政策，为城市居民就业和增收创造了条件；政府还高度重视低收入家庭和离退休人员的生活，加大了保障和转移支付的力度。上述措施使城市居民获得收入的渠道日趋多元化，收入构成也发生了较大变化，工薪收入以外的经营、财产性收入已经成为城市居民收入增长的新亮点。

1. 劳动仍是人们获得收入的主要路径

农村居民人均纯收入中，劳动报酬占90%左右（包含工资性报酬和家庭经营收入），在87.8%—95.8%之间波动。（见表4—1）城市居民的全部收入中，工薪收入的比重虽呈下降趋势，从1990年的75.8%下降到2013年的64.1%，下降11个百分点，不过仍居首位，城市居民家庭的工薪收入由1990年的人均1149.7元增长至2013年人均18929.8元，工薪收入增长额占可支配收入增加额的61.6%，仍是推动城市居民家庭的收入快速增长的主力军。（见表4—2）不过，随着“一主多元”所有制结构的演进，决定了“一主多元”的分配方式，按劳分配不再是唯一的分配方式，劳动收入在总收入中的比重较改革前明显下降，资本、技术、管理等要素以及政府再分配的转移性收入在居民收入中均占有一席之地。总体而言，现阶段劳动收入仍然是绝大多数劳动者收入的主要来源。

2. 经营性收入城乡呈现相反走势

农村家庭经营纯收入的比重下降非常明显，从1990年的75.6%降至2013年的42.6%（见表4—1），说明农民对传统务农为生的依存度在消减，就业选择的渠道更多了。而城镇居民的经营净收入的比重是上升的，从1990年的1.5%上升到2013年的9.5%，上升了8个百分点，各级政府相继出台了一系列鼓励居民自主创业的优惠政策，特别是对下岗、失业人员自主创业给予了更大的优惠，使居民经营性收入快速增长，2013年城市居民人均经营性收入达2797.1元。

3. 财产性收入成为新的增长点

随着居民财产的增多和投资意识的增强，股票、基金、房产、保险、储蓄等众多投资渠道日益多元化，财产性收入已成为居民家庭收入的重要来源之一。2013年城市居民人均财产性收入为809.9元，比1990年增长51.9倍，财产性收入的绝对数虽不断增加，目前所占比重变化不大，基本维持在2%—3%之间，2014年出现拐点，达到9.7%，伴随着社会转型过程中各种资本要素的重新配置，家庭财产性收入会逐步提高。

表4—2 城镇居民家庭平均每人全部年收入来源构成及比例变动情况 单位：元

年份	全部年收入		工薪收入		经营净收入		财产性收入		转移性收入	
	总额	比重（%）	总额	比重（%）	总额	比重（%）	总额	比重（%）	总额	比重（%）
1990	1516.2	100	1149.7	75.8	22.5	1.5	15.6	1.0	328.4	21.7
1995	4279.0	100	3390.2	79.2	72.6	1.7	90.4	2.1	725.8	17.0
2000	6295.9	100	4480.5	71.2	246.2	3.9	128.4	2.0	1440.8	22.9
2008	17067.8	100	11298.9	66.2	1453.6	8.5	387.0	2.3	3928.2	23.0
2009	18858.1	100	12382.1	65.7	1528.7	8.1	431.8	2.3	4515.5	23.9
2010	21033.4	100	13707.7	65.2	1713.5	8.1	520.3	2.5	5091.9	24.2
2011	23979.2	100	15411.9	64.3	2209.7	9.2	649.0	2.7	5708.6	23.8
2012	26959.0	100	17335.6	64.3	2548.3	9.5	707.0	2.6	6368.1	23.6
2013	29547.1	100	18929.8	64.1	2797.1	9.5	809.9	2.7	7010.3	23.7
2014	28843.9	100	17936.8	62.2	3279.0	11.4	2812.1	9.7	4815.9	16.7

资料来源：根据《中国统计年鉴2010—2015》整理计算得出。

（注：2014年没有公布年总收入，只公布了城镇居民人均可支配收入，即28843.9元。）

4. 转移性收入增长让社会各阶层共享社会经济发展成果

近年来，国家的一号文件都是对“三农”做出的，免除农业税、减免费用、种粮货币补贴、购置大型农机具补贴等一系列惠农政策，使农村居民的转移性收入得到增加，所占比重在近十年来是逐步上升的。各级政府心系困难居民家庭，加大了转移支付力度，不仅逐年提高居民最低生活保障标准，还为低保家庭、低收入困难居民家庭在房租、子女就学、看病就医等项目上给予经济补贴；在重大节日期间献爱心、送温暖，让社会各阶层各群体共享社会经济发展成果。同时，连续为企事业离退休人员上调了离退休金或养老金，使 2013 年城市居民人均转移性收入达 7010.3 元，比 1990 年增长了 21.3 倍。

（三）所有制结构的变化为收入分配差距拉大提供了条件

生产资料所有制决定消费资料的分配，有生产资料所有制结构，就有相应的分配结构和分配结果。马克思指出："分配本身是生产的产物，不仅就对象说是如此，而且就形式说也是如此。就对象说，能分配的只是生产的成果，就形式说，参与生产的一定方式决定分配的特殊形式，决定参与分配的形式。"① 伴随着我国所有制结构的不断调整和经济总量的快速增长，城乡居民收入普遍提高，生活质量得到较大改善，但是收入差距也在拉大，特别是城乡居民收入差距，这可以从城乡居民收入及其收入差距的比率看出来（见表 4—3），改革开放后，城乡居民收入间的差距历经由缩小——扩大——再缩小——再扩大的过程。

从表 4—3 中可以看出，改革开放初期，农村居民收入增长较快，城乡居民收入的倍差由 1978 年的 2.57 倍慢慢下降到 1984 年的 1.54 倍，由于在农村实行家庭联产承包责任制，激发了农民的种粮积极性，农民纯收入大幅增长，而同期城镇国有和集体单位体制改革滞后于农村，城镇居民家庭可支配收入逐年小幅增长。从 1984 年以后差距逐渐拉开，到 1994 年倍差达到 2.86 的高点，主要由于 1984 年后改革重点转移到城市，国有企业实行承包制，工资与工作效率挂钩，解放了工人的生产力，收入水平也就节节攀升，而同期农民由于工农业"剪刀差"的拉大及人多地少的双重作用，导致农民收入相对下降。1995 年党的十四届五中全会在《关于在制定国民经济和社会发展"九五"计划和 2010 年远景目标的建议》中提出，要着眼于搞好整个国有经济，通过存量资产流动和重组，对国有企业实施"抓大放小"战略。1999 年《关于国有企业改革和发展若干重大问题的决定》，再次提出要积极发展大型企业和企业集团，放开搞活中小企业的决策。"抓大放小"是中共中央针对我国国有企业现状制定的对国有经济实行战略性改组的重大决策，但在"放小"过程中，下岗职工增多，一些地方简单理解为"一卖了之"，造成部分国有资产流失，私有制经济成分大幅增长，1999 年中央采取积极措施制止了"放小"过程中的

① 《马克思恩格斯选集》第 2 卷，人民出版社 1995 年版，第 13 页。

错误倾向。到1997年城乡居民收入分配差距比率降至2.47，从1998年以后，农村居民收入增长放缓，城乡居民收入差距又开始拉大，到2002年比率突破3.0，之后12年一直维持在3.03—3.33高位，主要由于在以按劳分配为主体、多种分配方式并存的分配制度下，资本、技术、管理、风险、机会等要素参与分配，使行业之间和个人之间因为这些要素占有上的差距而导致收入上的不同，同时，农村的家庭联产承包经营机制历经30多年，其原有的激励功能几乎丧失殆尽，而新的能够适应农村现有生产力的生产关系尚未建立以及农村的产业结构和市场也不太合理。从绝对数看，城乡居民收入差从1978年的209.8元增加到2009年的12021.5元，城镇居民收入增长速度远远快于农村居民的收入增长。不过，随着全球金融危机蔓延，我国也深受影响，东部沿海地区经济发展减速。从2011年开始，农民工总量增速就呈现持续回落的趋势，2013年增速回落程度最大，较上年回落了1.5个百分点。在过去30多年中我们曾收获了巨大的人口红利，农民工“廉价劳动力”所带来的工人福利收入最小化、社会保障空心化、劳动技能低等化弊端，正在为权利意识日益觉醒的农民工所无法忍耐，并且也完全无法跟上中国经济由单一的外贸主导型向内需发展型转移、先富群体型向全民普惠型升级的社会轨迹。随着我国人口红利的逐渐消退，作为中国经济发展最大劳动力贡献群体的农民工正在渐渐“变贵”，2009年以来其收入增长速度又开始超过城镇居民收入增长，城乡收入差比略有缩小。不过，如果将城镇居民享有的住房、医疗、教育等福利货币化的话，城乡贫富差距还会进一步拉大。

表4—3　　1978—2014年我国城乡居民收入及其收入比

年份	农村居民家庭人均纯收入（元）	城镇居民家庭人均可支配收入（元）	农村居民人均纯收入增长比率（%）（环比）	城镇居民人均可支配收入增长率（%）（环比）	城乡收入之差（元）	比率
1978	133.6	343.4			209.8	2.57
1979	160.2	387.0	19.9	12.7	226.8	2.42
1980	191.3	477.6	19.4	23.4	286.3	2.50
1981	223.4	491.9	16.9	3.0	268.5	2.20
1982	270.1	526.6	20.9	7.1	256.5	1.95
1983	309.8	564.0	14.7	7.1	254.2	1.82

续表

年份	农村居民家庭人均纯收入（元）	城镇居民家庭人均可支配收入（元）	农村居民人均纯收入增长比率（%）（环比）	城镇居民人均可支配收入增长率（%）（环比）	城乡收入之差（元）	比率
1984	355.3	651.2	14.7	15.5	295.9	1.83
1985	397.6	739.1	11.9	13.5	341.5	1.86
1986	423.8	899.6	6.6	21.7	475.8	2.12
1987	462.6	1002.2	9.2	11.4	539.6	2.17
1988	544.9	1181.4	17.8	17.9	636.5	2.17
1989	601.5	1373.9	10.4	16.5	772.4	2.28
1990	686.3	1510.2	14.1	9.8	823.9	2.20
1991	708.6	1700.6	3.3	12.6	992.0	2.40
1992	784.0	2026.6	10.6	19.2	1242.6	2.58
1993	921.6	2577.4	17.6	27.2	1655.8	2.80
1994	1221.0	3496.2	32.5	35.7	2275.2	2.86
1995	1577.7	4283.0	29.2	22.5	2705.3	2.71
1996	1926.1	4838.9	22.1	13.0	2912.8	2.51
1997	2090.1	5160.3	8.5	6.6	3070.2	2.47
1998	2162.0	5425.1	3.4	5.1	3263.1	2.51
1999	2210.3	5854.0	2.2	7.9	3643.7	2.65
2000	2253.4	6280.0	2.0	7.3	4026.6	2.79
2001	2366.4	6859.6	5.0	9.2	4493.2	2.90
2002	2475.6	7702.8	4.7	12.3	5227.2	3.11
2003	2622.2	8472.2	5.9	10.0	5850.0	3.23
2004	2936.4	9421.6	12.0	11.2	6485.2	3.21
2005	3254.9	10493.0	10.8	11.4	7238.1	3.22
2006	3587.0	11759.5	10.2	12.1	8172.5	3.28
2007	4140.4	13785.8	15.4	17.2	9645.4	3.33

续表

年份	农村居民家庭人均纯收入（元）	城镇居民家庭人均可支配收入(元)	农村居民人均纯收入增长比率（%）（环比）	城镇居民人均可支配收入增长率（%）（环比）	城乡收入之差（元）	比率
2008	4760.6	15780.8	15.0	14.5	11020.2	3.31
2009	5153.2	17174.7	8.3	8.8	12021.5	3.33
2010	5919.0	19109.4	14.8	11.3	13190.4	3.23
2011	6977.3	21809.8	17.8	14.1	14832.5	3.13
2012	7916.6	24564.7	13.5	12.6	16648.1	3.10
2013	8895.9	26955.1	12.4	9.7	18059.2	3.03
2014	9892.0	28844.0	11.2	7.0	18952.0	2.92

资料来源：根据《中国统计年鉴2010—2015》整理计算得出。

除此之外，区域间、行业间、城乡内部间、不同所有制单位间也存在收入分配不公问题，目前收入差距拉大的趋势仍未得到有效遏制。因为，生产资料公有制是按劳分配的前提，在“毫不动摇地鼓励、支持、引导非公有制经济发展”的政策支持下，非公经济发展迅猛，而传统的公有制经济的比重呈下降趋势，一是从公私经济吸纳就业人员比重看，私企吸纳中国近半就业者，国企不足一成。二是从按登记注册类型分组的企业资产总额和比重看，2008年年末公有制企业的资产68万亿元，占总资产的32.8%，未能明显超过其他类型企业的资产（第二次全国经济普查数据中未注明占总资产41.8%的其他有限公司和股份有限公司中公私资产的比例），使得资本主义因素在社会主义市场经济中不断积聚。这一方面为中国经济的迅速发展创造了条件，另一方面使中国经济逐步地卷入资本主义市场经济规律作用的影响越来越大。① 而在2014年第二次全国经济普查的“企业资产总计”中，只笼统地列出第二产业、第三产业企业资产的比重，而不再提供国有资产、集体资产、私营企业资产及外商投资企业资产占总资产的份额。小微企业法人单位资产总计138.4万亿元，占全部

① 刘国光：《当前世界经济危机中中国的表现与中国特色社会主义模式的关系》，《高校理论战线》2009年第5期，第5页。

企业法人单位资产总计 29.6%①，而小微企业是在民营企业的基础上规定了某些特定的条件小于或少于某些指标的私营企业，以此推论，公有经济的比重依然偏低。可见，我国居民收入分配差距的波动与我国现阶段所有制结构的演变是同步的、一致的。

第三节　按劳分配“资产阶级权利”事实上的不公

对待按劳分配，既要看到它与资本主义按资分配原则的本质区别，充分显示了社会主义制度的优越性，也要看到它还体现着“资产阶级权利”的“弊病”，这些弊病在整个社会主义阶段是不可避免的。对未来社会来说，按劳分配绝不是最高理想，所以，社会主义国家要大力发展生产力，积极创造条件实现按劳分配事实上的公平，辅之以必要的按需分配，逐步缩小收入差距，防止两极分化和新的资产阶级的产生。

一　社会主义按劳分配的“弊病”

按劳分配与人剥削人的分配制度相比是一个划时代的进步，但它仍有缺陷和不足，还会造成事实上的不平等，因而，它还不是我们最终奋斗的目标。

（一）按劳分配会引起劳动者实际收入和贫富的差距

《哥达纲领》提出：“劳动的解放要求劳动资料提高为社会的公共财产，要求集体调节总劳动并公平分配劳动所得。”②这种“公平的分配”实际上就是资产阶级实行的分配。马克思在按劳分配中对这种“公平分配”进行了分析，按劳分配是等量劳动的交换，按等量劳动领取等量的产品，多劳多得，少劳少得，不劳动者不得食，这对所有劳动者都是一视同仁的，在这个意义上，按劳分配是一种平等的权利，每个劳动者都有权付出等量劳动领取与他人等量的产品。

这种平等的权利与以往社会分配相比虽有进步，但“这个平等的权利总还是被限制在一个资产阶级的框框里”，实际上，“在这里平等的权

① 国家统计局：《第三次全国经济普查主要数据公报》（http：//www.stats.gov.cn/tjsj/zxfb/201412/t20141216.html）。

② 中共中央马克思恩格斯列宁斯大林著作编译局编：《马克思哥达纲领批判》，人民出版社 1997 年版，第 11 页。

利按照原则仍然是资产阶级权利”。① 这种平等权利反映了资本主义经济关系的要求和资产阶级的利益，并为资产阶级国家的法律所确认，是资本主义上层建筑的组成部分。比如，为维护资本主义的经济基础，资产阶级法律确认私有财产神圣不可侵犯，从形式上看，这是平等的，但是，在资本主义社会无产阶级除了劳动力一无所有，根本用不着法律来保护他所没有的东西。因此，资本主义社会的法律对无产阶级和资产阶级来说，平等只是形式上的而非实际上的，并且资本主义是原则与实践相矛盾的形式公平，而社会主义则是原则与实践相一致的形式公平，不过仍然是残留资产阶级法权的公平。

在社会主义社会里，由于消灭了生产资料私有制，建立了生产资料公有制，这就摧毁了资产阶级法权赖以存在的经济基础。社会主义的一切法律体系建立起来以后，维护生产资料私有制的资产阶级法律就不存在了，可是，由于社会主义社会是刚刚从资本主义社会中脱胎出来的，在经济、道德和精神方面还保留着资本主义母体的许多痕迹。按劳分配就是资产阶级法权在社会主义社会中的体现。按劳分配以承认每个劳动者的劳动能力归个人所有为前提，在消费资料分配上实行等量劳动获取等量报酬的等价交换原则，这一切正是资产阶级法律所确认和维护的。但是，按劳分配虽然反映了等价交换的原则，可是它在社会主义社会里，原则和实践已经不像私有制社会那样相互矛盾了。因为，在私有制社会里，由于受供求规律的影响，商品交换并不是每一个场合都能遵循等价交换的原则，像欺诈、哄抬物价等不等价的交换时常发生，“等价的交换只存在于平均数中”。就是说，商品的等价交换只是一个总的趋势，或者说从总的平均数来看是等价交换的，这并不排除某一具体场合可能存在着不等价的交换。所以在以私有制为基础的商品交换中，等价交换这个原则和交换的实践经常是矛盾的。在马克思设想的消灭了商品生产和货币交换的社会主义社会里，由于劳动力已不进入市场，劳动者按劳动量领取证书然后再领取消费品，这里根本不受什么市场波动的影响，因此，按劳分配所体现的等价交换原则尽管它反映了资产阶级法权，但“原则和实践在这里已不再相互矛盾”，而是历史上第一次得到了真正的贯彻，按照等价交换的原则等量劳动确实领取到了等量的产品。这也是历史的一种进步，必须肯定而不能抹杀。在按劳分配中，劳动不表现为价值，价值更不会表现为价格，就不再有价值

① 中共中央马克思恩格斯列宁斯大林著作编译局编：《马克思哥达纲领批判》，人民出版社 1997 年版，第 14 页。

和价格的矛盾。这只是就纯粹的按劳分配关系而言，事实上，经济社会是复杂多样的，如果有其他因素影响的话，按劳分配就不会以纯粹的形态表现出来。

马克思认为按劳分配原则虽然体现了劳动面前人人平等，但由于用同一计量方法来衡量不同劳动者，这又是不平等的，“生产者的权利是和他们提供的劳动成正比例的，平等就在于以同一的尺度——劳动——来计量”①。劳动者不是根据他们的需要和自身的实际情况获得消费品，而是和他们提供的劳动成正比的，劳动得越多越好，获得的报酬就越多。反之就越少，这对所有劳动者都一视同仁，彼此都是完全平等的。所谓平等就在于确立了一个客观的同一的尺度，即用劳动来计量劳动者应该得到的消费品。但是由于每个劳动者的劳动能力是不相等的，因此，在同一时间内不同人提供的劳动有多有少，质量也有高有低，有的提供的是复杂劳动，有的提供的是简单劳动，这样，尽管尺度是同一的，都以劳动作尺度，但不同人提供的劳动多少和强弱不同，质量高低不同，于是用这个尺度衡量的结果，出现了消费品分配的多寡不同。就是说用劳动作为尺度，最后造成的结果是人们所取的消费品实际上是不等的。劳动“为了要使它能够成为一种尺度，就必须按照它的时间或强度来确定，不然它就不成其为尺度了”②。人们提供的劳动时间和强度是有差别的，这就会导致分配事实上的不平等。

另外，按劳分配对于劳动者来说，本来是一种平等的权利，可是实施的结果却出现实际分配上的不平等，毛病出在哪里呢？马克思认为，问题就出在按劳这个同一的尺度上。同一尺度是一视同仁的，而人们的劳动能力是有差别的，这种平等的权利对不同等的劳动来说就变成了不平等的权利，因为这个尺度孤傲自在，它只从一个角度去看待计量对象，就像尺子只从长度方面计量物体，不管其重量、体积、大小，劳动作为尺度，不问劳动者的具体情况，不顾及劳动者的实际生活需要，不听取来自劳动者本身的申诉，不承认占有生产资料的差别，像马克思所说：“它不承认任何阶级差别，因为每个人都像其他人一样只是劳动者；但是它默认，劳动者的不同等的个人天赋，从而不同等的工作能力，是天然特权。所以就它的内容来讲，它像一切权利一样是一种不平等的权利。权利，就它的本性来讲，只在于使用同一尺度；但是不同等的个人（而如果他们不是不同等的，他

---

① 中共中央马克思恩格斯列宁斯大林著作编译局编：《马克思哥达纲领批判》，人民出版社 1997 年版，第 15 页。

② 同上。

们就不成其为不同的个人）要用同一尺度去计量，就只有从同一个角度去看待他们，从一个特定的方面去对待他们，例如在现在所讲的这个场合，把他们只当作劳动者，再不把他们看作别的什么，把其他一切都撇开了。”①劳动者除自身体力智力的差别外，他们的婚姻状况、子女的多少、家庭其他成员状况，也都是影响实际生活水平的重要因素。“一个劳动者已经结婚，另一个则没有；一个劳动者的子女较多，另一个的子女较少，如此等等。因此，在提供的劳动成果相同、从而由社会消费基金中分得的份额相同的条件下，某一个人事实上所得到的比另一个人多些，也就比另一个人富些，如此等等。”②生活富裕程度的不同就是不平等，所以，按劳分配不可避免地产生事实上的不平等，显露出自身的局限性和弊病。

（二）按劳分配无法满足劳动者的一切生存、发展需要

按劳分配是个人消费品的分配，用于满足个人生活消费需求。现代社会劳动者对公共消费的需求越来越多，比重也在不断提高，公共消费又是个人消费的基础和前提。而劳动者的有些需求，如公共教育、医疗、健康、文化、公共培训等方面的公共消费和丧失劳动能力的人、暂时无法就业的人、生活有困难的人的基本生存之需，遭遇不幸事故的人们和自然灾害的灾民的救助需求，仅靠按劳分配是不可能得到妥善解决的。这些公共消费需求只能由政府从社会保险基金、公共服务预算资金中有计划地支出，保障社会的稳定、和谐和可持续发展。

教育和医疗的社会保障偏弱的经济社会问题反映了目前公共产品供给的短缺及公共服务的不到位，这已成为制约中国经济社会发展的突出矛盾。在目前公共服务需求的全面快速增长之时，如何满足社会成员的公共服务需求，化解经济社会发展和转型过程中的多重压力，是与建设和谐社会的发展目标相一致，有必要建立一个与完善市场经济体制相适应的公共服务体制，政府在这方面应当也必须有所作为，积极发挥在公共服务中的主体作用。

（三）按劳分配强调物质激励而不能兼顾革命精神的弘扬

有酬劳动很好地消解了“好逸恶劳”“不劳而获”的腐朽思想，使劳动者从物质利益上来关心自己的劳动成果，调动了劳动者的劳动积极性和

---

① 中共中央马克思恩格斯列宁斯大林著作编译局编：《马克思哥达纲领批判》，人民出版社1997年版，第15页。

② 同上。

创造性。不过，仅用物质利益来促进劳动者的劳动，不利于培养人们无私奉献地为社会劳动的崇高思想觉悟。劳动者的崇高思想觉悟和奉献社会的职业道德是人们持久地、一贯地自觉发挥劳动积极性的首要因素，要调动人们为社会主义劳动的积极性，必须加强思想政治教育和高尚职业道德教育，不断向广大群众宣传、灌输马列主义、毛泽东思想、中国特色社会主义理论和加强公民道德、职业道德建设，批判和抵制物质主义、拜金主义、个人主义，正确地执行按劳分配。过去，我国按劳分配实践中存在两种不良倾向，一是以政治教育为统帅，轻视物质激励，结果，政治教育变成了空洞的口号，分配搞成了平均主义的大锅饭；二是在效率优先、兼顾公平原则下偏重于效率和物质刺激，忽视和放松了政治教育，结果，经济发展成果举世瞩目而劳动者思想道德觉悟大幅滑坡，致使经济发展的全面、协调、可持续性受到空前的挑战。二者都不可能真正调动劳动者的生产积极性，不可能真正执行按劳分配原则。

要全面、正确地认识按劳分配的弊病，那种夸大、曲解按劳分配的缺点，另起炉灶实行平均主义的分配方式，挫伤劳动群众的社会主义积极性；那种认为按劳分配非常完美，将其绝对化、凝固化，就会阻断对事实上不公平的弥补进程，抑制按劳分配优越性的充分发挥。所以，既要承认按劳分配的社会主义原则，正确予以贯彻，又要大力创造条件，使按劳分配从形式上的公平转为事实上的公平，逐步扩大按需分配的因素。

二　资本主义“按劳分配”的虚伪性

贫富悬殊是一个全球性的问题，也是人类社会在发展过程中无法逾越的一道鸿沟。一般情况下贫富悬殊并不可怕，只有当贫富悬殊巨大，特别是造成贫富悬殊的主要原因是来自体制或政策不公，贫富悬殊才会变得复杂并且伴随着危险。

按照劳动所有权思想，近代资产阶级学者认为按劳分配是普遍的私有制下最为公平正义的分配原则，只有通过劳动才能拥有自己的劳动果实，从而实现了“劳动和所有的同一性”。约翰·穆勒认为：“私有财产制度，就其根本要素而言，是指承认每个人有权任意处置他靠自身努力生产出来的物品，或不靠暴力和欺诈从生产者那里作为赠品或按公平的协议取得东西，整个制度的根本是生产者对自己生产的物品具有权益。”① 言外之意，

① ［英］穆勒：《政治经济学原理及其在社会哲学上的若干应用》上卷，赵荣潜、桑炳彦、朱泱译，商务印书馆2007年版，第244页。

在私有制条件下劳动所有权和按劳分配都是必须坚守的，当代自由主义者诺奇克强调个人对自己的劳动成果拥有绝对的权利，即使由于人的天赋和努力程度不同出现了不平等，任何人和国家也不能以平等为由侵害人的自我所有权，取消按劳分配原则。① 而现实社会中出现了贫富差距极为悬殊的现象，劳动者所得甚少，所有者拥有甚多。马克思揭开了其中的谜底，"在雇佣劳动制度的基础上要求**平等的或仅仅是公平的报酬**，就犹如在奴隶制的基础上要求**自由**一样。你们认为公道和公平的东西，与问题毫无关系。问题就在于：一定的生产制度所必需的和不可避免的东西是什么?"② 资本主义社会的权利与义务的分配是不平等的，工人表面上是自由的，但是他的经济地位使他除了出卖劳动力以外没有过多的自由。"劳动力使用一天所创造的价值比劳动力自身一天的价值大一倍。这种情况对买者是一种特别的幸运，对卖者也绝不是不公平。"③ "劳动为富人生产了奇迹般的东西，但是为工人生产了赤贫。劳动生产了宫殿，但是给工人生产了棚舍。劳动生产了美，但是使工人变成畸形。"④ 工人付出的劳动少于得到的报酬，占有剩余劳动是资本主义生产的出发点和目的，资本主义剥削是不可避免的，"资产者把无产者不是看作人，而是看作创造财富的力量。资产者还可以把这种力量同其他的生产力——牲畜、机器——进行比较"⑤。资本主义社会中人们为占有生产资料不平等而导致的贫富差距表示不满与愤慨。

实际上，资产阶级经济学家只关心"基于私有制和个人竞争原则的社会存在和发展条件问题；在人类进步目前阶段所具有的主要目标不是取消私有制，而是加以改良，使社会每个成员都能得到好处"⑥。借此维护资本主义制度的不可替代性，资本家和工人在生产资料初始分配上的不平等产生劳动和所有的分离，所标榜的"按劳分配"实质上就是按资分配，资强劳弱下的按资分配使分配的天平向资本家倾斜，其承诺的"按劳分配"的公平正义在现实面前变得很苍白、很虚伪。

---

① 韩立新：《劳动所有权与正义——以马克思的"领有规律的转变"理论为核心》，《马克思主义与现实》2015 年第 2 期，第 85 页。

② 《马克思恩格斯选集》第 2 卷，人民出版社 1995 年版，第 76 页。

③ 《马克思恩格斯文集》第 5 卷，人民出版社 2009 年版，第 379 页。

④ 《马克思恩格斯选集》第 1 卷，人民出版社 1995 年版，第 43 页。

⑤ 《马克思恩格斯全集》第 42 卷，人民出版社 1979 年版，第 262 页。

⑥ ［英］穆勒：《政治经济学原理及其在社会哲学上的若干应用》上卷，赵荣潜、桑炳彦、朱泱译，商务印书馆 2007 年版，第 243 页。

探究贫富分化的根源，必须立足于所有制的决定作用。当前学术界有一种倾向：喜欢就具体的、操作性的问题进行研究，而不愿意透过现象抓住本质，不愿意联系所有制来分析问题，不愿意到所有制里面去寻找根源。例如，离开资本主义私有制来谈论两极分化，离开公有制来谈论共同富裕，离开基本经济制度来谈论市场经济的运行。① 如果抛开公有私有两种所有制增减变化对分配多寡的影响，把分配政策不合理作为分配悬殊的根源，分配改革中心自然就集中在分配政策的调整上，这在理论上必然犯马克思所批评的错误，即离开所有制谈分配决定论，在实践上必然因崇尚抽象的“平等权利”“公平分配”等机会主义论调而陷入改良主义泥潭。生产资料私有制使生产目的异化，生产的直接目是满足生产资料所有者积累财富的需要，不是满足从事生产的劳动者物质和精神生活需要。在私营、外资企业中，资本主义经济固有的矛盾是贫富分化产生的根源。

解放生产力，发展生产力，消除两极分化，最终实现共同富裕是我国社会主义的本质。近年来，我国的收入差距拉大、社会贫富悬殊现象日益突出。究其原因，既有体制上的弊端，又有政策执行中的不公；既有合法的勤劳致富，又有非法的权资合谋；既有按劳分配的劳动激励，又有按资分配的要素贡献；既有历史上形成的“三大差别”的痼疾，又有改革开放的新增因素；等等，因此如果仅仅依据某些调查统计数字是很难对其性质做出实事求是判定的，应当综合诸多因素做出研判，相应地要求全面改革的遍地开花。当然各种因素对收入差距和贫富悬殊的“贡献”是不同的，就分配方式而言，公有制中按劳分配产生的贫富差距是合情合理的，而私有制中存在着劳资矛盾、利润与工资的对立，按资分配是加剧两极分化的主因，资本主义因素的过度膨胀使按资分配所占的份额越来越大。马克思主义分配理论认为，按资分配是资本主义的生产方式、按劳分配是社会主义的生产方式，前者必然带来两极分化，后者会促进共同富裕，那么我们现阶段以公有经济为主体、多种经济共同发展的基本经济制度决定了以按劳分配为主体、多种分配制度并存的分配制度，按照这样的正确方针，公有制为主体下的生产条件是多层次、多结构的，这样的分配体制必然会拉大差距，只是差距的度会保持在合理限度以内。如果背离这一方针，削弱、动摇甚至改变公有经济和按劳分配的双主体地位，那么合理的限度必然会打破而导致两极分化。

---

① 周新城：《科学社会主义视域下的生产资料所有制问题》，《中共贵州省委党校》2014年第4期，第6页。

关于公有制经济和非公经济在我国国民经济中的比重，国家发改委经济体制与管理研究所研究员夏小林认为，一些基本数据至今还是模糊不清，体制内外一直存在“各唱各的调，各吹各的号”的现象。有的该由国家统计局发布的数据也不发布，如 GDP 中非公经济的占比等；有的本该由其他政府专业部门发布的数据却由 NGO 去随心所欲地处理、发布，如非公经济税收贡献。① 等等，这很容易引起学界和社会各界的猜疑，公有制经济是否还是主体我们暂时缺乏数据佐证，但比较一致的观点认为，非公有制经济的比重这些年一直在上升，按资分配发挥作用的空间在不断扩大，资本等社会资源是进行社会生产、创造价值必不可少的重要条件，劳动者只有与之相结合才能进行生产，给予各种要素资本投入者相应的回报可以充分调动其积极性，而人们拥有的资源或资本却是不等的，这种客观上存在的初始分配的不同，必然导致个人收入上的差距。

私营经济和外资经济企业都推行雇佣劳动制度，雇员不占有生产资料，只能靠出卖智力劳动力和体力劳动力来领取雇主或独资老板支付的雇佣工资。雇佣工人创造的剩余价值被私营企业主和资本家无偿占有，资本所有者的代言人，包括高层管理人员（CEO）也能分享一部分剩余价值，工人所得到的只是满足基本生活需要的微薄的工资部分，有些农民工工资经常被拖欠，按劳分配的收入差距，一般是几倍，而按资分配的收入差距则可能高达几十、上百倍，乃至更多（见表 4—4）。截至 2013 年年末，中国拥有 1000 万资产以上的富豪有 109 万人，其中亿万富豪人数已达 6.7 万人，比上一年增加 2500 人，涨幅 3.7%；拥有资产十亿以上的富豪大约有 8300 人，比上年增加 200 人。百亿富豪有 300 人，比上年增加 20 人，上升比例为 7%。企业主占到千万富豪的 55%，比例比上年增长 5%，大约有 60 万人。② 有学者认为：在我国当前经济结构转型中，许多地方政府更强调发展私有制经济和对外招商引资，把大量国有和集体企业股份私有化，结果导致劳动报酬占比下降，这恰恰是市场经济中公有制经济比重降低引起政府和工会未能发挥作用的客观结果。③ 有学者进一步指出：我国收入分配不公的主要矛盾是资本所有者与普通劳动者惊人的收入

---

① 夏小林：《非公经济数据发布方式亟待规范》（http://www.kunlunce.cn/gcjy/zhilijian-yan/2015—12—02/15980.html）。

② 胡润榜：《中国千万富豪 109 万亿万富豪 6.7 万》，《甘肃经济日报》（http://gsjjb.gansudaily.com.cn/system/2014/09/12/015180146.shtml）。

③ 程恩富、余斌：《关于当前劳动收入分配问题释疑》，《管理学刊》2010 年第 5 期，第 1—3 页。

差距，差距产生的原因在于大力鼓励、支持私人资本主义经济发展而对其引导和监管不力，资本过度剥削使普通劳动者相对贫困。资本主义私有制又在我国重新发展起来，并且形成比社会主义改造前还要强大百倍的资产阶级，雇佣劳动和剥削已经在数量上占社会多数的资本主义企业中普遍存在，许多地方剥削和压迫十分严重。①

表 4—4　2009—2014 年我国私营工业企业平均利润与工人平均工资

年份	2009	2010	2011	2012	2013	2014
私营工业企业（家）	256031	273259	180612	189289	194945	213789
规模以上私营工业企业利润总额（亿元）	9677.7	15102.5	18155.5	20191.9	20876.2	23550.4
私营工业企业平均利润总额（万元）	378.0	552.7	1005.2	1066.7	1070.9	1101.6
城镇私营单位就业劳动者年平均工资（元）	18199	20759	24556	28752	32706	36390

资料来源：根据《中国统计年鉴 2010—2015》整理计算得出。

另外，私有制企业的收入差距也会影响到公有制企业，国企高管的天价薪酬显然背离按劳分配原则，过度分配具有侵占其他所有者收益和工人剩余分配的倾向。国有经济受资本主义企业劳资间分配矛盾的影响，在实行按劳分配时无法适当扩大劳动者在剩余劳动中所得的份额，难以充分显示按劳分配对比按生产要素分配的优越性，从而使处理企业利益和个人利益的矛盾以及劳动者之间权利平等与收入和生活水平存在差距的矛盾更加困难。②

当前中央提出的以适当提高低收入人群的收入为重点的收入分配制度改革无疑是完全正确的，但是单纯从收入分配领域做文章，不在认真贯彻落实国有经济主体地位、巩固发展社会主义全民所有制经济上下功夫，而继续任由私营经济、外资经济无限发展，必然会使贫富差距的矛盾越积越深，诚如马克思在批评经济主义者斯维顿“这只是在用止痛剂，而不是

① 吴宣恭：《再谈分配不公的主要矛盾和根源——兼答何炼成教授》，《当代经济研究》2011 年第 8 期，第 61—67 页。

② 吴宣恭：《重新研究当前两类社会主要矛盾及其相互关系》，《马克思主义研究》2012 年第 5 期，第 18 页。

摘除病根”，因此，要抓住分配矛盾的主要方面。

三 发展生产力超越“资产阶级权利”

劳动与报酬的差别在任何社会都会存在，只是有着不同的性质和表现形式。资本主义私有制主要是按照人们占有生产资料的数量进行分配，社会主义公有制理论上消除了生产资料占有上的差别，但还存在劳动的差别，共产主义社会劳动的本质差别消失了，但人们的生活需求总是各不相同的。对此，马克思指出：“你们认为公道和公平的东西，与问题毫无关系。问题就在于：一定的生产制度所必需的和不可避免的东西是什么?”①还说“剩余价值不合理地为资本主义企业主所得”不是我的观点，因为按照资本主义的商品生产的价值规律，剩余价值必然归资本家所有。恩格斯进一步阐明：“按照资产阶级经济学的规律，产品的绝大部分不是属于生产这些产品的工人。如果我们说：这是不公平的，不应该这样，那末这句话同经济学没有什么直接的关系。”②分配的公平与否不能离开产生公平的土壤、气候，否则只能是水中花、镜中月，“自从资本主义生产方式在历史上出现以来，由社会占有全部生产资料，常常作为未来的理想隐隐约约地浮现在个别人物和整个派别的头脑中。但是，这种占有只有在实现它的物质条件已经具备的时候，才能成为可能，才能成为历史的必然性。正如其他一切社会进步一样，这种占有之所以能够实现，并不是由于人们认识到阶级的存在同正义、平等等等相矛盾，也不是仅仅由于人们希望废除阶级，而是由于具备了一定的新的经济条件”③。可见，历史唯物主义者并不抽象地反对公平和不公平，而是从经济社会发展的规律和生产方式出发，得出什么是必需的和不可避免的。社会主义社会，实行按劳分配是必需的和不可避免的，承认按劳分配的不平等性也是必需的和不可避免的。

谈论平等权利，必然要兼顾不平等。马克思认为要避免所有这些弊病，权利不能是平等的，其大小因人而异。对于那些体质差、智力弱的劳动者，应该放宽尺度，对于家庭人口多的人也应给以关照，不必用同一的劳动尺度，而是针对不同人的不同情况，使分配尺度多元化，只有这样，才能充分照顾不同劳动者的情况，最后使他们的收入也能多些，从而达到事实上的真正平等。而这样做，权利当然就是不平等的了，对于那些体力智力强的人来说，就是一种损害，可是它却达到了事实上的平等。可是，

---

① 《马克思恩格斯选集》第2卷，人民出版社1995年版，第76页。

② 《马克思恩格斯全集》第21卷，人民出版社1965年版，第209页。

③ 《马克思恩格斯选集》第3卷，人民出版社1995年版，第631—632页。

“权利决不能超出社会的经济结构以及由经济结构制约的社会的文化发展”①。在共产主义初级阶段的社会主义社会，这种事实上的平等是难以企及的，如果主观上执意实行，只能导致平均主义，必然削弱人们的劳动积极性，不利于社会发展和进步。所以，我们对实行按劳分配原则的后果要有全面清醒的认识，一方面，在只能实行形式上的平等而不能完全做到事实上的平等的情况下，要认清这种形式上公平的实质和弊端，另一方面，正确理解这种事实上的不平等，并努力发展生产力，创造条件缩小乃至最后消除这种事实上的不平等。

拉萨尔派主张的“平等的权利”和“公平的分配”，无视生产力的发展状况，忽视现有社会经济发展水平，是出于主观意愿的唯心主义观点。未来社会随着生产力的不断发展，逐步具备实现这些公平分配、平等权利的现实物质基础。只有在共产主义社会高级阶段，社会才能在自己的旗帜上写上：各尽所能，按需分配!②要避免财产私有制的弊端，那只有将全部生产资料归社会所有，才能为全人类的解放开辟道路。尽管在社会主义条件下，社会产品还没有极大丰富，生产力还没有达到高度发达的状态，但是，诚如马克思所说，未来社会要经历第一阶段和高级阶段，按照马克思的逻辑，我们可以把每个社会发展阶段再细分为不同的阶段，每跃进到一个阶段，社会生产力都会得到相应的提高，“资产阶级权利”存在的现实基础也会慢慢地削弱，社会分配就会从形式上公平渐进地转化为事实上公平，直到社会主义社会完成到共产主义社会的跃迁，人类社会真正的自由和真正的平等才可能实现，那时就谈得上“实质公平”。

四　我国现阶段按劳分配制度与马克思按劳分配原则的差异

按劳分配是社会主义的一项基本原则，根据马克思在《哥达纲领批判》中的设想，实行按劳分配要有一定的前提条件：第一，全体劳动者平等地占有和使用生产资料，消费资料的分配是生产条件本身分配的结果，生产资料公有制消除了有人凭借对生产资料占有剥削他人劳动成果的可能，劳动成为个人消费品分配的唯一因素。第二，经济社会发展能够保证劳动者各尽所能，有充裕的生产资料、充分的就业。第三，不存在商品生产和商品交换。在没有商品货币关系的条件下，价值规律发生作用的经济条件也就不存在了，衡量劳动的尺度主要是劳动时间。第四，实行严密

① 中共中央马克思恩格斯列宁斯大林著作编译局编：《马克思哥达纲领批判》，人民出版社 1997 年版，第 15 页。

② 同上书，第 15—16 页。

的计划生产，统一对社会总产品做各项必要扣除。社会有计划地分配劳动时间，个人劳动无论特殊用途都无须经过交换，直接成为社会劳动的组成部分。

（一）我国社会主义市场经济条件下按劳分配的特点

在我国社会主义市场经济条件下，与马克思设想的按劳分配的社会条件有很大的差距。我国目前实行公有制为主体的、多种所有制形式并存的基本经济制度，没有实现生产资料全社会共同占有；实行大力发展商品货币关系的市场经济，没有达到产品经济；实行劳动力所有权和使用权相分离、价值由市场调节，没有条件实行劳动时间由全社会有计划地分配；劳动者的教育培养费用需要自己全部或部分承担；等等。那么，市场经济条件下，能否实行按劳分配？人们的争论有一个基本的共识：我们尚未具备实行马克思按劳分配所需的社会经济条件。在此基础上，有人对按劳分配的科学性产生了怀疑，既然设想的现实条件还不成熟，那么分配方式就不能超前；也有人认为按劳分配既无效率又无公平，主张由按生产要素分配取代按劳分配；也有人虽认同按劳分配，但对社会主义市场经济下对按劳分配的劳动的计量和怎样贯彻按劳分配表示困惑和不解。

我们认为，这些差别不会根本影响我国实行按劳分配原则，公有制为主体只是表明公有化程度高低问题，本质上与全社会占有生产资料是一致的，马克思设想的全社会共同占有的公有制经济能实行按劳分配，我国现阶段的公有制经济同样也能实行；作为经济制度范畴的按劳分配是由生产方式决定的，与社会经济形态无关，无论是产品经济还是商品经济都能实行，只是实现形式不同而已；个人劳动力要通过市场调配，与社会直接支配相比只是调配方式的不同，不存在经济制度差别。因此，公有经济在分配领域仍实行按劳分配，并没有也不会因市场经济而发生改变，因为按劳分配是由生产资料公有制决定的，而与交换、经济运行机制没有关系。分配的性质、基本原则不会随着计划经济转变为市场经济而发生变化。但是，交换（流通）领域的改革却对按劳分配的具体实现形式有着重大影响。① 由此，我国现阶段的按劳分配必然是对马克思按劳分配的创新和发展，具有自身的鲜明特色。

其一，按劳分配不是社会的唯一方式，而是以其为主体且只在公有制企业和单位内部实行。决定一个社会分配制度的主要依据是生产资料所有

① 周新城：《中国特色社会主义经济制度论》，中国经济出版社2008年版，第132页。

制的性质，我国现阶段生产力发展水平不高且发展不平衡，达不到全社会占有生产资料，劳动者无法在全社会范围内与之结合，在以公有制为主体、多种所有制经济共同发展的基本经济制度下，分配制度理应是按劳分配为主体、多种分配方式并存。因此按劳分配不能在全社会范围内按统一标准分配个人消费品，只能以企业或单位为主体，在其内部进行分配。在社会主义市场经济条件下，企业不再附属于国家行政机关，而是自主经营、自负盈亏的市场主体，因此按劳分配要通过三个阶段来实现。第一阶段，企业的总劳动在产品市场上实现。社会通过市场将企业在生产经营活动中获得的收益分配给企业，在价值规律作用下，企业的经营状况和效果不尽相同，经济收入也大相径庭，表明企业的个别劳动耗费转化为社会必要劳动耗费的程度有差异，那么，依据按劳分配各企业所得的总收入也就不一样，收入差距自然产生，政府不能再推行全社会统一的工资标准，不过，政府可以进行必要的宏观调控和出台一些指导性的工资政策，诸如：政府向国有企业尤其是央企收取红利用于民生建设，规定最低工资标准、企业高管的最高薪酬，构建工资随企业效益同步增长及集体协商机制等，但不能越位直接规定每个企业、每个人的工资标准。第二阶段，企业对劳动者按其劳动贡献进行分配。企业在市场竞争中通过生产经营活动获得经济收入后依据每个职工的实际劳动贡献进行分配，形成劳动者个人的劳动报酬，企业内部的工资形式、福利标准、奖励制度均由其自主决定。第三阶段，劳动者用个人收入购买商品和服务以实现自己的消费。劳动所得归劳动者私人占有和支配，自行到市场中用货币购买所需消费品。这样，劳动者个人收入的高低既与个人劳动好坏相结合，又同企业的经营水平挂钩。

其二，按劳分配的尺度不是自然劳动时间，而是劳动效果。社会主义市场经济实行按劳分配最为困难的是个人劳动量的计量问题，在市场经济价值规律作用下，个人劳动还未完全、直接地等同于社会劳动，个人劳动必须首先作为公有制经济单位总体劳动的一个组成部分，必须依据企业的集体劳动在市场交换中实现的价值总量，以社会必要劳动时间为尺度，对企业个别劳动消耗进行折算来间接计算劳动量，是不同于产品经济条件下用来直接、绝对地计算劳动量的自然劳动时间的。马克思按劳分配视野中的“劳”不再考虑简单劳动与复杂劳动的差别、劳动强度与熟练程度的差别、体力劳动与脑力劳动的差别，劳动者的不同劳动没有质的差别、只有量的不同，而我国目前这三对概念的差别仍然长期存在，不同劳动者的劳动既有量的不同更有质的差别，需要用承认劳动的社会差别的社会必要劳动时间来衡量劳动成果的质量和数量。当然，在公有制经济单位内部如何用社会必要时间计量付出劳动的数量多少、质量高低，这个过程非常复杂、非常困难，这并不意味着这种计量就无法进行。实行按劳分配的具体实践中，集体所有制经济和全民所有制经济各企业都没有完全统一的计量标准，各公有制企业因地制宜实行各具特色的按劳分配的计量标准，各个企业就根据每个职工的实际贡献来具体规定工资制度、奖金标准，以便充分调动和发挥各方面的积极性，促进企业经济效益的提升。所以，不同劳动对经济效益的贡献成为衡量劳动数量和质量的主要尺度，在贯彻按劳分配原则时，要注重体现出劳动范围内的各生产要素对使用价值生产的贡献。

其三，按劳分配的对象是劳动价值和剩余价值部分及其他。马克思基于生产资料全部由整个社会所直接占有、劳动者个人不占有生产资料的考量，设想社会主义按劳分配的分配对象是个人消费品，离开了设定条件，按劳分配的分配对象将要随之发生变化。在社会主义市场经济条件下，分配方式要真正体现劳动者在生产关系中的主体地位，其分配对象必须包括劳动者劳动力付出的补偿费和剩余价值的一部分两个方面内容，参与自身所创造的剩余价值分配是其主体地位的重要体现。如果把按劳分配局限于个人消费品的分配，劳动所得即为劳动力价值，就会背离劳动者主人翁的当家做主地位。从我国目前情况看，剩余价值在多数国企则是以企业留利、积累和上缴利税的形式被国家占有，在私营企业、三资企业中则是被私营企业主和资本家所占有，这两种情况，劳动者实际上都没有参加自己所创造的剩余价值的分配。[①] 由于人们为社会提供多样化劳动和形成多元价值观，分配的对象除了个人消费品，还包括部分社会消费品（如文化、教育、卫生、安全、医疗等）、部分生产资料（如专利技术的回报、股权激励等）、社会政治权利（如获得荣誉称号、参政议政的资格、社会地位和名望等）。

其四，按劳分配的实现是借助商品货币媒介的间接分配。在市场经济条件下，普遍存在商品生产和商品交换，个人劳动并不直接转化成社会劳动，按劳分配尚不能完全达到等量劳动相交换，只能接近等量交换。人们提供的劳动是否符合社会的需要，有多少可以转化为社会劳动，还要受到生产条件、商品价格、供求关系等诸多因素的制约，加之价值简单劳动与

① 刘明松：《马克思“按劳分配”理论及现实意义——再读〈哥达纲领批判〉有感》，《求索》2004年第6期，第22页。

复杂劳动之间换算的复杂性，结果只能是“在商品交换中，等价物的交换只是平均来说才存在，不是存在于每个个别场合”①。另外，按劳分配采取货币工资为中介，劳动者应分配的消费资料的份额不仅表现为一定的使用价值量，还表现为一定的价值量，按劳分配的实现过程就需要“价值插手其间”，通过商品货币关系间接、迂回地实现。劳动报酬以货币工资形式实现，实际报酬水平不仅同货币工资的数量有关，而且与商品供求关系及价格状况有关，劳动者用纸币工资购买个人消费品，而消费品价格水平随市场波动，工资和物价水平不协调、名义工资和实际工资不一致等，必然引起等量货币工资实际购买的消费品数量的变化，使等量劳动相交换打了折扣。不同公有制企业的职工同工不同酬的情况，正是按劳分配原则在现阶段的体现。这些条件的变化所改变的只是按劳分配的形式，马克思设想的是按实物形态进行分配，我们是通过货币按价值形态进行分配，两者都没有改变按劳分配的实质。

其五，按劳分配的结果不是同步富裕，而是一部分人先富起来。在市场对资源配置起决定性作用下，劳动者因其劳动能力与主观努力程度不同及企业的生产经营效果差异，获得的劳动报酬会有差距。按劳分配对象的物质内容并不限于个人消费品，在社会主义市场经济条件下，劳动者可以将购买生活资料的工资剩余用于储蓄、购买生产资料或进行其他投资，得到财产性收入，因此，劳动者的个人收入中包含了非劳动收入，而这部分收入不是人人均等地享有，这会进一步加剧劳动者个人收入差距的拉大，使一部分人先富裕起来。

总之，现实的按劳分配不是纯粹的、完全意义上的按劳分配，也不是计划经济时代的平均主义分配，而是根据劳动者提供的在市场上实现了价值的劳动进行的分配，承认现阶段按劳分配的不成熟性、不完全性，丝毫不意味着降低了按劳分配的必要性和重要性，而是为了更好地推进马克思按劳分配原则的中国化，使按劳分配理论在中国特色社会主义实践中得到大发展、大繁荣。

（二）正确看待按劳分配理论与实践的差别

马克思的按劳分配是通过劳动券和直接实物分配的形式实现的，而社会主义初级阶段的按劳分配的形式必然是多样化的。改革开放以来，我国

---

① 中共中央马克思恩格斯列宁斯大林著作编译局编：《马克思哥达纲领批判》，人民出版社 1997 年版，第 15 页。

居民收入水平普遍提高，贫富差距也在不断扩大。按劳分配在执行过程中由于这样那样的因素，出现了一些偏差，有人为弱化按劳分配的，导致劳动报酬过低；有劳动所得严重偏离劳动贡献的，导致劳动者劳动积极性低落；有同工不同酬的，导致按劳分配公平的流失。严重抑制了按劳分配鲜明中国特色的展现和分配制度优越性的发挥，作为上层建筑的重要组成部分，按劳分配制度在社会主义实践中应日益注重人的价值和诉求，努力把劳动贡献放在更加突出的位置，保障劳动者收入分配的平衡与和谐，实现民众公平地分享经济发展成果。

第一，按劳分配“原则与实践”矛盾突出引发收入差距悬殊，按劳分配应注重事实上的公平。马克思把未来社会的发展分为三大阶段：从资本主义社会过渡到共产主义社会第一阶段、共产主义社会的第一阶段即社会主义社会、共产主义社会的高级阶段。共产主义第一阶段是指发达资本主义国家在社会主义革命成功后建立的社会主义社会，经历过渡时期消灭了私有制的社会主义。至于经济落后国家走上社会主义道路后的所有制结构，马克思根本没有提及。对此，邓小平说过：“社会主义本身是共产主义的初级阶段，而我们中国又处在社会主义的初级阶段，就是不发达的阶段。”① 显然，我国社会主义初级阶段就是马克思所说的共产主义第一阶段的初级阶段，是专指我国生产力发展水平远远落后于发达国家的条件下走上社会主义道路的必经阶段，不是泛指任何国家进入社会主义都要经历的起始阶段。

在《哥达纲领批判》中，马克思指出等量劳动相交换的平等权利虽然还是资产阶级权利，但是“原则和实践”在社会主义已不再矛盾。我国社会主义市场经济不仅存在马克思预见到的不公平即形式上的平等而非事实上的平等，而且还存在市场经济本身固有的各种矛盾引发的不公平，尤其又处于经济社会转型期，存在机会不公平而导致分配结果不公平和贫富分化的现象，偏离了社会主义的本质要求。原因固然是多方面的，从一定意义上说，影响机会公平的一个重要因素是生产资料所有制问题，是与公有制和按劳分配的主体地位被削弱相联系的。社会主义初级阶段实行以按劳分配为主体、多种分配方式并存的分配制度，公有制内部实行按劳分配，私营经济和外资经济实行按生产要素分配，允许资本主义经济的存在就会容忍资本对劳动的剥削，但是只要切实坚持公有制和按劳分配为主体，就可以防止贫富悬殊拉大和遏制收入两极分化的趋势。

---

① 《邓小平文选》第3卷，人民出版社1993年版，第252页。

同样实行市场经济，社会主义之所以比资本主义优越，关键在于公共权力有能力扼制和消除资本为追逐价值增殖而肆意盘剥和压榨劳动力的倾向。所以，从立党为公、执政为民的立场上，政府应增强对资本的掌控和驾驭能力，进一步遏制其野蛮化趋势，将其拉回到社会主义正确价值取向轨道上，减少和防止资本主义社会的各种资本异化现象在我国滋生。

必须加强社会主义经济基础建设，巩固公有制的主体地位。资本主义市场经济实行私有制和按资分配，我国社会主义市场经济是以公有制和按劳分配为主体、以共同富裕为目标的，公有制的主体地位使剥削失去物质基础，人民群众当家做主的政治权利使掠夺缺乏制度支撑。不同社会阶层、不同利益集团的根本利益是一致的，但具体利益总是有差别的，思想观念也不会完全相同。不过，对市场上一些奇谈怪论要加以警惕，就像有些人不时地抛出私有化的主张，借口所谓公有制无效率、产权不明，宣称"国退民进"以及对私营经济"有需就让"，屡屡触碰社会主义性质这根高压线。

以"四个全面"战略布局为指导，努力做强做大做优公有资本，夯实社会主义生产关系的物质基础。对于国有资本，在供给侧结构性改革中，政府应采取措施重点推动大型国企"三去、一降、一补"，加快传统产业的技术改造和兼并重组，继续增强国企、央企经济技术实力和市场竞争力，从而发挥经济运行中的主导作用、骨干作用、表率作用；对于集体资本，政府加大政策、技术、人才、资金等方面的扶持力度，大力发展农村集体经济组织，有条件地发展规模化经营，成立农村股份经济合作社，让农民成为农业和农村发展的主体，将职工持股的资产纳入公有制范围。

同时，立法建制保障人民群众对公有资本的所有权，防止国有资本再度流失。抓住全球经济危机的契机，引导符合条件的一些非公企业通过兼并重组方式实现公有化，对经营困难、符合产业政策的私营企业在平等互利、自愿基础上实行政府兼并重组或直接收购，将一度流失的矿产、森林、水域开发权收回，在落实科学发展观的指导下，使国企改制中被管理层低价收购的企业再回到国有化序列。全面遏制土地的私有化浪潮，坚决推行土地完全国有化，对于高污染、高能耗、高事故、低产出、产能过剩的企业（这里很多是民营企业）要坚决"关、停、并、转"，为中国经济结构转型扫除障碍。①

---

① 李明桂：《后资本文明视阈下的和谐社会构建》，《内蒙古社会科学》2011 年第 4 期，第 86 页。

实行社会主义市场经济就要发挥社会主义制度的优势，不断地创造条件实现按劳分配从“形式上的公平”转向“事实上的公平”。

第二，劳动所得与劳动贡献很不对称，需要保证按劳分配多样化实现形式中劳动者对剩余价值的索取权。在按劳分配领域，劳动报酬与劳动投入量、产出量脱钩现象严重，不同企业职工收入差距没能真实反映劳动投入和产出的关系，高收入源于与行业有关的超市场权力。过去把按劳分配的“资产阶级权利”当作资产阶级的东西加以批判，推行平均主义分配，犯了超越社会发展阶段的错误；现在更值得注意的是将按劳分配边缘化，由按生产要素分配代替，开历史的倒车。

公有制企业中劳动者的分配应该按照自己的劳动贡献来分配，然而包括一些事业单位，却没有严格依据劳动者的劳动数量和质量或劳动贡献执行按劳分配，普遍倾向于平均主义分配，还有一些部门完全按照权力大小、资历高低分配，使劳动在分配中的主体地位被边缘化。按劳分配会引起劳动者收入的一定差距，可是，当前大多数情况下居民贫富差距悬殊不是因为按劳分配导致，而恰恰是没有认真执行按劳分配的结果。所以，收入分配改革的重点在于要从源头上规范资本、权力与劳动的关系，回归劳动是分配主导的本位，从过程中保障收入分配的公平正义，尊重每一个劳动者的劳动，以此来弱化权力对资源的无形控制，改变资本对劳动的蚕食。

建立以人为本的发展机制，使劳动者与资本所有者都参加剩余价值的分配。在社会主义市场经济中，政府不再凭借自身掌控的经济资源来承担之前隐去的各种社会成本，多元资本参与投资并在彼此博弈中影响产品分配，在此背景下，政府不该把包袱抛向市场而应勇担重任，政府职能需要由管理型向服务型转变。

加强劳资关系协调机制建设，维护劳动者利益。资强劳弱格局下劳动力要素所有者还没有完全掌握自己的命运，政府作为广大劳动人民利益和意志的代表，应更多地站在广大劳动者一方，建立健全各级工会组织，着力构建“劳方、资方、政府”三方制衡的机制，从法律上、制度上保障工会成为职工利益的真正代表，为劳动者有尊严的劳动和幸福的生活创造条件。把国有资本收益转化为民生福利。全体国民都是国有资本的出资人，国家作为国有资本的最大投资者，其收益更多的具有社会属性，通过法制化使收益由企业自肥的资源到上缴国家，用于完善社会保障和改善民生，通过再分配来缓解收入差距扩大的趋势。在社会化大生产过程中，政府还要充分运用人力资本来制约物质资本，使劳动者的收益随着企业效益的提高而提高。政府更多地承担起诸如教育、公共卫生、基础设施与生态环境等社会公共品的投资与保护，着力创造一个机会均等的社会环境，吸引广大群众把剩余劳动投入社会经济扩大再生产系统，以创造和积累更多的剩余劳动。还可以积极引导劳动者成立股份合作制企业，使劳动与资本统一起来，随着经济的发展让广大人民群众生活水平得到迅速提高，参与政治活动的积极性和议政能力大大增强，思想道德素质也随之提高。①

第三，我国存在“重资轻劳”现象，发展型阶段需重构劳动者在分配中的主体地位。我国现阶段的基本经济制度决定了以按劳分配为主体、多种分配方式并存分配制度，这是原则性与灵活性相结合的静态表述，在实践中，我们要做出选择，要么逐步地倾向于劳动要素，转向按劳分配；要么倾向于资本要素，转向按资分配。如果过于倾向于资本要素，按劳分配原则就会为按资分配所取代，如果为按资分配所取代，社会主义的关键要素就开始丢失，社会制度的性质就变了。改革开放以来，我国逐步打破单一按劳分配的局面，允许资本、管理、技术等要素参与分配。但是，我国经济社会转型时期奉行出口、投资拉动经济增长的方式，长期偏好资本尤其是外资，过分强调资本要素的分配，忽视劳动要素的分配。

我国当前国民收入分配格局是政府和企业所占份额过多，居民最终分配比率不断下降，财富迅速地向极少数人手中转移，正是一些学者和决策者在把握按劳分配原则方面做得不够、不准确所致。先富起来的人群，并没有多少人去真正地帮助后来的人去致富，实现共同富裕，相反，有些富人要么热衷于移民，要么偏好投机炒作成为食利者阶层。如果这样下去，“蛋糕”做得再大，对广大劳动者来说又有多大的好处呢？广大劳动者可能依然处于贫穷境地，高房价、高物价、高税收、高通胀已经让普通劳动者不堪重负。所以，政府必须不断提高分好“蛋糕”的能力。政府财政收入的快速增长降低了居民收入的增长速度，形成了税收侵蚀工资；政府转移支付和社会保障支出制度的滞后，使得居民的预防性储蓄倾向显著上升；企业对于利润的追求，形成了利润侵蚀工资。② 中华全国总工会集体合同部部长张建国认为，我国居民劳动报酬占 GDP 的比重，在 1983 年达到 56.5% 的峰值后，以后就逐年持续下降，2005 年已经下降到 36.7%，

---

① 李明桂：《后资本文明视阈下的和谐社会构建》，《内蒙古社会科学》2011 年第 4 期，第 86 页。

② 安体富、蒋震：《对调整我国国民收入分配格局、提高居民分配份额的研究》，《社会主义经济理论与实践》2009 年第 7 期，第 95 页。

22年间总共下降了近20个百分点。而从1978年到2005年，资本报酬占GDP的比重上升了20个百分点，与劳动报酬比重的持续下降形成了鲜明对比。① 而财政部财政科学研究所认为，因统计口径有变化引起劳动报酬占比被低估（见图4—2）。

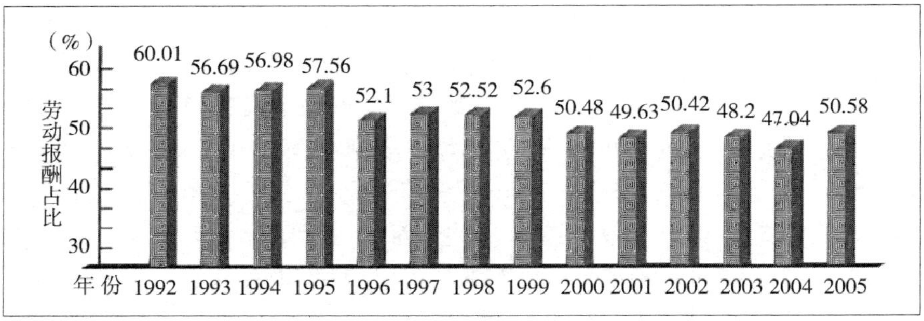

图4—2 劳动报酬占GDP的比重

数据提供：财政部财政科学研究所（http://news.sina.com.cn/c/2010—05—18/043517525019s.shtml）。

中国社科院发布2013年《社会蓝皮书》认为，近年来，中国劳动者报酬占GDP的比重偏低且呈现下降趋势，劳动者报酬占GDP的比重由2004年的50.7%下降到2011年的44.9%。从国际比较看，劳动者报酬占GDP的比重世界平均水平为50%—55%。②

不过，从二者的相关研究中，近十几年来我国政府和企业部门分配份额呈现双增加态势，而居民的分配份额则有所下降，这一判断是人们的共识。因为在生存性阶段，国内资本短缺、内需不足导致经济发展依赖出口型和投资型产业，这些产业大多是劳动密集型产业和低端制造业，为增强我国出口产品国际竞争力，就通过降低用工成本等手段以低廉的价格获得比较优势。从某种意义上说，中国经济的快速增长是以劳动者的收入长期低下为代价的，这在过去的一段时期也是不可避免的。中国是个发展中大国，正处在实现新型工业化、信息化、城镇化、农业现代化的过程中，扩大投资需求和保持一定的投资规模，仍然具有比较大的发展空间。当然，今后投资结构和方向要发生转型，政府的投资将更多倾斜于农业、农村、

① 《劳动报酬占GDP比例连降22年》（http://news.xinhuanet.com/fortune/2010—05/12/c_ 1290731.htm）。

② 《劳动者报酬占GDP比重偏低等因素影响居民消费》（http://news.xinhuanet.com/politics/2012—12/18/c_ 114072904.htm）。

农民；倾斜于保障性安居工程、卫生、教育等民生领域；倾斜于欠发达地区；倾斜于支持节能、环保、自主创新和技术改造，严格控制高耗能、高污染、高排放、低产出、产能过剩行业。

“重资轻劳”是我国经济社会转型时期的特殊现象，在社会矛盾凸显期既关乎收入分配公平和贫富悬殊的缩小，又关乎经济发展方式的转变和社会稳定的大局，着力寻求劳动与资本的最佳结合方式，既要尊重劳动和劳动者，也要保护资本及其所有者的合法权益。

作为唯一能与资本相抗衡的力量，社会主义国家要秉承以人为本原则有效地调控和制约资本权力，防止资本的不道德。在资本的投放方面要进行科学规划，诚如马克思所言：“社会必须预先计算好，能把多少劳动、生产资料和生活资料用在这样一些产业部门而不致受任何损害，这些部门，如铁路建设，在一年或一年以上的较长时间内不提供任何生产资料和生活资料，不提供任何有用效果，但会从全年总生产中取走劳动、生产资料和生活资料。相反，在资本主义社会，社会的理智总是事后才起作用，因此可能并且必然会不断发生巨大的紊乱。”① 社会主义国家可以充分发挥宏观调控和科学规划的优势，弥补市场自发调节的短板，促进社会有机体健康和谐发展。恩格斯也指出：“无产阶级将取得公共权力，并且利用这个权力把脱离资产阶级掌握的社会生产资料变为公共财产。通过这个行动，无产阶级使生产资料摆脱了它们迄今具有的资本属性，使它们的社会性有充分的自由得以实现。从此按照预定计划进行的社会生产就成为可能的了。”② 说明用“社会理智”来解决这类问题正是社会主义市场经济的优势所在，国家应利用掌握的公共权力对社会生产进行有计划的调节，以扼制和消除资本的过度剥削性。企业自主经营、自主投资，但政府有责任和权力约束、监管资本，通过优惠政策鼓励外资投向高端制造业、高技术产业、新型服务业、节能环保等领域以及广大中西部贫困地区，引导社会资本更多地投向实体经济特别是中小企业和“三农”，削弱扰乱市场秩序、肆虐投机的资本权力，以促进经济发展方式的转变和经济社会的稳定。

以科学发展观为指导纠正资本偏好，注重劳动者在分配中的主体地位。政府加强对收入分配的调节职能，保证劳动投入获得合理回报，制定科学的最低工资制度，提高劳动报酬在初次分配中的比重，加大《劳动

---

① 马克思：《资本论》第 2 卷，人民出版社 2004 年版，第 349 页。

② 《马克思恩格斯选集》第 3 卷，人民出版社 1995 年版，第 759 页。

法》《劳动合同法》的执行力度，综合运用法律、行政、经济手段切实保障劳动者劳动收益权的实现。保护劳动力市场的竞争性，消除对雇佣者和劳动者产生歧视的因素，通过集体谈判提高劳动者收入。纠正资本价值追求上的偏差。教育国企高管增强对国有资本收益归全体国民所有的认识感，树立利润主动上缴国家的观念，自觉降低薪酬待遇，培育企业家的利益自觉。在信贷、税收等方面积极引导和培育非公大中型企业的社会责任感，从提升社会价值上关心员工、回报社会。①

总之，马克思、恩格斯提出关于未来社会分配方式的一些设想，已经完成了自己的历史使命，“我已经说了，我已经拯救了自己的灵魂”②。事物是不断运动变化发展的，新事物、新矛盾层出不穷，我们不可能渴求经典作家能具体地描绘社会主义分配的每一个细节并给出具体答案，正如列宁所说：“马克思丝毫不想制造乌托邦，不想凭空猜测无法知道的事情。马克思提出共产主义的问题，正像一个自然科学家已经知道某一新的生物变种是怎样产生以及朝着哪个方向演变才提出该生物变种的发展问题一样。”③ 考察未来社会的分配问题要始终保持唯物辩证的态度，恩格斯也认为：“所谓‘社会主义社会’不是一种一成不变的东西，而应当和任何其他社会制度一样，把它看成是经常变化和改革的社会。”④ 由此，关于未来社会个人消费品的分配，马克思、恩格斯只是为我们指出了应遵循的运行的总方向和总原则，并未把什么最终规律强加于人。

因此，在理论设想与现实条件存在较大差异的情况下，照搬马克思、恩格斯的原话来解释和解决现实生活中的按劳分配问题，既不唯物，也不辩证，更不符合他们的原意。按劳分配理论的某些论断需要结合新的实际予以丰富和发展，焕发新的生机和活力，马克思按劳分配理论是一个完整科学的理论体系和思想体系，对其科学体系的任意曲解和割裂，在实践中都得不到真正的科学社会主义，对生产资料所有制这一基础的任意变更，对按劳分配原则的任意改变，都会造成对马克思主义的曲解，甚至对社会主义制度的颠覆。

---

① 李明桂：《后资本文明视阈下的和谐社会构建》，《内蒙古社会科学》2011年第4期，第86—87页。

② 中共中央马克思恩格斯列宁斯大林著作编译局编：《马克思哥达纲领批判》，人民出版社1997年版，第29页。

③ 《列宁选集》第3卷，人民出版社1995年版，第187页。

④ 《马克思恩格斯选集》第4卷，人民出版社1995年版，第693页。

十八大以后，新情况、新问题、新挑战会不断涌现，党和国家的重要会议上公平分配问题时常成为最热门的话题，群策群力地丰富和发展中国特色社会主义的分配理论，所以，我们需要不断结合我国发展过程中实际情况，秉承为社会主义“生产者谋利益”的宗旨，深入正确地理解和运用马克思在《哥达纲领批判》中阐释的按劳分配原则，继续推进其中国化进程。

第四节　贫困固化的资本成因与居民收入倍增难题

贫困问题是经济学研究的永恒的主题，西方经济学家大都关注反贫困理论模型的建构和实证分析，基础性理论研究不足，马克思认为劳动者与资本的分离是劳动者贫困的秘密所在。反观我国当下的贫富差距扩大和收入分配失衡现象，学者们做了原因探究：能力本位论、分配制度缺陷论、市场经济弊端论、权资合谋论等，贫困原因呈现多元化、复杂化、动态化特征，其根源在于：劳动者与生产资料即资本的分离尚未很好解决，占有资本的多少决定贫富的坐标。在社会主义市场经济下，资本的历史使命仍然重大，应充分发挥其“普照之光”，惠及全体人民，实现共同富裕。李克强经济学表明政府向市场和社会放权让利，打破让少数人独享的“钟罩”，让普通民众拥有更多的资本。十八大报告首次提出居民收入倍增目标，国有资本是实现居民收入倍增的主导力量，私有资本是倍增的生力军，既要限制和惩罚马克思资本主义视角下的资本负外部性功能，又要更加自信、更加自觉彰显我国国有资本公共性和私有资本文明作用的优势，充分发挥其正外部性效能奠定居民收入倍增深厚的物质基础。

一　资本“钟罩”加剧贫困固化的趋势①

（一）资本“钟罩”下的秘密及其批判

资本自诞生以来就创造了无数人间奇迹。在资本为王的时代，它不断改变人们的思想观念和生活方式，也不断影响社会的生产方式和分配逻辑。厌恶资本自私、善意地消灭资本剥削的“超越”已被改革矫正，而放任资本抑或权资合谋又带来严重负外部性：投机盛行、生态安全、权力

---

①　李明桂：《资本“钟罩”与贫困固化的双重破除》，《现代经济探讨》2014 年第 3 期。

腐败，亟待深化改革再矫正。实现中国梦，对待资本需采取历史唯物主义态度，既要肯定资本传播文明的历史贡献和作用，又要医治资本带来的各种社会病症和文明灾难。这样才能以最小的历史代价，比较从容地走出资本强势的年代，并有足够的力气迎接新时代的黎明。①

1. 资本“钟罩”外的劳动者资本缺失

法国历史学家费尔南德·布罗代尔形象地把资本主义描绘成一个“钟罩”，提出发人深省的疑问：“历史上所谓的资本主义，为什么仿佛活在一座封闭的‘钟罩’里？它为什么不能继续扩张乃至占据整个社会？为什么资本在当时宣称的高速度，仅仅出现在某些社会部门，却没有出现在整个市场经济中？……是因为缺少其他因素而造成的，这种说法也许过于荒唐——当然也不可能是因为缺少货币……所以，在当时，穷人的土地被大量收购，气派的乡村住宅举目可见，高大的纪念碑拔地而起，文化上的铺张浪费获得了财政资助。如何解决饱受压抑的经济环境与洛伦佐大公领导下的佛罗伦萨的辉煌成就之间的矛盾呢？”② 秘鲁著名的经济学家赫尔南多·德·索托给出的答案是，本国和外国拥有大量资本的投资者的资产进入了所有权体系，有能力与管理所有权制度的官僚主义打交道，从而受到正规所有权制度的保护，而绝大多数人却无法使他们的劳动成果通过正规所有权制度加以表述，他们只能生活在布罗代尔所说的“钟罩”之外。③ 这座“钟罩”只对享有特权的少数人开放必然会激怒朝里观望的绝大多数人，他们认为阻碍自己进入正规所有权制度的原因是国家法律和政治制度的重大残缺，自己拥有大量的资产，但所有权没有得到任何法律制度的确认。

而打破这座“钟罩”，从本质上说，既是一种法律上的挑战，更是一项艰巨的政治任务，因为：法律通常关注的是所有权的保护，真正的任务是如何完善现有的权利，借此使每个公民都有权得到所有权的权利，把这种权利赋予人民、将他们从糟糕的法律中解放出来；数量很少却有实力的特权阶层为了维护既得利益而反对改革；创造出一种系统化制度，使之根植于人民的信仰中，是政治家的一项任务；让地下经济的性质发展改变，使

① 王峰明：《一个活生生的矛盾——马克思论资本的文明面及其悖论》，《天津社会科学》2010年第6期。

② ［法］费尔南德·布罗代尔：《商业的发展》，纽约：哈珀和罗伊出版社1982年版，第248页。

③ ［秘］赫尔南多·德·索托：《资本的秘密》，于海生译，华夏出版社2007年版，第50页。

之获得合法性是一项政治使命。① 这些因素的存在使现状的改变越发艰难，资产阶级的代言人由于忘记了所有权的关键问题，使他们自己被看作现状的捍卫者，他们盲目执行现存的政策指令，却无视这种政策是否具有歧视性、不公平性。大多数贫困阶层不能为他们的资产注入活力，并且使之产生资本收益，由于制度和政策将他们隔离在正规所有权制度之外，他们拥有价值不菲的僵化资本，但它们没有形成被一种统一的所有权制度所吸收、获得创造资本所必需的表述形成的巨大水域。鉴于此，改革者必须创造一种向所有人开放的所有权制度，这项制度的最终目标并不是起草措辞文雅的法案，也不是将一台台崭新而光洁的计算机连接起来，或者大量印刷具有多种色彩的地图，正规所有权的目标就是要把资本交到所有人民手中。②

贫困国家的大多数经济改革计划，诚如马克思的预言，不可避免地将资本集中于极少数人手中，一边是资本主义和自由市场经济，它的服务对象是极少数能够将其所有权具体化的特权阶层，另一边则是相对贫困的、资本不足的社会领域，人们根本无法充分运用自己的资产去创造更多的资本。③ 在经济繁荣时期，人民往往很少花时间深入思考，然而一旦出现了经济危机，对于秩序、政治和法律等领域的问题的解释，就会提上日程，而马克思主义方法论不管以什么样的方式再次出现——而且一定会再次出现——比起资本主义方法论，它始终能够提供更加有效的概念和方法来解决西方国家之外与资本主义有关的政治问题。④

在发展中国家和前共产主义国家，资本主义已经迷失了方向，这里的资本主义缺少公平性和公正性，它和这些国家最大多数的选民阶层脱离了联系，而且，资本主义并未成为让所有人获得发展机遇的重要因素，而是越来越成为商人和技术统治者以自我利益为中心，逐步结成的行业联盟的工具。⑤ 资本主义在经济发展方面的陈旧体系几近灭亡，需要有新的责任和特征取而代之。当前，“资本主义全球化关注的焦点，只是让生活在‘钟罩’之内的特权阶层彼此联系和交流，要想打破‘钟罩’，消除所有权隔离状态，就需要超越当前的经济和法律的疆界”⑥。

---

① ［秘］赫尔南多·德·索托：《资本的秘密》，于海生译，华夏出版社 2007 年版，第 124 页。

② 同上书，第 157 页。

③ 同上书，第 163 页。

④ 同上书，第 165 页。

⑤ 同上书，第175 页。

⑥ 同上书，第 176 页。

综上，德·索托出于对自由的信仰、对穷人的同情、对社会契约和机会均等的尊重，深刻批判了生活在“钟罩”内的少数富有特权阶层，而他又寄希望于这些少数阶层能自我变革打开“钟罩”，让穷人也能进入其中，从而使资本主义制度获得新生，这既表明了资产阶级经济学家的时代责任感，又凸显了其阶级局限性，找不到真正打破“钟罩”的主力军，自我革新使自己对资本主义批判的宗旨囿于维护该制度的合法性、正当性、长久性。

2. 马克思资本理论的反贫困诉求

德·索托关于资本秘密的论述能使人们更容易理解最贫穷国家如何调整和规范法律制度来创造资本，赋予穷人更多的资本所有权以帮助他们走出贫困，与马克思的资本理论有契合之处。马克思资本理论最能揭示现实生活中的贫困问题，也最具有反贫困的现实意义。资本不是物，是生产关系的反映，贫困群体不仅仅是收入低下，最主要的是在生产关系中处于劣势，根源在于缺乏资本，虽然他们拥有庞大的僵化资本，诸如乡村人口的住房和部分城郊的小产权房以及广袤土地下的丰富矿藏、上千万大学生的人力资源等，但缺乏将资产转化为有效资本的体制路径。

传统观点认为，穷人没有任何资产、货币收入又低下，如能提高他们的收入，贫困问题就可迎刃而解。这一看法割裂了穷人与资本的联系，贫困的原因与脱贫的途径皆与资本无关。与商品、货币所体现的人与人关系相比，资本所体现的关系是不同性质的，资本将商品、货币、人紧紧联系起来，“最勤劳的工人阶级的饥饿痛苦和富人建立在资本主义积累基础上的粗野的或高雅的浪费之间的内在联系，只有当人们认识了经济规律时才能揭露出来”①。“工人阶级处境悲惨的原因，不应当到这些小的欺压现象中去寻找，而应到资本主义制度本身去寻找。”② 恩格斯指出：“贫困是现代社会制度的必然结果，离开这一点，只能找到贫困的某种表现形式的原因，但是找不到贫困本身的原因。”③ 马克思认为分配关系和分配方式只是表现为生产要素的背面，“利息和利润作为分配形式，是以资本作为生产要素为前提的，它们是以资本作为生产要素为前提的分配方式，它们又是资本的再生产方式”④。可见，收入分配不具有独立的经济和道德意义，取决于生产资料所有制的性质和状况，劳动、土地、资本等生产要素才是

① 马克思：《资本论》第1卷，人民出版社2004年版，第757页。

② 《马克思恩格斯全集》第2卷，人民出版社1972年版，第357页。

③ 《马克思恩格斯全集》第2卷，人民出版社1957年版，第561页。

④ 《马克思恩格斯全集》第2卷，人民出版社1957年版，第13页。

收入的源泉，是决定一定的分配形式的东西。

制度是造成穷人贫困化的根源，必须从制度本身中寻找答案，在改变旧制度、建立新制度中实现反贫困的目标，马克思指明了工人摆脱贫困的唯一出路是“剥夺者被剥夺”“消灭雇佣劳动制度”，只有建立起社会财产异常丰富、消灭私有制、消灭剥削的社会制度，贫困问题才会最终消失。当代社会中，占有部分生产资料并不能保证其在生产关系中占据优势地位，生活不乏拥有作为物的“资本”的人，不富有反而越来越贫穷，就缘于他们手中僵化的“资本”未转化为真实的资本，在生产关系中仍处于劣势，终将被处于优势地位的人所剥夺。① 资本主义私有制才是导致穷人贫困的根源，只要存在私有财产，就会存在人们在财富的生产、占有、分配和消费方面的贫困差距，就会有贫困现象，穷人的贫困从本质上说就是一种“制度性贫困”。资本是动态的，人与人之间的具体的生产关系会随着环境的变化而改变，市场经济的竞争、政策制度的调整、人们拼搏进取意识等，可能会使处于劣势地位的一些人转而获得优势而拥有资本，也可能使处于优势地位的一些人失去优势地位而丧失资本，还可能使掌握雄厚资本的一些人获得更多的资本或使弱势群体失去本已少得可怜的资本。

（二）资本“钟罩”的贫困固化功效

从20世纪90年代中期，伴随着社会阶层固化现象的逐步显现，贫困固化也便应运而生，贫困固化使底层群体失去了向富裕阶层流动的机会，严重阻碍了公平正义和中国梦的实现。贫困固化的背后是占有资本包括优质教育资源、社会关系资源、土地、股权的多寡问题、影响公共政策能力的大小问题，贫困固化趋势使广大贫困弱势群体的下一代基本上已化为徘徊在城乡之间的无所归依的人群，底层的工作根本无法保障他们完成由生存需求向发展需求的跃迁。

1. 普通劳动者的去资本化

马克思主义分配理论将劳资分配视为核心研究内容，劳资收入差距是其他各种收入差距的源头，“强资弱劳”格局下“富资贫劳”使普通劳动者的报酬在初次分配中比例不断下降，致使我国经济发展更加依赖资本投资，同时会加速贫富差距的代际传承。我国两条最大的创富渠道是房地产和证券市场，两个最大的被剥夺阶层是农民和普通工人，早期农民承担了

---

① 周剑：《马克思的资本理念及其反贫困的政策涵义》，《贵州财经学院学报》2009年第1期，第84页。

农用地和商用地之间的大部分折价，据估算达 20 万亿—30 万亿元，对普通工人的掠夺主要体现在证券化过程中，上市前清退职工股，而高管、权贵、创投、QFII 堂而皇之享受高额的证券市场溢价，依据 2006 年颁布的《证券法》和《公司法》的有关规定，拟上市公司发起人需少于 200 人，职工持股会、工会不能作为上市公司股东，以法律名誉剥夺了普通工人的国企所有权。

我国人力资源总量丰富，但人力资源向人力资本的转化不足。人力资源向人力资本转化的机制不够健全，工资、福利、卫生和社会保障等人力资源激励机制不够完善。人力资源供给机构不合理，目前我国高层次的创新型人才匮乏，高水平的技能型人才缺乏；大学毕业生人数过剩，但很多行业却出现人员紧缺的现象；高校的培养模式的创新及职业培训力度未能有效跟上经济结构调整的步伐，结构性失业问题仍很突出。由于对人力资本重要性存在认识上的不足、对人力资本在企业生产经营中的价值评估问题，致使人力资本的无形资产定位处于“虚无状态”。正如诺贝尔经济学家哈里·科斯所言：“如果劳动者不能自由地在全国范围内寻找商机、自行创业、参与自由竞争，即使他们受到了高等教育，也不能完全发挥出自己的潜能。”①

2. 权力出现资本化趋势

现在的市场经济某种程度上是资本与权力的角逐，经济自由伴随着资本权力的不平等比拼，资本匮乏、远离权力的普通民众被边缘于这种市场经济体制。资本成熟国家为了限止资本权力的横行与对普通民众的盘剥，采取了制度性的限止资本权力的任意扩张，并赋予民众更多的自由权利，行使同资本权力的对抗权，使资本利益与劳动利益维持在相对合理的区间，通过制度、公民个体权利、资本权益的平等并行，来化解资本与劳动的矛盾与冲突。

在市场经济转型过程中，处于资本弱势的农民工和城市失业人员，被迫受雇于私有制企业，在雇佣劳动关系下，收入分配必然呈现资方财富积累和劳方贫困积累。即使在国有企业中，普通职工依然是资本和权力的弱势，无法也无力监督和管理本属于自己的那部分资本，诸如蒋洁敏等原中石油高管相继落马，中石油的垄断早已备受诟病，但实际垄断利益却被少数人独占，给公司发展带来严重问题，并造成诸多内部分配的不公平，引

① ［英］罗纳德·哈里·科斯、王宁：《变革中国——市场经济的中国之路》，中信出版社 2013 年版，第 238—239 页。

起石油人的严重不满。国资委托代理制度衍生出由一部分理性代理人组成的国家机构，它们在缺乏有效的控制和监督时实际架空了公有制经济中全体劳动者拥有生产资料所有权的本质规定，代为行使所有权的行政部门人员和精于官商勾结的国企高管往往以权谋私，将大量属于全民所有的国有资本收益占为己有。于是，国有资本的委托代理人成为公有制经济中的资方，普通职工就成了公有制经济的劳方，双方的劳资收入差距必然会导致贫富分化。①

3. 农村土地资本收益非农化

在中国现行的征地制度下，农民还不是真正意义上的市场主体，农民虽有土地的承包权、使用权，但没有产权，不能用于抵押、转让，即属于僵化的资本。农村土地不能直接进入市场，必须经过政府的一级市场变更土地性质后，再进入二级市场，在这一行政垄断过程中，土地的资本增殖收益被政府、开发商和银行占有。而城市居民在房改中以极低价格购买公租房产权，享受巨大的资本增殖收益，并固化、传承下去，遇到拆迁还能得到市场化补偿，而农民却无法获取土地的增殖收益。

城乡分治导致的财富转移，如今房子成为中国最大的财富积累、增殖手段，在住宅的流转、保有、继承的各环节尚未建立完整的税收调节体制，土地制度中不平等的权利问题就成为造成中国城乡居民财产性收入差距的最大体制性根源。改革开放前是通过农产品旧剪刀差为我国的工业化提供资本积累，之后是通过土地征用、劳动力转移的新剪刀差又为城镇化提供资本积累。户籍制度维持了低成本的人口城镇化，农民进城了，提供廉价劳动力，但城市政府的公共服务并未因农民进城而同步扩大。宪法规定矿产资源基本上属于国家所有，而矿产大都分布在偏远农村，在改革过程中其公有属性被忽视，廉价获得集体土地的使用权和国有矿山的开采权，在公共产权制度的漏洞中直接占有本来属于全民的资产，由此形成的财富差距远比收入分配差距大得多。

二　资本正外部性弱化加大居民收入倍增难度②

十八大报告提出“两个倍增、两个同步”目标、国务院“新分配改革意见”彰显了党和政府从追求经济总量到注重总量增长与收入分配并

① 李晓宁、马启民：《中国劳资收入分配差距与关系失衡研究》，《马克思主义研究》2012年第6期，第57页。

② 李明桂：《基于资本正外部性的我国居民收入倍增目标实现途径研究》，《商业研究》2014年第1期，第1—3页。

重的转变，从追求财富生产到注重财富生产与财富分配并重的转变。居民收入增长的倍增量化在七年内如何实现，社会各界都在密切关注和认真思考。我们需要发扬140年前马克思对拉萨尔“分配决定论”的批判精神，一定要超越分配问题，从更深层次的制度层面来思考。在市场经济条件下，公有制为主体实质上就是国有资本为主体，国有资本是实现居民收入倍增的主导力量，私有资本是促进居民收入倍增的生力军。在后小康时代，协调各项相关改革、聚合推进各种资本的正能量，增强其文明作用的正外部性已是时代所需，以积极态度应对国有资本和私有资本正外部性弱化和边缘化问题，探究居民收入倍增的新路径。

（一）两种视域下的资本正外部性

马歇尔和庇古在20世纪初提出外部性的概念，引发人们从不同角度对外部性问题进行深入探讨，提出诸多治理外部性的举措。从经济学角度看，资本的外部性是指资本主体（个人或企业）的经济活动对他人和社会造成的非市场化的影响，其中使他人或社会无须付出代价而受益称之为正外部性，使他人或社会受损而资本主体没有为此承担成本称之为负外部性。就单一市场经济手段而言，外部性的存在会造成经济活动主体脱离最有效的生产状态，使市场失灵不能很好发挥优化资源配置的基本功能。

1. 马克思资本主义视角下的资本正外部性

马克思没有直接使用市场失灵和外部性概念，但对资本反人性的无情批判和对资本文明作用的充分肯定，实际上契合了市场失灵和外部性的逻辑内涵，人们“利用资本本身来消灭资本”的阐述又指出了超越市场失灵和资本外部性的路径。现代社会的历史是野蛮与文明、压迫与解放并存的历史，马克思对待资本的态度是全面的、辩证的、发展的。一方面站在无产阶级立场上对资本负外部性进行了无情的揭露，不遗余力地批判资本的罪恶，资本家为了自身的富足和统治的永恒采取种种措施和手段盘剥和压榨工人阶级，造成了社会动荡、人伦滑坡及贫富分化结局。另一方面，对资本的批判根源于历史唯物主义基础上的社会存在论，保证了资本批判的肯定性理解，马克思毫不吝啬地对资本的正外部性进行了可圈可点的描述。

首先，资本在渴求无限价值增殖促进生产力发展的同时也推动了人类文明进程。“资产阶级在它的不到一百年的阶级统治中创造的生产力，比过去一切世代创造的全部生产力还要多，还要大。”① 同以前的奴隶制、

① 《马克思恩格斯选集》第1卷，人民出版社1995年版，第277页。

农奴制、封建制社会形态相比，资本榨取工人剩余劳动的方式和条件，都更“有利于生产力的发展，有利于社会关系的发展，有利于更高级的新形态的各种要素的创造”①。在“摧毁一切障碍发展生产力、扩大需要、使生产多样化、利用和交换自然力量和精神力量的限制”中，资本驱使人化的自然代替纯粹的自然，“只有资本才创造出资产阶级社会，并创造出社会成员对自然界和社会联系本身的普遍占有。由此产生了资本的伟大作用；它创造了这样一个社会阶段，与这个社会阶段相比，一切以前的社会阶段都只表现为人类的地方性发展和对自然的崇拜”②。

其次，资本在崇尚价值无限增殖之余也促进了社会个人独立而自由的个性发展。资本逻辑要求不断发展科学技术创造出更多的新商品、“发现物的新的有用属性”，需要不断地开辟市场为新商品寻求销路。为此，资本不得不促进个人的自由而全面发展、“培养社会的人一切属性”，“表现为生产和财富的宏大基石的”是“人对自然界的了解和通过人作为社会体的存在来对自然界的统治，总之，是社会个人的发展”。③ 通过造就“高度文明的人”推动科技进步来创造更多的社会财富，因为在大工业时代，“现实财富的创造较少地取决于劳动时间和已耗费的劳动量”，更多地“取决于科学的一般水平和技术进步，或者说取决于这种科学在生产上的应用”。④ 科技的发展大大提升了劳动生产率，“现今财富的基础是盗窃他人的劳动时间”随着大工业的新发展而走入历史。资本“直接把社会必要劳动缩减到最低限度，那时，与此相适应，由于给所有的人腾出了实践和创造了手段，个人会在艺术、科学等等方面得到发展”⑤。

再次，资本为了生产相对剩余价值，不断创造新的需要以推动劳动者的个人消费。资本发展到一定阶段，资本和劳动者的关系就像货币和商品的关系表现为资本是财富的一般形式，而劳动者是以直接消费为目的的个体。为不断满足创造剩余劳动和追求财富的欲望，资本就需要“驱使劳动超过自己的自然需要的界限，来为发展丰富的个性创造出物质要素，这种个性无论在生产上和消费上都是全面的”⑥。这样，一种历史地形成的需要代替了自然需要。资本要使劳动者超越现有的需要，就必然通过提高

---

① 马克思：《资本论》第3卷，人民出版社2004年版，第927—928页。

② 《马克思恩格斯全集》第30卷，人民出版社1995年版，第390页。

③ 《马克思恩格斯全集》第31卷，人民出版社1998年版，第100—101页。

④ 同上书，第100页。

⑤ 同上书，第101页。

⑥ 同上书，第286页。

和发展生产力来生产剩余价值，生产出新的消费，扩大流通领域的消费范围。为此，既要“从一切方面去探索地球，以便发现新的有用物体和原有物体的新的使用属性”，又要“发现、创造和满足由社会本身产生的新的需要”。① 如此一来，地域界限、民族界限、民族偏见被打破，更广阔的世界市场被开辟出来，不同气候条件下的产品和不同国家生产的新的使用价值在更大范围内进行普遍的交换，在一定程度上丰富和发展了各地劳动者的消费，提升了人们的享受能力。

批判的、革命的视角下的资本正外部性是有违于资本逻辑的，是资本为实现价值增殖贪欲不自觉的、无意识的非本意之举，是资本完成其使命的必要手段而非真实目的，其文明的光芒终究难以开启“资本不可遏制地追求的普遍性”的黑暗之门。相较于资本对社会、经济、人文、道德造成的惨不忍睹的诸多负外部性而言，这些正外部性的文明作用显得十分渺小，何况工人阶级为之付出了艰苦卓绝、不屈不挠的斗争代价。中国的社会历史实情及肩负的未来使命决定了我们的现实处境：既“苦于现代性的不发展”，从而要大力“发展资本”；又“苦于现代性的发展”，从而要“限制资本”。② 在资本发展和资本限制之间保持动态平衡，需要竭力发展资本正外部性的文明福祉，设法祛除资本负外部性的野蛮病痛。社会主义之所以比资本主义优越，不在于有无资本，而在于公共权力有无能力扼制和消除资本为追求价值增殖而违背人和社会发展需要的倾向，宣扬和激励资本采用文明剥削方式而彰显社会道德和公平正义。③

2. 社会主义市场经济视角下的资本正外部性及相互影响

合理的方式提供具有巨大的正外部性的公共产品是国有资本存在的基本依据，资本性人格则要求其以最大限度的增殖为目标，而公有性质要求国有资本的运行以社会利益最大化为旨趣。我国社会主义市场经济进程中，无论是虚拟金融资本独霸天下而实体企业资本运行捉襟见肘，还是资源、房地产利益资本博弈国家调控政策；无论是垄断企业资本千方百计阻挠收入分配改革进程，还是贪腐官员权贵资本大肆蚕食公共利益，都显示出当代资本贪婪的负外部性和非理性冲动。社会主义在经济制度上存在所有制决定的人与人关系的本质差别，私有资本体现了资本家与工人阶级的剥削与被剥削的关系，公有资本是没有资本家的公有制基础上的劳动者共

① 《马克思恩格斯全集》第 30 卷，人民出版社 1995 年版，第 389 页。

② 刘日明：《资本的政治文明趋势及其限度》，《学习研究》2010 年第 10 期，第 11 页。

③ 李明桂：《后资本文明视阈下的和谐社会构建》，《内蒙古社会科学》2011 年第 4 期，第 86 页。

同利益和个人利益的关系。国有资本在社会经济领域中占有主体地位，规范和引导私有资本的健康发展，保证市场经济的社会主义性质，资本文明在经济、社会、生态、政治的和谐发展中以道德责任担当显示了公共利益的正外部性。

首先，国有资本在照搬西方国家的资本型企业制度的同时，也有效地克服私有资本的缺陷，完成当下私有资本不愿或无法完成的社会目标，保障国民经济健康、稳定、协调发展，巩固社会主义基本制度，维护人民群众的根本利益。由于剩余价值归社会所有，国有企业中职工的主人翁地位、团结合作的和谐关系、较高的工资水平都对私有资本起到重大的示范、激励作用，有利于维护私企工人的合法权益，限制资方对劳方的剥削程度，缓和劳资矛盾。

国有资本存在产权虚置下的资产流失的同时，又在贯彻国家宏观调控政策和履行社会责任方面具有积极的带动作用，国有资本收益增长带来国民收入蛋糕的做大，发挥自身制度最有利于生产力发展的优势，促进大市场、强政府的目标实现，支撑、引导、带动整个社会经济的发展。坚持受到价值规律影响的按劳分配方式，调动了广大劳动者的劳动、创造积极性，分享到劳动成果和提升消费能力，体现了社会主义的生产目的，缓解私有资本迅速增长与劳动者有支付能力的需求相对不足的矛盾。

国有资本存在内部人控制情况下的权力自肥的同时，所上缴的巨额利润和税金有力充实了国家的财政收入，增强了国家对公共品供给能力和促进了社会保障体系的完善，对改善全体劳动者包括私有企业劳动者的生活起了一定的积极作用，践行“遵法纪、重伦理、行公益”的理念，涌现出一大批遵守法律、注重公益的国有企业和企业家精英，引导私有企业投资、规范私有资本的市场行为，减少私有资本逐利冲动、劳动者权益维护与社会生产协调发展之间矛盾。

其次，私有资本在满足人民群众的多样化需要、增加就业、促进国民经济发展方面起着积极作用。我国处于社会主义初级阶段，私有资本是社会主义市场经济的重要组成部分，私有资本的运行机制、明晰的产权以及生产经营的自主权都与市场经济的要求相一致，非公经济的快速发展，对提高城乡居民收入做出了重要贡献。其正外部性主要表现为：一是非公有制经济的发展打破了公有制经济一统天下的格局，增强了经济活力。垄断和竞争不充分，必然带来经济效率的损失。非公有制经济的发展，使得市场主体多元化，形成了多元竞争格局，这有利于节约社会资源、提高经济效率，有利于建成完善的社会主义市场经济体制。二是非公有制经济的发展促进了公有制企业特别是国有企业的改革。非公有制经济的发展，不仅对国有企业形成了加快改革和发展的压力，而且为国有企业的改革建立了参照，有利于加快国有企业的改革进程；非公有制经济的发展是混合所有制经济发展的必要条件，以股份制为代表的混合经济的发展，有利于国有企业建立法人财产权和法人治理结构，实现所有权和经营权分离，形成企业内部的制衡机制和科学的决策机制，有利于从根本上改革传统国有企业。三是非公有制经济的发展加快了国民经济的发展。非公有制经济在国民经济的很多领域发挥着不可替代的作用，不仅提供了多样化的产品和服务，而且成为吸纳社会新增劳动力就业的主渠道。

国有资本既要与私有资本去同质化竞争，又要对私有资本进行技术和管理上的援助。日本政府在具体实施倍增计划时，始终强调政府干预与市场调节力量的配合，为经济增长提供共同的动力。为刺激投资，政府既通过直接的计划手段敦促国有资本加强机场、港口、道路、自来水供应等公共设施的投资，又通过引导、扶持等间接手段强化私人资本投资功能，尤其是利用国有资本带动私人投资。国有资本对私有资本的影响力度终究要取决于自身力量，国有资本在社会资本中所占的比重增大、发展迅速，对私有资本矛盾的影响程度就会加强。在社会主义市场经济条件下，国有资本是先进生产关系的体现，能够促进生产力和经济社会的快速发展，其负外部性的表现只是局部、个别、暂时的，随着各项改革的深层次推进和政府更加自觉、更加有策略地消解这些负外部性，更加自信、更加有能力彰显其公共性，正外部性会呈现不断加强的趋势，必然会对国民收入倍增产生更加积极的影响。

第五章　全面深化改革以践行马克思公平分配理念

研究全面深化改革背景下我国分配改革的本质要求与基本制度安排，形成合理有序的收入分配格局以促进社会公平正义、增进人民福祉，是我国分配改革的本质要求。公平分配的实现要以基本制度安排为必要基础、以社会总体框架为客观条件，发挥社会主义制度优越性以深化分配改革与实现共同富裕。在“三期叠加”倒逼机制影响下，分配改革的力度必然加大。当前分配差距拉大的症结，不能从表象上用基尼系数的高低简单来说明，而应遵循马克思公平分配整体思维从实质上立足基本制度安排寻找社会分配不公的缘由，并通过全面深化改革逐步消除导致不公的歧视性内容，通过合理的制度安排让最多受益阶层负担更多的社会成本，扭转增长的成本主要由最少受益者阶层承担的非公平境况。

第一节　马克思社会主义公平观的中国化诉求

《哥达纲领批判》充分汲取了《德意志意识形态》《共产党宣言》《资本论》等著作中的唯物辩证法、唯物史观、剩余价值学说及巴黎公社实践经验，深刻批判了拉萨尔机会主义，精辟论述了科学社会主义的重要原理，出色地完成了对未来社会的科学预判。追古思今，正值“十三五规划”发端之际，人们对马克思当年的论说解读不一，纷争四起，社会主义市场经济中多元分配方式的地位应由所有制还是由市场竞争决定？发展资本主义雇佣劳动制度是毫无约束的毫不动摇还是宏观调控下的毫不动摇？争取劳动人民的民主是在资本主义框架内还是在社会主义制度内？所以，亟待正确厘清经典作家的论说与中国当前社会主义实践的关系，运用唯物辩证法和科学发展观，直面各种社会思潮，在社会主义初级阶段市场经济的环境下，深入探讨《哥达纲领批判》中马克思的社会主义观与当代中国实际的契合点和承续关系。

一 马克思公平分配思维的多重逻辑与现实改革的契合①

马克思没有专门论述公平分配问题，其观点散见于《1844年经济学哲学手稿》《政治经济学批判大纲》《资本论》和《哥达纲领批判》等著作中，也融入各学科领域里，揭露和批判了蒲鲁东、拉萨尔、巴枯宁等机会主义者撇开物质生产实践来抽象谈论分配公平和平等的改良方案，深入地研究资本主义分配关系和社会主义分配问题，致力于资本主义的灭亡和无产阶级的胜利。

（一）马克思公平分配思维的多重诉求

1. 从经济学视角看：摒弃单一公平思维，追求整体公平目标

马克思把公平分配放在经济运行全过程中考量，分配公平与否决定于生产资料的占有状况和经济运行的各个环节，表现在物质财富分配对象、分配主体、分配方式、分配标准各个方面，聚焦在起点公平、规则公平、结果公平的辩证统一上。“在所谓分配问题上大做文章并把重点放在它上面，那也是根本错误的。”② 强调生产、消费、交换、分配的辩证统一，特别是生产资料占有公平对分配公平的影响，“一定的生产决定一定的消费、分配、交换和**这些不同要素相互间的一定关系**。当然，**生产就其单方面形式来说**也决定于其他要素”③。“分配关系和分配方式只是表现为生产要素的背面。个人以雇佣劳动的形式参与生产，就以工资形式参与产品、生产成果的分配。分配的结构完全决定于生产的结构。”④ 脱离生产条件的抽象分配观是开历史的倒车，劳动产品和社会财富的分配总是贯彻着掌握生产资料的阶级的意志和要求。

马克思认为起点公平要求摒弃先赋性的因素（如特权、身份等级）等不公正因素的影响，在“劳动资料为土地所有者和资本家所垄断”的“现代社会”，劳动者只有通过出卖自己的劳动力获得生存所需的生活资料，劳资地位不等、权利悬殊必然要求“在协作和对土地及靠劳动本身生产的生产资料的共同占有基础上，重新建立个人所有制”成为分配起

① 李明桂：《马克思公平分配思维的多重逻辑及现实关怀》，《现代经济探讨》2015年第5期，第16—17页。

② 《马克思恩格斯选集》第3卷，人民出版社1995年版，第306页。

③ 《马克思恩格斯全集》第30卷，人民出版社1995年版，第40页。

④ 同上书，第36页。

点公平的制度基础，“在一个集体的、以生产资料共有为基础的社会中”，人们劳动地位、劳动权利平等，“生产者的权利是同他们提供的劳动成比例的”是分配公平的物质前提。分配规则对所有社会成员一视同仁，用同一尺度、同一个标准来规范同等的劳动权利。资产阶级按资分配相对于按等级特权、门第贵贱、宗法血缘关系来分配的方式而言是进步的，相对按劳分配而言是不公平的，因为“每一个生产者，在作了各项扣除后，从社会领回的，正好是他给予社会的。他给予社会的，就是他个人的劳动量”。[①] 结果公平就是社会成员通过一系列的行动而获得相对均等的成果，资本主义的按资分配使工人得到劳动力价值、资本家独占资本剩余。

2. 从社会学视角看：摒弃社会领域中经济价值规律，追求社会公平正义

贫富差距不断拉大的鸿沟无论如何都是不道德的，而且必将导致社会的不稳定，超越经济学的社会学探索也是必要的，马克思非常重视社会保障制度的构建，社会总产品在进行个人消费资料分配之前，必须进行必要的两次“扣除”，为了维护社会再生产的顺利进行和通过再分配来弥合收入差距鸿沟。这一分配原则既表明了劳动者应各尽其能、各得其所的利益诉求，又要求在公共产品分配上各社会成员应共建、共享；既贯通了初次分配的效率性和再分配的公平性，又兼顾了人的自然性和社会性。与之不同，针对资本主义制度造成的贫困和差距扩大，福利经济学提出政府实行累进税政策来干预国民收入分配以增进全社会福利，以收入结果的均等化作为唯一追求目标，其公平观带有浓厚的平均主义色彩，历史经验和现实发展告诉我们，中国人民绝不希望再回到平均主义、大锅饭老路上去。而新古典和新自由主义推崇自由市场竞争的机会平等和批判政府通过社会产品再分配实现结果公平，其公平观具有强烈的丛林法则的味道，二者都与社会分配公平价值取向相去甚远。

3. 从政治学视角看：摒弃超阶级的国家本位论，追求政治解放下的分配权利

政治领域中公平分配主要是指通过政治生活的平等参与来谋取社会的经济利益，针对拉萨尔主义的超阶级国家观，马克思指出国家的法律和政策都是为统治阶级服务的，资本主义国家的工人阶级既受经济剥削又遭政治压迫，“永恒的真理和正义所借以实现或应当借以实现的场所”即资产阶级的“理想王国”，到头来也变成了赤裸裸的阶级专制的工具，公平分

---

① 马克思：《哥达纲领批判》，人民出版社 1997 年版，第 14 页。

配的上层建筑政治构架路径，不能在“废除铁的工资规律”上绕圈子，必须废除雇佣劳动制度，“雇佣劳动制度是奴隶制度，而且劳动的社会生产力越发展，这种奴隶制度就越残酷，不管工人得到的报酬较好或是较坏”。① 同时，不能幻想依靠“劳动人民的人民当权监督”的现代国家和由国家帮助工人建立合作社，而要通过“无产阶级的革命专政”消除“现代国家制度的现在的根基即资产阶级社会”以根本解决劳动和资本的尖锐矛盾。当然，这决不是说马克思反对资本主义条件下无产阶级为争取实际平等权利和民主权利而进行的斗争，只是不要把人民误导到“拉萨尔宗派对国家的忠顺信仰”之中，那是“远离社会主义”的国家本位论，因为它强调的是生产资料在所谓国家意志影响下的监控，表面上政府并不直接控制生产资料的配置和使用，只是代表国家拥有对其控制权、使用权、分配权，但实际上却是将一切分配权集中在少数人手中。在《21世纪资本论》中，皮凯蒂认为人们收入、财富的拉大、缩小都与政治因素密切相关，政治、政策比经济、市场对财富占有、收入分配的影响更大。从欧美国家发展历程来看，在自由市场盛行时期，贫富差距加剧，在资本管制、政府干预时期，贫富差距缩小。

4. 从哲学视角看：摒弃应然层面的分配正义，追求实然层面的现实幸福

哲学分配思维注重从社会实践的唯物史观去思考分配问题，分配正义不仅包括具体的分配尺度、操作规程与评价方式，而且还蕴含发展社会生产力、变革社会生产关系、建立正义社会制度的价值追求。② 马克思的分配正义思想建立在批判异化劳动和资本剥削的基础上，指明资本主义“平等权利”是不公平的财富分配，进而构想未来社会的分配正义，其哲学诉求是实现“每一个人的自由发展”，即“废除作为人民的虚幻幸福的宗教，就是要求人民的现实幸福”。③“代替那存在着阶级和阶级对立的资产阶级旧社会的，将是这样一个联合体，在那里，每个人的自由发展是一切人的自由发展的条件。”④ 每个人真正平等地自由发展和幸福生活权利是马克思分配正义理论的价值归依。分配公平和正义是一定程度上的道德评判，会不断随着生产方式的变革而改变，公平实现的方式和程度都要取决于当时的社会制度和社会生产力水平，消费资料的分配是生产条件本身

① 马克思：《哥达纲领批判》，人民出版社 1997 年版，第 21 页。

② 涂良川：《论马克思的分配正义思想》，《现代哲学》2009 年第 2 期，第 67 页。

③ 《马克思恩格斯选集》第 1 卷，人民出版社 1995 年版，第 2 页。

④ 同上书，第 294 页。

分配的结果，应然角度的“分配公平”只是一种先验的存在，实然层面的现实生活中的公平受诸多因素影响：天赋、年龄、出生背景、健康等不受主观意志影响的自然因素，经济、政治、文化、教育等由人类的社会关系主导的社会因素，从理想的角度来看，公平的分配制度首先能够克服或者减少这些自然和社会因素对社会主体产生的负面作用。

5. 从法学视角看：摒弃资产阶级的法权观念，追求工人阶级意志的分配规制

法学则主要从法律的功能和价值的角度来解读分配公平，分配公平作为上层建筑的法权观念随着生产力决定的经济关系的变化以及由此而导致的利益集团和阶级的变化而变化。资本主义社会分配不公的根源不在于资产阶级的法律，而在于资本主义的经济制度。“在雇佣劳动制度的基础上要求**平等的或仅仅是公平的报酬**，就犹如在奴隶制的基础上要求**自由**一样。”① 法律是调整特定经济关系即物质利益关系的，其目的在于为各个经济法主体之间物质利益的合理分配提供法律保障，所确立的分配关系要与社会生产相适合，财产私有的神圣源于由一部分人决定的国家法律赋予了它至高无上的地位。“法律可以使一种生产资料，例如土地，永远属于一定家庭。这些法律，只有当大地产同社会生产处于和谐中的时候，如像在英国那样，才有经济意义。”所以，“法律在巩固分配关系的影响和它们由此对生产发生的作用，要专门加以规定”。② 缺乏相关法律保护下的无产阶级只能受制于资本家，“权利同权利相对抗，而这两种权利都同样是商品交换规律所承认的。在平等的权利之间，力量就起决定作用”③。只有“整个行业的工人结成一个强有力的组织，在工人中间募集基金，使他们在必要时能够同他们的雇主对抗，因而能够作为一支力量去同这些雇主进行谈判”。这样，斗争形势完全改变了，“对于资本家来说，任意减低工资或增加工作时间成了一件冒险的事情”。④ 从而争取颁布有利于自己的法律，“工人必须把他们的头聚在一起，作为一个阶级来强行争得一项国家法律，一个强有力的社会屏障，使自己不致再通过自愿与资本缔结的契约而把自己和后代卖出去送死和受奴役”⑤。

---

① 《马克思恩格斯选集》第2卷，人民出版社1995年版，第76页。

② 同上书，第16页。

③ 马克思：《资本论》第1卷，人民出版社2004年版，第272页。

④ 《马克思恩格斯全集》第25卷，人民出版社2001年版，第494—497页。

⑤ 《马克思恩格斯文集》第5卷，人民出版社2009年版，第349页。

（二）全面深化改革滋养公平分配之源

1. 经济体制改革需要强化贫困者的资本能力和资本权利

夯实起点公平之基始于产权改革，企业所有制与利润分配在国家基本经济制度中具有根本性意义，我国多年来各利益群体财富差距持续扩大的根源在于以市场为取向的产权改革尚未完成，应对各群体公平分配诉求的根本措施不是在分配领域纠缠收入分配不公问题，而是深化产权改革。当然，首先要规避产权的私有化倾向，“如果放任自流，基于私人产权的市场经济包含有力的趋用力量（尤其是知识和技术扩散的影响），但是它也包含强大的分化力量，这将潜在地威胁各民主社会以及作为其基础的社会正义价值”①。改革分配制度、扭转贫富差距扩大趋势，要放在坚持共和国根本大法的角度下考虑，采取必要的政策措施，保证公有制为主体、按劳分配为主这“两个为主”的宪法原则的真正落实。一是巩固和壮大生产资料公有制主体力量，削弱利用生产手段占有他人劳动的客观基础。国资委要完成从管资产向管资本角色转变，在中国特色社会主义的混合所有制经济中，国有资本和集体资本在交叉持股中占主体地位，国企产权多元化的混改，可让普通职工适当持股。落实国企利润比例逐年上缴计划并确保80%以上用于民生，防止又回流到国企中。要有确定的人和机构对国有资本切实负起责任，在国有资产经营中引入积极的竞争，把大批日益成熟的企业家人才选拔到国有资产经营的领导岗位上。二是建立和发展集体所有制企业，壮大集体所有制经济力量。改革农地产权制度，农地征用和扭转过程中，既要重视补偿农民有形的房、地、树和井，也要重视这有形的房、地、树和井所承载的无形的故土、故乡、乡情、文化乃至于根。落实十八大关于“保障农民集体经济组织成员的权利”，发展健全集体组织的法律主体，通过股份合作社实现“农民变股东、资产变股权”，农民既可以长期持有集体股权，也可以有偿退出集体股权。三是倒逼资本转变分配思维。后人口红利下资本应主动顺应时代发展新变化，不再迷恋过去“低工资、低福利、低待遇、低环境成本”的粗放，除了加快机械自动化减少用工外，为了促进与工人矛盾的和解，应采取职工培训激励、持股激励、年功序列工资制等举措。

2. 社会体制改革需要谋求有质量的收入数量增长

“资强劳弱”格局下，资本收益增长速度大大超过工资增长速度，中

---

① ［法］托马斯·皮凯蒂：《21世纪资本论》，巴曙松译，中信出版社2014年版，第589页。

低收入者收入虽快速上涨，但与高收入者的收入相比差距越来越大。十八大报告提出到2020年实现国民收入的主动“收入倍增计划”，为了让这个计划的效果更好，我们要追求有质量的数量增长，更加重视经济平等和缩小社会分化。一是完善社会保障公共福利，改善低收入者的民生状况。低收入群体一般包括农民、农民工、流动摊贩、自雇经营者、半正式行政人员等，生活境遇比较差，很容易跌入社会最底层，政府应责无旁贷地为其享受社会保障提供有力的财力支持，提升他们在制度中的地位，赋予同等的国民权利、公共服务，逐步落实宪法关于“中华人民共和国公民在年老、疾病或者丧失劳动能力的情况下，有从国家和社会获得物资帮助的权利。国家发展为公民享有这些权利所需要的社会保险、社会救济和医疗卫生事业”的精神。2015年机关事业单位工作人员养老保险制度改革终于打破长期存在的养老金双轨制，给社会带来很大的正能量，以此为契机加快消除体制不公的步伐。二是提供劳动者就业保障。无数充满活力的中小企业、民营企业是扩大就业的主渠道、地方财政收入的主要来源、劳动者收入增加的蓄水池，为化解现行企业融资难、融资贵的尴尬，IPO注册制是激活中小企业血库的关键一招。对接收高校毕业生的中小企业，国家要从财税、金融、信息、社保补贴等方面，加大支持力度，对到中小企业就业的毕业生，将切实保证在专业技术职称评定、科研项目经费申请等方面与国有企事业单位同类人员同等待遇。三是完善和落实教育政策，厚植人力资本。劳动参与分配已不再仅取决于劳动的数量，更看其质量，而质量的提升依赖劳动者的人力资本的提高，人力资本主要决定于教育，加强低收入劳动者的免费职业培训力度，扩大其子女的接受优质教育的机会，教育资源向农村倾斜、向落后地区倾斜，通过教育改变贫困命运。四是变革影响公平分配的税收体制。真正降低增值税、消费税、营业税等易于转嫁到普通民众身上的间接税，尽早建立覆盖全社会的实名财产制度，有效推进对调节居民收入、缩小贫富差距起主导作用的高额累进所得税、房产税、赠与税、遗产税等税种的征收。实行包括存款、股票和不动产在内的实名财产登记制度，对于无法举证的财产一律没收并用于社保，涉及土地、房屋、森林、海域等领域的《不动产登记暂行条例》是摸清全社会不动产家底的国家级行动，一分承诺，九分践行，中国经济秩序和规则基础建设要扎实推进。

3. 行政体制改革需要保障底层人民实际上有权

解决主导分配的深层次要素权利问题，处理好劳动与资本、民企与国企、城市与乡村、政府与市场等重大关系，已不能更多依靠行政权力主导了，而要更多依靠权利的释放，在宪法框架下安排权力，转变政府对市场主体权利的行政性分配为以效率为主导，通过市场进行配置。一是切实制定有效的权力运行制衡和监督机制，从根本上遏制权力寻租和官商勾结。在不同行业中，引入市场化分配机制来真正消除特权，通过继续减少行政审批、制约权力市场化、合理分配社会资源和社会机会，释放所有社会成员的活力让其合理竞争致富。解决社会底层的政治权利，打破权贵精英集团及其操控的媒体的改革话语霸权。深入贯彻习近平总书记的“切实防止出现人民形式上有权、实际上无权的现象”“把权力关进制度的笼子里”“坚持苍蝇老虎一起打”系列讲话精神，进而把底层人民权利从笼子里释放出来。二是完善劳动者分配权利的法律保障。我国《宪法》第六条规定“实行各尽所能、按劳分配的原则”，“坚持按劳分配为主体，多种分配方式并存的分配制度”的基本分配原则和分配制度，通过多层次的立法对宪法规定的国家、企业和居民个人之间的分配权加以具体化，完善劳动法、合同法、物权法、公司法、银行法、证券法、保险法、破产法、知识产权法等，形成多元法律对分配问题的调整，并成为初次分配制度的重要渊源。

公平正义是提升改革社会认同度和参与度、融合阶层关系和激发社会活力的核心价值取向，秉承马克思公平分配新思维来谋划解决分配问题的系统策略，是新常态下超越传统路径的必然选择。如果政府职能转变迟滞、官员行为约束失范，那么设想的市场决定作用可能会异化为垄断型或权力型市场经济；原来设想的按劳分配和各要素按贡献参与的公平原则，可能演变为权力参与或权资合谋掠夺社会财富的非正义体制。分配秩序重塑必须放在“五位一体”全局改革下顶层设计，通过民主、法治的手段化解分配失衡的内生性制度安排的弊端，在保障底层民众基本权利的基础上实现共同富裕。

二　工会理论视野下的劳动者公平诉求①

非公企业已成为我国劳资纠纷的重灾区，在新自由主义冲击下工会组织被异化为资方的附属机构，工人向企业讨要教育、医疗、福利住房等公共服务更加剧了劳资矛盾。低权利、低福利来维持的企业高增长不具有持续性，企业和政府必须为劳动者健全的生活支付成本和提供相应的公共服

① 李明桂：《马恩工会思想于人的发展的现实意蕴》，《改革与战略》2013 年第 7 期，第 2—6 页。

务。马恩工会理论揭示了工会产生的使命和维权职能，为指导非公企业的工会发展提供了科学的指导思想，构建和谐劳资关系需要：积极组建和完善非公企业工会以扭转“资强劳弱”的不和谐局面；充分激活和发挥工会维权功能以解决工人最关心最直接最现实的利益问题；设法探索和拓宽工会职责范围以满足工人们日益增长的公平正义需求。

以低权利、低福利来维持高增长是不具有持续性的，劳动者必须有健全的家庭和社会公共生活，企业和政府也必须为这种健全的生活支付成本和提供相应的公共服务，否则，不仅在经济上难以持续，在政治及社会等广泛领域也会付出高昂的代价。后现代社会呼唤工会回归本位，发挥本体性功能。马恩语境下的工会思想是在同各种机会主义思潮艰苦斗争中形成的，并被各国工人运动实践证明了的科学真理，它也为社会主义市场经济下协调劳资关系提供了可资借鉴的理论生长点，在现实语境下传承和发展这些思想必将有利于和谐劳资关系的构建。

（一）马克思主义工会思想的社会公平旨趣

1. 工会成立的目的：反对资本的侵夺

在资本主义制度下，资本家占有全部生产资料，劳动者除了自己的劳动力以外一无所有，资本家面对工人旨在提高工资的运动，发动舆论宣传攻势，企图从思想上瓦解工人的斗志，“工资上涨，物价必然同比例上涨”，购买力没发生变化，何况“工资不是由厂主决定的”，老板们在劳动力供求关系面前也是无能为力的，诱导工人不要组建工会、结成联盟，因为那样“就会阻碍工业的正常进程，妨碍厂主满足订货，扰乱商业和加速采用机器，机器就会使你们的一部分劳动毫无用处，从而迫使你们接受更低的工资”。① 因而工人阶级的任何斗争都是徒劳的，抗拒“工资决定于人手的供求关系”的政治经济学规律是可笑而幼稚的。压迫与反抗总是如影随形，工人开始采取盗窃、砸碎机器、捣毁工厂的斗争形式，逐步认识到摆脱非人的“生活、感觉和思想”必须联合起来形成组织，于是各国工人通过组建自己的工会、工联或同盟开展活动一浪高过一浪，并由地方工联升级为全国职工联合会。“不管什么经济学家和社会主义者，不管什么教科书和乌托邦，同盟片刻不停地随着现代工业的发展和成长而日益进步和扩大。”②

---

① 《马克思恩格斯选集》第 1 卷，人民出版社 1995 年版，第 191—192 页。

② 同上。

大工业把大批工人聚集在一起，竞争也使得他们的利益产生矛盾，机器的改进和大量后备军的存在成为工人阶级同资本进行生存斗争的绊脚石，也是资本用来对付工人阶级最强有力的武器，“使相对过剩人口或产业后备军同积累的规模和能力始终保持平衡的规律”制约着同资本积累相适应的贫困积累。但是维护工资的这一对付资本的共同利益，使工人们在工会或同盟组织下联合起来，这样工会同盟就具有双重使命，“消灭工人之间的竞争，以便同心协力地同资本家竞争。反抗的最初目的只是为了维护工资，后来，随着资本家为了压制工人而逐渐联合起来，原来孤立的同盟就组成为集团，而且在经常联合的资本面前，对于工人来说，维护自己的联盟，就比维护工资更重要”。① 可见，不管资本的辩护士们怎样否认，工人通过工联组织起来反对资本的斗争确实是有效的，资本家和工人阶级都想尽量多分到一些劳动产品，然而除了劳动力以外一无所有的工人怎样同占有生产资料的强大资本竞争呢？只有“整个行业的工人结成一个强有力的组织，在工人中间募集基金，使他们在必要时能够同他们的雇主对抗，因而能够作为一支力量去同这些雇主进行谈判”②。这样，斗争形势完全改变了，“对于资本家来说，任意减低工资或增加工作时间成了一件冒险的事情”③。

2. 工会维权的经济诉求：提高工资缩短工时

劳动者与生产资料的彻底分离使生产的产品“已经不归那些真正使用生产资料和真正生产这些产品的人占有，而是归资本家占有”，广大工人群众的穷困和生活无保障成为常态。恩格斯说：“一条规律把劳动力的价值限制在必要的生活资料的价格上，另一条规律把劳动力的平均价格降低到这种生活资料的最低限度上。这两条规律以自动机器的不可抗拒的力量对工人起着作用，用它们的轮子碾压着工人。”④ 而工人则在相反的方面不断地对抗，归根到底取决于双方力量的对比。

资本家之间的相互竞争，也会使得每个资本家变本加厉地减少自己工人的工资以增加利润，“没有组织起来的工人，对这种经常不断的压力，是没有任何有效的抵抗手段的。所以，在那些工人没有组织起来的行业中，工资有不断下降的趋势，工作时间有不断增加的趋势”⑤。而资本家

---

① 《马克思恩格斯选集》第1卷，人民出版社1995年版，第193页。

② 《马克思恩格斯全集》第25卷，人民出版社2001年版，第494页。

③ 同上书，第497页。

④ 《马克思恩格斯选集》第4卷，人民出版社1995年版，第428页。

⑤ 《马克思恩格斯全集》第25卷，人民出版社2001年版，第496页。

一向是有组织的，他们通过经常的社会和商业往来开展交流活动，对于任何旨在提高工资和缩减劳动时间的行为必将群起而攻之，所以“在与资本家的竞争中，劳动者不仅处于不利地位，而且还要拖着钉在脚上的铁球”①。工人们组建工会等组织，选举专职人员和委员会并募集“抵抗基金”对抗资本家，大大增强了工人斗争的战斗力和向心力，恩格斯总结道：“工资规律违反雇主的意志而得到了实现；任何组织完善的行业的工人，都能获得至少接近于他们所提供给雇主的劳动力的全部价值；在国家法令的帮助下，工作时间至少不会过分超出最大限度致使劳动力过早耗尽。”② 这样，工会通过谈判、总罢工，甚至使用暗杀、爆炸等手段部分地实现了其基本的历史使命。

3. *工会斗争的政治诉求：废除雇佣劳动制度*

工会维权的诉求在与资本的斗争实践中不断深化，不能满足于眼前的一小部分既得利益。马恩指出工会维权并没有触及工人受剥削压迫的制度根源，造成工人经济地位低下的不是工资的高低，而是“工人阶级得不到自己劳动的全部劳动产品，而不得不满足于自己生产的产品的一部分，这一部分就叫做工资”③。工会必须认清“工资规律”实质上是资产阶级维护自身利益的舆论工具，在现有的社会制度下它是不可能被推翻的。经过工人长期的斗争，资本家为了缓和阶级矛盾，避免本企业、行业因工会罢工、停工、停产而造成巨大损失，慢慢认为接受工会协商工资不失为一种明智之举。但是由于大量的失业后备军，由于工人不断被新机器排挤，由于农业工人的转移，工人的斗争成果一旦出现经济波动便会化为乌有，又要像过去一样艰难抗争，那么，摆脱这种恶性循环的出路在哪里呢？恩格斯指明，工联要突破过去的狭隘眼界，利用工人议员的“新武器”战斗，通过合法的政治斗争取得更广泛的利益，告诫工联不要忘记自己作为工人阶级先锋队的责任。

“做一天公平的工作，得一天公平的工资”这句在英国工人运动中喊了50年的口号，在工联兴起时期起到了很好的作用，到19世纪后半期“已经过时和完全不适用了”。恩格斯旗帜鲜明地指出：“政治经济学的公平真正决定着支配当今社会的规律，这种公平完全是一边倒的，是倒向资本一边的。因此，我们要永远埋葬掉这个旧口号，代之以另外一个口号：

---

① 《马克思恩格斯全集》第25卷，人民出版社2001年版，第490页。

② 同上书，第498页。

③ 同上书，第494页。

劳动资料——原料、工厂、机器——归工人自己所有!"① 让资产阶级经济学家始料未及的是,"工人们献出相当大一部分工资支援经济学家认为只是为了工资而建立的联盟。在这一斗争(真正的内战)中,未来战斗的一切必要的要素在聚集和发展着。一旦达到这一点,联盟就具有政治性质"②。不过,要达到完全废除雇佣劳动制度这个更高目标,"必须要有组织,但不是个别行业的组织,而是整个工人阶级的组织。这件事做得越快越好。世界上没有任何力量能够对组织成一个整体的英国工人阶级进行哪怕一天的抵抗"③。令人欣慰的是,英国新工联的诞生更凸显了自身的政治使命——改变雇佣劳动制度,显示了更加坚决、彻底的斗争精神,"他们的心田还是一块处女地,丝毫没有沾染上传统的'体面的'资产阶级偏见,而那些处境较好的'旧工联主义者'却被这种偏见弄得昏头昏脑"④。

(二)马恩工会思想对化解劳资矛盾、实现公平分配的实践意蕴

当前我国正处于一个中低速增长并包含着一系列复杂社会变革的新转型期,各种矛盾交错纷呈。非公企业成为劳资纠纷的重灾区,一个主要原因是一些企业没有真正建立起能够维护职工合法权益、有效化解劳动关系的工会组织,"中国未来几年要做的第一件事就是国企私有化,国有企业已经成为未来中国进一步成长的最主要障碍之一"⑤"把中国的经济更进一步地私有化,并且将全民所有落实到每一个人"⑥ 等私有化主张更加剧了"资强劳弱"的程度和既得利益阶层的固化,新自由主义者鼓吹工资完全由劳动力供求关系决定,与工会组织健全与否、劳资力量强弱无关,劳资关系天然受市场调节而政府无权干涉,主张在资本主义框架解决劳资矛盾,这必将退回到马恩批判的时代。而社会主义市场经济的劳资关系并不等同于西方国家的劳资关系,劳动者与资本的矛盾不再是阶级斗争,主要体现为人民内部矛盾。重温马恩工会理论并与我国非公经济中工会实际

---

① 《马克思恩格斯全集》第25卷,人民出版社2001年版,第491页。

② 《马克思恩格斯选集》第1卷,人民出版社1995年版,第193页。

③ 《马克思恩格斯全集》第25卷,人民出版社2001年版,第501页。

④ 《马克思恩格斯选集》第4卷,人民出版社1995年版,第432页。

⑤ 张维迎:《中国未来几年要做的头等大事就是国企私有化》(http://finance.ifeng.com/news/special/zgfzlt_2012/20120317/5764651.shtml)。

⑥ 陈志武:《建议私有化国有资产把全民所有落实到每个人》(http://finance.ifeng.com/news/20100809/2493234.shtml)。

相结合，传承马恩的批判精神，会有助于清除后机会主义的干扰，使劳资关系回归科学发展的轨道。

1. 积极组建和完善企业工会：扭转“资强劳弱”的不和谐局面

我国传统发展方式是以低工资为比较优势的出口导向型，绝大多数劳动者在非公企业就业，尤其是2亿多农民工，权益保护意识相对薄弱，政治表达缺乏渠道，当遇到工伤、拖欠薪时最常用的反抗形式是“一找老乡，二找劳动局，三找媒体”，认为工会都听老板的，无奈之下只好“用脚投票”去频繁地更换工作，直至“用手投票”去停工、跳楼，这些情况正在发生变化，特定阶段的人口红利逐步消失、老龄化社会逐步显现、网络技术快速发展彻底改变了我国社会的生态，极大地催生和提升了普通群众的公民意识，要求政府和企业主的收入分配方案更多地体现出对公平正义的呵护、对弱势群体的保护，从而对政府和企业的控制和管理构成了挑战，为妥善应对劳资纠纷不断增长、工人们日益上升的权利主张的压力，政府和企业主必须要做出正能量的回应。

政府建立健全保障工会职能的法制体系，使失衡的劳资关系走向规范。社会主义之所以比资本主义优越，不在于有没有资本，而在于公共权力有无能力使资本扬善抑恶，扼制和消除资本为追逐价值增殖而违背人和社会发展需要的倾向。当前对非公资本更应该是调控、驾驭而非放任、自流。《劳动法》《劳动合同法》《就业促进法》《劳动争议调解仲裁法》《工会法》等法律显示出我国初步形成了劳动法律体系，不过相配套的一系列法律法规亟待出台，在政策和法规制定过程中人大、政府要广泛争取各级工会的意见和建议，使工会从源头上参与协调劳动关系。同时，完善司法和执法，重塑法律权威。资强劳弱是我国当前劳资关系领域的基本态势，劳资冲突和劳资纠纷的结局只能是劳动者单方权益受损。要打破博弈僵局，各级政府和司法部门必须不断推进制度和机制创新，在工人就业、工资水平、休息休假、劳动条件、社会保险、职工民主参与、劳动争议处理和执法监察等方面加强司法监督和执法监管。作为企业和工会的中间调停者，政府只有更多地站在劳动者一方，通过“扶微济弱”才能维持劳资博弈力量的均衡，才能回归社会秩序和社会公平正义的裁判者、维护者的本职。而目前急需叫停地方政府有些官员为了GDP的政绩和权力变现“亲商不亲工”，过分偏袒和纵容资本对劳动者权益和公共利益的侵蚀。

企业要勇于承担社会责任，铺设化解矛盾缓冲带。私企建立工会不只是中国法律的要求，入世后的竞争和接轨已经使不少有远见的企业意识到必须改善劳工保护和健全工会，这是企业发展到一定规模后的必然需要。

资方在利润充足的条件下缺乏转型动力，甚至还会成为某种阻力，而当前整个国家都面临着经济发展方式的转型，非公企业面临大环境大浪淘沙的洗礼，明智的选择是将主要注意力由单纯关心企业利益增长和自身发展环境转向与社会协调发展，由摆脱贫困、实现个人富裕为目标转向以提高企业员工福利和生活质量、实现共同富裕为根本目的上来。如果固守过去的生产经营理念，迷恋"人口红利"和政府"GDP关怀"，在工人组织工会主张权益意识日渐增强、整个社会对公平公正的呼声日趋强烈情况下，政府必然顺乎民心、合乎民意来补足劳动者弱势这块短板，必将加大本企业、行业因工人罢工、停工、停产和政府政策性约束而造成的损失，"任意减低工资或增加工作时间成了一件冒险的事情"，如果企业能注重劳资和谐，积极承担社会责任，通过技术创新、产品创新、服务创新达到社会创新，就会赢得更大利润和长期发展空间。一个相对独立的、运作良好的工会组织，不仅是在维护工人的权利，而且对企业的长远发展、对社会的稳定都具有重要意义。

工人要自觉自悟，团结起来力量大。过去，非公有制企业中的工人在资本与劳动力供求关系不平衡、劳资地位不平等、劳动立法不完善的情况下，他们为了让一部分人先富，容忍了自己权利不平等的状况；为了有一份工作，容忍了低工资、低保障；为了获得比务农要多的收入，容忍了资本的过度剥削；为了子女将来更有出息，容忍了收入差距扩大的不公。近年来，企业工人已经意识到，要更好地维护自己的权益必须组织起来，通过组织所凝聚的力量增强自己在劳资谈判中的筹码，组织意识的增强使他们从分散的自在群体向集中的自为力量转变，组建直选工会主席和委员的新型工会的热情越来越高涨。

2. 充分激活和发挥工会维权功能：解决工人最关心最直接最现实的利益问题

非公经济仍是社会主义市场经济的重要组成部分，资本主义经济下的雇佣劳动关系短期内不可能废除，因此，工会组织的近期目标主要是遏制资本的过度剥削，争取在提高工资的同时分享企业的利润。

劳动者应该分享企业发展成果。当前劳动关系矛盾增多预示着出台政策措施切实提高劳动报酬在初次分配中的比重已刻不容缓，备受关注的收入分配制度改革总体方案即将出台，改革关键在于提高工人待遇，而提高工人待遇最有力的工具是工资集体协商制度。事实上，工资集体协商办法已出台十几年了，难以发挥效用的最大症结在于工人们缺少可以依仗的王牌，使得劳资双方的"协商"往往成为单向的"央求"，因而，要使这一制度开花又结果，工会方面要做的应该是使工人争取可靠的法律意义上的谈判筹码，“问政于民，问计于民”的主体不能忽视广大工人群体，要通过各级工会在各种场合发出自己的最强音，全国总工会和各级政府要推动完善工资协商制度的细节设计，尽量让好政策落地生根。

政府部门应该建立联动督导机制。工资协商本是工人天生的权利，不管是什么类型的用工单位，只要职工有诉求就应该协商，为应对私企的抵制，政府应将其纳入地方官员的考核目标，同时可以将人社局、工信委、商务局、工商局等多家单位吸纳进入地方企业工资集体协商制度领导小组，以求形成强大的联动效应。企业到工商局年审前，要告知必须建立此项制度；项目审批时，将其作为审批的前置程序；申请优惠政策时，将其作为条件之一。工资协商由谁主导、主持的问题很重要，如果由私企的领导层兼任或委派工会主席，“屁股决定脑袋”的协商结果必然背离工人们的意向，如果由工人直选代表担任主席，又由于受雇于企业，即使替工人争取了权利，也可能被雇主打压甚至解聘。有必要积极推行工会主席职业化、专业化，使其独立于企业，解除维护职工权益的后顾之忧，欧美国家的工会主席都由律师、经济学家、劳资谈判专家等专业人士组成。目前可以由县市乡或居委会向辖区企业派驻专业人员担任联合工会主席，负责对各工会进行专业性、技术性和政策性辅导，企业直选工会主席和代表成立工会，等工会发展成熟后逐步使其独立运行。

当年拉萨尔主张由普鲁士王国帮助工人建立联合会，马克思批判他是与虎谋皮的空想，结果只会陷入机会主义的泥潭。而如今，社会主义国家的劳动者，不管在什么性质的企业就业，都是国家的主人，社会主义国家有能力更有义务督导企业尤其非公企业组建及维护工人各项合法权利，当然不是追求“数字工会”，也不是一味地要求资方给工人加薪。关键是保证工人能分享企业发展的成果，如果企业效益好，可以协商涨工资，如果收益不好，那么职工代表可以要求怎样才能不减薪、不裁员。这一制度的本质是工资、福利不能由资方说了算，职工也要有话语权，建立的是一种共决机制。

3. 设法探索和拓宽工会职责范围：满足工人们日益增长的公平正义需求

在利益结构复杂化、利益群体多元化的今天，缓解劳资矛盾必然要求党和政府综合考量多方诉求，找到各方利益的最大公约数，这对党的执政能力提出了新的挑战。从转变发展方式的高度看必须摒弃过去碎片化解决矛盾的思维，如果工人的利益表达不能穿透企业达到社会层面，工会就无法正确表达工人的利益诉求，政府也就无法确保工人的合法权益免受侵害。有些地方政府和领导不愿意让广大工人群众有太多话语权，不想让渡给工会权力。在政府力量非常强大、市场力量较大、社会力量不大的格局下，非公企业一旦出现劳资纠纷，最终都会将矛盾推向政府，甚至引起劳政矛盾、官民冲突。

政府要践行公共服务职能。政府部门要力推工会转型创新，提高工会的地位和作用，各级工会也要改变对待职工问题上“重福利、轻权益”的倾向，把保护和维护员工合法权益作为加强工会组织建设的首要任务。在现有体制下，工会开展工作急需一些社会资源，特别是党委政府所掌握的社会资源，为扔掉“花瓶工会”的帽子，党政部门的部分权力和社会资源让渡给工会，工会直接介入劳动力市场和牵头下属部门联合开通职工利益诉求渠道，从而为劳资双赢增设了一个缓冲地带，将矛盾尽量化解在萌芽状态。同时，归还劳动者自行组织工会的政治权利。目前非公企业工会存在制度性弱势，工会基本都沿袭计划经济时代企业工会的模式，由政府督导去找老板们组建，而不是动员、教育、引导工人们自觉组织起来，这样工会组建比例很高，可经费来自企业，工会主席和代表徒有虚名。中华全国总工会发布数据，截至 2012 年 6 月非公企业建立工会 343.53 万家，建会率达到 82.73%，发展会员 9929.01 万人，职工入会率达到 72.95%。[①] 而属于工人自愿组建并能依法维护职工合法权益的工会有多少呢？另外，深受“自由化、私有化、市场化”的影响，政府把原本不是商品的教育、医疗、福利住房进行了市场化改革，减少了工人获得公共性资源的份额，让劳动者去找企业主来补偿这一部分损失，无疑会激化劳资关系的对抗。所以政府有责任妥善解决他们的社会福利问题，增加公共服务项目、提高社会保障水平，问题就容易解决。

企业要反哺工人精神福利。如今幸福社会的概念日渐兴起，2011 年的数据显示，已有 100 多个城市提出建设“幸福城市”。在私企就业的新生代产业工人在工资报酬福利诉求外也萌发了对尊严和幸福感的新期盼，要求谋取人格尊严、心理健康、情感寄托、文化娱乐等精神福利，各级政府、企业和社会组织高度重视改变工人“物质积累白热化，精神世界真空化”的状况，加大对产业工人“精神福利”方面的保障。当前我国在职工精神权益保护方面的立法和监管还是空白，一些私企就无限制地强化

① 王玉普：《全国非公企业建立工会比率超过 82%》（http://www.gov.cn/jrzg/2012—07/30/content—2194963.htm）。

企业管理、最大限度地压榨劳动力。因此，劳动监察部门的监管范围要从欠薪、无劳动合同扩大到一些明显有损人格尊严、明显侵害个人精神权利的行为，督促企业把发放员工一定“精神福利”（安排工人休息时间、增加工人间交流机会、提供充足的文化娱乐设施、解决子女就学、提供培训机会）纳入预算。

习近平总书记在会见十八大中外记者时指出人们对美好生活的向往，就是我们的奋斗目标。人民群众对过上更好生活的要求在提高，对加快解决民生领域突出问题的期盼在提高，党和政府必须扎实做好正确处理人民内部矛盾各项工作尤其解决劳资矛盾，伟大的实践需要科学的理论支持，这就要求必须对我国新形势下的劳资矛盾状况进行深入分析，把马恩工会理论与我国当前劳资特点紧密结合，建立健全适合我国国情的新型工会组织：从组织角色来看，工会组织应当从党委和政府直接领导下的准行政机构转变为接受和拥护党的领导、联系党与工人群众、具有相对独立性的利益组织；从运行机制来看，工会组织要从依靠政府、背对工人转变为依靠工人、面对老板；从组织职能来看，工会组织不仅要成为职工权益的维护者和劳资关系中的一方代表，而且应当切实参与民主决策、民主管理和民主监督，行使好自己的民主权利。①

三　社会主义个人消费品分配原则与两种异化的分配观②

马克思在《哥达纲领批判》第一章中批驳了“按照平等的权利”把消费品“公平的分配”给“社会一切成员”的唯心史观，指出在共产主义第一阶段个人消费品分配应采取“一种形式的一定量劳动同另一种形式的同量劳动相交换”原则，列宁将其解释为按劳分配③。按劳分配从理论走向实践，经济不发达国家走上社会主义道路。在相当长时间内基本分配原则既不能搞忽视按劳分配主体的多元化分配，也不能推行单一按劳分配。

（一）马克思按劳分配原则的精神旨趣

对未来社会分配的设想，与拉萨尔主义的“平等的权利”“公平的”分配观点不同，马克思认为在“一个集体的、以生产资料公有为基础的

---

① 王金红：《工会改革与中国基层民主的新发展——非公有制企业工会直选的案例分析》，《华南师范大学学报》（社会科学版）2004 年第 5 期，第 42 页。

② 李明桂：《〈哥达纲领批判〉中马克思社会主义观的中国化诉求》，《改革与战略》2011 年第 7 期，第 15—18、127 页。

③ 《列宁选集》第 3 卷，人民出版社 1972 年版，第 62 页。

社会”中，“除了自己的劳动，谁都不能提供其他任何东西，另一方面，除了个人的消费资料，没有任何东西可以转为个人的财产”。① 这里，私有制、阶级剥削不复存在，个人劳动直接转化为社会劳动，劳动者实现了与生产资料的直接结合，劳动的起点相当——生产资料公有制中消除了人们对生产资料占有关系的不对等，劳动者生产的产品共同所有；劳动的过程平等——“以同一尺度——劳动——来计量”生产者的权利；劳动的结果相对公平——“从社会领回的，正好是他给予社会的”。② 尽管，劳动者家庭情况和个人禀赋有别，分配结果仍有差距，但与以往私有制社会中劳动者剩余劳动被无偿占有的分配方式相比，按劳分配原则颠覆了几千年建立在生产资料私有制基础上的人剥削人的分配制度，第一次摆脱了人剥削人的关系，第一次把收入与劳动结合起来。邓小平指出：“按劳分配就是按劳动的数量和质量进行分配。根据这个原则，评定职工工资级别时，主要是看他的劳动好坏、技术高低、贡献大小。”分配“只能按劳，不能按政，也不能按资格”。③ 按劳分配的实质是既反对平均主义，也反对剥削，否定一切形式的不劳而获，彰显了劳动者的分配权，多劳多得、少劳少得、不劳动者不得食，劳动者既是财富的创造者，也是财富的分享者，劳动贡献得到了有效激励。

（二）现实意义和理论意义按劳分配之别

在自由资本主义社会境遇下，马克思预见未来社会实行按劳分配要以一定的社会经济条件为前提，在全社会范围内建立生产资料社会所有制，消灭商品、货币关系，社会总产品做了各项必要扣除，社会保障体制已非常完善，全体社会成员都得到自由全面发展，劳动时间是劳动者生活资料的唯一决定尺度，于是就具有分配主体的同一性、分配尺度的唯一性、分配原则的等价性、分配结果的差异性。而目前，我国还达不到马克思所构想的未来社会发展水平，所以不可能实行理论意义上的按劳分配，同时，生产资料公有制为主体、多种所有制共同发展的基本经济制度决定了它也不能像资本主义那样“按资分配”，只能采取“按劳分配为主体、多种分配方式并存”的分配制度，按劳分配就具有了中国特色：按劳分配的范围不是全社会，而是公有制企业内部；按劳分配的尺度不是劳动时间，而

---

① 中共中央马克思恩格斯列宁斯大林著作编译局编：《马克思哥达纲领批判》，人民出版社 1997 年版，第 14 页。

② 同上。

③ 《邓小平文选》第 2 卷，人民出版社 1994 年版，第 401 页。

是劳动效果；按劳分配的对象不是产品，而是劳动价值和剩余价值的部分；按劳分配不是直接分配，而是借助商品货币形式实现；按劳分配的结果不是同步富裕，而是一部分人先富起来。按劳分配是社会总产品分配下的个人消费品的分配原则，将理论意义上的按劳分配与社会主义分配实践相结合，劳动者的劳动所得成为财富分配的主力，非劳动所得终究只是分配的次要部分，理论研究和体制改革重点应放在劳动所得上，社会主义市场经济更应关注和保障劳动者的劳动收入，在此基础上探索和谐社会利益共享分配模式。

（三）抵制和反对两种错误的分配观

在我国所有制改革中，有人提出搞单一公有制，有人主张搞私有制，相应地，在分配体制改革中，由于理论认识与实践的严重错位，也引起人们对按劳分配认识上的偏差。一是主张推行单一按劳分配。鉴于当前分配差距拉大的困惑、收入结构的严重不平衡、劳动力价格长期低廉、分配严重向资本所有者和权力阶层过度倾斜、普通劳动者未能平等分享经济发展成果，依据共产党的经济纲领："共产党人可以把自己的理论概括为一句话：消灭私有制。"① 我国要废除国内的资本主义私有制，在单一公有制内实行单一按劳分配，从而化解分配不公之难，这种渴望公平分配的愿望可以理解，但这是脱离实际的乌托邦式的空想，是过去的"左"倾思潮抬头的表现。长期以来，有人一直认为我国处于马克思设想的共产主义第一阶段，即列宁称之为"社会主义社会"，把"公有制""按劳分配"为特征的制度建设作为社会主义改革和发展的目的。虽历经 30 多年的改革开放，生产力发展水平和国内生产总值大幅度提高，但与发达资本主义国家相比仍有很大差距，离马克思的共产主义第一阶段还很遥远，依据马克思的逻辑推演，我国只不过处于向共产主义第一阶段的过渡时期，即邓小平所说的社会主义初级阶段，"只有到了下世纪中叶，达到了中等发达国家的水平，才能说真的搞了社会主义，才能理直气壮地说社会主义优于资本主义"②。还不能一下子就消灭资本主义经济成分，在这个至少需要上百年的初级阶段里，只能实行以公有制为主体和按劳分配为主体的经济制度。可见，这种错误主张源于人们没有正确理解马克思关于未来社会发展阶段和分配方式的原义，没有正确认识自己所处的社会发展阶段，按照超

---

① 《马克思恩格斯选集》第 1 卷，人民出版社 1995 年版，第 286 页。

② 《邓小平文选》第 3 卷，人民出版社 1993 年版，第 225 页。

前的制度设计来搞社会主义建设，遭受规律的惩罚也就在所难免了。二是主张各种分配方式的地位在市场经济竞争中自发形成。这是当下更流行的看法，认为发展市场经济最重要的是竞争，在国民收入分配中各种分配方式的地位不是由所有制决定的，而应由自由竞争获得。这实际就是借市场经济多元资本参与投资并影响分配之名，大力宣扬产品的分配权由资本持有人和实际控制人掌握，忽略公有因素参与分配致使按劳分配主体地位被边缘化，这与当年拉萨尔离开所有制性质空谈分配一样是唯心史观的论调，我国是在公有制为主体的条件下发展市场经济的，“消费资料的任何一种分配，都不过是生产条件本身分配的结果；而生产条件的分配，则表现生产方式本身的性质”①。生产资料的性质决定产品的分配方式，社会主义公有制内要求按劳分配，在非公经济领域实行其他分配方式，资本主义私有制范围内要求按资分配。或许他们会借以我国现阶段是不合格的社会主义，仍存在商品经济和多种经济成分，多种经济成分要求多种分配方式并存，片面强调多种经济成分平等竞争而忽视它们在国民经济中的地位和性质的差异，故意混淆主次，非公经济是我国社会主义市场经济的组成部分，但不是社会主义经济。或许他们会借以分配不公的客观现实，按劳分配中的“平等的权利按照原则仍然是资产阶级权利，这个平等的权利总还是被限制在一个资产阶级的框框里”，这些“弊病”在社会主义时期是不可避免的，为消解按劳分配现实的弊病，就要压缩其发挥作用的空间、缩小其支配范围，扩大其他分配方式的作用范围。显然，这种看法只片面强调按劳分配的弊端，忽视按劳分配的实质，更无视按劳分配的社会基础。两极分化趋势的形成不是按劳分配的产物，相反，在资本为王时代，长期将按劳分配主体地位边缘化使按资分配和按生产要素分配主导分配市场，没有很好地贯彻和执行按劳分配则是重要原因。

私营经济、外资经济、公有制经济在我国所有制中的地位决定了按劳动力价值分配、按资分配、按劳分配在我国分配方式中的地位。以公有制为主体是按劳分配为主体的制度保障，对新自由主义私有化、自由化、市场化的主张要予以抵制和批判，充分发挥公有制经济对全体人民利益的保障作用、不断增强对公有资本的控制力，树立劳动者为本的观念。另外，根据所有制决定分配关系原理，企业利润在私有制下全部归资产者，在单一公有制下全部归劳动者，而在以公有制为主体、多种所有制并存条件

① 中共中央马克思恩格斯列宁斯大林著作编译局编：《马克思哥达纲领批判》，人民出版社 1997 年版，第 16 页。

下，则归劳资双方共享，当然要以劳动权益为主导。如果过分强调按劳分配的单一性，必然遏制各种生产要素创造财富的积极性，如果无视占主导地位的按劳分配的一元性，必然导致多元共荣、和谐幌子下的按资分配的主导地位。这两种分配观都是肢解了马克思的社会主义分配原义，偏离了科学社会主义的轨道，理论上和实践上都是有害的。

四　社会主义市场经济下增强劳动者在雇佣劳动中的分配权

《哥达纲领批判》第二章集中批判了拉萨尔“铁的工资规律”，再次阐释了马克思的工资理论和剩余价值学说，指明工人普遍贫困的根源不在于劳动力供求关系失衡，而在于资本主义私有制下的雇佣劳动制度，无产阶级革命是工人阶级改变命运的必由之路。社会主义市场经济下，正确看待雇佣劳动存在、发展的必要性和抑制、消灭的必然性的关系。

（一）资本主义雇佣劳动关系是造成收入两极分化的制度根源

拉萨尔的“铁的工资规律”把工人的工资看作劳动的价值或价格，其高低与工人人口多少、生活资料丰歉的自然原因有关，而与社会因素无关，以自然规律为幌子来证明：“社会主义不能消除自然本身造成的贫困，而只能使它普遍化，使它同时分布在社会的整个表面上！”① 把工人斗争引向依靠国家帮助建立生产合作社以获得全部劳动所得的改良主义道路，除此之外工人的一切斗争都是毫无意义的。马克思指出：“如果这个理论是正确的，那么，我即使把雇佣劳动废除一百次，也还废除不了这个规律，因为在这种情况下，这个规律不仅支配着雇佣劳动制度，而且支配着一切社会制度。”② 拉萨尔把事物的外表和本质本末倒置，就把工人贫困的真实根源掩盖起来，而事实上，“雇佣工人只有为资本家（因而也为同资本家一起分享剩余价值的人）白白地劳动一定的时间，才被允许为维持自己的生活而劳动，就是说，才被允许生存”③。“雇佣劳动制度是奴隶制度，而且劳动的社会生产力越发展，这种奴隶制度就越残酷，不管工人得到的报酬较好或是较坏。”④ 恩格斯对拉萨尔根据马尔萨斯人口论和歪曲李嘉图的工资理论而杜撰出来的经济学谬论也给予了有力回击，“调

---

① 中共中央马克思恩格斯列宁斯大林著作编译局编：《马克思哥达纲领批判》，人民出版社 1997 年版，第 21 页。

② 同上书，第 20—21 页。

③ 同上书，第 21 页。

④ 同上。

节工资的各种规律是非常复杂的，随情况的不同，时而这个规律占优势，时而那个规律占优势，所以它们绝对不是铁的，反而是很有弹性的，这个问题不可能象拉萨尔所想象的那样用三言两语来了结”①。在资本主义处于上升阶段，雇佣劳动制度有其积极作用，马克思在《共产党宣言》中早已论述过，但随着资本主义的发展、分工的细化、经济全球化，雇佣劳动制度同生产力的社会性质的矛盾逐步加深，已经成为生产力发展的障碍，消灭资本主义雇佣劳动制度已经成为历史发展的必然。

（二）当代资本主义生产关系的新变化并未改变雇佣劳动制度的实质

二战后，发达资本主义国家在经济运行、所有制形式、收入分配、劳资关系、社会保障和福利等方面发生了明显变化：企业采取利润分享制、职工持股制、特殊退休金制度；政府通过税收制度和政策调节，运用转移支付对国民收入进行再分配，缩小市场经济初次分配中收入差距悬殊的状况，实现了部分的社会公平；职工分享企业利润或参与企业管理，劳资关系有逐步缓和的迹象；此次全球金融危机后，西方国家采取了包括金融稳定政策、扩张性财政政策和货币政策，政府出资购买金融机构的不良资产、向金融机构注资实施暂时国有化，大规模减税以刺激消费和投资，增加政府投资以拉动市场需求，增加财政补贴以扩大内需。这些变化都是资本主义国家为适应生产力的新发展、吸收社会主义文明、缓和阶级矛盾而对其生产关系做以局部调整和变革，不过资本主义的基本经济制度没有发生根本改变，也不能克服资本主义基本矛盾及其各种具体矛盾，企业工人持股不过是作为“生产劳动阶级”取得自己所创造的财富的一种方式，“雇佣工人为自己铸造的金锁链已经够长够重，容许把它略微放松一点”②。不会使工人成为资本家，至于推行国家资本主义，也只是权宜之计，正如有些学者所言，西方国家为应对危机采取的举措并不意味着政府将“无限期地直接管理经济”，更不意味着西方国家将改变私有制，一旦渡过危机，它们又会重新将更大规模的“国有企业”私有化，并放松某些应急的政府干预措施。③

---

① 中共中央马克思恩格斯列宁斯大林著作编译局编：《马克思恩格斯论拉萨尔和拉萨尔主义》，人民出版社 1979 年版，第 204—206 页。

② 马克思：《资本论》第 1 卷，人民出版社 2004 年版，第 714 页。

③ 王伟光、程恩富、胡乐明：《西方国家进入和阶级危机与中国对策研究》上，《马克思主义研究》2010 年第 7 期，第 13 页。

（三）社会主义市场经济下雇佣劳动制度的双重性

马克思、恩格斯认为社会主义消灭了私有制，自然也就消灭了剥削现象，但现实走上社会主义道路的都是经济不发达的落后国家，没有经历资本主义的充分发展。我国现处于并将长期处于社会主义初级阶段，需要吸收和借鉴资本主义资本文明成果，需要发展私营经济和外资经济，尽管这两种经济形式都以雇佣劳动为基础、允许剥削，但这是我国必经的长期的阵痛，邓小平曾告诉人们不必过于担心，只要公有制经济还是主体，“同外国人合资经营，也有一半是社会主义的。合资经营的实际收益，大半是我们拿过来。不要怕，得益处的大头是国家，是人民，不会是资本主义”①。同时主张非公经济中的雇佣现象在一段时间内“用不着急于解决”，为了让非公经济在实现一部分人、一部分地区先富中发挥积极作用，就允许雇佣劳动制度“再飞一会儿”，当然为避免两极分化的产生和解决两极分化问题，设想到20世纪末达到小康水平的时候，“就要突出地提出和解决这个问题”。②

现在这个问题已摆在面前：一是有些地方政府在招商引资中官商勾结损害公共利益，让私人资本所有者快速致富，改革的巨大成本主要由国企和城乡劳动者承担（城市工人下岗、农民低价进城），国企“抓大放小”改革中出现“化公为私”使大量国资流失到私人手里，成为非公经济的来源。二是私营企业主在社会主义建设者光环下难以掩盖剥削者的身份，追逐利润的本性未改，这一方面未引起足够的重视，我国分配和财富不公的主要矛盾根本不是垄断行业与一般行业的工资差别，也不是城乡之间收入的差别，而是私营企业主惊人的收入和巨大财富与普通劳动者收入和财产的差别。③ 三是在一些异化的国企中，高管们不是以人民公仆的形象、政府官员的榜样去影响私营企业主为社会多做贡献，而是在个人薪水上无原则攀比，几百万、上千万的年薪外加股权激励和奖金，在某种程度上是对全民资本收益的盘剥和掠夺，加剧了收入分配的差距。如此一来，如何制约和监管私营经济和外资经济下的资本对劳动的过度剥削，如何监管公有制企业官员以确保国有资产、社会公众资产的所有权和收益权实至名归而不被侵占，必须进行审慎思考并给出应对之策。

---

① 《邓小平文选》第3卷，人民出版社1993年版，第91页。

② 同上书，第374页。

③ 吴宣恭：《分配不公的主要矛盾、根源和解决途径》，《社会主义经济理论与实践》2011年第2期，第75页。

在市场经济中，社会主义优越于资本主义在于公共权力有能力遏制和消除资本为追逐价值增殖而违背劳动者和社会发展需要的倾向，“消灭剥削，消除两极分化”是社会主义的本质，我国现阶段一定程度、一定范围内存在私有制引发的剥削，剥削的必然结果是两极分化，所以政府要着力巩固和加强公有制的主体地位，以此来引导、规范非公经济，增强社会责任感：一要扭转过去过分强调容许资本主义雇佣劳动制度的生产力水平低的偏向，更加注重社会主义生产关系的维护。强调生产力的不发达、多层次和不平衡特点，虽有合理之处，但却不能很好解释现实问题，因为我国公有制的比重在生产力较为发达的东部地区相对较小，在生产力较为落后的西部却相对较大，正好与上述观点所断言的相反。① 二要扭转过去靠低人工成本获得巨大利润的状况，更加注重企业的社会责任。政府利用公共权力有计划调节社会生产以遏制和消除资本的剥削，通过信贷、税收杠杆引导非公企业关心员工、回报社会，使资本流淌着更多道德的血液；要逐步降低企业资金成本和技术成本、提高人工成本以提升居民的消费能力。三要扭转过去资强劳弱下只侧重宣传保护非劳动所得的偏向，更加注重对劳动者弱势一方的保护。政府要尽快补上劳动者主体地位缺位的短板，建立健全非公企业工会组织，扎实构建资本所有者、劳动者、工会和政府“四位一体”的劳动报酬集体协商机制；改革劳动者与生产资料的结合方式，通过劳动股份合作制使工人以劳动者和资本所有者双重身份获得收益，增强劳动者在工资中的分配权。

五　坚持科学社会主义政治价值观

民主社会主义理论来源是多方面的，从国际共产主义运动内部视角，可追溯到拉萨尔主义，拉萨尔抽象地谈论国家的永恒本质和使命，认为国家具有“真正的道德本质”，“合乎道德的国家观念是推动国家前进的动力”，把国家的崇高使命视为发展自由、使人类朝着更自由的方向发展，“国家的宗旨就是使人的本质能够积极地发展和不断地完善；……就是教育和推动人类走向自由”，“就在于实现这种自由的发展，实现人类向自由的发展”。②

认为普选权的实行是国家社会化的开始，只要普鲁士国王改变一下政策和统治形式，国家就变成无产阶级和革命人民的了。强调工人阶级单凭

① 冯金华：《试论社会主义初级阶段的基本经济制度及其科学依据》，《社会主义经济理论与实践》2010 年第 6 期，第 36 页。

② 《拉萨尔言论》，生活·读书·新知三联书店 1976 年版，第 71 页。

利用普选权就可以对现存国家进行干预，并能帮助工人阶级摆脱困境。在拉萨尔看来，建立合作社离不开争取普选权，争取普选权可以建立民主国家，在国家帮助下就可以建立合作社，解放工人阶级。这是宣扬历史唯心主义的国家观和普鲁士皇家的社会主义，这种幽灵至今未散，民主社会主义思潮又继承了其衣钵。

（一）国家性质是由经济基础决定的

拉萨尔脱离国家和道德的现实的经济基础，用抽象的道德观念来说明国家的本质和作用，妄图以此掩盖国家的阶级本质，为所谓“自由国家”提供理论依据。《哥达纲领批判》第四章就批判了离开对国家的阶级分析而空谈“自由国家”的机会主义国家观。自由是有阶级性的，在德国等国，只有地主、资产阶级剥削劳动人民的自由，而没有劳动人民反抗他们的自由，真正觉悟了的工人阶级只有彻底打碎现存的国家机器，才能建立无产阶级专政的国家。作为政治上层建筑的国家归根结底是由经济基础决定的，现实社会是国家的基础，国家是保护现存社会制度的工具，纲领草案却“把国家当作一种具有自己的‘精神的、道德的、自由的基础’的独立存在物”，完全抹杀了国家对社会和阶级基础的依赖，德英美等“现代国家”“现代社会”不论发展程度高低、政体如何，它们共同的国体是建立在生产资料私有制基础上的资本主义国家，而未来的国家制度则完全不同。

（二）社会主义过渡时期理论与无产阶级专政思想

马克思认为国家制度的变化只能根据从资本主义社会过渡到共产主义社会的历史进程中做出回答，“在资本主义社会和共产主义社会之间，有一个从前者变为后者的革命转变时期。同这个时期相适应的也有一个政治上的过渡时期，这个时期的国家只能是无产阶级专政”①。马克思吸收巴黎公社的革命经验，运用唯物辩证法的发展学说研究共产主义社会取代资本主义，是无产阶级破旧立新必须遵循的规律，也是反对拉萨尔派民主社会主义的有力武器。“普选权、直接立法、人民权利、国家军队”等政治要求是从资产阶级那里抄袭来的庸俗民主主义的陈词滥调，何况英美等国都已经实现了，现在还提就是一些废话了。在资本主义社会里，无产阶级

① 中共中央马克思恩格斯列宁斯大林著作编译局编：《马克思哥达纲领批判》，人民出版社 1997 年版，第 24 页。

政党必须对社会进行阶级分析，明确无产阶级的革命要求和无产阶级专政路线，而纲领草案却相反，“庸俗民主派把民主共和国看作千年王国，他们完全没有想到，正是在资本主义社会的这个最后的国家形式里阶级斗争要进行最后的决战，——就连这样的庸俗民主派也比这种局限于为警察所容许而为逻辑所不容许的范围内的民主主义高明得多”①。社会主义初级阶段始终需要辩证、客观看待阶级矛盾和阶级斗争问题，习近平在2014年2月17日中央党校讲话中明确指出：“必须坚持马克思主义政治立场。马克思主义政治立场，首先就是阶级立场，进行阶级分析。有人说这已经落后时代了，这种观点是不对的。我们说阶级斗争不再是我国社会主要矛盾，并不是说阶级斗争在一定范围内不存在了，在国际大范围中也不存在了。改革开放以来，我们党在这个问题上的认识一直是明确的。”

（三）抵制民主社会主义和坚持中国特色社会主义

民主社会主义认为当代资本主义的新发展，使社会阶级以彼此合作代替互相对立，阶级合作即改良是达到“和平地实现社会变革”目的最好的方式。在民主和专政问题上，崇尚民主鄙视专政，把民主超阶级化，把专政妖魔化，无论是什么阶级的专政都意味着独裁，意味着对民主的践踏，妨碍人性自由发展的无产阶级专政不是社会主义国家机器的合理形式。

两种社会制度和阶级斗争的规律决定了庸俗民主主义不会消失，在不同时期遇到合适的土壤和气候，这种错误论调又会以不同面貌示人，批判工作不可能一劳永逸。现阶段有人借口政治体制的弊端、分配的不公，打着改革的旗号鼓吹民主社会主义，极力主张指导思想多元化——取消马克思主义的一元指导，实行多党制、三权分立；取消共产党的领导，强调对经济的民主监督和雇佣劳动制度；取消消灭私有制的要求和阶级斗争。总之，把无产阶级争取民主的斗争局限在资本主义制度的框架内，实质上已经取消了科学社会主义。中国特色社会主义既坚持了科学社会主义的基本原则，又根据我国实际和时代特征赋予了鲜明的中国元素，社会主义同其他社会制度一样是经常变化的改革的社会，但有一点是不会改变的——消灭私有制。“社会主义有两个非常重要的方面，一是以公有制为主体，二是不搞两极分化。”② 反对和抵制民主社会主义最根本的就是始终坚持公

---

① 中共中央马克思恩格斯列宁斯大林著作编译局编：《马克思哥达纲领批判》，人民出版社1997年版，第26页。

② 《邓小平文选》第3卷，人民出版社1993年版，第138页。

有制的主体地位，社会主义公有制为结束几千年来人剥削人的阶级对立和贫富两极分化、实现社会公平正义和共同富裕提供了物质和制度保障。

在中国特色社会主义的指导下加快改革力度和进程，对当前政治问题和社会问题有策略地逐步解决。为此，要继续坚持人民民主专政。不仅社会主义初级阶段要坚持人民民主专政，在整个社会主义时期都要坚持。在我国虽然完整的敌对阶级不存在了，但现阶段仍存在阶级、阶级矛盾和阶级斗争，在某种条件下还可能激化，当前在维稳、和谐语境下少有提及，事实上阶级矛盾和阶级斗争仍在政治领域、意识形态领域、经济领域长期存在，诸如新自由主义思潮、民主主义思潮、普世价值观的甚嚣尘上，劳动人民受中外私人资本的盘剥压榨，异化了的国企中工人阶级重新被雇佣化，高管阶层与普通职工的对立，等等，如果继续无视、淡化阶级斗争，只能掩盖和纵容既得利益者明目张胆地不断发动对劳动人民的阶级斗争，并使得代表劳动阶级的共产党在这种客观存在的阶级斗争面前陷于被动无力的地位。① 我们应该适时适度地强化对专政对象的遏制和限制，绝不能毫无条件地毫不动摇地无限制地支持剥削者，绝不能为了迁就和成全剥削者的利益而损害劳动人民的利益，贫富差距的拉大、两极分化趋势的形成客观上要求国家行使人民民主专政职能，时刻牢记邓小平的告诫：“如果我们的政策导致两极分化，我们就失败了；如果产生了什么新的资产阶级，那我们就真是走了邪路了。”② 当然社会主义初级阶段基本矛盾的性质是非对抗性的，这些非对抗性的矛盾能够在中国特色社会主义制度的自我完善中加以解决。

在《哥达纲领批判》中，马克思对未来代替资本主义的新社会的预见旨在揭示社会自身运动的规律，而不在于预知其全部的细节，诚如恩格斯所言：“马克思的整个世界观不是教义，而是方法。它提供的不是现成的教条，而是进一步研究的出发点和供这种研究使用的方法。”③ 这为现实社会主义实践提供了科学方法论指导，不同国家、民族走向社会主义要做出合乎实际的历史推断，奢求用一把万能钥匙来解决一切复杂的历史现象是不切实际的空想，马克思也坦言：“我所在的党并没有任何一劳永逸的现存方案。我们对未来非资本主义社会区别于现代社会的特征的看法，是从历史事实和发展过程中得出的确切结论；不结合这些事实和过程去加

① 刘国光：《关于中国社会主义政治经济学的若干问题》，《社会主义经济理论和实践》2010 年第 11 期，第 8 页。

② 《邓小平文选》第 3 卷，人民出版社 1993 年版，第 111 页。

③ 《马克思恩格斯选集》第 4 卷，人民出版社 1995 年版，第 742—743 页。

以阐明，就没有任何理论价值和实际价值。”① 因此，我们要积极推进马克思社会主义观尤其是社会主义分配理论的中国化、当代化和大众化，继续为经济社会和谐发展提供强大的智力支持和精神动力，在传承的基础上努力赋予其新的内涵和时代元素，既要坚持社会主义基本分配原则不动摇，又不搞单一按劳分配和不讲按劳分配主体地位的多元分配；既要批判资本主义制度下的雇佣劳动制度，又要允许社会主义市场经济中资本主义雇佣劳动的适度发展；既要坚持人民民主专政和人民当家做主，又要批判民主社会主义背离科学社会主义的企图。

第二节　深化生产资料所有制改革与促进分配公平

当前收入分配制度改革是对利益分配不公的深度调整，可以称得上是一项极其重大、复杂、敏感的改革，既涉及经济社会诸多深层次因素，又关乎政府与市场、企业与职工、中央与地方、群体与群体之间的关系。一个半世纪前，德国机会主义者拉萨尔把工人贫困的根源归结为所谓的“铁的工资规律”，主张依靠国家帮助建立合作社来使工人获得“全部劳动所得”，鼓吹只要改变分配方式就能消除资本主义社会的弊病，改善工人阶级的生存条件，实现社会主义，在《哥达纲领批判》中马克思对拉萨尔离开所有制空谈公平分配的“分配决定论”进行了深刻的揭露和批判，认为“在分配问题上大做文章并把重点放在它上面，那也是根本错误的。消费资料的任何一种分配，都不过是生产条件本身分配的结果；而生产条件的分配，则表现生产方式本身的性质。”② 要想超越拉萨尔分配决定论，就应该从更深层次的生产资料所有制层面思考问题。当今中国，无论是分配问题还是所有制问题，都呈现出比当年德国更复杂的新特点，从国有企业改革的价值取向之争到垄断行业的高收入之诟；从农村土地集体所有权缺位之辩到土地资本化收益中农民失利之痛；从公共资源社会占有之论到社会资源分配不公之惑，都需要构建更为公正合理的分配秩序和格局。马克思“超越分配，把握实质”的思维和理路对我们仍具有很高的借鉴价值，研究分配和解决分配问题，不能仅在分配领域转圈子，实际上分配公平问题是深层次的生产方式问题的反映，深入探讨分配公平问题

---

① 《马克思恩格斯选集》第4卷，人民出版社1995年版，第676页。

② 中共中央马克思恩格斯列宁斯大林著作编译局编：《马克思哥达纲领批判》，人民出版社1997年版，第16页。

要紧密结合物质生产的全过程。

目前，我国行业之间、地区之间、城乡之间、居民之间收入差距拉大的趋势尚未根本扭转，如何破解收入分配不公难题，事关社会和谐、稳定大局，事关全面小康社会目标的如期实现，事关广大劳动者共享改革成果和有尊严的生活。而在分配问题上却有一些极不和谐的论调，诸如“三大认识误区”论：一是崇尚市场调节论。一些基层干部认为在市场经济激烈竞争环境下，收入差距扩大是不可避免的，解决收入悬殊问题解铃还须系铃人，最终还要靠市场机制去解决。于是，对于劳资分配中出现的矛盾纠纷，不少地方政府官员往往只从“维稳”角度去考量，出现了群体性事件才去被动安抚弱势者，很少主动思考有形之手怎样弥补市场失灵的问题。二是坚信闯关论。一些干部就认为，我国目前人均GDP总体上越过了7000美元，基本闯过了“拉美陷阱”的危险期，很多分配问题后面自然就逐步解决了，如今当务之急还是要激发各要素活力以继续做大GDP这块蛋糕，收入分配不公等问题无关大局、不需花太多精力。三是信奉无所谓论。一些干部认为，老百姓对分配不公的心理承受能力是很强的，对贫富悬殊的容忍度还处在可承受范围，不值得大惊小怪。一些地方把廉价劳动力作为招商引资的橄榄枝，相信控制力量还在自己手中，一切尽在掌控之中。① 这三种分配认识误区，会极大地消解社会各界推动分配改革的热情，更会延误收入分配改革机遇期，也会弱化人们对收入分配不公可能引发风险的认识，因此，必须保持高度的警惕，并以科学的分配理论予以批驳。

收入分配失衡积累起来的社会不良情绪，很容易让劳动群众对我国的基本经济制度的优越性产生不信任感，甚至萌发勤劳不能致富、劳动不再光荣、公有制能实现“先富”而不能达到“共富”等偏差认识；时不我待，自上而下的分配制度改革必须从战略高度整合社会认识分歧。在后金融危机时代，我国要抓住转变经济发展方式的契机，从社会主义初级阶段的基本国情出发，着力于制度创新，走出拉萨尔的分配怪圈，勇于和敢于直面改革进程中已发生很大变化的所有制结构问题，需要从强化公有经济为主体、国有经济为主导着手，扭转所有制“公”降“私”升和国退“民”进的趋势，阻止化公为私的所有制结构转换过程，因为归根到底分配决定于所有制，造成我国分配和财富不公的原因只能从所有制的变革，

① 《解决收入分配问题正是时候 须警惕“三大认识误区”》，《瞭望》2010年5月24日新闻周刊（http：//news. xinhuanet. com/local/2010—05/24/c_ 12134656. htm）。

即伴随着我国私有经济迅速发展形成资本积累和劳动大众相对贫困视角来探讨，其结论是资本主义私有制下的过度剥削及对资本主义私有制监管不力。因此，今后政府要着力调整和改革所有制结构让劳动群众共享生产资料所有权及产权收益，以科学发展观为指导切实践行社会主义的价值取向和生产目的，将社会各界尤其是社会底层群众对解决分配不公、实现共同富裕的强烈意愿转化为推动分配制度改革的强大势能，下决心把人民群众对调整分配格局、共享经济成果的合理诉求整合到坚持基本经济制度和按劳分配制度上来。

一 深化国有企业改革使公共产权收益为全民共享

党的十七大报告指出要优化国有经济布局和结构，深化国有企业股份制改革，建立健全现代企业制度，增强国有经济控制力、活力和影响力。《中共中央关于全面深化改革若干重大问题的决定》允许更多国有经济和其他所有制经济发展成为混合所制经济，国有资本、集体资本、非公有资本等交叉持股、相互融合有利于国有资本放大功能、保值增值、提高竞争力，有利于各种所有制资本取长补短、相互促进、共同发展。2015 年国务院《关于国有企业发展混合所有制经济的意见》指出，当前应对日益激烈的国际竞争和挑战，推动我国经济保持中高速增长、迈向中高端水平，需要通过深化国有企业混合所有制改革，推动完善现代企业制度，健全企业法人治理结构；提高国有资本配置和运行效率，优化国有经济布局，增强国有经济活力、控制力、影响力和抗风险能力，主动适应和引领经济发展新常态；促进国有企业转换经营机制，放大国有资本功能，实现各种所有制资本取长补短、相互促进、共同发展，夯实社会主义基本经济制度的微观基础。顶层设计为国企改革指明了方向，关键在于国有企业混合改革过程中，要坚决防止私有资本“混改”国企的单一路径和杜绝因监管不到位、改革不彻底导致国有资产流失。2016 年“两会”上，发改委表示要落实国企电力、石油、天然气、铁路、民航混合所有制侧重供给侧结构改革任务，解决供给跟不上需求变化的问题，加快矫正步伐以满足人民群众需要。混合所有制经济是我国现阶段基本经济制度的重要实现形式，深化垄断行业改革，引入竞争机制，加强政府监管和社会监督，加快建设国有资本经营预算制度，完善各类国有资产管理体制和制度，这些决定、意见指明了国有企业改革的基本方向。

生产资料所有制改革是社会主义经济改革的中心环节，决定着收入分配改革的成败。而一些新自由主义者借所谓的国有企业产权不清、效率不高、与市场经济不相容之名，主张国有企业应当完全退出竞争性领域和加快私有化进程。对这种改革观必须提高警惕，谨记邓小平的论述，“我们干四个现代化，人们都说好，但有些人脑子里的四化同我们脑子里的四化不同，我们脑子里的四化是社会主义的四化。他们只讲四化，不讲社会主义。这就忘记了事物的本质，也就离开了中国的发展道路。这样，关系就大了。在这个问题上我们不能让步。这个斗争将贯穿在实现四化的整个过程中，不仅本世纪内要进行，下个世纪还要继续进行”①。所以，要从根本上扭转贫富差距悬殊问题，必须从所有制结构、财产关系着手，强化公有制主体地位、强化国有经济的主导作用、做大做强国有企业，弱化私有化趋势、弱化资本的剥削、弱化权力侵占资源，同时调整国有企业利润分配模式、加强对国有资产的民主监督、优化国有产权权能配置、打破局部垄断等，从而阻止收入差距滑向两极分化和逐步实现共富的目标。

（一）优化国有产权权能，健全国资管理方式

分配制度和产权制度是一个不可分割的整体，在社会主义初级阶段，公有制产权为主体决定了产品的分配是按劳分配为主体，按劳分配为主体不会产生贫富悬殊，不会导致两极分化。振兴国有经济是关系到国家前途命运的战略实践，必须由秉承社会主义价值取向、坚持马克思主义理论的主体机构来担当。设置国资委，旨在由其代表政府行使出资人职责以改变国有资产政出多门、多头管理、权责不明和无人负责的状态，推进政企分开、政资分离。作为所有制关系法律形式的产权是由财产的所有权、占有权、使用权、收益权、处置权等权能组成，各项权利可分属不同的利益主体。股份制公司以资本的委托和层层代理使所有权与经营权相分离。

关于我国公有制企业的产权，改革开放初期，被认为不清晰，现在改为股份制了，产权是否更清晰了？股份制企业的收入分配权由谁支配？广大劳动者创造的企业收入，为什么会使少数高管成为大富豪？这是值得我们深思的一个理论和实践问题。实践证明，股份制的公有产权并不清晰，劳动者的公有产权收益，在经济上没有得到很好的实现。邓小平分析解决中国改革的实际问题时说过：“只要我国经济中公有制占主体地位，就可以避免两极分化。”② 这是马克思主义的科学预见，不以公有制为主体，

---

① 《邓小平文选》第3卷，人民出版社1993年版，第204页。

② 同上书，第149页。

按劳分配就不可能成为主要的分配方式，就不能避免两极分化。而要从根本上解决分配问题，也就必须按照邓小平的理论，解决好公有制的主体地位问题。

当前作为国有资本所有者和出资人代理机构的国资委，既有出资人权利职责不能准确到位的问题，也有不同类型的企业分属不同的产业和地区，国资委主要管理国有资产中企业经营性资产，行政事业单位、金融业、资源性的国有资产则分属其他行政机构管理，管理中存在政策不规范、不统一，各级人大不能很好地监督国资委，国资委也不能全面地行使应有的指导国企体制改革的职能，人民群众对国资委的监督更难以到位，这也是国有资本大量流失、国有经济比重不断降低的原因。国资委作为一个出资人，理应对国企进行监督管理职责，但现在体制理不顺，导致难以监管。另外，谁来监督国资委行使出资人的职责？从国有资产全民所有的性质来说，国务院、各级人民政府及其授权履行出资人职责的各级国资委机构都应该是被监督的对象，但目前它们都成了监督者，对它们却没有相应的监督机制。到底谁来代表全国人民对国资委、对国企问责？按理，人大常委会是代表全国人民的最高权力机关，可人大制度建设本身是滞后的，人大鲜有对政府、对部委等进行公开听证、质询或者更强有力的问责和监督行动。

十八届三中全会指出混合所有制经济是基本经济制度的重要实现形式，发展混合所有制经济是双向混合，即民营资本参股国企、国有资本参股私企，非公企业也可以在扩大发展中实现民营资本控股、吸收国有资本参股，扩大私企的支配力与影响力。国企改革的核心应当是在巩固和发展公有制主体地位的基础上，解决公有制与市场经济相融合问题，发展混合所有制既不是民企被国有化，也不是国企被私有化，而是通过中国特色的所有制探索，推动国有经济和民营经济共同发展。面对新一轮混合所有制改革浪潮，应积极吸取前几轮国企改革中出现的国有资产大量流失的教训，防止少数国企高管打着改革旗号使自己成为亿万富翁，必须在人民群众监督下公开透明地推进。设立全国统一的国企产权和资产转让平台，每一家国企、央企都必须在这个平台上进行产权和资产交易和转让，杜绝私自或委托其他机构搞暗箱操作。在员工持股之前，需要制定一些相应的规范、政策、程序，以保证整个过程的合规，员工持股只能在新增利润的基础上采取增资扩股、出资新设等方式，严格资产评估。在企业中推行管理层和职工持股过程中，牢记国有资产神圣不可侵犯，任何人都没有权力以任何名义将其变为私产，我们允许甚至鼓励员工和管理层持股，是让他们自己掏钱来购买所在企业的股份，而不是借机瓜分国有资产。① 建立健全股权流转和退出机制，确保员工持股公开透明，严禁暗箱操作，防止利益输出，确保存量国有资产不流失和促进国有资产保值增值，是国企员工持股改革的政策红线。另外，防止只混改国企而不混改私企的倾向。国企参股私企的改革政策已经提出几年了，全国工商联麾下那些私企对“交叉持股”并未积极响应，那些身为中央委员的私企业主们也未见有什么动静，它会不会沦为混改国企的一种没有实质性意义的点缀？在全国工商联“十三五规划”建议中，也只提“鼓励民营企业依法进入更多领域，引入非国有资本参与国有企业改革，更好激发非公有制经济活力和创造力”，而不提“交叉持股”的双向混改。② 对此，我们要保持高度的警惕。

因此，为了使国资委的国有资本出资人的人格化主体实至名归，不妨变国资委为人大的专门委员会或在人大常委会建立新的专司国有资本人格化代表职责的体制、机制，是回应国民对国有经济福祉诉求、在实践层面落实国有经济作为全民所有制实现形式的可能路径。③ 国有经济应该服务于公共利益，国资委的监管不仅仅是简单的资产保值增值问题，而且还要与全民福祉的实现程度挂钩，由此，国资委只是一个执行机构，最终监管权不归国务院而要归属全国人大，在全国人大例会的审查内容里，除了预算、决算的审计外，还必须对国企经营效果、投资收益及其使用方向进行专项审查。此外，落实好政府对国资委、国资委对所出资企业两个层次的授权。在我国大量的国有或国有控股企业中，所有者缺位的现象比较突出，加上社会监督机制不完善，使这些企业存在严重的内部人控制问题，导致同一企业内部管理者与一般员工收入差距较大。政府对国资委的授权应侧重于明确监管职责、监管范围、监管任务和目标，国资委对出资监管单位的授权，应严格按照公司法的规定，在把握出资人剩余控制权的前提下，将国资委不宜管、管不了、管不好的经营事权予以充分授权。④

---

① 朱继东：《不能借国企改革之名谋取暴利》，《马克思主义文摘》2014 年第 8 期，第 29 页。

② 夏小林：《非公经济数据发布方式亟待规范》（http：//www. kunlunce. cn/gcjy/zhilijian-yan/2015—12—03/15993. html）。

③ 谢地：《国有经济的身份与地位：法经济学的视角》，《社会主义经济理论与实践》2010 年第 10 期，第 15 页。

④ 林加奇：《公有制有效实现形式及其产权配置》，《中国井冈山干部学院学报》2010 年第 2 期，第 94 页。

（二）加强收入分配监管，增进国民福祉

国有资本属于全体国民共同拥有、为获取收益通过公平竞争而投资于工商业、产生的资本红利可实行直接分配的货币或实物等资产的总称。以经营性为特征的国有资本理应按照市场经济体制下公司治理规则进行公平、自主经营，其产生的收益上缴应做出有别于财政保障的分配及使用设计，向出资人及全体国民分红，理所当然。

国有企业利润按照《公司法》及公司章程的规定，由公司股东会或董事会决定实施分红方案，向国资委上缴资产收益，国资委根据实际情况对经营业绩好的国企做出多分红的决定，对经营业绩不好的国企做出少分红甚至暂不分红的决定，收益上缴后再根据具体情况，由人民代表大会决定投入再生产与转为国民分配之间的合理比例。

国企上缴红利比例应大幅提高以完善收入分配制度和缩小贫富差距。国家作为国有资本投资者，依法取得国有资本收益是应当享有的权利，而提高收取比例则有助于解决央企、国企凭借垄断权力和国家特许权过多占有国民收入份额等不合理问题，推进收入分配机制改革和再分配调节。对于国有企业，尤其是垄断行业收入过高一直是全社会诟病的问题。高利润并非因能力，而在很大程度上是由所处的地位和国家各项政策意图所致，靠国有资本获取的收益只在企业自己内部分配，这是极不公平的。效益好的国有企业应上缴更多红利，至于上缴比例可根据效益来最终决定。

国务院 2007 年发布了《关于试行国有资本经营预算的意见》，标志着我国国有资本经营预算制度的正式建立，也结束了国企、央企“利润独享”的历史。其后，《中央企业国有资本收益收取管理办法》对红利的收取制定了“适度、从低”的原则。根据规定，烟草、石油石化、电力、电信、煤炭五个资源性行业的红利上缴比例为 10%，钢铁、运输等一般竞争性企业为 5%，而军工企业、转制科研院所企业 3 年内仍不需上缴。从 2011 年起，国家对央企将实行新的 5%—15% 的红利征缴率，十八届三中全会《中共中央关于全面深化改革若干重大问题的决定》明确提出了划拨部分国有资本充实社会保障基金的量化目标，即国有资本收益上缴公共财政的比例在 2020 年要逐步提高到 30%，且更多地用于保障和改善民生。从 2014 年起，国有独资企业应缴利润收取比例在现有基础上提高 5 个百分点，第一类企业为 25%；第二类企业为 20%；第三类企业为 15%；第四类企业为 10%；第五类企业免缴当年应缴利润，符合小型微型企业规定标准的国有独资企业，应缴利润不足 10 万元的，免缴当年应

交利润。目前，国企利润上缴覆盖的范围还比较小，只限几个行业，有相当多的国有企业未纳入征缴范围，金融企业、铁路、交通、科教文卫、行政政法、农业、科技等80多个中央部门（单位）所属6000多家企业没有纳入国有资本经营预算，没有上缴利润。在地方层面，截至2010年，31个省市区还有接近一半省市区没有实行国有资本经营预算和实行利润上缴。过多现金流留存到企业，缺乏有效监督，就很容易导致预算软约束和滋生腐败，包括浪费、无效率投资和滥发工资福利。而在一些欧洲国家，国企税后利润的三分之二都归于国家，法国国有企业除去税收之外，还需将利润的50%上缴给国家。

长期以来，垄断国企的税后利润为企业独享，国企利润和国家资源分配的不规范、不透明成为导致收入差距扩大的重要因素之一。上缴以后怎么使用？这个问题同样在理论和实践上都未能很好地破题。央企红利征收比例远远满足不了全民共享国企改革成果的诉求，并且其大部分被用于内部调剂，属于体内循环。

因此，一方面政府应该将新增的收益用于改善民生，用于医疗、教育、公共卫生等领域，通过转移支付让老百姓直观地感受到企业发展的成果，或者用现金分红来还原全体国民所有者的出资人权利，为深化改革争取最大的民意支持，发放消费券来提升底层弱势群体的消费能力，扩大内需在国民经济发展中的比重，应对所谓“中等收入陷阱”的挑战。另一方面，政府有必要大幅提高征收比例和拓宽征收范围，统筹安排收缴的国企利润。全国国有企业2010年实现利润19870.6亿元，同比增长37.9%，其中化工、电力、有色、交通等行业利润增长超过1倍。国企利润非常可观，然而，2010年国企19870.6万亿元的利润，上缴国家红利只有440亿元，2014年国有企业利润总额24765.4亿元，提高上缴比例后，上缴国家红利1414.9亿元。上缴收益占国有企业利润比重过低，与其良好的盈利状况和占有巨大公共资源的背景不相适应。“国有企业是全民所有的，国企利润也该回报咱老百姓。都说我们有全球最赚钱的银行、全球最赚钱的电信公司、全亚洲最大的石化企业，可这些企业之所以能发展这么快，还不是因为国家给政策给钱，十几亿人给他们市场！现在国企利润那么丰厚，每年却只给国家交一点点，交完了再拿回去发展自己，落不到百姓头上，这怎么能说得过去呢！”论及国企红利问题，就有民众感言。从国有企业性质看，国企最终股东是全体人民，其利润应该使用到全民身上。近几年国家逐步提高国企红利上缴比例，传递出打破国有资本收益体内循环的改革信号，我国经济虽然飞速发展，但未富先老，已经逐步进入老龄化社会，社会保障欠账将越来越大，国企应该大有作为，迅速再次提高国企上缴红利比例，并且尽快把国有金融企业、铁路等纳入上缴红利范围。从更深层次上，要进一步深化国企的改革，理顺各种体制性关系，加强对资金的监管，提高资金使用效益，让百姓从中得到更多实惠。预算立法，并强化国企资本经营预算的透明度，信息公开透明，接受社会监督。

一直以来，国企高管薪酬与职工及其他社会群体的收入差距成为“众矢之的”，而国企高管的薪酬也参差不齐，从几十万元到上百万元不等。2002 年，我国开始推行国企高管年薪制，规定高管年薪不得超过职工平均工资的 12 倍。随中国经济的发展和国企盈利的增长，这一倍数早已被突破，以 2007 年城镇单位在岗职工平均工资为 24932 元为例，乘以 12 倍后，高管年薪不过 31.25 万元。事实上，一些金融、电信、石油、烟草等国企高管薪酬远远逾过这一红线。① 来自同花顺的统计显示，截至 2014 年 4 月 28 日，2013 年 A 股上市公司中披露总经理薪酬的央企共计 323 家，这些家上市央企总经理的人均薪酬达到 77.3 万元，同比上涨了 4.33%。2014 年 7 月末，人社部劳动工资研究所主任马小丽在“2014 中国薪福金融高峰论坛”披露，2013 年 A 股 2502 家上市公司高管为 29048 人，高管薪酬总额 130.2 亿元，平均年薪是 44.8 万元，77.3 万元的平均薪酬，高出 A 股高管平均薪酬约四成，是全部 A 股上市公司职工平均薪酬（约 10.65 万元）的 7 倍。②

美国企业高管的薪酬是其普通员工薪酬的 20 到 30 倍左右，其他主要发达国家的首席执行官薪酬与普通员工薪酬之比仍然维持在这一水平上下，英国的这一比例是 22 倍，加拿大是 20 倍，日本是 11 倍。③ 在国企实行政企分开和股份制改革中，政府对企业由直接管理变为间接调控，实际上政府弱化了对国企的内部监管功能，一些国有企业领导人就自定身价，年薪几十万、几百万甚至上千万元，加上股权激励和奖金，其收入数十倍、数百倍于职工平均工资，更与其他行业从业者的工资水平完全不成比例，进一步人为地拉大了收入分配差距。还有巨额的隐性收入，2008 年全国居民收入总额只有 14.0 万亿元，隐性收入高达 9.26 万亿元，比笔

---

① 《一纸“限薪令”，限住了没有？》（http：//news.xinhuanet.com/politics/2009—12/28/content_ 12719186.htm）。

② 邱小平：《2015 年中央管理企业负责人薪酬制度改革解读》（http：//hr.yjbys.com/xinchouguanli/539090.html）。

③ 新华网：《中国出台“限薪令”规范国企高管天价薪酬》（http：//news.xinhuanet.com/fortune/2009—09/16）。

者在2007年报告中推算的2005年隐性收入（4.85万亿元）扩大了近1倍（上升91%），而同期，名义GDP只增长了71.4%。这说明隐性收入仍在以快于GDP增长的速度迅速扩大。这些隐性收入相当一部分为国有垄断企业领导人所获取。①

为此，一方面要把国有垄断企业的过高收入尽快降下来。2009年人力资源和社会保障部等六部门联合出台《关于进一步规范中央企业负责人薪酬管理的指导意见》，这是中国政府首次对所有行业央企发出高管“限薪令”，其中规定央企高管薪酬上限不得超过上年度央企在岗职工平均工资的30倍。2015年1月执行的《中央管理企业负责人薪酬制度改革方案》降低了这一比例，截至目前，官方并未公开具体的方案，只是通过人社部官员的对外表述，透露了零散的改革信息。企业高管薪酬由基本年薪、绩效年薪和中长期激励收益三部分组成，其中基本年薪按月支付，绩效年薪根据年度经营业绩考核结果，由企业一次性提取，按照先考核后兑现的原则分期发放。国有企业资产属于全民产权，高管薪酬理当加强管理和约束。鉴于国企存在领域的多样性、竞争与垄断行业、出资方式不同的复杂性，高管的薪酬也可以多元化，但总的原则应当依照公务员薪酬和职工平均工资，根据企业履行国家政策目标情况和经营绩效通过年薪和奖金来体现，绝不能以资本利得的形式来呈现。② 另一方面，政府要尽快制定各类人员的工资福利法律法规。统一规定国有企业各类人员的工资比例，从法律制度上保障各行各业的公有制单位人员实行按劳分配和同工同酬，消除利润侵蚀工资或工资侵蚀利润的异化分配现象，切实处理好企业领导人收入增长与企业效益增长之间的关系，避免企业领导人透支企业未来增长效益，防止领导人收入增长过快，认真贯彻社会主义按劳分配原则。央企负责人往往具有职业经理人和较高行政级别公务员的双重身份，既有高管工资又有高官待遇，现在很多央企一级公司底下都有大量的二、三级分公司，长期以来，一些央企高管往往是借机选择在股东单位或者从二、三级公司中领薪，国资委等方面一直没有对这类行为进行有效监管。另外，一些国企高管在民企私企、事业单位、社会团体、中介机构中，以兼职的名义捞取各种好处。因此，如何尽快推动相关配套政策出台，尤其国企职工持股政策、职业经理人制度等，成为未来深化国企改革的重要突

---

① 王小鲁：《灰色收入与国民收入分配》（http://www.caijing.com.cn/2010—09—06/110514339.html）。

② 谢地：《国有经济的身份与地位：法经济学的视角》，《社会主义经济理论与实践》2010年第10期，第14页。

破口。

（三）打破垄断性经营，积极引入市场竞争机制

十七大报告提出要通过引入竞争机制来深化垄断行业改革，作为我国国有企业集中领域的垄断行业是凭借行政权力形成垄断地位的，不是在自由竞争基础上产生的，推进垄断行业改革，对于不涉及国家安全的行业可以适当引进民间资本，积极引入市场竞争机制来打破垄断格局，这是深化国有企业改革的重要方面。国务院《关于2015年深化经济体制改革重点工作的意见》要求推进租车、电力、石油天然气、盐业和土地等领域的改革。在价格领域，放开烟叶收购价格和部分铁路运价，下放一批基本公共服务收费定价权，扩大输配电价改革试点，完善煤电价格联动机制。鼓励非公有制企业参与国有企业改制，鼓励发展非公有资本控股的混合所有制企业。

一要降低垄断行业市场准入门槛，允许非公资本参与竞争。竞争是市场经济的不二法则和推动经济发展的内在动力，只有通过竞争，垄断性行业才能打破一家独大、一股独大的地位。可以以试点的方式，允许符合条件的民营企业以独资、合资、合作、项目融资等形式，通过市场竞争参与到电力、石油石化、煤炭、铁路、民航等垄断行业的部分业务。当然，不是为了应急之需，等到摆脱困境后就驱逐民资，由此，要为非公有制经济创造平等竞争的政策环境、法治环境和市场环境。对于需要统一规划布局的重要矿产资源，鼓励具有资质的非公有制企业参与招投标，平等取得探矿权、采矿权。鼓励非公经济进入科研、文化、医疗、公用事业、基础设施以及体育、教育、社会福利等社会公共领域，政府也要逐步建立特许经营权社会招投标制度，允许和鼓励非公有制企业参与专营专卖商品的平等竞争。

二要在企业内部构建有效的激励约束机制。尤其对国有企业管理层的权力监管，从短期来看，国有企业经营者经营的是国有资产，就应该由代表全体人民利益的全国人大来决定他们的收入，而不能由企业自行决定。从长期来看，则需要形成国有企业经营者市场，通过市场来发现企业家价格。①

三要适度打破垄断行业的经营特权，提高企业集团的竞争能力和生产效率。对于直接关系广大群众切身利益、反映强烈的突出问题，政府职能

---

① 赵振华：《关于深化所有制改革若干问题的思考》，《中共中央党校学报》2010年第4期，第27页。

部门要加大市场执法力度，进一步规范和整顿涉及自然垄断行业的市场秩序，对自然垄断业务要进行有效监管。对于如何推进基础设施领域与公共服务等垄断行业价格形成机制改革，政府职能部门可以通过价格听证方式，拓宽信息发布平台让群众参与监督，增加价格信息公信度。另外，垄断行业产品的价格也要以市场竞争为基础，严格遵循价值规律的作用，通过市场价格引导和调节资源合理有序流动，充分发挥市场在资源配置中的决定性作用，形成反映资源稀缺程度的价格体系。

（四）明晰国有企业的功能，增强社会责任意识

企业社会责任，是指企业在追求自身经济利益的同时对利益相关者所承担的责任。企业社会责任主要有两个层次：基本责任，即守法、守章和诚信经营，在经营过程中保护环境，兼顾员工权益和股东利益；慈善责任或自愿责任，即超越经营领域的“道德分配”。一方面，国有企业作为公有经济的主体，在履行社会责任方面具有制度优势，相比私有企业担负着更多的社会责任。受社会利益的约束，国有企业的利益、目标在某种程度上要服从于社会利益和社会目标，就社会公平分配角度而言，国企收入分配就不仅是自身的事情，还是一个社会问题，因为关乎国有资产保值增值、国计民生、资源环境保护、吸纳就业、维护职工合法权益、社会公益事业等社会事务。另一方面，国企社会责任的担当是中华民族精神的重要组成部分，是对社会主义核心价值观的丰富表达，超越了把利润作为唯一目标的传统理念，新时期的“核工业精神”“预警机精神”“中国高铁精神”“大唐电信精神”等就是国企为社会责任“领先者”的例证。

我国经过30多年的改革发展，现在正处于从以满足衣食住行等基本需求为目标的生存型社会转型到以人的自身发展为主要目标的发展型社会。公共性需求全面快速提升与公共产品短缺之间的矛盾日益突出，发展型阶段人们迫切要求解决教育、基本医疗、住房、就业、食品安全、环境保护、旅游等问题，政府要成为公共产品提供的主体，使公共产品的供给成为政府职责转变的核心要求和主要职责，而国有企业就不再是继续追求单一的营利性或单纯的保值增值，而是要成为公共产品的主要提供者，发挥其解决就业、承担社会责任、履行政策性义务的主导作用，承载宏观调控、防止收入差距拉大、实现共同富裕的多种功能。在现阶段，国有企业的改造不能仅围绕经济效益展开，要把社会责任放在更加突出的地位。一方面，公众期望国有企业在股东之外能为社会贡献更大的力量。另一方面，随着整体竞争力的提高，国有企业的中心话题已经从生存转为发展，公众更期待它们能以社会责任经营的方式赚钱。

在我国，作为国民经济基础的国有企业，既是实现社会主义生产目的的台柱子，又是维护人民群众整体利益和实现和谐分配格局的主要保障，国有企业的一举一动都牵动着国民经济的发展和亿万群众的利益，要求其在承担社会责任方面必须起好表率和带头作用。然而，目前有些国有企业不同程度地存在着社会责任缺失的现象，与社会的期望和要求相去甚远，在企业改制和重组的转轨过程中，忽略了民生问题、职工权益保护问题。经营管理层利用职权化公为私，侵蚀了职工和社会整体利益，与一般职工之间的收入分配差距日趋扩大。国有垄断行业在一定程度上存在的寻租行为，损害了广大群众的劳动积极性，体制内和体制外收入悬殊，致使体制外的劳动者不再相信劳动致富，对权力和富人充满了仇恨，近几年国有垄断行业职工工资福利远远高于全国职工收入的平均水平就是明证。

为彰显国企在收入分配领域的企业社会责任，需要进一步完善其内部治理结构。一是合理界定管理者、监事会、董事会和股东会的权责。督促和激励国企积极参与社会建设，通过为社会提供更多的就业机会，帮助弱势群体，关心支持教育、文化、卫生等公共福利事业，以及在发生重大自然灾害和突发事件的情况下，积极提供财力、物力和人力支持和援助等方式，帮助解决社会收入分配领域存在的问题，促进社会和谐发展。① 二是认真贯彻领导、科技人员、工人“三结合”的方针，依靠集体的智慧，克服单纯依赖企业家办企业的那种机械照搬资本家管理模式的倾向，实行按劳分配，摒弃人为拉大管理者和工人收入差距的做法。三是积极培养为国有经济服务的企业家。在党和政府的领导下，利用大专院校来组织专门培训，培育大批具有社会主义信念、有管理能力和精通专门业务的经济组织带头人，带领员工实现国有经济与市场经济的高效结合。② 总之，加强企业管理，关键是如何发挥工人阶级的主人翁作用；加强民主管理，关键是如何激发广大劳动者的积极性和创造性。

二　深化农村土地制度改革，促进农民增收③

《哥达纲领》把工人阶级以外的一切阶级，特别是农民和小资产阶级

---

① 《强化国有企业社会责任意识》，《解放日报》（http：//news. xinhuanet. com/theory/2007—05/24/content_ 6145934）。

② 何干强：《抓住有利时机振兴公有制经济》，《探索》2010 年第 1 期，第 80 页。

③ 李明桂：《保护农民权益：基于马克思资本文明思想的分析》，《商业研究》2010 年第 5 期，第 31—37 页。

排斥在工人运动之外，“劳动的解放应当是工人阶级的事情，对它说来，其他一切阶级只是反动的一帮”①。农民是劳动者，长期遭受地主阶级的残酷的经济剥削和政治压迫，痛恨封建制度，历来是反对封建地主的主力军。随着资本主义大工业的发展，农民中有愈来愈多的人日益陷于贫困和破产，被迫出卖劳动力，成为无产者。正如马克思在《共产党宣言》中指出、又在《哥达纲领批判》中重申的：“中间等级……是革命的，那是鉴于他们行将转入无产阶级的队伍。”② 马克思说的“中间等级”主要是指农民。

当时，德国人口总数中农民是市民的两倍，他们仇视封建制度和迫切要求解放，无产阶级和农民群众有共同的敌人和共同的利害关系，无产阶级必须也完全能够同农民群众结成亲密的联盟。1856 年马克思就致信恩格斯说，“德国的全部问题将取决于是否有可能由某种再版的农民战争来支持无产阶级革命”③；后又总结法国大革命失败经验时指出：“很明显，农民所受的剥削和工业无产阶级所受的剥削，只是在**形式**上不同罢了。剥削者是同一个：**资本**。……只有资本的瓦解，才能使农民地位提高；只有反资本主义的无产阶级的政府，才能结束他们经济上的贫困和社会地位的低落。”④ 马克思的论断既强调指出了无产阶级间农民建立联盟的极端重要性，又明确说明了在整个无产阶级革命中坚持这种联盟的可能性。拉萨尔主义从维护普鲁士王朝的立场出发，坚持一条机会主义路线，反对工农联盟，使无产阶级处于孤立无援的地位。

在中国历史上，农民的反抗运动和农民的革命战争沉重地打击了历代的封建统治，推动着中国历史和社会生产力的发展。正如毛主席所指出的：“在中国封建社会里，只有这种农民的阶级斗争、农民的起义和农民的战争，才是历史发展的真正动力。”⑤ 在无产阶级登上历史舞台以后，广大农民不但能够作为革命的重要动力和无产阶级的可靠同盟军，积极参加无产阶级领导的民主革命，而且能够在工人阶级领导下，成为社会主义革命和社会主义建设的重要力量，什么时候都不能忽视和轻视农民问题已是历史定论。

---

① 中共中央马克思恩格斯列宁斯大林著作编译局编：《马克思哥达纲领批判》，人民出版社 1997 年版，第 17 页。

② 同上书，第 18 页。

③ 《马克思恩格斯选集》第 4 卷，人民出版社 1995 年版，第 548 页。

④ 《马克思恩格斯选集》第 1 卷，人民出版社 1995 年版，第 456 页。

⑤ 《毛泽东选集》第 4 卷，人民出版社 1991 年版，第 1269 页。

社会和谐是中国特色社会主义的本质属性，在追求和谐的进程中也会出现一些新问题，社会弱势群体问题日渐突出是社会深层危机的集中反映，如何应对事关社会稳定、繁荣、和谐的大局。在城市务工的部分农民工和远离中心城市、边远地区的农民，他们的政治、经济、文化、社会等权利往往遭到排斥和剥夺而成为事实上的权利贫困阶层，表现为，政治权利上的“沉默阶层”、经济利益上的“非市民待遇阶层”、文化利益上的“边缘人阶层”、受教育权益上“域外群体阶层”。① 农民经济权益受损主要表现为自身收入增长缓慢甚至部分农民收入水平下降，城乡居民收入差距不断扩大，所以，增加农民收入是改变农民弱势地位的关键，关于农民弱势地位的成因及其经济权益的维护，学者们从产业结构调整、农民（转）就业、农业投入、城乡二元结构、农民负担、城乡公共品分配、城市（镇）化、社会保障等角度提出了各种建设性意见。而我国农民收入低下问题与农民弱势地位的成因具有极大的相关性，就后资本文明②的视角而言，工作重心应是充分发挥社会主义制度优越性使资本在社会改革与社会发展中为“公平、正义和自由”的制度设计进一步发挥“伟大文明作用”，促进农民增收，帮助农民分享农业资本化收益来逐步摆脱弱势困境，放手让一切劳动、技术、管理、知识、资本的活力在农村竞相迸发，让一切创造社会财富的源泉在农村充分涌流。

---

① 汤恺：《坚持构建和谐社会的价值理念做好农民工的发展工作》，《马克思主义与现实》2007 年第 4 期，第 171 页。

② 资本是市场经济的中性范畴，当代社会主义经济建设需要借助资本文明的功能。马克思资本文明思想本无前后之说，只是我们根据我国社会发展进程中赋予资本文明作用的不同使命，将其划分为前、后资本文明，对其伟大文明功能有选择、有侧重地加以发掘和利用，以帮助解决突出的时代课题。1978 年到 2008 年为前资本文明时代，2008 年在经济危机背景下中国经济的困境意味着前资本文明时代的终结和后资本文明时代的到来。1978 年改革开放后，我国逐步认识到资本是现代化大生产最有效的组织者，并采取措施激活资本的生产力属性，创造了中国经济增长的奇迹，实现了一部分人、一部分地区先富的构想。到 21 世纪初，特别是 2008 年全球金融危机爆发，作为社会主义的中国也被卷入其中，主要原因有：我国从社会主义初级阶段国情出发，允许非公资本包括资本主义资本在我国存在和发展，对资本的野蛮化倾向缺乏有效遏制，不可避免地受到资本主义经济规律作用的影响，加之长期以来实行出口、投资主导型的发展方式，非公资本迅速扩张，贫富差距迅速拉大，导致生产过剩和需求不足。因此，从此次危机后即后资本文明时代，需要转变资本文明作用的使命，在提高生产力发展基础上，使之在促进消费、投资、出口协调拉动的经济发展方式转型和实现共同富裕目标方面继续发挥其伟大文明作用。

（一）马克思后资本文明思想概要

马克思在《哥达纲领批判》中把社会主义看作资本主义和共产主义之间的过渡性的社会形态，源于资本主义却高于资本主义，属于共产主义却是不合格的共产主义，其生产力的基础依然是从资本主义继承来的旧的生产方式。社会主义的财产制度和财产结构，当服务于社会主义作为资本主义与共产主义之间发展与过渡的本质；当扬弃私有制于自身之中且为自由的存在和发展预留空间；当"置于现实的基础之上"而不能凭空设想。① 必须继续通过解放和发展生产力以创造共产主义的物质基础，资本的历史使命尚未完成，它又必须利用和发展资本来继续完成资本的历史使命。

在理性批判资本罪恶的同时，马克思从历史唯物主义角度认为在人类历史发展中资本文明发挥了伟大的作用。作为社会化大生产产物的资本，其本质属性会随着社会的发展而变化，私有属性也会在实践中被人们不断扬弃，激烈的竞争使资本不断组合和扩大，各个市场主体为化解矛盾、减少冲突、谋求自身的发展，博弈的结果是资本必须扩大利润的社会面。

首先，"培养社会的人的一切属性"的资本造就了高度文明的人。随着资本力量的不断壮大，资本"创造了巨大的城市，使城市人口比农村人口大大增加，因而使很大一部分居民脱离了农村生活的愚昧状态"。② 资本发挥历史作用也推动了社会的进程，"以**物的**依赖性为基础的人的独立性，是第二大形态，……建立在个人全面发展和他们共同的社会生产能力成为他们的社会财富这一基础上的自由个性，是第三个阶段"③。

而资本"培养社会的人的一切属性，并且把他作为具有尽可能丰富的属性和联系的人，因而具有尽可能广泛需要的人生产出来——把他作为尽可能完整的和全面的社会产品生产出来（因为要多方面享受，他就必须有享受的能力，因此他必须是具有高度文明的人）"④。作为社会关系的资本，为获得自身更大的发展便使人形成全面的关系、全面的能力的体系、多方面的需求、普遍的社会物质交换，这些都为实现人的自由全面发展提供了历史前提和创造了物质基础。

---

① 杨筱刚：《马克思主义"硬核"及其剥取——当代社会主义的自我意识》，人民出版社2006年版，第126页。

② 《马克思恩格斯选集》第1卷，人民出版社1995年版，第276—277页。

③ 《马克思恩格斯全集》第46卷上，人民出版社1979年版，第104页。

④ 同上书，第392页。

其次，资本在其历史空间内推动人类文明的进程。在《资本论》中，马克思认为资本的文明面之一是："它榨取这种剩余劳动的方式和条件，同以前的奴隶制、农奴制等形式相比，都更有利于生产力的发展，有利于社会关系的发展，有利于更高级的新形态的各种要素的创造。"① 在不断追求价值增殖的过程中资本被生产出来，资本生产的副产品就是"三个有利于"，"这种为了价值和剩余价值而进行的生产，像较为详细的说明所已经指出的那样，包含着一种不断发生作用的趋势，就是要把生产商品所必需的劳动时间，即把商品的价值，缩减到当时的社会平均水平以下。力求将成本价格缩减到它的最低限度的努力，成了提高劳动社会生产力的最有力的杠杆"。② 充分说明资本在追逐利润的过程中，也在不知不觉地推动人类文明的进程，不管人们是否认知到它的威力，它的作用始终没有停止过，"无论哪一个社会形态，在它所能容纳的全部生产力发挥出来以前，是决不会灭亡的；而新的更高的生产关系，在它的物质存在条件在旧社会的胎胞里成熟以前，是决不会出现的"③。这让我们明白，资本在它还能容纳生产力时是不可能灭亡的，要固执地人为消灭它，必将自食其恶果。

再次，资本是发展社会生产力的重要关系。资本在追逐无限的价值增殖的同时带来了生产力的巨大发展。"资产阶级在它的不到一百年的阶级统治中所创造的生产力，比过去一切世代创造的全部生产力还要多，还要大。"④ 另外，马克思还指出，资本将"探索整个自然界，以便发现物的新的有用属性；普遍地交换各种不同气候条件下的产品和各种不同国家的产品；采用新的方式（人工的）加工自然物，……，同样要发现、创造和满足由社会本身产生的新的需要"⑤。资本在内有绝对的致富欲和外有激烈的竞争压力的共同作用下，迫使自己不断扩大消费范围和流通范围。资本自身就是一个矛盾体，总是在摧毁一切障碍发展生产力、扩大需要、使生产多样化、利用和交换自然力量和精神力量的限制中无限制地发展生产力和科学技术，"只有资本主义生产方式才第一次使自然科学为直接的生产过程服务，同时，生产的发展反过来又为理论上征服自然提供了手

---

① 马克思：《资本论》第3卷，人民出版社2004年版，第927—928页。

② 同上书，第997页。

③ 《马克思恩格斯选集》第2卷，人民出版社1995年版，第33页。

④ 《马克思恩格斯选集》第1卷，人民出版社1995年版，第277页。

⑤ 《马克思恩格斯全集》第46卷上，人民出版社1979年版，第391页。

段。科学获得的使命是：成为生产财富的手段，成为致富的手段”①。

不管在马克思生活的年代还是当今世界，资本在其产生、发展和灭亡的过程中，都会显示伟大的历史作用，马克思认为：“一个社会即使探索到了本身运动的自然规律……它还是既不能跳过也不能用法令取消自然的发展阶段。”② 社会发展是一个自然历史过程，在资本主义高度发达之后，社会主义应该充分利用资本文明创造的一切历史成果来发展自我。在后资本文明时代，以建设消费大国为发展方式转型的战略作用凸显。国际消费市场萎缩，国内居民消费结构升级和消费能力不足并存，需要加快调整投资与消费比例，加快推进各项改革。迅速扩大居民收入在国民收入中的比重，大幅度提高普通劳动者的劳动收入在初次分配中的比重；深化和完善社会保障体制，基本公共服务城乡均等化，对分好国民财富促进和谐做出全方位谋划。

（二）我国对待后资本文明的时代抉择

社会主义市场经济条件下，资本的作用也是二重性的。一方面，它可以促进社会主义社会生产力，使综合国力增强，为提高人民生活水平奠定坚实的物质基础；另一方面，会增加人对物的依赖性，产生资本与劳动的矛盾。“资本是根本不关心工人的健康和寿命的，除非社会迫使它去关心。人们为体力和智力的衰退、夭折、过度劳动的折磨而愤愤不平，资本却回答说：既然这种痛苦会增加我们的快乐（利润），我们又何必为此苦恼呢？”③ 而社会主义之所以比资本主义优越，不在于有没有资本，而在于公共权力有能力使资本扬其善抑其恶，扼制和消除资本为追逐价值增殖而违背人和社会发展需要的倾向。社会主义初级阶段，对资本更应该是调控、驾驭而非放任自流，如邓小平警告过的，“如果产生了什么新的资产阶级，那我们就真的走了邪路了”④。所以，在由资本短缺到资本充裕的转换时期，我国是没有经过资本的充分发展就建立了社会主义，生产力的发展水平是无法跨越的，社会主义要补上资本不发达的课。没有资本及其对剩余价值和利润的追逐，市场就不可能在农村资源配置中发挥决定性作用，我国市场经济在农村的发展还相对滞后，农村经济的振兴和农民增收动力不足。

---

① 《马克思恩格斯全集》第 47 卷，人民出版社 1979 年版，第 570 页。

② 马克思：《资本论》第 1 卷，人民出版社 2004 年版，第 9—10 页。

③ 同上书，第 311—312 页。

④ 《邓小平文选》第 3 卷，人民出版社 1993 年版，第 111 页。

首先，借助资本功能仍是社会主义经济发展的必要条件。资本要素在物质财富生产或使用价值创造中起着非常重要的作用，由于我国是在计划经济基础上转轨于市场经济的，一开始并未经过资本积累和市场经济的自然过程，造成资本短缺状况较为严重。邓小平说过："社会主义要赢得与资本主义相比较的优势，就必须大胆吸收和借鉴人类社会创造的一切文明成果，吸收和借鉴当今世界各国包括资本主义发达国家的一切反映现代社会化生产规律的先进经营方式、管理方法。"① 社会主义是在消灭资本主义私有制基础上建立起来的，而不是建立在社会财富充分涌流的基础上，因此它无法拒绝资本的存在和发展。我国当初的经济体制改革是以经济的市场导向取代计划经济体制，也正是市场经济体制的改革与发展促进了我国所有制结构的变革，换句话说，资本结构的引入与变革促进不同所有制关系的发展，重新构造不同的所有制结构与资本关系，这是中国社会生产力发展的必然之路。

其次，要在发展资本和限制资本之间寻求动态的平衡。在充分利用资本、发挥其积极功能的同时，我们对待资本文明也要有批判的眼光，控制和约束其在农民增收和经济权益保护中的消极影响。一要缓解人与自然环境的矛盾，抑制企业为追求利润的最大化而滥采、滥伐、滥排，不能以牺牲生态文明为代价获得农村经济的发展；二要防止地区差距、城乡差距、农民收入分配差距的进一步拉大；三要遏制和削弱大资本对小农利益的不文明盘剥，在资方强大劳方弱小的态势下，往往会置农民于更不利的境地。

再次，在和谐社会的构建中，发展资本是消灭资本的必由之路。从社会主义建设事业成败的经验教训来看，如果缺少资本的历史成果的物质基础，我们不仅没有反对资本主义的历史力量，甚至无法战胜封建主义。"资本不可遏止地追求普遍性，在资本本身的性质上遇到了界限，这些界限在资本发展到一定阶段时，会使人们认识到资本本身的性质上遇到的界限，这些界限在资本发展到一定阶段时，会使人们认识到资本本身就是这种趋势的最大限制，因而驱使人们利用资本本身来消灭资本。"② 社会主义的根本任务并不在于资本本身，而是在于最终消灭和否定资本，可是对我国现阶段来说，资本成为推动社会生产力发展的自觉力量，为社会生产力在更高水平上的发展做必要的历史铺垫，如何发展和利用资本所创造的

---

① 《邓小平文选》第 3 卷，人民出版社 1993 年版，第 373 页。

② 《马克思恩格斯全集》第 46 卷上，人民出版社 1979 年版，第 393—394 页。

历史财富来消灭封建主义和资本主义，显得尤为紧迫和重大。

（三）农民收入增长缓慢和弱势地位的资本成因

第一，鼓励资本进城，抑制农民流动。西方的“现代国家”在工业革命起步的资金主要来自三个方面：掠夺殖民地、资本的积累与集中、掠夺农民。① 新中国成立后到改革开放前，我国无法利用外资缓解工业原始资本积累的压力，也不可能在商品率过低甚至为负的小农经济条件下来实现工业化，最后，只能选择将农业剩余强制地转化为工业积累，于是，在超赶型经济发展战略的推动下农村资源急剧向城市集中。为将农民固定土地上从事廉价农产品的生产，制定城乡二元户籍制度；为适应计划经济体制对农民管理的需要，实行农村人民公社；为保证国家能低价购买农民的农产品，要求农产品统购统销。在农业哺育工业、农村哺育城市的进程中，农村经济大量失血，阻碍了农民素质及自身收入水平的提高。

第二，资本加速进城，农民涌入城市。改革开放后，逐步扬弃了传统的农村体制，家庭联产承包责任制极大地调动了农民的生产积极性，粮食产量大幅提升，农业机械化极大地解放了农村的劳动力。但是，我国的经济发展仍未完全摆脱依赖农业为工业提供资本积累的二元经济发展格局，重视工业、轻视农业的体制和政策依然具有强大的惯性，经济的市场化反而使农民收入增长缓慢，拉大了城乡收入差距，弱势的农民更加弱势。

在市场经济条件下，个人取得收入的大小以及个人之间、城乡之间收入的差距，人力资本起着决定性的作用。农村人力资源丰富，人力资本严重短缺，人力资本理论认为，个人能力决定收入差距，而个人能力主要是由受教育程度决定的，农民对人力资本投资兴趣不高，而国家对农村教育的投资又严重不足。

作为农民最重要的生产和生活资料，土地并没有随着城市化和工业化浪潮为农民带来更多的增值收益。与此相反，大量的农用耕地被征用，而征用制度又不合理，土地征用价格低廉让农民土地权益受损，农民再次为工业化和城市化贡献了巨额的资本积累。土地的产权关系不明晰，抑制和减少了农民对土地的利用效率和收益，土地流转的困难降低了土地资本的增殖效率，制约了土地的规模经营。

世界各国经济发展的实践表明，经济发展水平越低，资本形成在经济

---

① 纪程：《现代国家建构视域下的“建设社会主义新农村”》，《马克思主义与现实》2007年第5期，第115页。

发展中的作用越大。我国农村资本流动性能较差，资本市场效率低下，农村经济基本上还是小农经济，更需要增加投资规模。事实上，在加快工业化、城市化的进程中，地方政府总是把农村存量资金重点投向城市建设和发展城市经济，致使农村公共设施建设和农业经济发展严重缺乏资金支撑，显然，这与中央提出的“工业反哺农业、城市支持农村”和“多予、少取、放活”的方针政策有很大的差距。另外，在我国目前的金融体制之下，资本要素已经成为新农村建设的“瓶颈”，金融机构的支农功能还在进一步弱化，农村信贷资金大量外流，金融像抽水泵一样把大量农村资金抽入城市。

（四）发挥资本文明作用促进农民增收

保持农民收入持续较快增长，必须采取一系列有效措施，形成促进农民增收的长效机制。近年来农民收入有较快增长，政策发挥了重要作用，取消农业税、实施农业补贴、出台粮食最低收购价、建立农村低保制度和新型农村社会养老保险制度等。中央十七届三中全会对农村的改革发展提出了基本目标和任务：农村经济体制更加健全、城乡经济社会发展一体化体制、机制基本建立、农民人均纯收入到2020年要比2008年翻一番，消费水平大幅度提升、绝对贫困现象基本消除、农村基层组织建设进一步加强等。党的十八大报告对推动城乡发展一体化做出了重要部署，明确指出要加快发展现代农业，着力促进农民增收，坚持和完善农村基本经营制度，加快完善城乡发展一体化体制机制。十八届五中全会提出“人民生活水平和质量普遍提高，我国现行标准下农村贫困人口实现脱贫，贫困县全部摘帽”总体目标：到2020年让7017万农村贫困人口摆脱贫困的既定目标，稳定实现农村贫困人口不愁吃、不愁穿，义务教育、基本医疗和住房安全有保障，实现贫困地区农民人均可支配收入增长幅度高于全国平均水平，基本公共服务主要领域指标接近全国平均水平。确保我国现行标准下农村贫困人口实现脱贫，贫困县全部摘帽，解决区域性整体贫困。2015年11月，《中共中央国务院关于打赢脱贫攻坚战的决定》又对未来五年脱贫攻坚工作做出全面部署，并要求各级党委政府层层签订脱贫攻坚责任书。

为此需要保证农村经济保持在年均6%以上的水平，在制度、体制上进行大的改革和创新，而农民的劳动力要素、资金要素和土地要素投入到农业、农村和农村外各个领域时，能否获得与非农群体所拥有要素等同的收益是增加农民收入的衡量标准。资本是市场经济社会最具有统治地位的生产要素，假如广大农民手中的土地等要素长期不能通过资本化获得收益，又缺乏外来资本的投入，那么所谓农业现代化、农民增收以及农村规模化经营都是无源之水。

第一，解决农民增收的传统思路。在传统的计划经济体制下，农村不具备自行配置生产要素的权利，被束缚在土地上的农民不能按照比较利益原则来安排自己的劳动时间，更不能流动到收益高的就业领域。农业由集体统一经营，由于出工不出活儿、劳动效率低下，可供分配物品不多。农民集体参与农业生产，按日领取工分，农民的收入有集体统一按工分多少来分配，家庭劳动力多的工分就多，分配所得就多；反之则少。

实行家庭联产承包责任制，一度使农民在很大程度上具有自行配置生产要素的权利，缴够国家和集体的剩下都是自己的，生产积极性大大提高，收入有所提高。农民收入随着市场经济体制的建立也取得了一定的增长，但相对于 GDP 和城市居民收入增长速度来说，增长速度显然是缓慢的，这就导致了在我国经济快速增长和城市居民生活水平快速提高背景下农民的相对贫困状态。同时，由于工业化和城市化建设需要大量廉价劳动力，政府就鼓励农民到城市、企业务工，一时间，中西部地区的农村不仅孔雀东南飞，连麻雀也东南飞了，青壮劳动力大量外迁的结果导致农业仅靠留守的贫弱劳动力来维系。在比较利益原则导向下，从事非农产业获得的收入明显高于农业收入，尤其是从事小规模粮食生产的比较利益急剧下降，从事粮食生产的农民种粮积极性受到很大影响，为确保粮食年产量五亿吨的目标，政府于是通过种粮补贴、取消粮食税、良种补贴、粮食保护价收购、大型农机具补贴、合作医疗等惠农举措，以期增加农民的收入和提高农民种粮积极性，然而实际收效甚微。

在“我们干的事业是全新的事业”一文中邓小平说过：“这一次改革是从农村开始的。占全国人口百分之八十的农民连温饱都没有保障，怎么能体现社会主义的优越性呢?”① 随着原有制度创新的效果逐步达到极限，如果没有增加新的激发因素，农民收入在农业人口的数量还在较快增长的情况下是不可能持续增长的，时至今日，一部分地区、一部分人已经富裕了、过上了小康生活，占全国人口 60% 的农民还远没有过上体面的生活，社会主义经济改革的成果离他们是近还是远?

第二，马克思资本文明视域下提高农民收入的新思路。在农民占多数的国家中，因固有的闭塞性、分散性和缺乏主动性、组织性，农民很容易

---

① 《邓小平文选》第 3 卷，人民出版社 1993 年版，第 255 页。

成为现代社会中最稳定、最保守的因素，资本所有者和政府在社会生活中处于强势地位，尽管我国农民在法律上已是国家的主人，但与城市居民相比不能均等地享受国民待遇。农民“不能代表自己，一定要别人来代表他们。他们的代表一定要同时是他们的主宰，是高高站在他们上面的权威，是不受限制的政府权力，这种权力保护他们不受其他阶级侵犯，并从上面赐给他们雨水和阳光”①。所以，政府有责任从增强人力资本方面努力培养新型农民，实现农村人力资源到人力资本的转变，加快构建新农村人力资本形成机制。

要从农村医疗、农村教育和农村文化上着手，加大培育新型农民的力度。教育使农民睿智、文化使农民发奋、医疗使农民强健。2006 年年末，10.8% 的乡镇有职业技术学校，11.7% 的乡镇有公园，71.3% 的乡镇有广播、电视站，87.6% 的村在 3 公里范围内有小学，69.4% 的村在 5 公里范围内有中学，97.6% 的村能接收电视节目，57.4% 的村安装了有线电视，30.2% 的村有幼儿园、托儿所，10.7% 的村有体育健身场所，13.4% 的村有图书室、文化站，15.1% 的村有农民业余文化组织。②

立足农村文化条件落后的实际，今后，各级政府要以建设和谐文化为目标，结合农民的文化水平和实际需要，开展多种形式的文化教育活动，加大文化软硬件设施建设，提高农民的自我保护意识和公民责任意识。抓好农村基础教育、职业教育、农民培训、职业技能提升计划和贫困户教育培训，进一步加大就业专项资金向贫困地区转移支付力度。为顺利开展教育扶贫工程，教育经费应重点投入到贫困地区和基础教育，软硬件齐抓共管，学校硬件条件、生源的改善、教师群体职业晋升机制向城镇学校和教师看齐，保障农村和贫困地区学生上重点高校的长效机制，让贫困家庭子女不输在起跑线上，通过接受公平有质量的教育来减少贫困代际传递的风险。比如，健全学前教育资助制度，鼓励和支持社会教育机构和个人在农村举办幼儿园，让农村贫困家庭幼儿能上得起幼儿园，加快推进贫困地区农村学前幼儿营养改善计划。再如，加强农村教育师资队伍建设，“特岗计划”“国培计划”向农村尤其是偏远山区贫困地区倾斜，为其定向培养大批“下得去、留得住、教得好”的一专多能教师。2015 年 6 月国务院颁布的《乡村教师支持计划（2015—2020 年）》提出“全面落实集中连片特困地区乡村教师生活补助政策”“依法依规落实乡村教师工资待遇政

---

① 《马克思恩格斯选集》第 1 卷，人民出版社 1995 年版，第 678 页。

② 樊平：《2008 年中国农民发展报告》（http://www.china.com.cn/aboutchina/zhuanti/09zgshxs/content）。

策”，最根本的一条就是增加教师工资，当务之急是解决农村教师薪酬未达到《教师法》明文规定的“教师的平均工资水平应当不低于或者高于国家公务员的平均工资水平”问题，除落实法规、增加教师工资外，不妨借鉴发达国家的成熟经验，采取提供一系列奖金、住房补助或免费提供住房、学费补助、减免税收、提供进修金、减免交通费用、教师考评优先、给予长期在农村教学的教师子女升学优惠等举措。与此同时，适应各地的需要加强有专业特色、有市场需求的高职高专建设，增加职业教育的内容，开设以实用技术为主的课程，传授职业技术知识和技能，提高中等职业教育国家助学金资助标准，让未升入普通高中的初中毕业生都能接受中等职业教育，加大对贫困家庭大学生的救助力度。总之，为了化解乡村教师整体年龄偏大、收入偏低、职业晋升受阻困境，应吸引和稳定农村从事教育的教师。

通过加大农村人力资本投资力度来不断提高农村人力资本水平、促进农村经济发展、加快农村剩余劳动力转移步伐，从而为农民收入长期持续和快速增长创设条件。全球金融危机以来，农民工回乡创业已经成为农民工的理性选择。① 因融资困难、用工成本提高、国内外市场环境新变化等因素，许多中小企业遭遇经营瓶颈甚至倒闭，就业形势更加严峻。各级政府应因势利导，充分利用农民工见识广、有思想、有适应市场经济经验、有一定储蓄、有创业意识等优势，着重引导和培养他们率先成为新型农民：帮助、培训农民采用先进实用技术，允许、扶持农民参与农产品生产、储藏、运输、加工、销售等各环节，延长农产品产业链，提高农产品附加值，提高农产品的科技含量，因地制宜推广优势农产品生产；采取优厚待遇吸引优秀农业科技专业人才下乡，帮助农民推广农业技术，建立农业信息网、农业服务体系，切实改变过去“一靠政策常改变，二靠科技没人干，三靠投入不兑现”的尴尬局面；强化农民的职业技能培训和教育，提高农民的素质和转移就业能力，并保证农民工子女在城市接受平等教育的权利。

我国农村资本市场是一个特殊问题，经营规模很小的农户很难在资本市场上实现直接融资，这决定了农民资本积累出现三个“堰塞湖”：自己积累资本见效慢；通过农村金融组织实现间接融资成本高；政府投入落实难。资本是经济的第一推动力，要壮大民间资本，打破部门权力利益化，

① 樊平：《2008 年中国农民发展报告》（http://www.china.com.cn/aboutchina/zhuanti/09zgshxs/content）。

让农民享有金融合作权利，必须改革我国现有的金融体制。只有渠道畅通、政策农民认可、陈规破除才可以加快农村资本集中的速度和资本配置的效率，满足农民对资本的需求。

政府在加大财政支持的同时，要制定对涉农贷款定向实行税收减免和费用补贴以及放宽呆账核销条件的具体办法，降低农村信用社的营业税，减免其所得税，降低贷款利率，通过丰厚的资本回报吸引人才、技术、资金下乡。在当前经济新常态下，城市工商业出现萧条，大量的资本都在寻找出路，这倒契合“工业反哺农业、城市支持农村”要求，古典政治经济学指出：“**城市中利润的降低，促使资本流入农村**，这就造成对农业的新的需求，从而提高农业劳动的报酬。**那时资本**就可以说是**遍布全国**，并在农业中找到用途，于是**原来在很大程度上是靠农村积累起来的城市资本又部分地回到了农村**。”①支持贫困地区建设县乡基层劳动就业和社会保障服务平台，引导和支持用人企业在贫困地区建立劳务培训基地，开展好订单定向培训，建立和完善输出地与输入地劳务对接机制。

建立民间资本积聚机制使民间资本阳光化，实现资本的保值、增值。把农民手中的资金通过自愿合作方式聚集起来，在保证农民一定资金收益的基础上，有偿供应给有创业意识的农民，解决他们初期创业时的资金问题。扶持农民组织起来发展利民资金互助合作社，正规金融机构通过它来间接服务农民，以克服自身管理成本高、信息不对称的弱点，就把民间资本的死钱变活钱，实现了资本要素的保值、增值。具体可以允许农民集体所有的土地向政策性银行抵押贷款，允许农民的承包地、住房等向利民资金互助合作社抵押；政府为利民资金互助合作社免费培训人才，组织相关部门加强对其财务服务和监督；给予免税，指令政策性银行为其提供财政贴息贷款以增加储备金，贷款利息收入归农民所有；建立新型小额信贷公司，出台农民专业合作社信用合作试点办法和加快发展政策性农业保险，依法开展抵押贷款、权利质押贷款。

加快贫困群体资产收益扶持步伐，更加重视农民的财产性收入。2015年11月中共中央在《关于打赢脱贫攻坚战的决定》中提出“资产收益扶贫”，即把财政专项扶贫资金或投入到贫困地区的其他资源，以投资招标方式等制度化的规则转变成贫困群体的资产，再将其股份化并授予贫困户。有别于直接的工资或福利转移，容易诱发福利依赖，并有可能不断加大财政负担，形成福利陷阱，这一扶贫模式在不改变资产用途的情况下，

---

① 《马克思恩格斯全集》第26卷Ⅱ，人民出版社1979年版，第261页。

财政专项扶贫资金和其他涉农资金投入农业、养殖、光伏、水电、乡村旅游等项目形成的资产，具备条件的可折股量化给贫困村和贫困户，这些资产可由村集体、合作社或其他经营主体统一经营。

土地的自由流通和自由交易会促进地产的集中，而地产的相对集中是现代化农业发展的重要条件。马克思指出："小块土地所有制按其性质来说排斥社会劳动生产力的发展、劳动的社会形式、资本的社会积聚、大规模的畜牧和对科学的累进的应用。……生产资料无止境地分散，生产者本身无止境地互相分离。人力发生巨大的浪费。生产条件越来越恶化和生产资料越来越昂贵是小块土地所有制的必然规律。"①明晰农村土地所有权，发展适度规模经营。集体将土地的使用权、占有权、收益权等项权能出让给农民，真正实现土地所有权与其他权能的分离，通过土地出让获得完整土地使用权的农民就会对土地建立起长远的稳定预期，并会加强对土地的资本投入，也可将土地以抵押等方式融资，从而大大提高土地的收益和利用效率。可在保持现有土地集体所有的制度框架下，将土地所有权真正落实到劳动群众自治组织，颁发农民土地集体所有权证，使土地集体所有真正变成劳动群众自己所有，彻底淡化现有村民组织的行政功能。农业耕地实行严格保护，仍然维持集体所有的产权制度；农村征用地（农地转为城市用地）实行土地征用后的部分所有权农民分享；农村宅基地实行把所有权赋予农民；农村公地（墓地、道路、乡村文化与公共设施建设类的用地等）是应该进一步落实并细化产权。

基于我国农民多土地少的现实，就中国社会主义农业的改革和发展而言，邓小平指出："从长远的观点看，要有两个飞跃。第一个飞跃，是废除人民公社，实行家庭联产承包为主的责任制。这是一个很大的前进，要长期坚持不变。第二个飞跃，是适应科学种田和生产社会化的需要，发展适度规模经营，发展集体经济。"② 农村劳动力转向比较利益高的非农产业，农民从种植粮食转向比较利益高的非粮食作物。在市场经济竞争环境下，比较利益原则或机会成本是资源和生产要素流动与配置的指挥棒。因此，在资本时代解决农业生产比较利益过低的根本出路在于生产要素即科技、土地、劳动力、资本的重组和优化配置，在农业劳动力转移和非农产业发展基础上，提高劳动生产率和经营收益，获得相应的比较利益，通过土地使用权的流转和集中，实行农户土地的适度规模经营。

---

① 马克思：《资本论》第3卷，人民出版社2004年版，第912页。

② 《邓小平文选》第3卷，人民出版社1993年版，第355页。

发展新型的农村合作化，改善农民市场弱势地位。1886年恩格斯致奥古斯特·倍倍尔的信中，阐述了关于在国有土地上建立生产合作社的建议，并称之为“导致资本主义生产崩溃的社会主义措施”，这同舒尔采-德里奇和拉萨尔的合作社完全不同：前者主张工人自己集资建立合作社，后者主张靠封建普鲁士王朝的帮助，但他们都反对消灭生产资料私有制，而只是同现存的资本主义生产并列地建立新的合作生产，恩格斯指明：“我的建议要求把合作社推行到现存的生产中去。正象巴黎公社要求工人按合作方式经营被关闭的工厂那样，应该将土地交给合作社，否则土地会按照资本主义方式去经营。这是一个巨大的差别。至于在向完全的共产主义经济过渡时，我们必须大规模地采用合作生产作为中间环节，这一点马克思和我从来没有怀疑过。”① 这为我们推行新农村合作化下的集体经济奠定了理论基础，过去拉萨尔式的国家帮助只是一厢情愿，如今社会主义制度下的国家帮助已是水到渠成。当然，在探索合作化生产过程中曾经历过人民公社化运动的曲折，但合作化的趋势和方向是不变的。

农业是弱质产业，处于产业链的低端，只有以集体的力量才能有效地抵御市场经济的竞争，南街村、华西村、刘庄等已对社会主义市场经济下的合作社新模式进行了卓有成效的探索，新型合作化既不同于传统的集体经济，产权权能明晰，面向市场集约化经营、遵循市场规律；也有别于私人的家庭农场，坚持按劳分配为主体、共同富裕为目标。一般来说，新型农村合作化的主要特征有三个方面：坚持土地集体所有，其他生产要素个人所有，资本、技术、管理可入股；消除传统集体经济组织行政化、官僚主义的弊端，实行民主决策、科学管理；坚持按劳分配为主体、多种分配方式并存，不搞平均主义。② 加强贫困地区农民合作社外延式发展，与龙头企业结对子，参与农产品加工业来加快产业融合，贫困户在家门口就业，更多分享农业全产业链和价值链增值收益。树立贫困地区特色农产品品牌意识，依托贫困地区特有的自然人文资源，深入实施乡村旅游扶贫工程。合作社参与开发本地区水电、煤炭、油气等资源，分享投资收益。

综上所述，由于农民在市场经济和产权市场中还处在弱势地位，因此政府有责任和义务从经济利益到政治利益对农民进行保护，制定更加优惠的政策，加大扶持力度，充分利用其外联市场、内联千家万户的作用，逐

---

① 中共中央马克思恩格斯列宁斯大林著作编译局编：《马克思恩格斯论拉萨尔和拉萨尔主义》，人民出版社1979年版，第267页。

② 于金富、徐祥军：《实践邓小平“两个飞跃”思想　坚持发展集体经济》，《马克思主义研究》2010年第10期，第39—40页。

步打造产业品牌，自主开发经营项目，吸引农户入股，推动土地流转进程。诺贝尔奖获得者舒尔茨就指出了资本收益率低下是传统农业不能为经济增长做贡献的原因所在，改造传统农业的出路在于寻找一些新的生产要素作为经济增长的源泉。对于中国农村而言，这些新的生产要素就意味着更发达的金融市场、人力资本的投资、新一轮的土地改革。

我国农村改革发展所处的历史方位：我国总体上已进入以工促农、以城带乡的发展阶段，进入加快改造传统农业、走中国特色农业现代化道路的关键时刻，进入着力破除城乡二元结构、形成城乡经济社会发展一体化新格局的重要时期。这就标志着我国从此进入反哺农业的新时期，结束了由农业向工业、城市提供资本积累的传统发展道路。以此为契机，在“四个全面”战略布局的指引下，我们积极吸收资本文明使之发挥更大的作用，加快各项制度的改革和创新，在策略的调控下扼制和消除资本为追逐价值增殖而违背农民和农村发展需要的倾向，为和谐社会的构建、农民的持续增收和农民经济权益保护创造更好的社会环境。

三　重视对资源的调节，实现资源分配相对公平

马克思在《哥达纲领批判》设想社会主义社会任何人都不能凭借生产资料的占有而无偿占有别人的剩余劳动，实现了占有关系上的平等，这里“除了自己的劳动，谁都不能提供其他任何东西”“除了个人的消费资料，没有任何东西可以转化为个人的财产”。从宏观上，生产资料的性质决定分配方式，从微观上，占有资源的多寡决定个人分配的多少。分配问题是一个复杂的体系，其中涉及深刻的产权制度。规范和调整收入分配，建立和健全资源环境产权制度，这是绕不过去的。资源要素分配不公，会加剧社会财富的分配不公。这与我国对公共产权收益不太重视和矿产资源等公共产权制度缺失有很大关系，突出表现在巨量的与国有资产、土地、矿山、煤炭、湖海、景区等相关的公共产权收益被少数人攫取，资源价格成本构成不完全使环境治理和生态恢复成本在低资源税下抛向社会，这是分配调节手段失灵、收入差距拉大的症结之一。

（一）以权力配置资源是导致收入差距扩大的政治根源

某些特殊阶层和行业依赖政策保护和资源垄断的权力占有社会资源和分配社会财富，严重违背了公平正义，扭曲了收入分配格局，背离了社会主义按劳分配原则。一些政府官员利用手中权力大搞权钱交易、权色交易，和私营企业主合谋掠取经济资源，私营企业主通过政府官员的权力扩

大自己的资本，再把资本投入到市场中，利用官员的权力继续获取更多的利润。长期以来，人们的就业取向一直偏好电力、电信、石油、金融、烟草等垄断行业或公务员和事业单位，因为它们是高收入、高福利、高阶层的代名词。国有垄断企业凭借着垄断经营特权，将本属于国家和全民的资源收益变成垄断企业自身的收益，将相关成本转嫁给社会和公众，而自身却从中获取巨额利润。比如，2016 年年初我国一年期存款利率是 1.5%，贷款利率是 4.35%，息差 2.85%，远远高于西方国家的平均水平，而且高利差不是市场公平竞争的产物，是由央行规定的，显而易见每年上万亿元的净利润主要是靠行政手段和政策进行垄断定价获取的。

再比如，2011 年石油天然气资源税改革在全国推行，时至今日从煤炭到铁矿再到稀土、钨、钼，一步步全面铺开，逐步实现所有矿业“从量计征”改为“从价计征”。而资源税的税率依然偏低，以油气资源税率为例，增收 6% 的税率，同时不用再交矿产资源补偿费和价格调节基金，实际上企业税费并没有明显变化。发改委在 2015 年 1 月推出新《石油价格管理办法》，设置了“天花板”与“地板”机制，下限为每桶 40 美元，上限为每桶 130 美元，当国际油价低于 40 美元时，汽、柴油最高零售价格不降低，中间区间随国际油价升降。如今全球经济不景气，国际原油价格在 40 美元以下徘徊已有两三个月，即使反弹，也难以涨至地板价之上，国内油价远高于美日等发达国家，加之上缴的红利偏低，企业绝大部分利润仍然由自己享有，起不到调节资源收益公平分配作用。

资源税征收的本意是调整级差收入，由于我国各地的资源禀赋有差异、资源含量有丰缺、资源分布有不均。宪法规定资源归国家所有，实际上目前资源的审批、开采、征税、税收的使用由地方政府掌控，这是造成各地收入差距拉大的一个重要原因，随着水资源、草场、林场、原始森林等逐步列入资源税征收范围，可以将资源税变为中央和地方的共享税。适当提高中央政府在资源收益分配中的比重，扣除资源耗竭性补偿，剩余收益主要用于医疗卫生、文教等全民公共事业，体现资源收益全民共享的原则。地方政府所分配的收益应直接向资源所在地县级以下政府倾斜，惠及矿区群众公共事业，从而积极探索建立资源收益全民共享机制。

可见，权力配置资源必然把相当一部分应当归社会共享的成果变成了部门利益，过高的收入和过高的福利偏向权力中心。因此，国家必须弱化权力在资源配置和财富分配格局中的作用，合理调整各行业、群体间的收入差距，才能降低社会矛盾燃点，实现和谐与稳定。收入高低如果不是靠聪明才智和勤奋劳动，而是靠关系、凭身份、靠垄断、凭权力，势必在不同行业、不同群体之间造成收入落差悬殊，也会在人们心里加宽一道深深的鸿沟。

在公共资源均衡化上，应加快实施教育、医疗卫生、社会保障制度改革，促进公共资源城乡均衡配置，推进职业教育体制改革，加强基层医疗卫生服务体系建设，开展公立医院改革试点，加快城乡养老保险、医疗保险等社会保障全面接轨的步伐。有学者认为，第一代农民工没有受到良好教育可以理解，第二代、第三代农民工还没有受到良好教育，就没办法理解了。享用的公共消费不平等，造成了社会群体性的能力鸿沟，致富的机会也就严重不平等。①

（二）公共产权制度缺失是导致收入差距扩大的经济、法律根源

《中华人民共和国宪法》规定："矿藏、水流、森林、山岭、草原、荒地、滩涂等自然资源，都属于国家所有，即全民所有；由法律规定属于集体所有的森林和山岭、草原、荒地、滩涂除外。""农村和城市郊区的土地，除由法律规定属于国家所有的以外，属于集体所有；宅基地和自留地、自留山，也属于集体所有。"矿区大多地处农村，采矿涉及集体——土地所有者和国家——矿产资源所有者两个所有权主体，从经济利益分配结果看，各级政府为了招商引资，大都把公共资源的收益奉送给了国内外投资者，国家基本放弃了所有者收益，各种形式的资源地租，资源开采企业是最大的受益者，不仅可以获得所有权垄断收入，还可以获得经营权垄断收入，甚至获得特殊资源的垄断收入；作为土地所有者的农民利益因为政府偏爱企业而难以保障，获得满意补偿在一定程度上要靠运气。② 实际上是在经济上化公为私，把公有产权异化为少数人发财致富的工具，必然会削减公有制的份额和弱化公有制的主体地位，引起财富两极分化。

因此，缩小贫富差距，政府要以科学发展观为指导，以人民利益为本，密切联系群众，及时自查自纠，调整不合理的政策，把公共资源及其收益有效地管理起来，使公共产权收益实至名归，让收益通过国家财政转移支付真正转化为全民共享。政府应科学界定国有资源收益权的公共利益所得及分配关系，克服公共产权收益蜕变为部门利益、企业利益等问题，调整现行资源开发开采权转让政策，确保在出让开发开采权时获得应得的地租收益，企业只能得到平均利润，坚决扭转企业无偿取得资源开采权和

---

① 刘尚希：《贫富差距与共同富裕：从现实到目标》，《社会主义经济理论与实践》2011 年第 4 期，第 60 页。

② 刘明远：《论矿山地租缺失、国家利益受损与矿山企业暴利——以晋陕内蒙古地区煤炭开采业为例》，《马克思主义研究》2011 年第 4 期，第 78 页。

不承担资源成本的境地。着力推进资源和要素价格改革，发挥市场价格机制促进矿藏、水域、林地、土地、草原等资源要素合理配置，构造资源价格完全成本，解决企业利用廉价资源获得高额利润问题，减少扭曲性资源要素价格对利益分配格局的影响。

第三节　打破资本“钟罩”与增强资本正外部性

一　贫困固化鸿沟的逾越①

我国与秘鲁一样同属于发展中国家。在解决贫困固化问题上，同样面临着打破资本“钟罩”的艰难抉择。国内少数既得利益阶层自身由于一系列主客观原因拥有庞大的物质资本、政治资本、权力资本，为维护所得并使之长期固化和攫取更多资本，已经和必将不遗余力地阻碍中国式“钟罩”的破除。解决主导收入分配深层次的要素权利之弊，已经不能更多地依赖行政权力有形之手去主导，而必须更多求助于资本权利的释放，通过消除所有权隔离状态，清除当前的经济和法律的藩篱，建立使穷人的资产转化为资本的所有权机制。

（一）在法律框架内明晰产权关系

中国劳动者走向市场的时候，是拥有庞大的国有资产的，但是国有资产收益因与所有人发生分离使他们利益受损，这是贫富分化、贫富固化的最大根源。

现实中，国企所有权不明晰，政府垄断又使国企不需要不断创新来满足消费者，这就给了新自由主义者的批判口实，科斯在论及国企与私企不平等竞争时，认为社会主义国家的国企在政府所有制的压力下大多远离法治，“当国企凌驾于法律之上和市场纪律之上时，不仅私营企业的生存受到威胁，整个社会的经济与政治基础将危如累卵”②。对此，要全面评析，既要在法律监管中打破垄断，保障国企与私企公平的同台竞技，又要在明晰国企产权的同时大力发展相互参股的混合所有制企业，但绝不是私有化。私有化只能使原本的“钟罩”更牢固，使财富进一步向少数人集中，

---

① 李明桂：《资本“钟罩”与贫困固化的双重破除》，《现代经济探讨》2014 年第 3 期。

② ［英］罗纳德·哈里·科斯、王宁：《变革中国——市场经济的中国之路》，中信出版社 2013 年版，第 241 页。

产生更严重的非正义贫困。改革的根本方向应是落实宪法精神，确认全体民众对国有资产的所有权和增值收益权。

和谐社会绝不是不存在利益冲突，而是有能力化解利益矛盾，并由此实现利益大体均衡，而要实现这种调节和均衡就要依赖法律。《担保法》中规定，耕地、宅基地、自留山等集体所有的土地使用权不得抵押，《土地承包法》《物权法》也规定，除了通过招标、拍卖、公开协商等方式承包的农村土地可以抵押外，通过家庭承包取得的土地承包经营权是不允许抵押的，《土地管理法》规定农民只是享用宅基地使用权，而不具备处置的权利。所以，要及时修改这些法律条文及《土地法》《证券法》等法律中不合理条款，制定《农民权益保障法》《反贫困法》等法律，把反贫困纳入法制化轨道，进行综合治理需要制度创新与改革，消除造成不平等的一系列制度：土地制度、教育和人口制度、妨碍脱贫的政治权利制度等。

（二）赋予农民更多财产权利

在国有土地产权清晰地归全民的前提下，土地的地租落入私有腰包，这是带有封建色彩的寄生性财富分配。我国城市化过程中征地有两种不好的倾向：低价征购农地作为城市发展的资本原始积累，农民成为贫困化阶层；对大中城市郊区农民过度补助，在城市边缘地带形成许多食利阶层。

我国的房地产市场不同于任何私有化国家，应该充分尊重农民的土地所有权，使农民可以通过所拥有的土地资产价格的提升获得进入城市的原始积累。著名财经评论员叶檀建议政府向拥有土地的农民发放土地券，载明土地所在具体区域与地块，而后根据日后该地土地市场价格，允许农民凭此获取一份属于自己的财产性收入。土地券相当于一份土地期权，通过土地溢价消灭进入城市的无产者，培养庞大的消费群体。现在像重庆等地方推行地票制度，让偏远地区农民享受土地增值收益，有些地方建造农民新村换取农民的宅基地，有些地方通过让农民获得公司股票换取农地使用权，将农民置换成工人。但不管怎么样的城镇（市）化进程，相同的一点是通过资产换取农民的土地。关键在于如何让农民享受土地资本化上涨的增殖收益，避免因缺乏保障而沦为政府扶持企业中的雇佣工人。

反农民贫困化过程中需要制度保障，十八届三中全会指出要加快构建新型农业经营体系，赋予农民更多财产权利，推进城乡要素平等交换和公共资源均衡配置，完善城镇化健康发展体制机制。其关键在于加快农业资源资本化进程，为此，一要建立社区股份合作社破除集体资产权利虚拟化。将村级存量集体经营性净资产明细折股量化到户，将社员的分配权与合作社的资产所有权相结合。二要建立土地股份合作社破除农民的身份特征，打工仔变身农场主、农民从身份变成职业，农户自愿以土地承包经营权入股，促进土地向专业化生产和规模化经营流转，向二、三产业转移拓宽农民就业渠道。三要允许林权、土地承包经营权和宅基地使用权进行抵押融资，以换取进城的原始资本。四要建立专业合作社破除单打独斗的弱势地位，从事同类产品生产经营的农民自愿组织起来，做大做强农产品品牌。

（三）全面深化改革消除所有权隔离状态

破除贫困固化不仅是收入再分配问题，也涉及经济、社会、政治各层面问题。在经济领域推进市场化改革过程中，如果政治体制不做相应改革、政府职能不做转型、官员的职务行为不做相应的约束，那么原来设想的竞争性市场经济就会异化为垄断性市场经济、权力支配下的市场经济，原来设想的各要素共同参与的公平的收入分配模式，就会异化为权力主导或权力与资本合谋共同掠夺社会财富的分配模式。

用政府权力的“减法”换取市场活力的“加法”来厘清政府和市场的界限，这是处在深水区的中国改革必须跨过的难关。当前，我国行政审批事项还有1700多项，少数地方、部门设置审批、许可的随意性大，权力配置资源的主导作用束缚了企业、公民参与经济活动的积极性，容易出现权钱交易、权力资本化等腐败行为。已经推进的国务院机构改革、取消下放两百多项行政审批事项、实行公司注册资本零门槛、叫停公款考察性出访、大力度反腐倡廉等，发挥市场在资源配置中的决定性作用，让权力配置资源的主导作用成为历史，政府职能必须切实从投资型、建设型向法制型、服务型转变。

收入分配在实现社会公平正义中扮演着重要的角色，公平正义的分配既要保护资本的合法权利，更要保护处于弱势地位的工人的合法权利，保护工人的劳动力产权是劳动立法的重要内容。在完善社会主义市场经济过程中，政府为保护劳动者利益已出台了很多相关法律，但侵犯劳动力权益的事件时有发生，劳动者的弱势地位并未明显改善，政府必须进一步通过立法保护劳动者应有的权利，在社会范围内营造公平的雇佣关系，在立法保护劳动者利益的同时，进一步发挥财政转移的支付职能，用最低工资、最低收入保障维护弱势工人群体的利益，用政府举办的失业保险、工伤保险补偿工人的损失。①

---

① 胡靖春：《论劳资分配失衡》，《马克思主义研究》2010年第11期，第77页。

总之，在既得利益自我固化的社会机制中，“触动利益比触动灵魂还难”难在掌握权力—资本的精英群体或以“改革”的名义攫取和积累财富，或通过权力影响政策取向，本能地阻止公正、全民福祉、共同富裕的政治诉求，阻止改革对自己头顶“钟罩”的破除，这种社会机制长此以往，将会严重侵蚀党和政府改革进程及成效，损害公平正义的中国梦的愿景。中国梦必须转化为政府纠正不平等的资本、权利、机会分配及利益分配的艰巨行动，政府的改革行为本着对民意的敬重，完善、健全各种法律制度将权力装进制度的笼子里，把民众的资本权利从笼子里释放出来。

二　增强资本正外部性促进居民收入倍增目标实现①

资本外部性使市场调节失灵、政府有形之手作用凸显，政府可以通过一些调控手段，诸如税收、奖励、行政干预、法制等实现对外部性的控制，经济学上称之为外部性内化，弥补市场失衡的短板，引导和规范资本在中国特色社会主义市场经济中健康运行。过去许多以付出社会公平正义为成本的资本发展项目能够免遭公众的质疑，但近年来，我国民众对公民权利、社会平等、公平正义意识大大增强，在收入分配方案和公共服务供给机制方面对政府和国有资本提出彰显公平分配、公有共享的平等、保护弱势群体等更高的要求和更新的期待。在这种情况下，政府在制定各项公共政策中的自由选择空间在缩小，国有资本和私有资本追求单向度的资本增殖的压力在增大，不得不对民众日益增长的共享经济发展成果、增加收入的权利主张和公平诉求做出积极回应。

（一）国有资本与私人资本对实现居民收入倍增的作用各有侧重

两种资本在经济发展和居民收入增长中都具有重要的作用，但它们各自的性质、规模的现实差异，决定了可以发挥各自特殊的作用。

1. 国有资本更关注社会公平

在社会主义市场经济占主导地位的经济关系中，阶级剥削和阶级对抗不存在了，国有资本是一种“普照的光”，在本质上是政府执行经济社会管理职能的延伸，其投资和运行所带来的外部经济直接关系到倍增目标的实现程度。社会财富增长不一定会自动减少社会矛盾，两极分化下矛盾反而会激化。社会主义国家应该大力解决好公共财富的发展问题，共享财富

① 李明桂：《基于资本正外部性的我国居民收入倍增目标实现途径研究》，《商业研究》2014年第1期，第4—7页。

越发达，个人追求私人财富的动机越弱化，越有利于资源配置的优化和需要满足的最大化。①

国有资本是人民当家做主和实现共同富裕的最基本的物质基础。1875年马克思在《哥达纲领批判》中就批判过拉萨尔机会主义离开所有制空谈“平等权利”“公平分配”，据此，当前中外资本主义包括私有资本和外国资本的迅速发展是造成贫富差距悬殊的根本成因，实现共同富裕和公平分配离不开以国有经济为主导和公有制为主体的基本经济制度。国有企业从2003—2011年实现营业收入从10.73万亿元增长到39.25万亿元，年均增长17.6%；实现净利润从3202.3亿元增长到1.94万亿元，年均增长25.2%。② 中国经济进入新常态的2014年国有企业营业总收入48.06万亿元，同比增长4%；国有企业利润总额2.48万亿元，同比实现3.4%的增长；国有企业资产总额102.12万亿元，国有企业所有者权益35.56万亿元，同比增长11.8%。③ 保障了国家在改善民生、调整国民收入分配格局、加大在分配调节力度等方面政策的有效实施，将国有资本做大做强做优落脚于劳动人民的共同富裕体现了社会主义制度的优越性。

国有资本上缴税收额与利润额高于私有资本，且利润的主要部分仍归公用于扩大再生产的积累。2012年11月底央企利润总额1.1万亿元，已缴纳税金1.7万亿元，同比增长12.8%，高于全国同期税收收入增幅3个百分点，是各类所有制企业中缴纳税收增长最高的。2014年度中央企业累计实现营业收入25.1万亿元，同比增长3.8%；上缴税费总额2.1万亿元，同比增长4.4%；央企利润总额1.73亿元，同比增长3.6%。④ 实行按劳分配为主的多种分配方式，使要素贡献得到有效激励，职工的平均工资比私企和外资还高，2009年全国国企职工年均工资（35053元）是私营单位就业人员平均工资（18199元）的1.93倍，2014年全国城镇非私营单位就业人员年平均工资（56339元）是私营单位年平均工资（36390元）的1.55倍，这既显示了公有性质优越于私有性质，又对非公资本改变“富资穷劳”的分配产生了外在的压力。

---

① 徐跃华：《论“按需分配”理解中的几个歧义问题》，《马克思主义研究》2010年第8期，第47页。

② 中国人大网：《国务院关于国有企业改革与发展工作情况的报告》，2012年10月24日（http：//www.npc.gov.cn）。

③ 新华网：《2014年全国国企利润增3.4% 负债超66万亿元》（http：//www.npc.gov.cn/wxzl/gongbao/2013—02/25）。

④ 同上。

国有资本是社会公共福利、公益性价值取向的最重要的引领者。国有资本介入的领域有一大部分行业与不同公众日常生活息息相关，对公众的安全和健康影响很大，政府应对此进行严格的规制。在后小康时代，加强和拓展国有资本的社会公益性是时代所需、民心所向。以公共效益的正外部性为目标调整和优化国有资本配置，是加快经济发展方式转变的需要，经济结构改变、投资结构改善重在国有资本的科学配置；国民收入分配格局的合理变革、利益关系的和谐构建关键在于国有资本及其收益的社会福利化水平；人民群众日益增长的公共产品需求与公共服务短缺、低效矛盾的化解依赖于国有资本增殖创造的社会福利让民众普遍分享的程度。十八大提出要推动国有资本更多投向关系国家安全和国民经济命脉的重要行业和关键领域，不断增强国有经济活力、控制力、影响力，为此，在保障房开发建设力度、在煤电油运通信服务、在资本收益分红比例、在为民营经济和中小企业创造政策和制度环境等方面，国有资本当仁不让要大有作为并做出表率。国有企业（不含金融类）截至2011年年底已划拨社保基金国有股权2119亿元，占全部社保基金财政性收入的43.1%，截至2014年年末，国有股减转持资金和股份2384.11亿元，占财政性拨入全国社保基金资金和股份（6572.98亿元）36.3%，[①]在新疆、西藏援助帮扶、应对雨雪冰冻、汶川和雅安大地震等严重自然灾害中，在北京奥运会、上海世博会、国庆60周年阅兵、APEC会议、纪念反法西斯战争胜利70周年阅兵等重大活动保障中发挥了骨干作用，还参加各类社会保险，规范构建职工福利保障体系、切实保障农民工和劳务工合法权益。

2. 私有资本更注重经济效率

私有资本是居民收入倍增的生力军。实现倍增计划，私有资本的努力至关重要，私营企业的活动不仅影响社会利益分配格局，而且也影响着社会政治、文化变革，影响着人们的道德价值取向，还特别影响到自然生态环境好坏。社会对私营企业的期望是要求企业维护和促进社会公正、公平，平等地保障各方相关利益，企业要确实承担起社会责任，做一个“遵法纪、重伦理、行公益”的好公民，尽早完成由“经济人”向“道德人”的转换。

私有资本形成了国民经济新的增长点，促进了我国经济增长，为财政收入做出了重要贡献。转移农村剩余劳动力，吸纳和安置再就业人员，增加了农村居民和城镇失业人员的收入水平，使得低收入群体的生活有了保

---

① 《全国社会保障基金理事会基金年度报告》，《经济日报》2015年5月29日第16版。

障，缩小了城乡居民之间以及城镇不同群体之间的收入差距，对促进社会的安定和团结具有不可低估的作用。

“劳动者的不同的个人天赋，从而不同等的工作能力，是天然特权。”① 在市场竞争中个体异质性、技能、家庭背景、人际关系等自然禀赋的差异，深刻影响和改变各自在社会总结构中的发展能力、消费状况和分配层级，低收入群体至少当下既没有挣钱的能力，也没有发财的机会，解决这些明显处于社会不利地位的特殊群体始终要靠政府的照顾和关怀，国有资本和私有资本在人的生存和发展中承担着崇高的社会责任，上缴的税费和资本收益分红使政府有财力扶弱济贫。

（二）国有资本“普照之光”：让全民公平分享资本收益

首先，明晰国有资本产权归属，确认全民对国有资本的所有权。分配问题是一个复杂的体系，由分配制度改革转向产权制度改革才是解决收入分配的根本，跳出“分配决定论”的怪圈思维，国有资本占有丰富的土地、自然资源和庞大的垄断性经营收益，依据宪法，这些都归全民所有。根据经济学家刘福垣估算，全民资产总额达300万亿元，改革的不完善之处在于这些资产没有转据为全民福利。由于国有资本所有者缺位，大部分国有资本收益由极少数的资本所有者占有，而绝大多数劳动者只获得了远远低于资本所有者资本所得的工资性收入，公有制经济中全体劳动者拥有的生产资料所有权实际上被架空，代为行使所有权的行政部门人员和精于官资勾结的国企主管往往以权谋私，在没有市场价格作参考体系的漏洞下，从容地将属于全民的资本收益据为己有，而国企普通职工几乎没有任何有效权利对此予以约束。② 致使按劳分配原则未能得到有效贯彻，全民属性弱化使收入差距拉大的趋势无法扭转，改革的方向应在宪法的框架内坚持中国特色社会主义基本制度的基础上，把政治上的公有制落实到法律上的产权制度，确认全体国民对国有资产的所有权，并享有其增殖收益，这才是居民收入倍增内核的根本指向。为此，应设立由全国人大领导和监管的国有资产管理机构，负责预算、决算、审计，审查运营效果及投资、收益使用方向，优先用于完善社会保障体制上，保障公有共享的正外部性，是回应国民对国有资本福祉诉求、落实国有资本全民受益的可能路径。

① 马克思：《哥达纲领批判》，人民出版社1997年版，第15页。

② 李晓宁、马启民：《中国劳资收入分配差距与关系失衡研究》，《马克思主义研究》2012年第6期，第57页。

其次，开启资本收益社会分红，展示国有资本公共性的光辉形象。分蛋糕体现的是政府良心，人们可以从分配制度上判定政府道德仁义的程度，在分配方面改变立场、超脱自我利益的纠葛、回归公共利益的国有属性本位是政府和国企高管良知的展示。实现社会公平分配、促进社会平等是国有资本最为重要的正外部性定位。2004 年以来，国有企业上缴红利比例过低（15%、10%、5% 和不上缴四等），国际上大多数国家都是 30%—40%，或者更高，在 2012 年 5 月中美战略与经济对话中，我国承诺稳步提高国有企业红利上缴比例，增加上缴利润的国企数量。在市场经济条件下，政府和国企该如何践行才能巩固社会分配公平的基础，才能避免成为社会分配不公的助推器？对于政府而言，要推动全国人大对《企业国有资产法》进行重大修改，规定国有资本上缴中央财政的利润数额随 GDP 同步增长，确保八成以上利润用于民生领域，使普通民众通过政府加大转移支付而提高收入水平，加大垄断行业的税收上缴比例，严格执行个人所得税税率，对违法逃税者进行重罚，培育其回报社会、尊重税法的理念。对于国有企业来说，要超越传统意义上以较低的效益创造较多的就业机会，重点是尽快实现资本收益全民分红，扭转红利大部分取之于国企、用之于国企的内部循环，将分红实实在在投入公共事业和社会保障，既减少普通群众公共消费支出而增加现有收入的实际购买力，也可改变国有资本的海外形象和国际声誉。

再次，完善企业内部公司治理，把高管的权力装进制度的笼子。作为经济社会运行轴心的国有资本，其自身的分配公平与否关乎整个社会的分配正义。高管自定天价薪酬而侵蚀全民所有的公共收益、劳动力价格双轨制下体制外的工人尤其是农民工待遇极其低下现象非常突出，国家统计局的调查显示，2011 年我国农民工月均收入为 2049 元，仅为城镇职工平均工资的 30%，可以类推的是与国企高管相比，差距更是惊人，而且农民工工资经常被拖欠。人社部《2011 年中国薪酬发展报告》指出，除企业高管与农民工工资收入差距最大达 4553 倍外，企业内部近 5 年来高管工资增幅明显超过普通职工工资增幅，企业工资分配中高管收入增长偏快，部分高管收入水平过高，已成为拉大整体收入差距、影响和谐劳资关系的重要因素。所以，一方面要消除国企内部身份差别，加强监管约束权力。推行领导层由职代会选举与股东会任命相结合，突出职代会、党委会、工会的民主监管权力。国有资本经营绩效在很大程度上与国家的政策红利有关，并非高管自身的人力资本贡献，其薪酬总的原则应以国家公务员薪酬和职工平均工资为基础，根据企业履行国家政策目标情况和经营绩效通过年薪和奖金来体现，绝不能以资本得利的形式呈现。[①] 另一方面，发挥国有资本在居民收入水平大幅提升的正外部性，必须坚决依靠广大工人群众来削弱特权，传承和发扬毛泽东“两参一改三结合”的企业内部管理制度，“领导人员以普通劳动者姿态出现，以平等态度待人。改进规章制度，干部参加劳动，工人参加管理，领导人员、工人和技术人员三结合”[②]。建立领导、科技人员、职工相结合的共议共决机制。还有，党和政府要积极培育为国有经济服务的企业家。2013 年 1 月 16 日《人民日报》（海外版）02 版批央企高管成提拔无望官员肥缺，由于固有利益格局的阻碍，央企人事管理仍存在约束机制和激励机制不足的问题，央企高管异化成特权阶级。国企高管大多是由中组部任命，其中有许多是年龄偏大、提拔无望的官员，亦官亦商，市场化定价的要求与行政级别的享受相冲突，于是，既享受垄断带来的内部人分配利益，又阻碍国企红利上缴和全民分红。不管是组织任命还是市场招聘，政府和人大都要严把人才质量关，通过切实的专门培训，使具有社会主义理想信念、有管理能力、懂某种专门业务的优秀可靠人才进入管理层。

（三）私有资本的文明作用：让工人参与价值分配

现阶段，资本正外部性既可能来源于资本自身大而虚幻的实质道德，也可能是基于规则与政府力量的形式道德。当前绝大多数劳动者在非公企业就业，尤其是 2.7 亿农民工，在人口红利逐步消失、老龄化社会逐步显现的现阶段，网络技术迅速发展彻底改变了我国资本的生态，要求私有资本的收入分配方案更多地体现出对公平正义的呵护、对弱势群体的保护。

首先，加快企业工资集体协商、行业性和区域性工资集体协商立法，诸如《工资集体协商条例》《国家行业职工工资条例》等，为“倍增”助力。日本 20 世纪 60 年代“国民收入倍增计划”与俄罗斯 20 世纪末“全民收入倍增计划”的顺利实现与立法完善关系密切，从国内外实践看，工资集体协商是保障职工工资正常增长的一个法宝，通过单独立法对工资集体协商进行完整地规范，强化工资集体协商的法律刚性，细化工资集体协商的具体内容，规范工资集体协商的谈判程序，严格工资集体协商的法律责任，劳资双方均可聘请专业人员作为双方的顾问列席协商会议，在协商不成时政府加强干预以促成协商，及时解决工资分配中的重大问

① 谢地：《国有经济的身份与地位：法经济学的视角》，《社会主义经济理论与实践》2010 年第 10 期，第 147 页。

② 《毛泽东文集》第 8 卷，人民出版社 1999 年版，第 135 页。

题，才能着力破解工资集体协商中企业不愿谈、工会不敢谈、职工不会谈的问题。国家要尽快通过完善工资立法，全面建立与经济发展及物价增长相适应的最低工资标准调整机制，在当前物价上涨幅度大、工资水平偏低的情况下，要坚持做到最低工资标准每年调整一次，任何单位和任何工资分配形式都要执行最低工资保障制度的规定，否则要追究法律责任，以形成最低工资标准随经济发展逐步提高的正常调整机制。

其次，改善劳工保护和健全工会组织。整个社会资本都面临经济发展方式的转型，私有资本面临大浪淘沙的洗礼，明智的选择是由单纯关心企业利益增长转向社会协调发展，由实现个人过去先富转向以提高企业员工工资福利、实现共富，通过技术、产品、服务创新达到社会创新，赢得更多利润和长期发展空间。故意拖欠农民工工资的行为具有严重的社会危害性，符合刑法有关犯罪的构成，应当用刑法来调整故意拖欠农民工工资行为。全国各地暴力讨薪、跳楼讨薪等事件不断见诸报端、网络等媒体，将拖欠农民工工资行为纳入刑法进行规范有助于从根本上解决拖欠农民工工资问题，实现劳资关系的和谐。可以像黑龙江 2004 年制定《农民工工资保障规定》那样，先尽快制定地方性法规予以规范，将劳动合同签订、信用评估、应付工资凭证、工资保障金制度、农民工加入工会组织及政绩工程引咎辞职等纳入规定，对侵害农民工合法权益、法定代表人为人大代表或政协委员的用工单位，可提出罢免该人大代表或撤销该政协委员资格的建议等。

再次，私有资本实施员工持股计划和反哺工人的精神福利。借鉴日本企业实行的终身雇佣制、年功序列等举措，对员工实行股权激励，增强企业的凝聚力、向心力，形成职工对企业的认同感、归属感、责任感，融洽劳资关系。为进一步增强职工对企业的忠诚度，顺应新生代产业工人对尊严和幸福感的新期待，着力满足他们的人格尊严、心理健康、情感寄托、文化娱乐等精神福利，安排更多的休息、休假时间、增加工人间交流机会，解决子女入托、上学、提供培训机会等，精神力量可以转化为强大的物质利益，大大提高劳动生产率，既为企业增加利润，又因为职工收入与企业劳动效率同步增长而增加自己的收入。

十八大全面论述了中国特色社会主义的科学内涵，使社会主义不是仅仅留存于话语体系中的乌托邦，而是一场国民共享发展成果的宏大社会实践运动。各社会阶层利益诉求多元化注定通往共同富裕道路会充满坎坷和艰辛，作为肩负国计民生大任的国有资本需要在实现保值增值和维护社会公共利益最大化之间达到和谐，作为负有一定社会责任的私有资本需要在谋求物质利益和回馈社会之间寻求平衡。资本的正外部性既是资本本身的问题，更是规则和政府监管问题，一方面通过道德自律践行美德、伦理，让唯利是图的经济人蝶变为利己利他的道德人；另一方面通过法制建设与严格执法的方式，让正外部性取代负外部性成为资本的显性基因，并逐渐上升为一种传统、一种文化。资本在政府有效规制和调控下极力抑制自身不道德的负外部性和充分发挥公共利益的正外部性，为缓解收入分配不公、为全民提供廉价优质的公共产品和服务、为践行居民收入倍增奠定坚实的物质基础。一场社会资本深刻变革给普通群体带来的红利盛宴值得期待！

第四节　马克思按劳分配原则的传承与嬗变

一　新时期贯彻按劳分配原则的基本要求①

在2012年“两会”的记者见面会上，前国家总理温家宝郑重表示：“在我任职的最后一年，政府还将要做几件困难的事情，一定要做，努力做好，而不留给后人。”其中制定收入分配体制改革的总体方案名列首位，在国务院批准的国家发展改革委员会《关于2012年深化经济体制改革重点工作的意见》中，将抓紧制定收入分配制度改革总体方案列入规划，明确的责任单位为：发展改革委、人力资源社会保障部、财政部、国资委等。当前我国进入改革发展的关键时期，收入分配问题格外特殊、异常复杂，社会反应十分敏感，成为当今争议最大、关注度最高的难题。我们不能把分配问题简单化、短期化，在方案的设计上必须照顾到各方面的合理诉求和职工切身利益，协调好各阶层、各利益群体的利益，防止一哄而起或给社会稳定或给企业发展造成不利影响。在中国现阶段，由于社会主义市场经济体制还不完善，相当一部分初次分配差距并不是市场竞争、优胜劣汰的结果。因此，除了在再分配环节需要政府加强调节，在初次分配领域也需要政府积极作为，着力完善社会主义市场经济体制，规范收入分配秩序。既要进一步深化改革、解决市场扭曲和不能正常发挥作用的问题，又要解决市场泛化和市场失灵的问题，还要解决政府职能转变的问

---

① 李明桂：《马克思按劳分配视域下的居民消费》，《理论导刊》2010年第5期，第53—55页。

题，进而使市场无形之手和政府有形之手都到位又都不越位，综合协调地发挥作用。

分配制度的改革是为了充分发展社会主义市场经济，建立适应发展社会主义市场经济要求的新的分配制度，新的分配制度的生命力不在于能够避免矛盾，而在于能够按照市场经济发展的客观要求，将诸多矛盾妥善地加以解决，为贯彻按劳分配创造一个良好的环境。按劳分配是社会主义不可动摇的分配原则，然而在市场经济条件下，能否正确贯彻实施按劳分配原则是关系到坚持社会主义的重大原则问题，既是一个理论问题又是一个实践问题，必须牢牢把握和坚持贯彻按劳分配的一些基本要求，始终遵循按劳分配的社会主义价值取向。

（一）坚持以满足人民群众生活需要为根本是实现按劳分配的历史使命

按劳分配的目的和宗旨是为社会主义生产者谋利益。在《资本论》中，马克思已对未来社会个人消费品实行按劳分配做出了初步设想，在自由人联合体中，“总产品是一个社会产品。这个产品的一部分重新用作生产资料。这一部分依旧是社会的。而另一部分则作为生活资料由联合体成员消费。因此，这一部分要在他们之间进行分配。……，劳动时间又是计量生产者个人在共同产品的个人消费部分中所占份额的尺度”①。说明在这种社会体系中，把总产品按用途可分为生活资料和生产资料，生活资料由全体成员消费，以劳动时间为标准来衡量人们分得消费资料的多少。同样，在《反杜林论》社会主义部分中，恩格斯批评了杜林为资本主义发生经济危机所做的辩解，强调了满足群众消费对于经济社会良性发展的重要性，“群众的消费不足，是一切建立在剥削基础上的社会形式、因而也是资本主义社会形式的一个必然条件；但是，只有资本主义的生产形式才使群众的消费不足达到危机的地步。因此，群众的消费不足，也是危机的一个先决条件，而且在危机中起着一种早已被承认的作用”②。既揭示了劳动者群众消费不足与资本主义经济危机爆发之间的渊源，又反衬了社会主义生产形式注重满足人民群众消费需求的制度优势，从这一点来看，能有效克服资本主义经济危机的群众消费观真正契合按劳分配原则的民富、民本思想。

---

① 马克思：《资本论》第 1 卷，人民出版社 2004 年版，第 96 页。

② 《马克思恩格斯选集》第 3 卷，人民出版社 1995 年版，第 636 页。

马克思在《哥达纲领批判》中，在批判拉萨尔所谓“不折不扣的劳动所得”谬论时指出，个人消费品分配前要对社会总产品做六次必要的扣除，“‘不折不扣的劳动所得’已经不知不觉地变成‘有折有扣的’了，虽然从一个处于私人地位的生产者身上扣除的一切，又会直接或间接地用来为处于社会成员地位的这个生产者谋利益”①。当然，扣除不是目的，只是社会正常运行的必要手段，其宗旨是为了社会主义劳动者谋利益，切实满足社会成员日益增长的物质文化需要就是实现按劳分配的历史使命。

为满足人民需要而生产的目的和有计划、按比例发展等规律支配着社会主义经济体的运行，社会主义本质上没有资本主义经济那样的基本矛盾，所以理论上不会发生周期性的生产过剩危机。② 然而，2008 年国际金融危机席卷全球，中国也未能全身而退，经济受到很大冲击，与 1997 年东南亚金融危机中国能独善其身相比，个中原因是我国这些年来实行出口导向型的经济发展战略，国内需求严重不足，过剩的产能严重依赖国际市场，在鼓励和引导非公经济的政策红利下，公有制相对下降和生产资料私人占有制比重迅速上升，自然就缩小了按劳分配的范围和扩大了按要素分配的领域，进而扩大了资本主义市场经济规律在我国经济中的影响范围，大大增强了我国经济对发达资本主义国家经济的依存度。马克思认为物质资料的生产活动是人类历史的首要前提，人类历史首先是生产方式发展的历史，而且一切发展都归结于人的发展，经济增长说到底不过是手段，满足人的各种需求才是根本目的，任何脱离这一目的的手段都不能形成健康、持久、稳定的发展。大力批判了资产阶级“见物不见人”的按资分配，资本对劳动的雇佣和剥削脱离人的现实世界而陷入拜物教的迷幻王国，强调社会主义按劳分配“以人为本”的伟大使命，以人的共同发展为根本推动群众物质文化需要的满足。

在我国传统经济发展方式的转型过程中，在一定范围内、一定程度上，对经济增长的崇拜和对市场化的迷信造成了指导思想上的偏差。自 2000 年以来，中国投资率始终居高不下，从 2000 年的 35.5% 提高到 2008 年的 43.5%，相比之下，消费率则节节败退，2008 年我国居民消费对 GDP 的贡献率仅为 35.3%，而美国高达 71%，日本也在 55% 以上。中国当前的经济增长，90% 以上靠投资拉动，而投资中又主要依靠政府投资，

---

① 中共中央马克思恩格斯列宁斯大林著作编译局编：《马克思哥达纲领批判》，人民出版社 1997 年版，第 13 页。

② 刘国光：《当前世界经济危机中中国的表现与中国特色社会主义模式的关系》，《高校理论战线》2009 年第 5 期，第 4 页。

经济增长内生动力不足。[①] 这说明在实际工作中，各级政府喜欢把“发展是硬道理”解读为“经济增长是硬道理”，进而“为了追求经济尽快增长，其他一切都要让步，都可以被牺牲”，长期以来，我们全力以赴做大“蛋糕”，但很少追问做大蛋糕干什么，固然会对如何分好蛋糕显得重视不够和价值追求偏差，其危害后果必然会产生重投资轻消费、重外需轻内需、高投资低消费等片面追求物质财富的发展观。消费就是人们为了满足自身物质、文化需要而对物品和服务的消耗与花费，它是社会再生产的终点和起点，是劳动生产再生产内在要求，在政府财政收入和企业利润增长情况下，居民收入增长必然放缓甚至下降，这又会直接抑制国内有效消费需求，而消费需求不足，生产就缺乏动力。

在后危机时代，为正确贯彻执行按劳分配原则，切实满足人民群众的消费需求，首先，要提高分配率和扭转改变分配向政府、企业倾斜局面。分配率表明劳动者的工资性收入占国民收入初次分配的份额情况，分配率越高，社会分配越均等；反之，社会分配越不均等。市场经济发展成熟的国家，其分配率一般在54%—65%之间，而我国目前则在15%—20%之间。[②] 分配决定收入，收入制约消费。《中国统计年鉴2008》显示我国中央和地方政府预算内收入增速明显较快，2001—2007年增速分别高达22.3%、15.4%、14.9%、21.6%、19.9%、22.5%、32.4%，要快于GDP增速，就导致这几年财政收入占GDP比重呈上升之势，由2001年的15.2%上升到2007年的20.4%，7年内上升了5.2个百分点。我国职工工资总额占GDP的比重从1978年的15.6%下降为2007年的11.2%，这与财政收入占GDP比重上升对比悬殊，居民收入水平低是消费需求不足的根本原因。

其次，要扬弃以物为本的传统发展观，而代之以以人为本的科学发展观；要摒弃仅以GDP的增长速度作为评价分配体制优劣的标准，而代之以社会主义生产目的的实现程度，始终把不断满足人民群众的各种需要作为经济发展的最终目的，从而为按劳分配赢得宽松的发展环境。

再次，加大宣传树立社会主义价值取向的力度。通过党政各级教育机构首先对各地各部门一把手进行专门教育，帮其站稳立场、明确方向、端正态度，确立正确的政绩观，始终将人民生存、人民发展、人民需要放在

---

① 张冬贵：《中国模式的突围之路》（http://www.ce.cn/cysc/newmain/yc/jsxw/201010/19/t20101019_20525387.shtml）。

② 赵振华：《关于提高初次分配中劳动报酬比例的思考》，《中共中央党校学报》2007年第6期，第50页。

首位。另外，利用广播、电视、网络、报纸强化对企业管理者、经营者的价值观教育，抨击违法乱纪、违背公平正义的不良企业，褒扬那些奉公守法、社会责任感强的企业，为各方面明确做大蛋糕的目的、确立公平分配理念奠定思想基础。

（二）建立健全社会保障体系是实现按劳分配的社会基础

社会保障是社会稳定的减压阀和社会和谐的润滑剂，完善的社会保障是实现按劳分配的内在要求。在批判拉萨尔的“不折不扣的劳动所得”观点时，马克思阐明了社会主义总产品的分配思想，未来社会消费品在社会成员之间分配前要扣除必要的补偿基金、积累基金。按劳分配不是对全部劳动产品按劳动的质和量进行分配，而是对六次扣除后的剩余做出的分配，也就是说在建立了完善的社会保障的基础上的分配。社会保障既能满足社会成员的公共福利，又能照顾到社会中不具备劳动能力的人或需要救济的贫困者以及应付自然灾害、卫生医疗保健、教育等社会保障性开销，如果没有这样的社会基础，按劳分配就无法顺利进行。

那么，社会保障基金从何而来，马克思在《资本论》中也做了阐述，“利润的一部分，即剩余价值的一部分，从而只体现新追加劳动的剩余产品必须充当保险基金”①。“这种基金是收入中既不作为收入来消费也不必用作积累基金的惟一部分，……甚至在资本主义生产方式消灭之后，也必须继续存在的惟一部分。”② 在马克思的时代语境下，社会保障基金在不同生产方式条件下都是存在的，社会主义条件下更是如此，而且这部分基金具有专门的用途。在社会主义市场经济语境下，这部分基金对扩大居民消费、贯彻按劳分配意义重大。要想按劳分配无后顾之忧，必须要防范不测事故和自然灾害，必须关注社会中丧失或没有劳动能力者的生存，必须有医疗卫生保健做后盾，必须援助低收入群体使其共享经济发展成果。总而言之，实行按劳分配就要建立健全社会保障体系，这是实现分配公平、提升生活质量的体制保障。

既然贯彻按劳分配原则必须重视并发挥社会保障的作用，而现实中有一些错误的观点我们要予以纠正，诸如：初次分配只能由市场调节，政府无权干涉或只能放任劳资博弈；轻视再分配的调节功能，认为社会保障的

---

① 马克思：《资本论》第3卷，人民出版社2004年版，第960页。

② 同上。

分配功能无足轻重；继续做大财富蛋糕就能自动解决收入分配中的不公问题；等等，这些都会导致忽视和延误社会保障制度建设，我国目前社会保障水平没有跟上经济高速发展的步伐，没有充分发挥保障居民消费和扩大内需的功能。而健全的社会保障也是经济社会顺利运行的安全阀和减震器，是实现按劳分配的重要后盾。我国社会保障经过几十年的构建尤其是近三十年的发展取得了显著成就，而完善社会保障体系是一个长期的渐进过程。

为此，要实现统筹城乡发展，加大城市反哺农村力度。由于历史原因，农村居民的社会保障滞后，农村救济更为薄弱，在养老卫生医疗保障上更要强化国家职能，增加农村公共基础教育和公共卫生保健方面的消费支出，以化解在教育和医疗卫生保健方面因城乡税负不均、收入不均等因素而受到的不公平待遇困境，加大对农村和落后地区的财政补贴和转移支付力度，缩小城乡居民支付受益度的剪刀差。总之，无论是现阶段还是未来发展阶段，社会保障都是调节国民财富分配格局、促进社会和谐发展的重大制度安排，国家应当进一步提高对社会保障功能的认识，并运用法制的、行政的及财政的手段来促使其加快发展步伐。①

其次，要以社会公平为基本原则，扩大社会保障范围。社会保险应扩大到所有与用人单位建立劳动关系的劳动者，社会福利要提升其在整个社会保障制度中的地位，将社会福利法制化；社会救济应加大政府财政开支，放宽救助条件，提高救助标准。

再次，要加快社会保障基金的储备。在国家储备的基础上，建立多元筹资渠道，推进建立鼓励富人捐资公益性基金的第三次分配体系，从而提高社会保障后备基金的储备能力。按照马克思的扣除论，把“扣除”的基金积累起来，形成社保专项基金，这部分基金“既不用于积累，也不用于消费”，专款专用，防止挪用和浪费。

（三）坚持劳动权益主导下的利益共享是实现按劳分配的有效途径

劳动是推动经济发展、社会进步的最根本手段，劳动是按劳分配的前提和标准。马克思指出，按劳分配使生产资料公有制的本质在社会分配领域中得到较为充分的实现，一切有劳动能力的人都必须劳动。在“内容和形式都改变了”的社会主义社会，除了自己的劳动，谁都不能提供其

① 郑功成：《社会保障：调节收入分配的基本制度保障》，《社会主义经济理论与实践》2010年第8期，第119页。

他任何东西，另一方面，除了个人的消费资料，没有任何东西可以成为个人的财产，“生产者的权利是同他们提供的劳动成比例的；平等就在于以同一尺度——劳动——来计量”①。多劳多得，少劳少得，不劳动者不得食，劳动起点公平了，生产过程平等了。社会主义实现了生产资料与劳动者的直接结合，任何人都不可能凭借对生产资料的所有权无偿占有他人的劳动，只能根据个人对社会付出的劳动多少领取个人消费品。这就第一次消除了千百年来一部分人无偿占有另一部分人劳动的剥削现象，实现了劳动和收入分配的平等，比起资本主义制度中的分配是一个伟大的进步。

马克思认为，未来的社会主义社会是建立在发达的商品经济基础之上的，“在经济、道德和精神方面都还带着它脱胎出来的那个旧社会的痕迹”②。在那里“权利决不能超出社会的经济结构以及由经济结构所制约的社会的文化发展”。所以还未能生产十分丰富的产品满足劳动者多方面的合理需要，劳动还是人们谋生的手段，个人消费品只能实行按劳分配，不能平均分配。而分配方式本质上毕竟要取决于可分配的产品数量，社会主义要不断满足人们日益增长的物质文化需要，就必须有足够的物质文化产品可以进行分配，提供丰富的物质文化需要激发广大劳动群众的劳动积极性和创造性，而目前严重的“重资轻劳”现象却极大抑制了劳动者的劳动热情，扩大了贫富差距，加剧了劳资矛盾。由于把特定时期“效率优先”绝对化、长期化、固定化，导致地方政策上的资本偏好甚至资本崇拜、GDP崇拜，资本收益率很高，劳动报酬很低，资本过分压榨劳动，劳动者不能分享经济发展成果。

劳动报酬过低产生了十分消极的影响：一是低劳动报酬不利于按劳分配的实现，还会抑制我国居民消费需求，广大中低收入者缺乏消费能力，占我国人口2/3的农民的消费额只有城市人口消费额的一半。二是高资本回报率与低劳动报酬并存，产生劳动过度依赖资本的状况，劳动者的积极性和创造性难以充分发挥。通过提高初次分配中的劳动报酬的比例，彰显劳动应有的价值，国内潜在的消费需求就会迅速转变为巨大的现实消费需求，经济增长就会有持续动力。

在社会主义市场经济条件下，实行按劳分配符合社会发展基本规律，有利于社会生产力发展，创造出更多的可供分配的劳动成果，以劳动为标

① 中共中央马克思恩格斯列宁斯大林著作编译局编：《马克思哥达纲领批判》，人民出版社1997年版，第15页。

② 同上书，第14页。

准的分配结果较为公平合理，因此，在整个社会的社会剩余分配中，要让劳动所得占据主导和统治地位，按劳动获取收入的比例高于按资本等要素产权获得收入的比例，让要素收入处于从属地位，让劳动收入成为绝大多数人收入的主要和基本来源，让广大劳动者真正成为劳动成果的享有者。① 在我国居民当前的收入分配格局中，劳动收入居主导地位，中低收入者更是以劳动报酬为收入的主要渠道，所以提高初次分配中劳动报酬比重，对于改善广大人民群众特别是中低收入者的物质文化生活具有决定性意义，根据消费经济学理论，收入较低的普通劳动者消费倾向比较高，劳动者收入的增加就会促进自身消费增长，就会提高劳动者及其家庭的生活水平。所以，提高劳动报酬在初次分配中的比重是坚持以人为本的具体体现，使广大劳动者实实在在地享受到经济发展的成果。

首先，要建立利润分享制。社会主义劳动者劳动所得除了劳动力价值的补偿，还要参与企业剩余价值的分配，这是社会主义劳动者凭借人力资本所有权天然的特权。劳动者根据工作年限和贡献大小获得一定股份，实现“按劳分红”，股东分红后的剩余部分再以工资外附加形式分得，包括与劳动贡献挂钩的奖金、退休金、住房、养老医疗、旅游度假等福利。具体到不同性质企业实行不同的分享方式，国有企业实施职工股份制，私人企业实施利润分享制，集体企业改为合作经济并实施股份合作制。②

其次，要切实保护劳动报酬权益。目前我国经济增长已步入资本短缺向消费需求不足的转换期，特别需要大幅度提高中低收入者的劳动收入，政府应加大劳动监察力度，依法纠正并处罚用人单位在劳动时间、劳动条件、安全保障、伤亡事故诸多方面的违法行为，完善劳动法，确保劳动者收入随着经济增长而稳步提高。

（四）社会主义市场经济条件下更加注重公平是实现按劳分配的当代诉求

按劳分配实现过程中必须明确解决效率与公平的关系，二者关系协调与否直接关系到按劳分配实践的成败。实际上，根据出发点的不同可将分配制度大体分成三种类型：一是以效率为出发点的效率型分配制度，主要功能是促进生产力发展的经济效率的提高，因此效率便成为评价这种分配制度优劣的主要标准；二是以公平为出发点的公平型分配制度，主要功能

---

① 李太淼：《坚持按劳分配为主体的合理性及制度路径》，《中州学刊》2008 年第 3 期，第 32 页。

② 李炳炎：《利益分享经济学》，山西经济出版社 2009 年版，第 18 页。

是保持政治稳定维护社会安定，这也是评价其优劣的主要标准；三是效率与公平兼顾型的分配制度，主要功能是既有利于保持政治稳定维护社会安定，又促进劳动生产率和经济效率，效率兼顾公平便是评价按劳分配的主要标准。由于按劳分配集公平与效率的双重功能于一身，因此不能单一使用公平或效率标准来评价按劳分配的优劣，而必须使二者互相兼顾、协调发展，并体现“初次分配和再分配都要处理好效率和公平的关系，再分配更加注重公平”的分配意蕴。

马克思在阐明按劳分配的伟大进步的同时还指出在这里平等的权利按照原则仍然是资产阶级权利，“虽然有这种进步，但这个平等的权利总还是被限制在一个资产阶级的框框里”。这种平等的权利默认“劳动者的不同等的个人天赋，从而不同等的工作能力，是天然特权”。[①] 另外，由于劳动者在家庭赡养人口的不同，“在提供的劳动相同、从而由社会消费基金中分得的份额相同的条件下，某一个人事实上所得到的比另一个人多些，也就比另一个人富些，如此等等”。在处理好效率与公平关系的同时更加注重分配中的公平是按劳分配的价值取向。[②] 事实上的不平等，就是按劳分配的历史局限性。平等权利所导致劳动者在实际收入和生活上的差距不能依靠按劳分配本身来解决，要靠发展生产力，提高劳动者的思想觉悟，发展公共消费来逐步缩小。对于这一局限性，马克思指出是不可避免的。只有到了共产主义高级阶段，“才能完全超出资产阶级权利的狭隘眼界，社会才能在自己的旗帜上写上：各尽所能，按需分配”[③]，这体现了按劳分配制度的暂时性和历史过渡性。

社会主义条件下怎样克服按劳分配的弊病，马克思也给出了应对之策，在公共消费基金中，一般管理费用“同现代社会比起来，这一部分一开始社会极为显著地缩减，并随着新社会的发展而日益减少”[④]。相应地，用来满足共同需要的部分“同现代社会比起来，这一部分一开始就会显著地增加，并随着新社会的发展而日益增长”[⑤]。这表明公共消费基金主要用于“共同需要”，用来很好地弥补个人消费品按劳分配因不同劳动者自身的差异而产生分配结果上的不公平，“要避免所有这些弊病，权

---

① 中共中央马克思恩格斯列宁斯大林著作编译局编：《马克思哥达纲领批判》，人民出版社 1997 年版，第 15 页。

② 同上。

③ 同上书，第 16 页。

④ 同上书，第 13 页。

⑤ 同上书。

利就不应当是平等的，而应当是不平等的"[①]。可见，为丧失劳动能力的人设立的基金、用来满足共同需要不是平均分配，而是按照特定的社会需要和个人需要对相应的部门和社会成员进行消费资料的分配，即采取按需分配的方式，这种设想恰恰体现了马克思按劳分配理论的公平、公正的本质。

在社会主义市场经济中，不仅存在着马克思预见的不公平，还必然存在着市场经济本身固有的诸多矛盾导致的结果不公平，由机会不平等引起的不公平在社会经济生活中大量存在。从按劳分配视域看，劳动报酬与劳动投入量、产出量没有很好地挂钩，不同企业收入差距不反映劳动投入和产出的真实情况，相当程度上是价格体制扭曲和产业结构刚性所造成的，高收入来源于与行业有关的"超市场权力"[②]。据估计，经济改革转型20多年来，权力资本给少数人带来的好处不下30万亿元，近年来国有资产每年流失达360亿—720亿元。[③] 所以，党的十七大把分配公平提到了前所未有的高度，为了着力贯彻按劳分配，平抑分配中的诸多不公平，政府无论从履行自身职能出发还是从弥补市场调节的缺陷出发，都应当有所作为。

首先，打破行业垄断，完善产权治理机制。从市场化角度看，垄断行业的垄断收益是由于技术、资金和资源的独占性，解决其收入过高的关键在于打破垄断，放宽准入门槛，鼓励公平竞争，最终达到与社会平均工资水平接近的调控目标。目前，某些国企高管离谱的高薪中含有行政垄断的"红利"，侵占了国有资产的利益，政府应当大幅度提高垄断企业"红利"上缴比例，明晰垄断企业的产权归属，对薪酬过高的行业适当做减法，对薪酬过低的行业适当做加法，要相应地提高普通职工劳动报酬。

其次，建立和健全工会组织。通过完善工会制度来实现劳资的平等对话和劳方的利益表达，政府引导企业建立劳资合作制度、集体谈判制度、集体合同制度，首要解决目前劳资双方协商主体严重缺位问题。

再次，加快最低工资立法。拓宽最低工资保障的标准范围，将医疗费用与教育等人力资本投资费用纳入进来，确定职工最低工资要综合考量劳

---

① 中共中央马克思恩格斯列宁斯大林著作编译局编：《马克思哥达纲领批判》，人民出版社1997年版，第15页。

② 任碧云：《贫富差距扩大条件下公平与效率关系的调整》，《中央财经大学学报》2004年第1期，第48页。

③ 李海明、杨万铭：《国有企业改革：产权逻辑及其发展方向》，《社会主义经济理论与实践》2009年第8期，第134页。

动者家庭人口、价格变动、医疗与教育费用、生活费用、经济发展水平等因素。马克思认为若无外在的强制，资本家就会通过压低个人工资来提高利润，尤其在劳动力过剩情况下，而并不一定要通过改进技术、改善经营管理来提升收益。那么，现在我们指望以追求利润最大化的企业主动提高工人工资是行不通的，政府就必须负起责任，严格执行最低工资保障制度。

个人消费品实行按劳分配是社会主义社会的客观经济规律，如果以分配差距过大为借口、以我国经济条件的变化为理由，淡化甚至否定按劳分配原则，结果会造成收入分配更大的不公平。相应地，为顺应时代发展，面对新问题新情况我们要努力发掘按劳分配新的理论生长点，要不断深化对按劳分配的实践探索，确保政策举措体现按劳分配原则的基本要求，确保践行的分配制度不偏离社会主义的价值取向。

二 社会主义市场经济下按劳分配历史局限性的弥补

在社会主义市场经济中，按生产要素分配是市场经济的基本分配原则，加剧了按劳分配的现实危机和“事实公平”的挑战，按劳分配原则必须辅之以按需分配原则，按需分配对社会主义社会是不可或缺的，按劳分配体现了社会对创造性劳动的鼓励，推动社会的前进与发展；按需分配体现了公民平等的生存权利，维护社会的公平与稳定。按需分配不只适用于共产主义的高级阶段，在社会主义发展的初级阶段也具有适用性。实践中，社会主义时期按劳分配和按需分配要兼顾，且注意掌握适宜的度。“按需分配”不是共产主义的分配原则吗？共产主义是共产党人奋斗的最终目标，不能说是遥不可及，但起码也是短期内难以实现。虽然我国的经济总量已居世界第二，但按人均产值，仍是发展中国家，为何实行按需分配呢？因为这里所说的不是一步到位地全面实现共产主义，而是按需分配的共产主义分配原则。

（一）公共消费实行按需分配

作为共产主义高级阶段分配方式的“各尽所能，按需分配”，并非单纯的分配原则或物质享受标准，而是综合条件的集中体现，是在阶级消灭、三大差别消失、劳动是生活的第一需要、社会成员的觉悟极大提高和才能全面发展、集体财富的源泉充分涌流、自由选择工作条件下的特有称谓，这与“按需分配”原则不尽相同，按需分配可以存在于社会主义社会发展的各个阶段。这可以从马克思关于社会主义社会总产品的分配理论中推定，社会总产品在个人分配之前要做六项必要的扣除，其中“用来满足共同需要的部分，如学校、保健设施等。……为丧失劳动能力的人等等设立的基金，总之，就是现在属于所谓官办济贫事业的部分”①。显然这种扣除性分配不是也不能依据“等量劳动相交换”的按劳分配原则，而只能采取按照特定的社会及个人需要对相应部门及社会成员所进行的生活资料按需分配方式。

从社会主义总产品的分配来看，公共消费和个人消费是前承后续的有机整体，虽然二者的分配原则各异，但都服务于劳动者的消费和生产发展。公共消费随着社会主义生产力水平的提高，其内容要不断地得到充实，所占比例应该逐步扩大。马克思指出：“同现代社会比起来，这一部分一开始就会显著地增加，并随着新社会的发展而日益增长。”② 带有按需分配萌芽性质的公共消费，是对按劳分配的必要的、有益的补充，是在现有的经济社会发展水平下，按照劳动者的社会必需来进行分配，不是社会生产力高度发达下的“各尽所能、按需分配”。社会主义公共消费基金可以根据人道主义基本要求来解决生产以外的社会问题，有助于保障社会安定，促进教育、医疗和文化活动的发展，更好地弥补按劳分配事实上的不公平，充分实现社会主义生产满足劳动者更好消费的目的。

（二）公共消费的按需分配要与经济发展水平同步

马克思按需分配中的“需要”不是指满足所有人的一切需要，不是对物质财富极度挥霍的奢侈性需要，不是以破坏、毁灭自然生态平衡和过度、不友好地滥用资源为代价的需要，也不是不顾生产提供的可能性的畸形变态的不合理需要；③ 而是指满足与社会发展水平和生活实际相适应的需要，即按照“社会必需”进行分配。“需要”的数量是由生产资料所有制和生产力发展水平决定的，列宁在批判资产阶级从私有制的角度去看待按需分配的谬论时指出，认为按需分配是要使“每个人都有权利向社会领取任何数量的巧克力糖、汽车、钢琴等等，而对每个公民的劳动不加任何监督。……这样做只是暴露他们愚昧无知和替资本主义进行自私的辩

---

① 中共中央马克思恩格斯列宁斯大林著作编译局编：《马克思哥达纲领批判》，人民出版社 1997 年版，第 13 页。

② 同上。

③ 徐跃华：《论“按需分配”理解中的几个歧义问题》，《马克思主义研究》2010 年第 8 期，第 43 页。

护”①。从当今社会民众的诉求看，普通百姓希望政府在经济发展的基础上，更加注重社会建设，扩大公共服务，完善社会管理，促进社会公平正义，努力使全体人民“学有所教、劳有所得、病有所医、老有所养、住有所居”。需求不是欲望，更不是贪欲，按需分配是根据人的合理“需求”进行分配，而不是根据人的“欲望”，需求可以满足，而欲望无法满足。普通百姓的需求基本上是必不可少的，应该给予满足。比如，人总是要吃饭的，政府不断提高低保水平；政府为低收入群体提供大量的廉租房、经济适用房；健康卫生方面采用小病保险大病统筹；基础教育（应包含幼儿教育）实行免费义务教育，给孩子们提供一个公平的起点。按需分配之所以并不包含所有需要的满足，主要源于在可预见的社会阶段，因为人的需要永无止境而物质产品总是有限的，根据人的任何需要实行分配是不可能的，这种分配在不同的发展阶段有不同的表现，既要量力而行又要不遗余力地不断推进。从这种意义上说，除了未来共产主义高级阶段实行外，各个社会发展阶段也可以实行按需分配。社会主义初级阶段在贯彻按劳分配原则的基础上，用按需分配这一辅助性分配原则来医治按劳分配的“弊病”，通过不等的权利帮助那些生活在社会平均线附近的人们解决基本物质匮乏的生存之困。从社会必需的含义上讲，按需分配与按劳分配是相辅相成、共同发挥作用的，政府通过税收和转移支付手段进行相应的社会调剂，“扩大中等收入、提高低收入水平、限制高收入”，保证满足弱势群体成员的生活必需。

（三）健全和完善社会主义的社会保障体系

社会主义时期的按需分配作为社会统一保障制度，具体是指将全体公民维持生存所必需的基本消费需求广泛纳入社会化体系，由社会通过直接调用人力、物力统一给予适度保障的分配制度，是社会主义的基本、必备制度，存在于共产主义发展的高级阶段和人类文明历史的其他社会发展阶段，以不同的形式经历从萌芽、产生到逐步成熟、完善的过程。原始社会的食物分配是按需分配的萌芽，发达资本主义的福利分配是按需分配的慈善，社会主义贫困期的平均主义分配是按需分配的异化，整体小康的社会主义对丧失劳动能力或暂无就业机会的社会成员的救济分配则是马克思意义上的生存型的低水平按需分配。② 这种“低水平按需分配”有了比较强

---

① 《列宁全集》第31卷，人民出版社1985年版，第92—93页。

② 刘景章：《马克思分配原论：一个新的解析与应用》，《当代财经》2004年第4期，第7—8页。

大的公有制经济作物质基础，有了相对完善的社会主义制度做政治保障，成为深化分配制度改革的理论生长点，是弥补按劳分配弊端的必然选择。

（四）加强人文关怀和思想政治教育

按需分配不仅相当于一种慈善性质的具有保障基本生存、维护社会安定作用的社会福利制度，其更深层的意义在于，在市场对资源配置起决定性作用的前提下充分发挥了社会主义计划手段统一调配人力物力的优越性。社会财富的多寡决定着按需分配或社会保障的实现层次，各个社会发展阶段所不同的只是满足人们需求程度上的差异，但不影响按需分配存在和运行的现实必要性。社会主义的初次分配和再分配都要处理好效率和公平的关系，再分配更加凸显公平。按生产要素分配、按劳分配都含有效率因素，优胜劣汰、以劳取酬都会产生贫富差距，而饱含人文关怀精神的按需分配为社会主义市场经济的健康发展提供了减压阀和减震器，维持了社会基本的公平和正义。社会资源应当优先用来满足公共最低限度的生存需要和教育、卫生、医疗等民生需要，且随着社会经济总量的增加而成比例或份额地增加保障物资，这代表了最广大人民的根本利益，也体现了构建社会主义和谐社会的基本要求，同时，这也是推进马克思主义中国化的成果，是检验马克思主义政党党性的一个极其现实的标准。

难道有需求就可以不劳而获吗？凭什么获得所需的物质呢？那么，这种按需分配的依据又在哪里呢？这主要是因为：一是从常态化和本然状态上说，卢梭在《社会契约论》中认为人类从本能状态进入道德和公义状态，每一个社会成员都具有类的平等性，人类由于社会契约所获得社会的自由以及对于他所享有的一切东西的所有权。而在社会生活中人们难免遭受不平等和逆境因素的侵扰，要想使这些意志以外的偶然因素不会严重影响个人命运，那么对于不公平社会因素所造成的、个人无法担当的生存困难，政府职责使然要积极主动地采取措施予以资助和帮扶。与此同时，强势群体也要及时反哺弱势群体，因为他们能够获得巨大的社会财富、占有丰富的社会资源，肯定会危及弱势群体的正当利益，至少减少了他们利用相应社会资源获得财富的可能性。

二是在市场经济的条件下，各生产要素通过交换获得相应的收益，收益应归生产要素所有者。社会主义社会实行生产资料公有制，人民是国家和生产资料的主人，国家所有的，如土地、矿产、资源等生产资料（要素）在经济活动中的交易所得当然归人民所有。不过，政府保障的是人们最基本的需求，要想获得更好的生活条件，就需要充分发挥劳动者的劳动积极性和创造性，付出更多的劳动。这种保障只会直接促进社会的安定，降低社会的管理成本。更重要的意义在于对劳动在生产经济活动中的合理定价提供了必要的条件，有了基本需求保障的劳动者也拥有了为自己的劳动讨价还价的资本。在市场经济的条件下，政府保障劳动者讨价还价的资本比直接介入劳资双方的工资协商更为合理也更为有效。

在重视物质激励的同时大力加强思想和政治教育，使劳动者在经济发展的基础上，不断提升思想觉悟。通过经常的思想政治工作，提高劳动者的社会主义觉悟，使劳动者树立主人翁责任感，激发其高昂的劳动热情和首创精神，同时，非公经济的存在，必然存在资产阶级思想和其他腐朽思想的影响，放松思想政治工作，新自由主义、民主社会主义等思潮必然会侵蚀人们的思想，私有化、绝对市场化、自由化的主张诱导人们为谋求个人利益而损害国家和集体利益。有些公有制企业的管理层口头上只讲按劳分配，不讲思想政治教育，认为“思想政治工作一大套，不如多发几个钞票”，有意淡化劳动者的主人翁地位，强化劳动者的受雇佣地位，把按劳分配异化成按酬付劳，把多劳多得歪曲成多捞多得，对国家、集体、人民极不负责任。由此，忽视思想政治教育的按劳分配必然会迷失正确方向，使执行过程中产生的失误和损害反过来又归咎于按劳分配本身，所以，社会主义只有将对劳动者的思想政治教育、革命精神培养与物质利益激励有机结合起来，才能正确贯彻按劳分配原则，发挥它的积极作用，防止由于它的弊端所带来的消极影响，发扬劳动者的共产主义思想和革命热情，充分调动他们的生产积极性，以促进生产的不断增长。

三 坚持按劳分配主体地位不动摇

中国特色社会主义道路既不同于改革开放前的传统社会主义模式，也有别于西方发达国家的社会发展模式，是人类对社会发展规律和道路的新探索、新实验。其中，中国特色按劳分配原则，既不同于改革开放前的平均主义分配，也有别于马克思原本意义上的按劳分配，是结合中国社会实际做出的、更有利于劳动者发展的新创造、新突破。未来社会实行按劳分配离不开一定的社会经济条件，时至今日，我国经济社会发展水平与马克思所构想的未来社会相去甚远，实行“本来意义”上的按劳分配显然是力不从心，实行资本主义的“按资分配”又背离社会主义性质，所以，只能采取按劳分配为主体的分配制度，这样的按劳分配是具有中国特色的。对“现实意义”的按劳分配与“本来意义”的按劳分配的差别要正确看待，有助于坚持按劳分配主体地位不动摇。在社会主义制度下，劳动者的劳动所得应当是财富分配的主力，非劳动所得只是分配的次要部分，分配体制改革和理论研究的重点应放在劳动所得上，更应关注和保障劳动者的劳动收入，在此基础上探索社会主义和谐社会利益共享分配模式，最大限度满足劳动者的物质文化需要。

在按劳分配实践历程中，既有正确贯彻和执行按劳分配而调动劳动积极性和共享创造成果的喜悦，也有偏离按劳分配轨道而阻碍经济社会发展和动摇社会主义信念的悲苦。当前一个涉及全局的矛盾是分配不公，居民收入在国民经济中的比重偏低、劳动报酬在各种要素中的回报率过低，穷人和富人收入和生活水平的差距超过部分发达资本主义国家。这个问题归根到底是对马克思主义经济理论、社会公平的理论，对在社会主义时期实行按劳分配制度没有足够的重视所造成的。[①] 社会主义社会实行按劳分配是不以人的意志为转移的客观规律，按劳分配贯穿社会主义发展过程的始终，在社会主义实践中必须坚定不移地传承并发扬光大，我们不能以这样那样的理由和借口曲解或否定按劳分配的主体地位，毫不动摇地坚持按劳分配的主体地位，缩小贫富差距和保障劳动人民共享改革发展成果。

（一）跳出“铁的工资规律”怪圈　大力提高劳动报酬[②]

马克思对拉萨尔的“铁的工资规律”的批判过了近一个半世纪，我国历经 30 多年经济改革洗礼之后，有许多实践经验需要认真总结，有许多重大现实问题需要积极解决，有许多困惑的领域需要进一步探索。国民经济和社会发展的“十三五”规划指出一个美好的愿景，现实是收入差距扩大趋势没有得到有效遏制的困境，未来是公平分配、全面小康、和谐社会的宏伟蓝图，既注重研究现实，又密切关注未来。摆脱困境、实现蓝图需要与时俱进、开拓创新。在着力探究马克思对这一“自然规律”批判的理论含义和实践用意的基础上，反观劳动报酬低下、收入差距悬殊的现状，运用马克思科学世界观和方法论分析其深层次原因，揭示和批判“劳动者的劳动报酬由市场劳动力供求关系自发调节”的机会主义观点，主张在科学发展观的指导下进一步深化改革，规范收入分配秩序，调整收入分配政策，解决市场扭曲和不能正常发挥作用和市场泛化和市场失灵问

---

① 陈奎元：《信仰马克思主义，做坚定的马克思主义者》，《马克思主义研究》2011 年第 4 期，第 9—10 页。

② 李明桂：《跳出铁的工资规律怪圈　大力提高劳动报酬》，《理论导刊》2011 年第 2 期，第 33—35 页。

题，解决政府职能转变的问题，进而使市场无形之手和政府有形之手都到位又都不越位，综合协调地在提高低收入者的收入水平、确保劳动者劳动报酬的稳步提高上发挥作用。

1. 运用马克思批判“铁的工资规律”的方法，探究劳动报酬低下的根源

马尔萨斯的“人口论”和拉萨尔的“铁的工资规律”早已被马克思主义批判得体无完肤，也遭到共产主义运动发展的否定，可是两种社会制度和阶级斗争的规律决定了它不会从此销声匿迹。西方资产阶级经济学家如像马尔萨斯者流所谓食物增加赶不上人口增加的一套谬论，不但被马克思主义者早已从理论上驳斥得干干净净，而且已被革命后的苏联和解放区的事实所完全驳倒。诚如新中国成立前夕，毛泽东驳斥美国资产阶级发言人艾奇逊的唯心史观谬论时指出：“中国人口多是一件极大的好事。再增加多少倍人口也完全有办法，这办法就是生产。”① 在党的领导下，建国60多年尤其改革开放30多年来中国取得了举世瞩目的伟大成就，经济总量跃居全球第二位，中国特色社会主义实践再次证实了马尔萨斯和拉萨尔这一观点的荒谬。当然，这种反动言论和机会主义论调一旦遇到适宜的土壤和气候还会滋生蔓延，腐蚀人们的思想和扰乱经济社会秩序，所以，批判工作不可能一劳永逸。

首先，要站在马克思主义劳动者立场上解决分配问题。在社会主义建设和改革时期，“铁的工资规律”已经改头换面，以新的面貌示人：劳动报酬低下是因为劳动力无限供给的压制力量，待到人口红利消失和“用工荒”时，劳动力供给减少引发劳动收入提高，这样，社会主义市场经济中劳动者的劳动报酬高低与社会因素关系不大，完全是自发循环过程，是由价值规律单一作用的自然原因形成的。这正是新自由主义市场崇拜论的固有逻辑，完全背离了恩格斯所说的“工资高低是由多个规律共同作用的、很有弹性的、复杂的”观点。

分配的方式和性质会随生产关系、社会制度的改变而不同，分配是一个历史范畴。资本主义分配方式被资产阶级经济学家看作永恒的自然规律，坚持“劳动者低劳动报酬是自然界造成的”这种观点的人在社会主义初级阶段也并不少见，他们似乎完全淡忘了马克思的批乎评：“庸俗的社会主义仿效资产阶级经济学家（一部分民主派又仿效庸俗社会主义）把分配看作并解释成一种不依赖于生产方式的东西，从而把社会主义描写

① 《毛泽东选集》第4卷，人民出版社1991年版，第1511—1512页。

为主要围绕着分配兜圈子。”① 所以，我们当前也要高度警惕开历史倒车的行为。

劳动收入问题直接关系到劳动者本人及其家庭的切身利益，现阶段不同阶层、阶级的人们具体经济利益是不一样的，分配观点不可避免地带有意识形态性和阶级性。就像美国经济学家索洛所言：“不论社会科学家的意愿如何，不论他是否觉察到这一切，甚至他力图避免它们，他对研究主题的选择，他提出的问题，他没有提出的问题，他的分析框架，他使用的语言，很可能在某种程度上反映了他的阶级利益、意识形态和价值判断。”② 作为马克思主义者的我们，研究分配问题必须旗帜鲜明地站在广大农民、工人一边，为他们谋利益。③

劳动是一切社会存在和发展的基础，社会主义社会处理分配问题的主要出发点和落脚点就是凭劳动获得收入构成分配的主要部分，切实维护和保障劳动所得，真正调动绝大多数劳动者的劳动积极性。现实中，低劳动报酬是从整体上而言的，而具体阶层、地区、行业则是有差距的，在同一供求失衡的劳动力市场上，石油石化、电力、烟草、电力等行业员工人数仅占全国职工人数的 8%，而其收入相当于全国职工工资总额的 60% 左右，这显然是无法用劳动力供过于求来解释的。于是，就出现了迷信西方经济学的倾向，对于我国现存的分配问题要借用西方的原理和方法来解释和解决，像刘易斯的价格机制自动调节整个社会的经济产生平衡的分配理论、库兹涅茨的分配先扩大后缩小的倒 U 型学说、克拉克的边际生产力分配理论等等，虽然这些技术性的分析有一定的借鉴价值，但基本理论和核心论点具有鲜明的资产阶级色彩，从本质上看都是为资本主义分配制度做辩护的。

其次，劳动者劳动报酬低下的根本原因是体制性弊端。人口多是发展中大国的一般性，社会制度的不同是特殊性，与新自由主义经济学信奉市场的自发力量、只讲市场经济作用而忽视社会主义这个特殊性不同，为防止重蹈“庸俗社会主义”或“仿效庸俗社会主义的民主派”的覆辙，我们既要看到“发展中大国最基本的特点”，还要看到并彰显社会主义基本制度的优越性。社会主义改革进程中，在保护普通劳动者的立法和公共福

---

① 中共中央马克思恩格斯列宁斯大林著作编译局编：《马克思哥达纲领批判》，人民出版社 1997 年版，第 16—17 页。

② ［美］克伦道尔、埃考斯：《当代经济论文集》，波士顿：利特尔·布朗公司 1972 年版，第 11 页。

③ 周新城：《中国特色社会主义经济制度论北京》，中国经济出版社 2008 年版，第 146 页。

利、社会保障等制度尚未健全、没有构建弥补市场缺陷的保障制度的情况下，企业工资水平就由政府决定转向由劳动力市场供求关系决定，劳动者劳动收入由平均分配转向单纯由劳动力市场供求关系决定，其结果必然导致劳动者的劳动收入和消费水平不可能随经济增长同步提升，更无法做到同等程度分享经济发展成果而沦为贫困阶层。

一是劳动者工资遭受资本和政府的“双侵蚀”。随着我国社会主义市场经济体制的建立和发展，居民收入和国民收入都显著增加，技术、资本等非劳动要素在分配中的比例迅速提升，而工资在初次分配中所占比重却越来越小。劳动者的劳动报酬初次分配中在 2000 年的时候占比为 51.4%，这个数字到 2007 年就下降至 39.7%①。同时，职工工资在 GDP 中占比近五年均值在 11% 左右，远远低于发达国家 50% 左右的水平。初次分配是收入分配不合理最重要的深层次方面，造成“利润侵蚀工资”的原因主要是受到企业内工资议价机制缺失、劳动力供过于求、政府对资本所有者的管制缺位、政府对官员的考核激励机制失当，政府财政收入的快速增长形成“税收侵蚀工资”，从这种意义上说，中国 GDP 快速增长是在一定程度上剥夺了劳动者的部分劳动所得为代价获得的。在后危机时代，一些沿海大城市出现“招工难”“用工荒”现象就和劳权的弱化与劣势有关。从社会层面上，不仅会使广大普通劳动者对现有社会制度认同感快速流失，也会使社会内部的不同阶层、群体间的矛盾加剧和扩大。从经济层面上，劳动收入长期低下不仅会使中国经济发展缺乏持久的后劲，也会严重挫伤劳动者的劳动积极性和创造性。造成劳动收入低下、劳权弱化的原因是多方面的，相关起作用的规律是多样的，其中一个重要原因是市场经济的“马太效应”，一味地信奉单凭市场供求关系来自发消除贫困、提高劳动者的劳动报酬、获得公平和平等。当今市场经济最发达的美国却经常遭遇市场经济的尴尬、经济危机周期性造访，足以证明“重市场轻调控”的危害。

二是国家的开发战略直接减少了劳动者的受益程度。实行改革开放以来，鉴于生产力发展的不平衡和多层次性，也为使改革政策之树早日开花结果，我国对内便推行“非均衡性发展战略”，先有经济特区、沿海开放城市、长三角、珠三角、京津塘经济区，后有西部大开发、振兴东北老工业基地，再到如今“中原崛起”等中西部诸多区域经济发展规划。对外积极拓展国际市场，推行以出口为主导的外向型经济；同时加大外资引进

---

① 百度百科：《国民收入分配》（http：//baike. baidu. com）。

力度，以廉价劳动力的优势吸引外资，弥补我国发展资本不足的短板，一时间李嘉图的比较优势理论在中国大行其道，使之上升为国家的长期对外开放战略。

国家优先扶持的城市和地区靠廉价劳动力优势和政策红利迅速完成了资本原始积累，而30多年来广大农民工的工资与行政权力收益、资本收益相比并无实质性增长，处于绝对被剥夺地位。体制外劳动者与体制内劳动者在福利待遇和收入水平上有天壤之别，这些人为因素造成了大量体制外劳动者的收入水平低下，加剧了劳动力自由流动的难度。加之各级政府对GDP过于偏好，经济发展每年都有相应的增长指标，并作为官员考核的重要依据，而对于提高劳动者劳动收入每年则缺乏固定的指标，更无法纳入官员考核范围，虽然十七大报告早就提出要提高劳动报酬在初次分配中的比重，各级政府却鲜有执行力或效果不明显，这也是一直偏重“财富生产、轻视财富分配”的必然结果。所以，在后危机时代，为势在必行的分配体制改革提出一个新思路，有必要认真研读和领悟马克思语境下的财富生产和财富分配关系的理论含义和实践用意：调整生产资料占有形式以解决分配的不公问题，由投资拉动型转向消费主导型、由偏重GDP增长转向财富分配公平。

三是部分公有制经济中按劳分配原则被异化。与拉萨尔派的“公平的分配”和“平等权利”不同，马克思提出“等量劳动相交换”原则，即按劳分配是共产主义第一阶段个人消费品的分配方式。“除了自己的劳动，谁都不能提供其他任何东西，另一方面，除了个人的消费资料，没有任何东西可以转化为个人的财产。”① 任何人不能凭借生产资料所有权占有他人劳动成果，任何人不付出劳动不能获得消费资料，这样就可以实现公平合理的分配、有效地防止收入两极分化。

就按劳分配的实践看，按劳付酬并没有取得令人满意的结果，从总体上看劳动收入比率呈下降趋势。垄断行业占有全民所有的资本，其产生的垄断利润在2006年之前并没有转化为国家资本收益，而是纯粹在内部自行分肥，变成企业丰厚的奖金和福利，即使2007年以后至今，央企上缴的净利润比例也仅为10%—25%，还有部分央企和国企不缴，从而造成“劳动过度分配”的工资侵蚀国有资本现象，而非垄断的一般竞争性公有制企业，职工劳动收入较低，造成“劳动分配不足”的利润侵蚀工资现

---

① 中共中央马克思恩格斯列宁斯大林著作编译局编：《马克思哥达纲领批判》，人民出版社1997年版，第14页。

象。按劳分配原则理论上为消除两极分化指明了现实路径，为实现共同富裕提供了制度支撑，执行起来并非易事，“现在看来，分配问题比以前经济学家想象的要难得多，任何自认为很简单的解决办法都是不能信以为真的”①。不可否认，在贯彻这一原则的过程中，既可能产生平均主义现象，也可能出现收入差别悬殊的倾向。其实，这只是实际工作中操作失当，完全可以通过不断更新手段、精心调整政策、及时纠正失范而回归其本意。

2. 深化跳出分配怪圈改革，提高劳动者的劳动报酬

按照庸俗社会主义的观点，人口过多的自然原因导致普通劳动者待遇低下，与社会因素无关，那么，任何改革都是毫无意义的。马克思认为“把社会主义描写为主要是围绕着分配兜圈子”是“开历史倒车”的行为，如今，我们是否该反对“劳动报酬低廉主要源于人口多”的论调，回到“真实的关系”上来呢？邓小平晚年非常担忧中国未来的分配问题：“十二亿人口怎样实现富裕，富裕起来以后财富怎样分配，这都是大问题。题目已经出来了，解决这个问题比解决发展起来的问题还困难。分配问题大得很。我们讲要防止两极分化，实际上两极分化自然出现。要利用各种手段、各种方法、各种方案来解决这些问题。”② 改革没有终点，想解决这些问题，就不要用表象的原因为托词贻误改革良机而使劳动者的劳动收入进一步受损，而要尽早革除阻碍社会主义劳动者共享经济成果的体制性弊端。

首先，构建“见物又见人”的双重产权制度。从分配理论层面上讲，在公有经济内部劳动者既得到工资又分享利润，利润不仅包括本企业的，还包括国有资产收益，这是与资本主义分配制度的本质区别。而从分配实践层面上看，现实中一边是像央企这类垄断行业和一些政府部门，大多是政府资源与商业资本的强强联合，共同游离于监管体系之外获得暴利，而另一边是原本市场经济主体的农民、工人、个体户、私人企业主不得不处于竞争的劣势地位，他们不仅无法获取该有的劳动成果，还会在无形中丧失更多的权利。在纪念深圳经济特区建立30周年之际，温家宝总理到深圳考察时强调，要从制度上解决权力得不到制约而又过分集中的问题，重视帮助和保护弱势群体，使他们在生活中有安全感，在思想上对国家的发展有信心。

政府既要落实农民的土地所有权，可以像给城镇居民发放房产证一样，

---

① ［英］马歇尔：《经济学原理下卷》，陈良璧译，商务印书馆2005年版，第184页。

② 《邓小平年谱》（1975—1997）下，中央文献出版社2004年版，第1364页。

给农民发放土地证，写明土地的具体位置、数量，如果土地市场价格上涨，农民可以通过流转或出让取得相应的财产性收入，通过拥有的土地资产价格提升获得进入城市的原始积累；还要确保国有资产收益全民同等分享。国有企业尤其央企作为全民资产，凭借政策、经济资源等方面得天独厚的优势每年获得巨量的资本收益，如果将绝大多利润截留在企业内部，用于企业自肥，就是对其他大多数社会公众产权收益的严重剥夺，国有企业的资本收益是否实至名归，关乎国企的重大社会责任的履行，关乎社会分配公平与民生福祉。在既得利益集团利益固化之前，政府要把握好时机，尽早尽快提高国企信息的透明度，将顶层设计和底层参与结合起来，尽早尽快大幅度提高国企红利上缴比例，并确保通过转移支付用于民生所需。

其次，收入分配改革应坚持劳动者劳动权利至上原则。当年，马克思只默认了“劳动者不同等的工作能力”这样的天然特权，而现实中劳动者进入市场前的自然禀赋差异更加多样化了：财产状况、家庭背景、社会关系等，有的是以官商家庭身份、有产者、强大的社会背景，有的是以普通工人农民家庭身份、无产者、孱弱的社会背景，他们在就业和薪酬待遇方面是没有办法公平竞争的，普通劳动者在强大的资本和权力的裹挟下，大多只能供职于环境较差、竞争激烈、待遇较低的行业、部门和岗位。

政府要调整收入分配结构。长期以来，社会财富向政府和资本倾斜，极大抑制了经济发展方式的转变和内需的扩大，还引发了许多严重的社会问题，现在是该政府和资本反哺劳动者的时候了。在分配体制改革中，作为既是调节者，又是直接的利益相关者，政府需要有更大的担当和超脱的勇气，切实践行利为民所谋、权为民所用的政治宏旨，减税让利，把劳动者的劳动收入每年增长幅度和经济增长一样制定具体指标，列入各级官员政绩的考核范围，从而增强各级政府提高劳动者收入的执行力。政府通过调节和完善税制以建立正确的激励机制，个税负担由普通公务员、工薪阶层重点转向资本阶层，鼓励财富流到合法经营的实体经济企业家手中，流到诚实劳动者手中。政府还要建立劳动者工资集体谈判协商机制。政府牵头建立劳动部门、工会和企业三方谈判机制，像深圳市把企业工会主席直选作为常态化一样，增强劳动者的话语权，构建正常的工资增长机制，通过集体谈判来提高劳动者收入，并从法律和政策上保证工人有组织权、集体谈判权、罢工权等权利，并为普通劳动者提供法律援助。消除对雇佣者和劳动者产生歧视的因素，维护劳动力市场的竞争性。

如何妥善解决收入分配不公、如何真正落实提高劳动者的劳动收入、如何增强劳动者的话语权问题，关系到社会是否和谐稳定祥和、关系到广大劳动群众能否幸福而有尊严地生活、关系到能否在2020年实现全面小康社会。信奉市场万能论的新自由主义，在劳资分配上沿袭拉萨尔的"铁的工资规律"，主张由市场劳动力供求关系来自发调节劳动者的劳动报酬，反对政府宏观调控之手的干预，这势必会妨碍公平、正义分配改革之举的现实推行。因此，我们要铭记：提高劳动者劳动报酬的科学理论依据不是什么"铁的工资规律"，也不是什么库兹涅茨倒U型学说、刘易斯拐点等西方经济理论，而是契合科学发展观的马克思分配理论。在社会主义市场经济下，为扭转收入差距扩大的趋势、构建和谐的分配格局，就要回到科学发展观的正确轨道上来，破除市场崇拜，弥补市场配置资源的缺陷，超越市场"原教旨主义"，通过扩大就业渠道、建立正常的工资增长机制、落实公有制下劳动者产权收益等途径强化劳动权，实现以劳动者的发展为目的。发展不仅是经济的发展，更是人自身的发展，劳动者在分配中的地位加强、劳动要素的作用显现、经济成果的均等分享是对"以人为本"的最好诠释。

（二）深化对按劳分配主体地位的认识①

十七大提出要健全劳动、资本、技术、管理等生产要素按贡献参与分配的制度，非公经济和按生产要素分配随之推进获得长足发展。问题也随之出现，人们对按劳分配的主体地位、坚持按劳分配的主体地位的认识不再是高度一致而是众说纷纭，需要对此进行进一步探讨，着力深化对按劳分配和按劳分配主体地位的认识，构建劳动权益主导下的利润共享机制，增强劳动与国有资本的结合能力，切实维护和实现劳动者的经济利益和社会诉求。

1. 对现阶段按劳分配主体地位纷争的辨析

生产资料公有制是按劳分配的前提，我国现阶段的基本经济制度决定了以按劳分配为主体的分配制度，在毫不动摇地鼓励、支持、引导非公有制经济发展的政策激励下，非公经济发展获得了十分宽松的环境并迅猛增长，而传统的公有制经济的比重却呈下降趋势，根据国家统计局第二次全国经济普查主要数据，在按登记注册类型分组的企业资产总额和比重上，2008年年末公有制企业的资产达到68.1万亿元（股份有限公司中的公有份额未指明，无法计算在内），占总资产的32.8%，未能明显超过非公类

① 李明桂：《对当前按劳分配主体地位的思考——以扩大劳动者劳动权能为视角》，《郑州大学学报》（哲学社会科学版）2011年第2期，第52—56页。

型企业的资产。在公私经济吸纳就业人员比重上，私企吸纳中国近半就业者，国企不足一成。具体表现，在住宿和餐饮业企业法人单位从业人员中，国有企业占11.8%，集体企业占3.1%，私营企业占49.4%，港、澳、台商投资企业占5.2%，外商投资企业占7.2%；在批发和零售业企业法人单位从业人员中，国有企业占8.3%，集体企业占4.6%，私营企业占54.1%，港、澳、台商投资企业占2.0%，外商投资企业占3.3%；在工业企业法人单位从业人员中，国有企业及国有独资公司占9.2%，集体企业占2.9%，私营企业占44.4%，港、澳、台商投资企业占10.7%，外商投资企业占11.7%，其余类型企业占21.1%。①

学者们对当前按劳分配主体地位的认识，由于我国生产力的多层次性、所有制结构的多元化、分配方式的多样化、分配差距的去均衡化而产生了分歧。第一，按劳分配应突破公有制领域。有观点认为，通常说在非公领域实行按生产要素分配，在公有制领域实行按劳分配，而现实的贫富悬殊正是由于理论上否认非公有制领域可以实行按劳分配和按生产要素分配的统一。由于按生产要素分配是市场经济条件下通行的分配原则，按劳分配也要以此为前提，加之，社会主义制度也为按生产要素分配的前提下实现按劳分配提供了政治保证。② 这种观点试图拓展按劳分配的范围，为其主体地位找到注脚，但未说明两种分配方式的“内在有机统一”是按劳分配居主体地位还是二者平分秋色？第二，公有制主体地位的缺失。有人认为根据普查数据，如果用既有的关于公有制主体地位和按劳分配主体地位的定义恐怕很难说明公有制经济仍占主体地位、按劳分配仍是主导的分配方式，所以许多人认为公有制在我国已不占主体地位，主张用按生产要素分配取代按劳分配。这种观点虽对公有制经济的传统理解持怀疑态度，但没有进一步对其做出与时俱进的探索，用传统观点解释发展了的事物，很难得出正确结论。第三，公有制经济内部按劳分配原则被边缘化。有人认为，马克思设想的按劳分配是产品经济条件下的个人消费品分配，现实的社会主义市场经济条件下分配方式发生了深刻变化，导致现实的按劳分配在执行过程中有些方面产生了异化，主要表现在：劳动付出与劳动报酬有很大差距，有些垄断国企的“劳动过度分配”，工资侵蚀利润，而有些竞争性国企的“劳动分配不足”，利润侵蚀工资；个人劳动转化为社会劳动要经过迂回曲折的道路；以社会必要劳动时间计量劳动，对劳动的

① 参见国家统计局第二次全国经济普查主要数据公报（http：//www. stats. gov. cn）。

② 文洪朝：《对收入分配制度改革中“两个提高”的思考》，《齐鲁学刊》2009年第2期，第102页。

数量和质量由于现实中信息的不完善和技术上的原因计量起来非常困难；现实按劳分配范围大大缩小了，以企业为主体且只对“部分人”进行分配，一些有劳动能力和劳动意愿却无法获得劳动资格的人与按劳分配无缘。这种观点，虽指出了按劳分配原则面临的挑战，却没有对其做出对应的有价值的具体分析，将之束之高阁了事。我们认为，这些现象有的与现行体制弊端有关，有的是一定社会发展阶段无法跨越的，有的与各级地方政府不同程度地重视按生产要素分配，没有很好坚持以按劳分配为主体有关。按劳分配在执行中的偏差，使理论上的优越性在现实中变成按要素分配或平均主义，极大损害了社会的公平正义和抑制了劳动者的积极性。

以上观点在理论上过分强调我国实行原本意义按劳分配条件的缺失，在实践上过分强调按劳分配面临的诸多困境，而忽视现实意义按劳分配的历史过渡性和暂时性，忽视实行现实意义按劳分配的可行性和摆脱困境的可能性，偏执地用经典作家的构想机械地评价现阶段具体生动的分配问题，认识上的偏差容易产生实践上的混乱，达成共识、统一思想的最好方式是继续深化对按劳分配的认识，研究新情况、总结新经验、解决新问题，努力开创按劳分配理论发展的新境界。

2. 对按劳分配主体地位的现实解读

在《哥达纲领批判》中，马克思构想了实行按劳分配的条件，“劳动资料是公共财产，总劳动是由集体调节的”说明实行的是计划经济体制；“一个集体的、以生产资料公有制为基础的社会”表明每一个社会成员对生产资料所有权是均等的；劳动者实现自由全面发展，不再被旧式社会分工所束缚显然是抽象掉了简单劳动和复杂劳动的差别、劳动强度和熟练程度的差别；“生产者不交换自己的产品；用在产品上的劳动，在这里也不表现为这些产品的价值”揭示实行的是产品经济形态。马克思的这些预判揭示了按劳分配理论包括按劳分配具有社会主义制度本质特征的基本原理和按劳分配实现形式的具体设想两方面的基本内容，前者是社会主义生产方式的客观要求，无论在社会主义发展的任何阶段都应坚持并努力予以体现，否则就会背离社会主义基本原则和发展方向，后者是社会主义生产力水平的必然产物，应当根据具体国情和实践要求进行创新发展，确立符合生产力水平和发展要求的按劳分配具体形式，不能机械照搬。

首先，探索对按劳分配理论的新认识。在探索个人收入分配方面，我国确实走过不少弯路，甚至给经济社会造成重大损失，但这绝不是按劳分配理论本身的过错，主要是我们对按劳分配理论研究不够和理解上的偏差导致的，正确的态度是在社会主义分配实践中，通过对按劳分配理论和制度的不懈探索来逐步减少失误，回归社会主义价值取向的轨道。

理解和评判按劳分配切忌以抽象“公平”为标准。长期以来，人们误解、曲解按劳分配根本原因在于没有切实从生产力发展水平和社会主义初级阶段的实际出发思考问题，只是抽象地从社会主义一般原理出发，依然没有脱离拉萨尔主义的窠臼。在两派合并的纲领中，拉萨尔派的“公平的分配”“平等的权利”的说辞极不合时宜，马克思气愤地指出：“什么是‘公平的’分配？难道资产者不是断言今天的分配是‘公平的’吗？难道它事实上不是在现今的生产方式基础上唯一‘公平的’分配吗？难道经济关系是由法的概念来调节，而不是相反，从经济关系中产生出法的关系吗？”① 从这四个气势如虹的“四个难道”中可以体会到，马克思反对脱离社会实际简单用公平标准评判分配的态度是多么强烈，公平属于法权范畴，分配属于经济范畴，上层建筑不可能决定分配。按劳分配在发展过程中不可避免地带有某种局限性和不完善性，空洞的法权概念不能描述这一丰富、生动的现实发展过程，因而，人们在分配问题上不要追求脱离实际的公平和平等。

分配事关社会公平和社会和谐的大局，目前贫富差距拉大、收入分配不合理，于是关于分配的“公平”“正义”“平等”等字眼频繁出现在杂志、报纸、网络上，对此我们要理性看待，不要头痛医头、脚痛医脚。收入差距悬殊理应调整和矫正，不过要防止为追求所谓“公平的分配”而重新走上平均主义和大锅饭的老路上去，牢记马克思评价按劳分配存在“资产阶级权利”时的提醒：“要避免所有这些弊病，权利就不应当是平等的，而应当是不平等的。”② 为消除“弊病”，必须辅之以按需分配的原则，弥补按劳分配因不同劳动者自身的差异而产生分配结果事实上的不公平。当然，每个人的需求总是有差异的，“按需”标准本身也是不公平的。总之，把分配公平本身视为分配的依据来理解和评判一种分配原则的优劣，在理论上是错误的，在分配实践上也是有害的。

把握按劳分配的本质不能离开对生产资料的占有。从实质上看，按劳分配是在对社会总产品做了用于积累和消费的各项扣除后，使劳动者获得与其提供的劳动量相当的产品份额，劳动报酬不会因资本所有权介入剩余价值分配而与劳动贡献产生偏离。厘清按劳分配的本质，首先把着眼点放在生产资料的分配上，实行按劳分配是以生产资料公有制为前提、以劳动

---

① 中共中央马克思恩格斯列宁斯大林著作编译局编：《马克思哥达纲领批判》，人民出版社 1997 年版，第 12 页。

② 同上书，第 15 页。

为量化标准，有些理论界人士总是把前提和标准分开来理解，无视按劳分配是消费资料分配和生产资料分配的有机统一，对此有必要加以澄清和做新的探究。

在这篇论战中，马克思为批驳“不折不扣的劳动所得”谬论，对按劳分配做了系统论述，生产条件本身分配决定消费资料的分配，而生产条件的分配则表现生产方式本身的性质。“在一个集体的、以生产资料公有为基础的社会中，生产者不交换自己的产品；用在产品上的劳动，在这里也不表现为这些产品的价值，不表现为这些产品所具有的某种物的属性。”“劳动所得”这个用语就失去了任何意义，为消除人们的误解，马克思特别强调：“除了上述的一切之外，把所谓分配看作事物的本质并把重点放在它上面，那也是根本错误的。”① 并用资本主义和社会主义生产方式做对比来证明，劳动只有作为社会的劳动，只有与生产资料相结合，才能成为财富和文化的源泉，进而成为分配的依据，因为“孤立的劳动（假定它的物质条件是具备的）即使能创造使用价值，也既不能创造财富，也不能创造文化”②。马克思痛批庸俗社会主义者“把社会主义描写为主要是围绕着分配兜圈子”是开历史倒车。这些都表明马克思反对庸俗社会主义者撇开生产者对生产资料的占有关系把孤立的劳动作为分配的依据，主张在公有制下，生产者的劳动与其对生产资料的占有是一致的，按劳分配不仅包括消费资料的分配即工资为主的劳动报酬，还应包括生产资料的分配即劳动所占有和消耗的资源。

与资本主义的雇佣劳动不同，社会主义的劳动者在公有制范围内对生产资料的使用和消耗就是对生产资料的占有，“实际的占有从一开始就不是发生在对这些条件的想象的关系中，而是发生在对这些条件的能动的现实关系中，也就是实际上把这些条件变为自己的主体活动的条件”③。劳动者对生产资料的占有不是观念上的占有，而是通过使用、消耗生产资料来体现的，即在劳动过程中实现的。

探究对“劳”的正确评价标准应循序渐进。马克思本意上的按劳分配抽象掉了劳动强度和熟练程度的差别，抽象掉了简单劳动和复杂劳动的差别，不同劳动者的劳动只有量的不同而没有质的区别。我国现阶段教育和培养费用主要由劳动者自己承担，仍存在产业分工以及商品生产和交

---

① 中共中央马克思恩格斯列宁斯大林著作编译局编：《马克思哥达纲领批判》，人民出版社 1997 年版，第 16 页。

② 同上书，第 10 页。

③ 《马克思恩格斯全集》第 46 卷上，人民出版社 1979 年版，第 493 页。

换，在分配中不得不计算复杂劳动与简单劳动的区别，按劳分配的"劳"，不仅要看数量还要看质量。不同质的劳动计量起来比较困难，传统观点是按假定"已知"的比例对不同质的劳动进行折算后再统一用自然劳动时间来计量。由于不同劳动的成果都以价值形式体现，那么按劳分配的"劳"就应以其创造并实现的价值来衡量，把劳动成果与劳动报酬相结合。一方面，由于受劳动时间计量复杂程度、地区经济发展程度和行业竞争类型、劳动成果市场实现程度等综合因素的影响，等量劳动总是偏离等量报酬的轨迹；另一方面，在诸多情况下劳动成果是以集体为单位，不是以个人为单位计算的，在同一集体内，人们的劳动也是有"质"的差异，这就需要在分配实践中不断地试验、研究、调整、权衡，并相应地在分配方法、分配制度上进行改革，使不同劳动者的劳动报酬基本上或大致符合按劳分配原则，尽管这一过程漫长、充满曲折和艰难，也决不能用劳动力价值或平均主义取代按劳分配。

其次，探索对按劳分配主体地位的新认识。社会主义生产资料公有制的建立，只为实现按劳分配提供了可能性和前提条件，究竟如何实现好、贯彻好、维护好按劳分配，还取决于我国生产力发展水平的高低，可供分配的国民收入的多少，以及我国劳动者觉悟程度和社会文化发展进程的快慢。由于我国生产力发展水平较低且很不平衡、多种所有制经济并存、劳动者的思想觉悟不高、劳动仍是人们养家糊口的谋生手段的现状，在落实按劳分配为主体的分配过程中，是很容易偏离原有取向的，产生贫富分化或平均主义现象，严重挫伤劳动者的积极性和阻碍经济社会的和谐发展，所以，为使分配制度回归社会主义的价值取向，就需要反复实践和总结，不断深化对按劳分配主体地位的认识。

劳动贡献得到有效激励是衡量主体地位的重要依据。马克思原来的构想，在未来社会里"除了自己的劳动，谁都不能提供其他任何东西，另一方面，除了个人的消费资料，没有任何东西可以转化为个人的财产"①，排除了非劳动要素对劳动者收入分配的影响，在社会主义市场经济中，技术、管理、资本等要素在创造社会财富中都做出了贡献，而供求的不平衡和人均客观生产条件不均等非劳动要素制约劳动者的收入和企业经济效益，不过产品最终价值中劳动价值仍是主要的不可或缺的内容，劳动贡献仍是人们收入的主要途径，当然这是就全体社会主义劳动者总体而言，具

① 中共中央马克思恩格斯列宁斯大林著作编译局编：《马克思哥达纲领批判》，人民出版社 1997 年版，第 14 页。

体到每个人，其按劳分配收入是否占主体则因人而异，不可一概而论。一般说来，在社会财富创造过程中，活劳动是最活跃、最积极、最具决定性的要素，劳动对象、劳动资料都要依靠活劳动来消耗和使用，其价值只会发生转移而不会有量的增加，活劳动会创造出大于自身价值的价值，是价值创造的唯一源泉。

以社会相关的经济利益主体为考察对象，按劳分配为主体的多种分配方式并存的分配制度，回答了不同经济主体在社会产品最终分配所得中不同分配方式的主次轻重问题。目前，由于价值规律和市场竞争的作用，劳动者向社会提供的劳动不一定都能转化为社会劳动，等量劳动领取等量报酬的原则不可能在全社会范围内按统一标准进行直接分配。因此，只有根据各个企业提供给社会的有效劳动量进行分配，按劳分配的尺度是劳动者的劳动效果，按劳动贡献分配是对主体分配制度的丰富和发展。同时，由于劳动者的劳动能力差别依然存在，不同种类的劳动在单位时间里创造的价值就有差别，承认不同等的个人工作能力是“天然特权”可以大大激励人们去学习文化科技、改进劳动技能、提高人力资本，不过也不要片面夸大某一部分人尤其是企业的高管的劳动贡献。

市场经济条件下按劳分配主体地位的内涵。马克思在构想按劳分配时就认为：“这种分配方式会随着社会生产有机体本身的特殊方式和随着生产者的相应的历史发展程度而改变。”①恩格斯也指出：“分配方式本质上毕竟要取决于**有多少**产品可供分配，而这当然随着生产和社会组织的进步而改变，从而分配方式也应当改变。”② 从中可以看出按劳分配的历史暂时性，还会向更先进的分配方式转变，在社会主义发展的不同历史阶段会有不同的内涵。

按劳分配只是在单一公有制领域即全民所有制和集体所有制实行，按要素分配在非公领域实行，在社会主义市场经济条件下，实行按劳分配的范围要突破这种传统观念的束缚。作为市场重要主体的企业多数实行股份制，多种经济成分并存必然会形成多种分配方式同在，既不存在纯粹的按劳分配，也不存在绝对的按要素分配。

公有制经济包括国有经济、集体经济以及混合所有制经济中的国有成分和集体成分，所以，按劳分配的范围还应该包括混合所有制经济中的国有成分和集体成分，在此范围内劳动者所得如果是按劳动贡献，也就是既

---

① 马克思：《资本论》第 1 卷，人民出版社 2004 年版，第 96 页。

② 《马克思恩格斯选集》第 4 卷上，人民出版社 1995 年版，第 691 页。

获得了劳动力的价值，又参与了劳动剩余的分配，就可以认为是实行按劳分配，因为绝大多数劳动者都在非单一公有制企业中就业，若是把按劳分配为主体仅限于单一公有制企业范围，绝大多数劳动者就被排除在按劳分配之外，那么按劳分配的主体地位就站不住脚了。所以，新时期按劳分配的主体地位有着特定的内涵：在整个社会剩余分配中，要让劳动收入成为绝大多数人收入的主要和基本来源，让劳动所得占据主导和统治地位，按劳动获取收入的比例高于按资本等要素产权获取收入的比例，让要素收入处于从属地位，让广大劳动者真正成为劳动成果的享有者。①当然，还要配套一系列指标和参数以便于按劳分配的量化。

3. 扩大劳动权能以巩固按劳分配主体地位

满足人们的内在需要、保证民众同等地享有发展成果是社会发展的根本趋势，“在一个集体的、以生产资料公有制为基础的社会中”实行按劳分配是其基本规律，按劳分配制度作为上层建筑的一部分，在历史发展进程中把劳动要素放在了突出的位置，更加注重人的因素。为解决分配方面存在的现实问题，就需要进一步扩大劳动权能，由形式公平转向内容公平，在起点公平和结果公平方面保证不同劳动者之间收入分配的平衡与和谐。

首先，构建劳动权益主导下的利润共享机制。根据所有制决定分配关系原理，企业利润在私有制下全部归资产者，在单一公有制下全部归劳动者，而在以公有制为主体、多种所有制并存条件下，则归劳资双方共享，当然要以劳动权益为主导。近年来，在个人收入分配方面存在一些突出问题，比如，过分压低了劳动力的价值，资方根本没有考虑劳动者及子女的基本生活、医疗、教育费用，把工资压到了仅够维持劳动者本人基本生存开支的水平；再如，企业领导自定高身价，普通职工无法过问企业经济状况，对广大体力劳动者的作用有所忽视，未能很好保障他们在改革中的权益，连停薪下岗都不知何故；还有，未考虑劳动者必须拥有的对剩余劳动的分配权。② 这都是影响社会公正的藩篱，也正是分配改革的对象。

劳动权益主导下的利润共享机制作为一种制度安排，在一定程度上保证劳动者（包括经营管理者、科技人员、企业员工）参与企业剩余分配，彰显劳动者是第一位的要素，体现以人为本的科学发展观，有利于按劳分

① 李太淼：《坚持按劳分配为主体的合理性及制度路径》，《中州学刊》2008 年第 3 期，第 32 页。

② 刘海藩：《论驾驭社会主义市场经济》，《社会主义经济理论与实践》2009 年第 9 期，第 18 页。

配的实现，有利于劳动成果向劳动者的真正回归。以公有制为主体、多种所有制并存和社会主义市场经济体制的建立的逐步完善，具备了实行利润共享制的体制保证。为构建此机制，一要返还劳动者的剩余索取权。社会主义劳动者劳动所得除了劳动力价值的补偿，还要参与企业剩余价值的分配，这是社会主义劳动者人力资本所有权天然的特权。政府和企业各司其职保障劳动者根据贡献大小和工作年限获得一定股份，实现“按劳分红”，股东分红后的剩余部分再以工资附加形式分得，包括与劳动贡献挂钩的奖金、退休金、住房、养老医疗、旅游度假等福利。二要切实保护劳动报酬权益。目前我国经济增长已步入由资本供应短缺向消费需求短板的转换期，相应地，分配应该由向资本、政府倾斜转向劳动贡献倾斜，特别需要大幅度提高中低收入者的劳动收入。政府应加大劳动监察力度，依法纠正并处罚用人单位在安全保障、伤亡事故、劳动时间、劳动条件诸多方面的违法行为，完善和落实劳动法和劳动合同法，确保劳动者收入随着经济增长而稳步提高。

其次，增强劳动与国有资本的结合能力。以公有制为主体是按劳分配为主体的制度保障，而主张自由化、私有化、市场化的新自由主义在国内影响深远，一方面，在经济建设目的上，马克思提出要“为社会主义生产者谋利益”，邓小平提出社会主义的本质是实现共同富裕。而倾向新自由主义的人们只注重经济发展的成果，片面追求 GDP 的增长，不看重经济发展成果是否被民众共享，忽视经济体制改革的根本目的。另一方面，在所有制结构上，中央提出“国有经济有退有进，有所为有所不为”的本意在于鼓励非公经济发展，优化和做强国有经济，他们则鼓吹“国退民进”，范围是“从一切竞争性领域退出”，造成大量国有资产化公为私，变权钱交易为资源掌控，土地、道路、矿产、水域等稀缺资源都掌控在官员及其家属、代理人手中，极大地削减了公有制经济的份额，也动摇了按劳分配主体地位的经济基础，进而产生了各种淡化和否定按劳分配的思潮。

当前，劳动与国有资本的结合能力受到生产力发展水平限制而相对较弱，鼓励非公经济发展，允许按劳分配与按生产要素分配相结合，这绝不是否认公有制经济的先进性，而是为提高社会生产力水平，进而扩大公有制经济的支配范围、巩固公有制经济的主体地位、吸纳更多的劳动力就业，使更多劳动者从先进的按劳分配中受益。

在此情况下，劳动者的劳动权能必然受到抑制，产生资强劳弱的格局。所以，一要做实劳动者的生产资料所有权。根据马克思“重建个人所有制”理论，社会主义应逐步建立生产资料的劳动者个人所有制，我国已出现的以企业职工持股为主的有限公司和股份合作制企业可视为其具体实现形式，因为企业财产由全体职工共同占有、使用、支配，明确了劳动者的劳动股权，在按市场运行机制实现劳动力价值补偿的基础上，把按资分配和按劳分配有机地结合，根据劳动和资本各自在企业创造剩余价值的贡献进行剩余分配。每个职工都是企业的真正主人，不是各自为政、单打独斗，而是在共同占有基础上的联合劳动，可以防止因管理层低价收购、盲目引进战略投资者等手段导致国有资产大量流失，所以国有企业和集体企业改制应尽可能改为职工持股的股份制企业，劳动者按劳参与剩余价值的分配权才会有保障，才会真正实现按劳分配。二要把生产资料的占有与劳动密切结合起来。多年来，垄断央企和国企因占据大量社会、经济资源而收入节节攀升，创造的利润绝大多数被截留。在企业内部，人们的收入状况与其占有的生产资料是成正比的，而对生产资料的占有并非都与劳动贡献相关，一些企业高管凭其位高权重而拥有更多的生产资料支配权，少劳甚至不劳，也能轻松获得高收入，相比之下，普通劳动者付出再多劳动，也不可能占有、支配更多的生产资料，收入就不一定高。生产资料的占有如果背离劳动而与权力、身份、资本联姻，也就违背了社会主义原则，必然导致分配结果的不合理、两极分化和大多数劳动者的经济地位下降，从而弱化按劳分配方式的主体地位。必须对新自由主义观点提高警惕和坚决批判，在充分发挥公有制经济对全体人民利益的保障作用、不断增强对公有资本的控制力的同时，以劳动者为本，改革劳动者与生产资料的结合方式，唯有如此，才会保证最重要的资产收益和经营收益、国民经济命脉为劳动者联合占有，政府才会拥有雄厚经济力量和强有力的经济手段，对国民收入进行有利于广大劳动者的分配调节。

当前，我国按劳分配主体地位遇到的困境是暂时的、自然的，既不必过于惊慌也不能置若罔闻，积极寻求应对之策，它能促使有政治觉悟、社会责任感的人们自觉地在马克思主义指导下，运用科学的方法论，结合社会主义建设和改革的新的实践去研究、发掘新的理论生长点，赋予这一理论新的时代特色。

结　束　语

收入分配公平是社会稳定的基础，中国经济发展中仍存在收入分配不公和差距不断扩大等不平衡、不协调和不可持续的问题。2014 年两会前夕的“人民论坛”网络调查中，“收入分配改革”话题始终位居前列，呼吁加速“收入分配体制改革”的声音渐多渐强在媒体出现。做大蛋糕的同时，也要分好蛋糕。收入分配差距过大严重地影响劳动者的劳动积极性和创造性，解决收入分配公平问题关键还是要加大改革的力度，而改革方向在“十三五”规划中已有基本思路，“十三五”时期，我国在缩小收入差距方面将坚持“双同步”，即坚持居民收入增长和经济增长同步、劳动报酬提高和劳动生产率提高同步，持续增加城乡居民收入，努力缩小全社会收入差距。要让老百姓从“钱袋子”里真正体会到改革的获得感，让收入分配更加合理，必须通过保护合法收入、规范隐性收入、遏制以权力和行政垄断等非市场因素获取收入、取缔非法收入，使收入分配更加公平、有序、高效，建立起更加规范的收入分配秩序。

对分配体制改革社会各界有高度的认同感，但如何深化改革以及朝着什么方向改革，不同利益集团、不同阶层、不同学派对此观点不一，认识上的分歧容易产生实践上的混乱。时代在发展，机会主义的分配思想也在不断变化，以新的形式活跃在经济社会舞台上。后机会主义分配观点对当前收入差距悬殊起到了推波助澜的作用。统一思想、达成共识的最佳方式就是正本清源，回溯到马克思《哥达纲领批判》中的分配思想，通过重新解析这一经典著作，将马克思的公平分配思想原论与中国具体实际相结合，以厘清我国分配理论演变的内在逻辑，整合当前论争的观点，对当前分配中存在的严重问题进行理性分析和妥善处理，进而为设计出适合社会主义初级阶段市场经济发展需要的分配模式提供理论支撑，并为这一发展提供许多理论上的生长点。我们要秉承马克思在《哥达纲领批判》中对各种机会主义的批判精神，运用马克思关于社会主义分配制度的基本原理，对现实的机会主义分配思想进行剖析和批判，以期把各种分配思想都统领到以人为本的科学发展观视野之中，体现出社会主义劳动者主人翁地位，体现出社会主义经济成果共享的价值追求，体现出社会主义公平公正的制度优越性。

我们追求的社会不仅是一个经济发达的社会，而且是一个公平正义的社会，没有分配公平就没有社会的和谐。马克思“超越分配，把握实质”的思维和理路启示我们研究分配和解决分配问题不能仅在分配领域转圈子，实际上分配公平问题是深层次的生产方式问题的反映，深入探讨分配公平问题要紧密结合物质生产的全过程。在社会主义市场经济条件下，坚持社会主义公有制主体地位不动摇是提高劳动力价格水平和确保劳动者共享经济发展成果的制度保障，要想促进我国分配公平和缩小收入差距，从根本上说就要调整生产资料所有制，在分配实践中，应反对只重视分配问题而轻视生产和生产关系的“分配决定论”，又反对只重视生产和生产关系而轻视分配问题的 GDP 崇拜论，落实生产资料共同所有的产权归属和收益，来激发劳动者创造社会财富的积极性，促进分配公平和缩小收入差距。在后金融危机时代，我国要抓住转变经济发展方式的契机，从社会主义初级阶段的基本国情出发，着力于制度创新，走出拉萨尔的分配怪圈，勇于和敢于直面改革进程中已发生很大变化的所有制结构问题，需要从强化公有经济为主体、国有经济为主导着手，扭转所有制“公”降“私”升和国退“民”进的趋势，阻止化公为私的所有制结构转换过程。

社会主义生产目的是满足劳动人民日益增长的物质文化需要，社会主义总产品的分配要处理好积累与消费的关系、个人消费与公共消费的关系、坚持个人消费品的按劳分配原则，而针对我国居民消费能力稀缺的现实，需着力实现分配由向政府和企业倾斜转到向居民倾斜，公共消费基金的支出由向行政管理倾斜转到向民生领域倾斜，劳动报酬在初次分配中的比重由过低水平转到适度标准。

社会主义社会实行按劳分配是不以人的意志为转移的客观规律，按劳分配贯穿社会主义发展过程的始终，在社会主义实践中必须坚定不移地传承并发扬光大，我们不能以这样那样的理由和借口曲解或否定按劳分配的主体地位，而应毫不动摇地坚持按劳分配的主体地位，缩小贫富差距和保障劳动人民共享改革发展成果。

力图在选题立意以及一些现实意义的阐述上做些创新和突破，不过由于本人能力有限和占有资料不足，在撰写过程中还有许多困惑尚待进一步研究，如何细化、量化按劳分配的“劳”，使这一分配原则在实践中避免平均分配和被按生产要素分配边缘化的双重命运；如何继承马克思对拉萨尔主义分配理论的批判精神，深入探究社会主义市场经济条件下的分配模式，实现从先富到分享制再到共富的转变；等等，创新之处难免存在欠缺和遗憾。书山有路勤为径，学海无涯苦作舟，我将在今后的学习和研究中对这些问题进行不断的弥补和充实。

参考文献

一　著作类

1.《马克思恩格斯选集》第1—4卷，人民出版社1995年版。

2.《资本论》第1—3卷，人民出版社2004年版。

3.《列宁选集》第1—4卷，人民出版社1972年版。

4.《列宁全集》第33卷，人民出版社1984年版。

5.《列宁全集》第2卷，人民出版社1959年版。

6.《列宁全集》第31卷，人民出版社1985年版。

7.《毛泽东选集》第1—4卷，人民出版社1991年版。

8.《邓小平文选》第1—3卷，人民出版社1993年、1994年版。

9.《邓小平年谱》（1975—1997）下，中央文献出版社2004年版。

10. 马克思、恩格斯：《论拉萨尔和拉萨尔主义》，人民出版社1979年版。

11.《马克思恩格斯全集》第2卷，人民出版社1957年版。

12.《马克思恩格斯全集》第4卷，人民出版社1972年版。

13.《马克思恩格斯全集》第21卷，人民出版社1971年版。

14.《马克思恩格斯全集》第25卷，人民出版社2001年版。

15.《马克思恩格斯全集》第26卷Ⅱ，人民出版社1979年版。

16.《马克思恩格斯全集》第30卷，人民出版社1998年版。

17.《马克思恩格斯全集》第31卷，人民出版社1998年版。

18.《马克思恩格斯全集》第39卷，人民出版社1974年版。

19.《马克思恩格斯全集》第42卷，人民出版社1979年版。

20.《马克思恩格斯全集》第46卷上，人民出版社1979年版。

21.《马克思恩格斯文集》第5卷，人民出版社2009年版。

22.《斯大林选集》下卷，人民出版社1979年版。

23. 北京特殊钢铁厂工人理论组：《拉萨尔反动言论选批》，商务印书馆 1976 年版。

24. 《哥达纲领批判浅说》编写组：《〈哥达纲领批判〉浅说》，上海人民出版社 1974 年版。

25. 中共中央马克思恩格斯列宁斯大林著作编译局编：《研究〈哥达纲领批判〉参考史料》，生活·读书·新知三联书店出版 1978 年版。

26. 中央编译局世界所编：《拉萨尔言论》，生活·读书·新知三联书店 1976 年版。

27. 中共中央马克思恩格斯列宁斯大林著作编译局编：《马克思哥达纲领批判》，人民出版社 1997 年版。

28. 吴声功：《科学发展观在苏南的实践》，人民出版社 2012 年版。

29. 吴声功：《毛泽东思想和中国特色社会主义理论体系概论演讲录》，苏州大学出版社 2008 年版。

30. 周新城：《中国特色社会主义经济制度论》，中国经济出版社 2008 年版。

31. 朱炳元：《中国特色社会主义经济理论热点问题研究》，中央编译出版社 2008 年版。

32. 钟枢：《马克思主义中国化的伟大创举——邓小平理论创新点研究》，群众出版社 2004 年版。

33. 靳辉明：《社会主义历史、理论与现实》，安徽人民出版社 2000 年版。

34. 张作云、陆燕春：《我国现阶段收入分配问题的理论思考》，中国经济出版社 2007 年版。

35. 李炳炎：《利益分享经济学》，山西经济出版社 2009 年版。

36. 谭培文：《马克思主义经典著作选编与导读》，人民出版社 2005 年版。

37. 马伯钧：《社会主义经济学研究》，经济科学出版社 2007 年版。

38. 张燕喜：《资本论与中国经济理论热点》，中央党校出版社 2009 年版。

39. 王璐：《马克思经济学与古典一般均衡理论》，人民出版社 2006 年版。

40. 蔡继明：《从按劳分配到按生产要素贡献分配》，人民出版社 2008 年版。

41. 孙居涛：《马克思主义经济理论中国化基本问题》，中国社会科学出版社 2008 年版。

42. 董全瑞：《收入分配差距因素论》，中国社会科学出版社 2008 年版。

43. 颜鹏飞：《中国社会经济形态大变革：基于马克思和恩格斯的新发展观》，经济科学出版社 2009 年版。

44. 王璐、柳欣：《马克思经济学与古典一般均衡理论》，人民出版社 2006 年版。

45. 高放、李景治、蒲国良：《“科学社会主义的理论与实践”研究述评》，中国人民大学出版社 2004 年版。

46. 向书坚：《中国收入分配格局研究》，中国财政经济出版社 2000 年版。

47. 张本波：《我国公平分配的制度模式选择》，中国计划出版社 2008 年版。

48. 陈扬、宋亚中：《简明经济学说史》，贵州教育出版社 1995 年版。

49. 谭仁杰：《中国个人收入分配态势分析与对策研究》，湖北人民出版社 1998 年版。

50. 孙居涛：《制度创新与共同富裕》，人民出版社 2007 年版。

51. 陈宗胜：《经济发展中的收入分配》，上海三联书店出版社 1991 年版。

52. 俞可平：《〈马克思主义研究论丛〉——所有制和分配理论》，中央编译出版社 2006 年版。

53. 李爽：《实现公平分配的制度与政策选择》，经济科学出版社 2007 年版。

54. 白暴力：《让城乡居民收入稳步增长：为什么要深化收入分配制度改革》，人民出版社 2008 年版。

55. 张伯里：《新的发展阶段中效率与公平问题研究》，中共中央党校出版社 2008 年版。

56. 石良平：《中国：国民收入的分配格局》，上海人民出版社 1993 年版。

57. 蒋学模：《社会主义政治经济学》，复旦大学出版社 1987 年版。

58. 刘诗白：《社会主义经济学原论》，人民出版社 1992 年版。

59. 孙冶方：《社会主义经济论稿》，广东经济出版社 1998 年版。

60. 杨强：《中国个人收入的公平分配》，社会科学文献出版社 2007 年版。

61. 李建平：《中国个人收入的公平分配》，社会科学文献出版社

2007 年版。

62. 何建华：《分配正义论》，人民出版社 2007 年版。

63. ［美］阿塔纳修斯·阿西马科普洛斯：《收入分配理论》，商务印书馆 1995 年版。

64. 陈广汉：《增长与分配》，武汉大学出版社 1995 年版。

65. 舒元：《中国经济增长分析》，复旦大学出版社 1993 年版。

66. 葛振纲：《收入分配理论与实践》，山西人民出版社 2007 年版。

67. 李勇：《我国居民收入分配的理论与实践》，郑州大学出版社 2007 年版。

68. 张式谷、肖贵毓：《马克思恩格斯共产主义理论的形成和发展》，江苏人民出版社 1983 年版。

69. 马从辉：《开放经济条件下居民收入分配问题研究》，中国财政经济出版社 2004 年版。

70. 吴正俊、伍林生：《社会主义市场经济中的分配问题研究》，中国社会出版社 2007 年版。

71. 谭伟：《中国收入差距——增长“奇迹”背后的利益分享》，中国发展出版社 2009 年版。

72. 赵人伟：《紫竹探真：收入分配及其他》，上海远东出版社 2007 年版。

73. 段忠桥：《当代国外社会思潮》第 2 版，中国人民大学出版社 2004 年版。

74. 汤英牛：《按贡献分配：两手分工并用——解决我国分配问题的对策思考》，经济科学出版社 2007 年版。

75. 宁德业：《中国现阶段收入分配公平问题研究》，湖南大学出版社 2008 年、2009 年版。

76. 张顺洪：《英美新殖民主义》，社会科学文献出版社 1999 年版。

77. ［英］亚当·斯密：《国民财富的性质和原因的研究》上卷，郭大力、王亚南译，商务印书馆 1972 年版。

78. ［英］大卫·李嘉图：《政治经济学及赋税原理》，郭大力、王亚南译，商务印书馆 1962 年版。

79. ［法］让·巴蒂斯特·萨伊：《政治经济学概论》，陈福生、陈振骅译，商务印书馆 1963 年版。

80. ［美］萨缪尔森著，高鸿业译：《经济学》下册，商务印书馆 1982 年版。

81. ［美］克伦道尔、埃考斯：《当代经济论文集》，波士顿：利特尔·布朗公司 1972 年版。

82. ［英］马歇尔：《经济学原理下卷》，陈良璧译，商务印书馆 2005 年版。

83. ［美］萨缪尔森、诺德豪斯：《经济学》第 16 版，华夏出版社 1999 年版。

84. ［美］克拉克：《财富的分配》，商务印书馆 1983 年版。

85. ［英］托马斯·莫尔：《乌托邦》，商务印书馆 1982 年版。

86. ［意］康帕内拉：《太阳城》，商务印书馆 1980 年版。

87. ［英］侨治·拉姆赛：《论财富的分配》，商务印书馆 1984 年版。

88. 王小鲁：《国民收入分配战略》，学习出版社 2013 年版。

89. 李实：《中国收入分配研究报告》，社会科学文献出版社 2013 年版。

90. ［美］布朗芬伯伦纳：《收入分配理论》，方敏译，华夏出版社 2009 年版。

91. ［英］穆勒：《政治经济学原理及其在社会哲学上的若干应用》上卷，赵荣潜、桑炳彦、朱泱译，商务印书馆 2007 年版。

92. ［法］托马斯·皮凯蒂：《21 世纪资本论》，巴曙松译，中信出版社 2014 年版。

93. 杜帮云：《分配公平论》，人民出版社 2013 年版。

94. 余斌：《国民收入分配：困境与出路》，中国发展出版社 2011 年版。

二　论文类

1. ［日］田上孝一：《马克思的分配正义论》，黄贺译，《国外理论动态》2008 年第 1 期。

2. 吴声功：《当前中国经济形势与新一轮经济的发展》，《江苏社会科学》2010 年第 2 期。

3. 吴声功：《经典的马克思主义与发展的马克思主义若干问题》，《苏州大学学报》（哲学社会科学版）2009 年第 6 期。

4. 吴声功：《按劳分配与按生产要素分配探析》，《社会科学战线》2001 年第 5 期。

5. 吴声功：《关于马克思“消灭私有制”的辨析与当代中国社会主义所有制改革的思考》，《连云港师范高等专科学校学报》2007 年第 3 期。

6. 吴声功：《中国资本深化、技术变革与产业结构的调整》，《江苏社会科学》2005 年第 5 期。

7. 吕长征：《要实事求是地评价马克思的按劳分配理论——与张庆仁同志商榷》，《山东社会科学》1989 年第 5 期。

8. 林广瑞：《按劳分配原则与现实经济条件的矛盾分析》，《河北师范大学学报》（哲学社会科学版）2008 年第 3 期。

9. 朱炳元：《马克思劳动价值论与按生产要素分配》，《马克思主义研究》2001 年第 6 期。

10. 关柏春：《收入分配理论问题研究》，《学习与探索》2008 年第 4 期。

11. 雷强：《马克思〈哥达纲领批判〉中的按劳分配理论》，《中山大学学报》1963 年第 3 期。

12. 师钟：《〈哥达纲领批判〉：走向未来社会的科学构想——〈读点马列原著讲座〉之七》，《中华魂》2005 年第 4 期。

13. 殷叙彝：《社会民主主义国家理论溯源——从拉萨尔到伯恩斯坦》，《马克思主义与现实》2010 年第 3 期。

14. 傅强：《论尼尔森对〈哥达纲领批判〉的政治哲学解读》，《学术探索》2008 年第 4 期。

15. 马伯钧：《〈哥达纲领批判〉研究综述》，《信阳师范学院学报》（哲学社会科学版）1994 年第 4 期。

16. 白铭：《关于社会主义总产品的分配问题——从〈哥达纲领批判〉说起》1993 年第 5 期。

17. 任保平：《马克思主义的社会保障经济理论及其现实性》，《当代经济研究》1999 年第 4 期。

18. 晏智杰：《“按劳分配”评议》，《北京大学学报》（哲学社会科学版）2002 年第 3 期。

19. 张庆仁：《按劳分配是一种假说》，《山东社会科学》1989 年第 2 期。

20. 迟福林：《后危机时代我国发展方式的转型与改革》，《社会主义经济理论与实践》2010 年第 4 期。

21. 钱书法、周绍东：《分享型劳资关系与增长方式转变——基于江苏省私营经济的分析》，《马克思主义研究》2007 年第 10 期。

22. 陈学明：《马克思的公平观与社会主义市场经济》，《马克思主义研究》2011 年第 1 期。

23. 吴宣恭：《分配不公的主要矛盾、根源和解决途径》，《社会主义经济理论与实践》2011 年第 2 期。

24. 宗寒：《论坚持社会主义基本经济制度的几个问题》，《探索》2010 年第 5 期。

25. 谭劲松：《公有制主体地位的衡量标准与评价体系研究》，《马克思主义研究》2010 年第 10 期。

26. 文洪朝：《对收入分配制度改革中“两个提高”的思考》，《齐鲁学刊》2009 年第 2 期。

27. 孙浩：《不能用抽象的法权观念说明按劳分配》，《天津社会科学》1984 年第 5 期。

28. 沈卫平：《改革开放 30 年对效率与公平关系认识的发展》，《社会主义经济理论与实践》2008 年第 11 期。

29. 康士勇：《为什么初级分配也要关注分配公平》，《北京劳动保障职业学院学报》2008 年第 1 期。

30. 吴群芳：《收入分配制度改革中的利益表达失衡及其治理》，《社会主义经济理论与实践》2008 年第 4 期。

31. 刘国光：《当前世界经济危机中中国的表现与中国特色社会主义模式的关系》，《高校理论战线》2009 年第 5 期。

32. 谢地：《国有经济的身份与地位：法经济学的视角》，《社会主义经济理论与实践》2010 年第 10 期。

33. 林加奇：《公有制有效实现形式及其产权配置》，《中国井冈山干部学院学报》2010 年第 2 期。

34. 赵振华：《关于深化所有制改革若干问题的思考》，《中共中央党校学报》2010 年第 4 期。

35. 何干强：《抓住有利时机振兴公有制经济》，《探索》2010 年第 1 期。

36. 汤恺：《坚持构建和谐社会的价值理念做好农民工的发展工作》，《马克思主义与现实》2007 年第 4 期。

37. 纪程：《现代国家建构视域下的“建设社会主义新农村”》，《马克思主义与现实》2007 年第 5 期。

38. 于金富、徐祥军：《实践邓小平“两个飞跃”思想　坚持发展集体经济》，《马克思主义研究》2010 年第 10 期。

39. 刘尚希：《贫富差距与共同富裕：从现实到目标》，《社会主义经济理论与实践》2011 年第 4 期。

40. 刘明远：《论矿山地租缺失、国家利益受损与矿山企业暴利——以晋陕内蒙古地区煤炭开采业为例》，《马克思主义研究》2011 年第 4 期。

41. 徐跃华：《论“按需分配”理解中的几个歧义问题》，《马克思主义研究》2010 年第 8 期。

42. 刘景章：《马克思分配原论：一个新的解析与应用》，《当代财经》2004 年第 4 期。

43. 赵振华：《关于提高初次分配中劳动报酬比例的思考》，《中共中央党校学报》2007 年第 6 期。

44. 李太淼：《坚持按劳分配为主体的合理性及制度路径》，《中州学刊》2008 年第 3 期。

45. 郑功成：《社会保障：调节收入分配的基本制度保障》，《社会主义经济理论与实践》2010 年第 8 期。

46. 任碧云：《贫富差距扩大条件下公平与效率关系的调整》，《中央财经大学学报》2004 年第 1 期。

47. 李海明、杨万铭：《国有企业改革：产权逻辑及其发展方向》，《社会主义经济理论与实践》2009 年第 8 期。

48. 刘明松：《马克思“按劳分配”理论及现实意义——再读〈哥达纲领批判〉有感》，《求索》2004 年第 6 期。

49. 陈奎元：《信仰马克思主义，做坚定的马克思主义者》，《马克思主义研究》2011 年第 4 期。

50. 王小鲁、樊钢：《中国收入差距的走势和影响因素分析》，《经济研究》2005 年第 10 期。

51. 王伟光、程恩富、胡乐明：《西方国家进入和阶级危机与中国对策研究》上，《马克思主义研究》2010 年第 7 期。

52. 吴宣恭：《分配不公的主要矛盾、根源和解决途径》，《社会主义经济理论与实践》2011 年第 2 期。

53. 林田：《商品经济条件下要不要按劳分配》，《社会科学》1987 年第 5 期。

54. 刘国光：《关于中国社会主义政治经济学的若干问题》，《社会主义经济理论和实践》2010 年第 11 期。

55. 刘国光：《向实行“效率与公平并重”的分配原则过渡》，《中国经济导刊》2003 年第 11 期。

56. 卫兴华：《社会主义经济和有中国特色社会经济的几个理论问题》，《中共中央党校学报》2000 年第 11 期。

57. 赵人伟：《对我国收入分配改革的若干思考》，《经济学动态》2002 年第 9 期。

58. 赵人伟：《转型期中国的收入分配制度》，《云南大学学报》（社会科学版）2003 年第 6 期。

59. 刘海藩：《论驾驭社会主义市场经济》，《社会主义经济理论与实践》2009 年第 9 期。

60. 周新城：《论恩格斯对马克思主义公平观科学阐述》，《马克思主义研究》2006 年第 4 期。

61. 周新城：《不能离开生产关系探讨分配问题——关于分配问题的一些看法》，《经济经纬》2005 年第 5 期。

62. 冯金华：《试论社会主义初级阶段的基本经济制度及其科学依据》，《社会主义经济理论与实践》2010 年第 6 期。

63. 赵学清：《马克思恩格斯关于按要素分配的思想及启示》，《中共福建省委党校学报》2001 年第 2 期。

64. 安体富、蒋震：《对调整我国国民收入分配格局、提高居民分配份额的研究》，《社会主义经济理论与实践》2009 年第 7 期。

65. 李稻葵、何梦杰、刘霖林：《我国现阶段初次分配中劳动收入下降分析》，《经济理论与经济管理》2010 年第 2 期。

66. 刘国光：《发展公有制经济有利于防止两极分化》，《当代中国史研究》2011 年第 7 期。

67. 夏小林：《对深化收入分配制度改革〈意见〉的思考》，《管理学刊》2013 年第 2 期。

68. 周新城：《分配问题不是经济学的中心——兼评皮凯蒂〈21 世纪资本论〉》，《红旗文稿》2015 年第 3 期。

69. 李明桂：《马克思公平分配思维的多重逻辑及现实关怀》，《现代经济探讨》2015 年第 5 期。

70. 李明桂：《资本文明视阈下的农民增收》，《理论导刊》2009 年第 9 期。

71. 李明桂：《扩大居民消费：马克思按劳分配视域下的居民消费》，《内蒙古社会科学》2010 年第 4 期。

72. 李明桂：《保护农民权益：基于马克思资本文明思想的分析》，《商业研究》2010 年第 5 期。

73. 李明桂：《马克思对“为生产而生产”和“分配决定论”的批判之今解》，《现代财经》2010 年第 8 期。

74. 李明桂：《跳出“铁的工资规律”怪圈　大力提高劳动报酬》，《理论导刊》2011 年第 2 期。

75. 李明桂：《对当前巩固按劳分配主体地位的思考：以扩大劳动者劳动权能为视角》，《郑州大学学报》2011 年第 2 期。

76. 李明桂：《后资本文明视阈下的和谐社会构建》，《内蒙古社会科学》2011 年第 4 期。

77. 李明桂：《〈哥达纲领批判〉中马克思社会主义观的中国化诉求》，《改革与战略》2011 年第 7 期。

78. 李明桂：《从〈哥达纲领批判〉看我国社会总产品的分配》，《信阳师范学院学报》2010 年第 2 期。

79. 李明桂：《马恩工会思想于人的发展的现实意蕴》，《改革与战略》2013 年第 7 期。

80. 李明桂：《基于资本正外部性的我国居民收入倍增目标实现途径研究》，《商业研究》2014 年第 1 期。

81. 李明桂：《资本“钟罩”与贫困固化的双重破除》，《现代经济探讨》2014 年第 3 期。

82. 朱富强：《市场博弈、权力结构与收入分配机制》，《社会科学辑刊》2015 年第 4 期。

83. 韩立新：《劳动所有权与正义——以马克思的“领有规律的转变”理论为核心》，《马克思主义与现实》2015 年第 2 期。

84. 周新城：《科学社会主义视域下的生产资料所有制问题》，《中共贵州省委党校》2014 年第 4 期。

85. 卫兴华、胡玫：《缓解贫富分化　促进分配公平》，《华南理工大学学报》2014 年第 10 期。

86. 程恩富、余斌：《关于当前劳动收入分配问题释疑》，《管理学刊》2010 年第 5 期。

87. 吴宣恭：《再谈分配不公的主要矛盾和根源——兼答何炼成教授》，《当代经济研究》2011 年第 8 期。

88. Xiaoping Wei, “From Principle to Context: Marx versus Nozick and Rawls on Distributive Justice”, *Rethinking Marxism*, Vol. 20, No. 3, 2008.

89. Xiang Yuqiao, “The Basic Principles and Value Dimensions of Achieving Distributive Justice through Social Institutions”, *Social Sciences in China*, Vol. 34, No. 4, 2013.